KARL-WILHELM WEEBER

PANEM ET CIRCENSES

Zaberns Bildbände zur Archäologie

Band 15

VERLAG PHILIPP VON ZABERN · GEGRÜNDET 1785 · MAINZ

KARL-WILHELM WEEBER

Panem et circenses

MASSENUNTERHALTUNG ALS POLITIK

IM ANTIKEN ROM

VERLAG PHILIPP VON ZABERN · MAINZ AM RHEIN

180 Seiten mit 56 Farb- und 206 Schwarzweißabbildungen

Umschlag vorne: Gladiatorenkampf. Detail aus dem Mosaik der Villa von Nennig (Krs. Merzig-Wadern), um 230/240 n. Chr.

Umschlag hinten: Gewandverzierung mit Tierkampfdarstellung; koptisch, frühes 5. Jh. n. Chr. (siehe auch S. 180).

Vorsatz: Mérida (Prov. Badajoz), Luftaufnahme des Theaters und des Amphitheaters (gestiftet 16/15 v. Chr. bzw. 8/7 v. Chr.).

Die Deutsche Bibliothek – CIP-Einheitsaufnahme

Weeber, Karl-Wilhelm:
Panem et circenses : Massenunterhaltung als Politik im antiken Rom /
Karl-Wilhelm Weeber. – Erw. Neuaufl. – Mainz am Rhein : von Zabern, 1994
(Zaberns Bildbände zur Archäologie ; Bd. 15)
ISBN 3-8053-1580-5
NE: GT

Erweiterte und mit Abbildungen ausgestattete Neuauflage von C. W. Weeber, Panem et circenses, Düsseldorf 1983
ISBN 3-8053-1580-5
Satz: primustype, R. Hurler GmbH, Notzingen
Lithos: MWP GmbH, Wiesbaden

Printed in Germany by Philipp von Zabern
Printed on fade resistant and archival quality paper (PH 7 neutral)

Inhalt

Einleitung

PANEM ET CIRCENSES (Brot und Spiele): Auf diese knappe Formel hat der Satiriker Juvenal die Politik der römischen Kaiser gegenüber ihren Untertanen gebracht. Für diese zweifelhaften Geschenke, so fügt er hinzu, hat das römische Volk sich die Macht abkaufen lassen, hat es auf seine Rechte als Souverän verzichtet.

Kein Zweifel, Juvenal hat hier zwei Dinge beschrieben, auf die sich die Herrschaft der Cäsaren in hohem Maße gestützt hat; einmal die kostenlosen Getreideverteilungen, mitunter auch durch Geldgeschenke ergänzt, auf die rund 200 000 Bürger Roms Anspruch hatten; zum anderen die aufwendigen Massenunterhaltungen, die der Zerstreuung der Menschen dienten – und der Ablenkung von der Politik. Andere Schriftsteller aus dem Altertum haben die Bedeutung von *panem et circenses* ähnlich beschrieben wie Juvenal. Sie sind sich einig, daß die Kaiser auf diese Weise bemüht waren, Ruhe und politische Stabilität und damit ihre eigene Herrschaft – zu sichern.

Wie diese Massenunterhaltungen im einzelnen ausgesehen haben, schildert die vorliegende Darstellung. Ein kontrastreiches Gesamtbild, das sich aus sehr unterschiedlichen Bestandteilen zusammensetzt: den grausamen Gladiatorenkämpfen und Tierhetzen, bei denen unzählige Menschen vor den Augen eines fanatischen Publikums um ihr Leben kämpften, den Wagenrennen im Circus, die die Zuschauer mit ebenso großer Leidenschaft, noch dazu in vier «Parteien» gespalten, verfolgten (Abb. 2), sowie die Schauwettkämpfe von Berufsathleten, bei denen sich besonders Ringer und Boxer hervortaten (Abb. 1); aber auch die breite Palette der Theateraufführungen, die von derbsten Volkspossen über den so kunstvollen wie anstößigen Pantomimus bis hin zur Tragödie reichte, und schließlich das Badewesen, das sicher auch zu den beliebtesten Freizeitvergnügen der Römer gehörte.

Manche Züge dieses Spielbetriebs – und vielleicht auch seiner gesellschaftlich-politischen Funktion – erinnern lebhaft an heutige Verhältnisse. Bei aller Skepsis gegenüber vorschnellen Aktualisierungen: Was sich da an Emotionen bei den Zuschauern im Circus und im Amphitheater entlädt, findet bei Autorennen, Fußballspielen und anderen Massensportarten unserer Tage auffällige Parallelen; Zuschnitt und Niveau vieler Theateraufführungen unterscheiden sich kaum von dem, was heute im Film und Fernsehen gang und gäbe ist, und auch das Gebaren der in der «Unterhaltungsbranche» Beschäftigten läßt sich durch-

Abb. 1 Tisch mit Siegespreisen für die erfolgreichen Berufsathleten; neben einem Palmwedel erhält jeder Sieger einen Beutel mit 25 000 Denaren; Mosaik aus Gafsa (Tunesien), frühes 4. Jh. n. Chr.

aus mit unseren Begriffen Renommiersucht, Starrummel und Showbusineß in Verbindung bringen.

Das alles hat sich, einem Worte des Historikers Livius zufolge, aus bescheidenen Anfängen zu schließlich «unerträglichem Wahnsinn» gesteigert. Tatsächlich haben viele Kaiser darin gewetteifert, ihre Vorgänger an Pracht, Ausstattung und Häufigkeit der Spiele zu übertrumpfen – eine Spirale im Buhlen um die Gunst der Römer, die zu manch schlimmen Exzessen geführt hat.

Diese Entwicklung wird meistens als typisch für die römische *Kaiserzeit* angesehen. Übersehen wird dabei, daß sie bis weit in die Zeit der Republik zurückgeht. Daß das «System» von «Brot und Spielen» nicht erst sozusagen schlagartig mit Caesar oder Augustus aufgekommen ist, sondern sich bis ins 2. Jahrhundert v. Chr. und zum Teil darüber hinaus zurückverfolgen läßt, versucht das vorliegende Buch zu zeigen – und zwar auch im Hinblick auf die politischen Wirkungen, die davon ausgingen und davon ausgehen *sollten*.

Auf der einen Seite soll also der Blick auf das geschichtliche Werden dieses «Systems» gerichtet werden, andererseits gilt es, die Frage zu stellen, ob die Kaiser mit dieser Politik der Geschenke und der Unterhaltung wirklich das geschafft haben, was sie anstrebten: eine völlige politische Entmündigung und «Ruhigstellung» der Römer.

Die Worte Juvenals suggerieren ja, daß dieses Ziel erreicht worden sei. Und auch die landläufige Vorstellung, die sich mit dem Begriff «Brot und Spiele» verbindet, geht davon aus. Die Wirklichkeit war jedoch komplizierter. In den letzten Jahren haben einige Forscher das Problem genauer untersucht und sind zu teilweise sehr überraschenden Ergebnissen gekommen. Von einem völligen politischen Desinteresse kann danach ebensowenig die Rede sein wie von einem vollständigen Erfolg der Entmündigungsstrategie, die in der «Unterhaltungspolitik» der Kaiser angelegt war.

Im Laufe der Zeit entwickelten sich neue Formen der politischen Artikulation. Unzufriedenheit und Ärger machten sich durchaus Luft, politische Wünsche und Forderungen wurden unüberhörbar vorgetragen. Das Medium, dessen sich die Römer dabei bedienten, erscheint sehr modern: Sie demonstrierten - und zwar ausgerechnet da, wo sie eigentlich für den Verlust ihrer politischen Rechte entschädigt werden sollten: im Theater, im Circus und in der Arena. Diese Manifestationen stellen gleichsam die Kehrseite zu *panem et circenses* im politischen System der Kaiserzeit dar. Sie werden deshalb in einem eigenen Kapitel behandelt.

Abb. 2 Start beim Circusrennen. Die Viergespanne der vier Farb-Parteien preschen vor, um sich eine möglichst gute Position beim Einbiegen in die eigentliche Rennstrecke zu sichern; Mosaik aus Piazza Armerina, 4. Jh. n. Chr.

Mit der Formel «Brot und Spiele» verbindet sich eine hartnäckige Legende: Die Römer, so behaupten auch heute noch viele Geschichtsschulbücher, hätten nicht arbeiten müssen. Zumindest die 200000 Empfänger kostenlosen Getreides seien ja versorgt gewesen, und damit sie sich in ihrer unbegrenzten Freizeit nicht hätten langweilen müssen oder auf «dumme» Gedanken hätten kommen können, seien die Kaiser geradezu gezwungen gewesen, ihnen ständig immer schönere und teurere Theateraufführungen, Gladiatorenkämpfe und Wagenrennen sowie immer mehr Thermenbesuche zu spendieren. An dieser Vorstellung ist die historische Forschung nicht ganz unschuldig. Neuere Untersuchungen belegen indes, daß sie nicht richtig sein kann – Grund genug, in diesem Zusammenhang einige Anmerkungen zum vermeintlichen Schlaraffenland Rom zu machen.

Der berühmte Circus Maximus, das weltbekannte Colosseum, die Ruinen des Marcellus-Theaters, die Piazza Navona (das einstige Stadion des Domitian), die mächtigen Caracalla-Thermen und die nicht minder imposanten Überreste der Diokletians-Thermen gegenüber der Stazione Termini: für den heutigen Besucher Roms touristische Höhepunkte, aber auch steinerne Zeugen der Freizeit-«Kultur» der römischen Kaiserzeit, die eng mit dem Slogan «Brot und Spiele» verbunden sind. Sie sozusagen mit Leben zu erfüllen und gleichsam auch inhaltlich plastischer werden zu lassen, ist neben der Darstellung der historisch-politischen Hintergründe das Anliegen dieses Buches.

Das Amphitheater

Krawalle und Katastrophen im Zuschauerraum

Amphitheater Pompeji, 59 n. Chr.: Ein Ereignis, das die ruhige kampanische Landstadt drei Jahre vor dem verheerenden Erdbeben vom 5. Februar 62 und zwanzig Jahre vor ihrem endgültigen Untergang durch den Vesuvausbruch vom 24. August 79 zum ersten Male zum Gesprächsgegenstand in ganz Italien machen wird, steht unmittelbar bevor: Livineius Regulus, in der Hauptstadt ein abgehalfterter Politiker, in Pompeji aber noch ein halbwegs einflußreicher Mann, veranstaltet Gladiatorenkämpfe. Kaum jemand will sich das erregende Schauspiel entgehen lassen, und so strömen nicht nur die Pompejaner, sondern auch Einwohner benachbarter Ortschaften in die Arena.

Die Stimmung ist angeheizt, die Gemüter sind erregt. Ob es neben der allgemeinen stimulierenden Atmosphäre des Amphitheaters noch andere Gründe für die verhängnisvolle Spannung gibt, die das Publikum ergriffen hat, läßt sich nicht mehr rekonstruieren. Jedenfalls kommt es bald zum Eklat.

Abb. 3 «Dokumentation» des Zuschauerstreits am und im Amphitheater von Pompeji im Jahre 59; Wandgemälde aus Pompeji.

Zuschauer aus Pompeji und Nuceria beschimpfen einander, greifen wenig später, mit Verbalinjurien nicht mehr zufrieden, zu Steinen und schleudern sie gegen ihre Widersacher. Einer zückt sein Messer, andere tun es ihm nach, und schon ist ein hitziger, verbissener Kampf zwischen denen entbrannt, die eigentlich hergekommen waren, um den blutigen «Spielen» professioneller Gladiatoren zuzuschauen.

Die Bilanz der Massenschlägerei: etliche Tote und eine große Zahl Schwerverletzter. Die Angelegenheit war von solcher Tragweite, daß Rom sich einschaltete. Der Senat führte eine gerichtliche Untersuchung der Vorfälle durch. Deren Ergebnis mußte auf die in der Auseinandersetzung schließlich siegreichen Pompejaner ernüchternd wirken: Sie wurden auf die Dauer von zehn Jahren von ähnlichen Vergnügungsveranstaltungen ausgeschlossen. Livineius, der Ausrichter der Spiele, und ein paar andere, die als Anstifter des Krawalls ausfindig gemacht worden waren, wurden ins Exil geschickt.[1]

Für Pompeji bedeutete dieser Streit ein zwar negatives, doch immerhin aus dem trägen Gang der Alltagschronik herausragendes Ereignis. Ein Maler hat die Höhepunkte des blutigen Geschehens festgehalten; das Gemälde ist noch heute im Archäologischen Museum von Neapel zu besichtigen (Abb. 3).

Rom zog indes das Verfahren an sich und überließ das juristische Nachspiel nicht den örtlichen Justizorganen. Einer der Gründe dafür war sicher der hohe Blutzoll, den der Streit gefordert hatte. Auch schien es angebracht, die alte Konkurrenz zwischen Pompeji und Nuceria nicht noch weiter anzuheizen. Ausschlaggebend war aber wohl das Interesse der Zentralregierung an geordneten, von keinen Zwischenfällen dieser Art überschatteten Spielen. Eine strenge Aufsicht war offensichtlich geboten; denn die Vorgänge in Pompeji waren innerhalb weniger Jahrzehnte der zweite

Abb. 4a Zwei Thraker beim Zweikampf. – Abb. 4b «Höhepunkt» eines Gladiatorenkampfes: Der unterlegene Thraker hat seinen Schild verloren, sein Gegner holt zum entscheidenden Hieb aus; Mosaik von Bad Kreuznach.

Skandal im Zusammenhang mit der Ausrichtung von Gladiatorenkämpfen. Die Erinnerung an eine vorangegangene Katastrophe war noch lebendig.

Fidenae, 27 n. Chr.: Die nördlich von Rom gelegene Kleinstadt fiebert einem großartigen Schauspiel entgegen. Es ist die Regierungszeit des Kaisers Tiberius, der Gladiatorenspielen nicht sehr gewogen ist. Entsprechend selten finden solche *ludi* statt. Und um so begeisterter haben die Fidenaten die Nachricht aufgenommen, ein gewisser Atilius, ein Freigelassener, richte ein Gladiatorenschauspiel aus.

Atilius betreibt dergleichen gewerbsmäßig. Er verdient seinen Lebensunterhalt mit der Befriedigung niederer Instinkte – auf Kosten seiner unfreien Fechter, die er erbarmungslos gegeneinanderhetzt. Atilius ist zudem ein cleverer Geschäftsmann, der möglichst hohen Profit anstrebt. Und deswegen spart er an der Sicherheit. Das hölzerne Amphitheater, das er für die Aufführung errichten läßt, erhält keinen genügend festen Untergrund; außerdem sind die Balken unzureichend mit Verbindungsklammern gesichert – und das, obwohl jedem die Gefährlichkeit dieser Konstruktionen bekannt ist.

Eine große Masse von Schaulustigen, Männer und Frauen jeden Alters, viele auch aus dem nahe gelegenen Rom, drängen auf die eilig errichteten Tribünen. Und noch bevor das angekündigte Spektakel beginnt, kommt es zur Katastrophe. Das hölzerne Amphitheater bricht in sich zusammen und begräbt Tausende von Menschen unter sich. Tacitus, der Chronist dieses Unglücks, läßt keinen Zweifel daran, daß sich damals erschütternde Szenen abgespielt haben müssen: «Diejenigen, die gleich zu Beginn durch die niederstürzende Masse getötet worden waren, hatten es noch verhältnismäßig gut, weil sie keine Qualen ausstehen mußten»[2], berichtet er und fährt dann mit einer Schilderung der Leiden fort, die die Eingeklemmten und Verletzten bis zu ihrer Bergung aushalten mußten. Insgesamt sind nach Angaben des Historikers nicht weniger als 50000 Menschen durch den Unfall zu Schaden gekommen.

Das Unglück beschäftigte natürlich auch den Senat in Rom. Man zog Konsequenzen aus den Umständen, die zum Zusammenbruch des Theaters geführt hatten, und erließ bindende statische Vorschriften für derartige Bauten. Außerdem mußte in Zukunft jeder, der Gladiatorenspiele ausrichten wollte, ein Vermögen von 400000 Sesterzen nachweisen. Auf diese Weise hofften die Verantwortlichen allzu windige Geschäftemacher vom lukrativen Schaustellergeschäft fernhalten zu können. Senat und Kaiser bewiesen damals ein Verantwortungsgefühl, über das sich der spätere Kaiser Caligula (Abb. 5) indirekt beklagen zu müssen glaubte. Unter seiner Regierung, so ärgerte er sich, sei *kein* so spektakuläres Unglück wie der Zusammenbruch eines Amphitheaters geschehen – ein merkwürdiges Verständnis von Nachruhm, typisch allerdings für einen Mann, der «sich Gemetzel von Heeren, Hungerkatastrophen, Pestepidemien, Brände und Erdbeben wünschte».[3]

Wie wichtig derartige im Jahre 27 n. Chr. beschlossene Vorsichtsmaßnahmen waren, zeigen allein die immer wiederkehrenden Nachrichten von ähnlichen Unglücksfällen in späterer Zeit. Als zum Beispiel unter dem Kaiser Antoninus Pius (138-161) wieder einmal ein aus Holz gebauter Teil des Circus Maximus zusammenstürzte, kamen 1112 Menschen ums Leben.[4]

Die Zuschauer der blutigen Arena-«Spiele» lebten also bisweilen gefährlich – wenngleich gewiß weniger gefährlich als die Protagonisten der Kämpfe, deren verzweifeltes Ringen mit dem Tode die Massen verfolgen wollten. Es ist jedoch ein anderer Aspekt, der die Beschreibung dieser Unglücksfälle am Anfang einer Darstellung über die *ludi* des Amphitheaters stehen läßt: Sie werfen ein bezeichnendes Licht auf die Begeisterung und Hemmungslosigkeit der Zuschauer, die in beiden Fällen eine wich-

Abb. 5 Kaiser Caligula.

Abb. 6 Ein Aufseher mit Stock überwacht den Kampf zweier Gladiatoren; Mosaik von Nennig, 3. Jh. n. Chr.

tige Voraussetzung dafür waren, daß sich so schlimme Unfälle ereigneten. War es in Pompeji das Klima aufgeheizter Aggression gewesen, das den Eklat provoziert hatte, so trug in Fidenae das unkontrollierte Gedränge und Geschiebe der sensationssüchtigen «gewaltigen Masse» (Tacitus) mit Schuld daran, daß die Holzkonstruktion unter den Füßen der dicht gedrängt stehenden Menschen zusammenbrach.

«Bekehrung» zur Grausamkeit

Munera – so der lateinische Terminus technicus für die Gladiatorenspiele – waren in der Tat ein einzigartiger Zuschauermagnet in der römischen Welt. Begierig sogen die Betrachter des grausamen Geschehens dieses aus Blutgier, Sadismus, Massenpsychose und pervertiertem Unterhaltungsbedürfnis gemischte Gift in sich auf. Kaum jemand nahm Anstoß an dem menschenverachtenden Treiben in der Arena. Und wenn wirklich einmal jemand nur mit Widerwillen und unter größten sittlichen Bedenken einen Gladiatorenkampf besuchte, so konnte es vorkommen, daß er vom allgemeinen Taumel ergriffen, von der unvergleichlichen Atmosphäre des Amphitheaters angesteckt wurde.

Ein typisches Beispiel dafür ist die Geschichte der «Bekehrung» des Alypius, eines Freundes des Kirchenvaters Augustin. Alypius, ein gläubiger Christ, war nach Rom gekommen, um Jura zu studieren. Eines Tages überredeten ihn einige Studienkollegen, mit ihnen gemeinsam einem Gladiatorenspiel beizuwohnen. Alypius sträubte sich nach Kräften; er verabscheute die Grausamkeiten der Arena, hielt sie mit seiner christlichen Überzeugung für unvereinbar. Schließlich gab er dem Drängen seiner Freunde nach, wollte aber das Ganze gleichsam als Test für seine unerschütterliche Gesinnung und Standfestigkeit verstanden wissen. Seinen Leib, so äußerte er, könnten sie ins Amphitheater zwingen, seine Seele aber nicht. Er war fest entschlossen, die ganze Zeit über die Augen geschlossen zu halten.

Er bestand die selbst auferlegte Probe nicht. Als im Verlauf der Spiele ein gellender Schrei aus vielen tausend Kehlen erscholl (Abb. 4), packte ihn Neugier, und er öffnete die Augen. Das war der Moment, als auch ihn die allgemeine Raserei erfaßte.

Auch er erlag der Faszination der Arena. Mit den Worten Augustins: «In dem Augenblick, da er das Blut sah, schlürfte er gleich Unmenschlichkeit in sich hinein. Er wandte sich nicht ab, sondern heftete sein Auge darauf und trank die Greuel in sich hinein, ohne sich dessen bewußt zu sein. Und Freude an diesem verbrecherischen Spiel erwachte in ihm, ein Rausch blutrünstiger Lust überkam ihn.»[5]

Wie sehr er in die Fänge der Massenpsychose geraten war, hat schon Augustin richtig diagnostiziert: «Er war nicht mehr derselbe, als der er gekommen war – er war einer aus der Masse, die ihn verschlungen hatte.»[6] Fortan, so hören wir, wurde Alypius zu einem geradezu glühenden Verehrer des Gladiatorenwesens. Keiner brauchte ihn mehr gegen seinen Willen zur Arena zu schleppen. Im Gegenteil: Er selbst machte nun anderen den Besuch der Spiele schmackhaft. Aus dem Verführten war ein Verführer geworden.

Ist all das lediglich eine rhetorisch aufgeputzte, auf Abschreckung berechnete Lehrerzählung des christlichen Moralpredigers? Keineswegs; denn es gibt zu viele vergleichbare Schilderungen aus dem Altertum, als daß die von Augustin berichtete Geschichte als übertreibende Verzerrung abqualifiziert werden könnte.

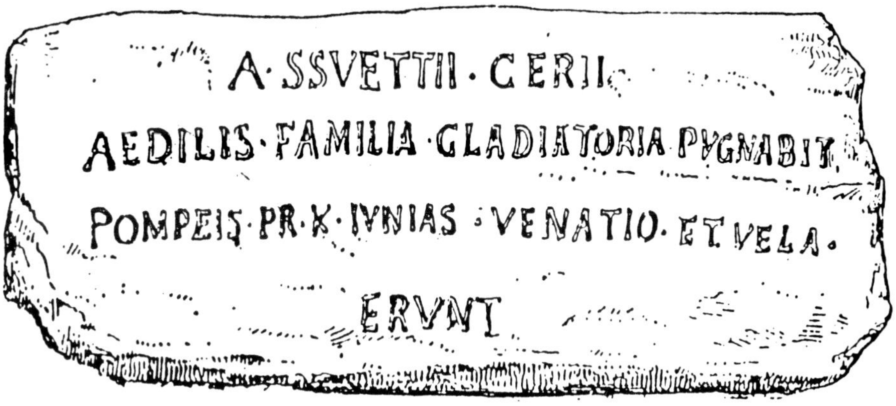

Abb. 7 Programm-Ankündigung aus Pompeji: «Die Gladiatorenmannschaft des Ädilen A. Suettius Certus wird in Pompeji am 31. Mai kämpfen. Es wird eine Tierhetze und Sonnensegel geben.»

«Warum stirbt er so ungern?» – Das Publikum und seine Opfer

Welche Raserei, vom massenpsychologischen Effekt verstärkt, die Zuschauer von Gladiatorenkämpfen erfaßte, hat auch Seneca dargelegt. Mag dabei einiges der rhetorischen Wirkung zuliebe pointiert formuliert sein, so handelt es sich doch um eine realistische Beschreibung der Stimmungen und Gefühle, die die Menschen auf den Rängen des Amphitheaters ergriffen:

Der Philosoph gerät in eine Mittagsvorstellung. Er erwartet keine schweren Kämpfe auf Leben und Tod, sondern harmlose Spiele, vergnügliche Darbietungen, durch die sich die Menschen nach dem Anblick von Blut in den vorangegangenen Stunden beruhigen können. Das Gegenteil davon tritt ein. Es sind kaum geschulte Gladiatoren, die aufeinander losgehen, «reiner Mord»[7] in Senecas Augen. Der siegreiche Fechter wird vom Publikum nicht entlassen; er wird sofort gegen einen neuen Gegner gehetzt. Ein einziger Ausgang aus der Arena bleibt dem Gladiator: die Bahre, auf der er als Toter fortgeschafft wird.

Den Zuschauern reicht das jedoch noch nicht; es geht ihnen zu langsam. «Hau, schlag, brenne!» rufen einige empört. Und: «Warum stürzt er so ängstlich ins Schwert? Warum stirbt er so wenig wacker, so ungern?!» Und schon fordern andere die Kampfaufseher (Abb. 6) auf einzuschreiten: «Mit Peitschen sollen sie dazu getrieben werden, sich Wunden beizubringen und die gegenseitig ausgeteilten Hiebe mit nackter, ungeschützter Brust aufzufangen.»

Dann eine kurze Pause, damit die Arenasklaven Gelegenheit haben, die Opfer aus der Kampfbahn zu schaffen. Aber schon werden die Zuschauer ungeduldig: «Sind denn keine verurteilten Verbrecher zugegen, an denen man sich für die Unterbrechung der Kämpfe schadlos halten kann?!» «In der Zwischenzeit sollen Menschen erdrosselt werden, damit überhaupt etwas geschieht!»[8]

Die rauschhafte, geradezu trunkene Gier des Publikums nach Gemetzel und Blut, wie sie hier zum Ausdruck kommt: Das ist keine Erfindung Senecas; das ist die schier unfaßbare Realität des Amphitheaters. Die Zuschauer gingen leidenschaftlich mit, feuerten ihre Lieblingsgladiatoren lautstark an, kochten vor Wut, wenn sie sich durch mangelnde Tapferkeit der Akteure genarrt wähnten[9], und riefen tief befriedigt *habet!* («Er hat's!»), wenn ein Fechter überwunden war.

Sich nach Belieben abzureagieren, den Gefühlen freien Lauf zu lassen, sich spontan und ohne jede Rücksichtnahme niederen Instinkten hinzugeben: das war das einmalige Erlebnis des Amphitheater-Besuchers. Und die Hauptsache dabei war: Es mußten Ströme von Blut fließen – sozusagen der visuelle Höhepunkt des Erlebnisses. Je grausamer das Geschehen in der Arena war, um so erregender und befriedigender wirkte es auf den Durchschnittsrömer. Kein Wunder, wenn ein Gladiator sich nicht nur rühmte, zehn Bären umgebracht zu haben, sondern stolz hinzufügte, er habe das *crudeliter,* auf grausame Weise, getan![10] Mit diesem Zusatz brachte er genau das zum Ausdruck, was das Publikum von einem tüchtigen Helden der Arena erwartete.

Gladiatoren und Frauen

Gladiatorenspiele waren Ereignisse, über die auch außerhalb der Arena lebhaft diskutiert wurde. Sobald *munera* angekündigt (Abb. 7) und die Programmhefte *(libelli munerarii)* in Umlauf gebracht waren[11], begann allerorten die Spekulation über die Auslosung der Kontrahenten und die Siegeschancen der einzelnen Fechter. Man erinnerte einander an die Leistungen der Gladiatoren bei den vergangenen Spielen, schloß Wetten über den Ausgang bevorstehender Kämpfe ab und schwatzte über das Verhalten des Kaisers und anderer prominenter Besucher des Amphitheaters. Besonders jungen Leuten boten die *munera* ausgiebigen Gesprächsstoff[12], aber auch viele angesehene Bürger, «gestandene Männer», diskutierten endlos darüber[13] und berichteten Freunden sogar brieflich über den neuesten Gladiatoren-Klatsch.[14]

Der Philosoph Epiktet erregt sich darüber, daß derart triviale Dinge lang und breit besprochen wurden[15], und auch der

Abb. 8 Tonlampe, die die Tötung eines Bären durch einen Gladiator zeigt.

Dichter Horaz äußert Unverständnis über die Erörterung solch müßiger Fragen wie derjenigen, ob nun Castor oder Docilis der bessere Fechter sei[16] – all das beredte Zeugnisse dafür, welche Bedeutung den «Spielen» beigemessen wurde.

Erstaunt es da noch, wenn wir erfahren, daß Kinder damals Gladiatoren spielten – ähnlich wie heutzutage Räuber und Gendarm?[17] Oder daß angesehene Dichter Gladiatorenkämpfe in ihren Versen besangen und die Lieblinge der Arena enthusiastisch feierten?[18] Oder daß Frauen sich zu den Männlichkeit und Mut verkörpernden Gladiatoren hingezogen fühlten? Tatsächlich gibt es zahlreiche Berichte darüber, daß selbst Damen der höchsten Gesellschaft für manchen Helden des Amphitheaters schwärmten und von einer gemeinsam mit dem angebeteten Gladiator verbrachten Nacht träumten. Als «Gebieter der Mädchen» feiert eine in Pompeji gefundene Inschrift den Fechter Crescens.[19] Celadus, ebenfalls ein in Pompeji beliebter Gladiator, wird als «späte Medizin der Nacht- und Morgenpüppchen» bewundert, als Mann, der die Mädchen zum Seufzen bringt *(suspirium puellarum)*.[20] Faustina, die Frau des Kaisers Marc Aurel, so wurde gemunkelt, habe Verhältnisse mit Gladiatoren gehabt.[21]

Der Satirendichter Juvenal schildert genüßlich die leidenschaftliche Liebe der vornehmen Eppia zu einem Fechter. Der mächtige Höcker auf dessen Nase, seine triefenden Augen, sein von Narben entstelltes Gesicht: das alles störte die Dame nicht, denn: «Er war ja Gladiator! Das allein macht diese Leute zu Lieblingen der Götter. Das zog Eppia ihren Kindern und dem Vaterland, der Schwester und dem Gatten vor. Der blanke Stahl ist's, den sie lieben!»[22]

Was auf den ersten Blick wie die satirische Verzerrung einer weitverbreiteten Schwärmerei von Römerinnen für Gladiatoren aussehen mag, hat bei den Ausgrabungsarbeiten in Pompeji eine geradezu sensationell anmutende Bestätigung erfahren. In der dortigen Gladiatorenkaserne entdeckten die Archäologen insgesamt 63 Skelette von Menschen, die an den tödlichen Schwefeldämpfen des Vesuvausbruchs erstickt und von einer mächtigen Aschenschicht begraben waren; darunter eine Pompejanerin, die kostbarer Schmuck als Angehörige der führenden Schicht auswies. Der Tod hatte sie in einer düsteren Zelle der Gladiatorenkaserne ereilt – beim Rendezvous mit dem Fechter ihres Herzens.

Zweifelhafte Alltagskunst

Die außerordentliche Popularität des Gladiatorenwesens spiegelt sich auch in zahllosen Artikeln des Kunsthandwerks wider. Als Verzierung von Gegenständen des täglichen Gebrauchs wie Tonlampen (Abb. 8) und Schüsseln, Würfelbechern und Parfümbehältern dienten Motive, die dem Bereich der Arena entstammten. Da erscheinen Gladiatoren der unterschiedlichen Waffengattungen in voller Rüstung. Auch einzelne, besonders schmuckvoll gearbeitete Teile der Bewaffnung wie zum Beispiel Helme schmückten manches Souvenir, das bei den Andenkenhändlern in der Nähe der Arena zu kaufen war. Ebensowenig fehlen Darstellungen kämpfender Gladiatoren; sie waren in Form großer Fußbodenmosaike (Abb. 9) genauso beliebt wie auf Gemälden.

Die berühmteste Darstellung aus dem Altertum ist wohl das große Gladiatorenmosaik, das sich heute in der Villa Borghese in Rom befindet (Abb. 10). Es wurde 1834 in der latinischen Kleinstadt Tusculum gefunden – allerdings nicht unversehrt, sondern mit erheblichen Schäden. Die Gesamtlänge der heute noch erhaltenen Felder beträgt stattliche 27,90 Meter.

Das Mosaik zeigt eine Reihe verschiedener Szenen, gleichsam einen Querschnitt aus dem Programm des Amphitheaters. Da sieht man zwei *venatores* («Jäger») mit ihren Speeren einen Stier und einen Löwen erlegen, während links davon ein anderer Fechter einen Stier an den Hörnern zu Boden drückt, nachdem das Tier unter seinen Kameraden furchtbar gewütet hat: Mehrere Fechter liegen tot oder verwundet auf dem Boden.

Ein anderer Teil des Mosaiks zeigt vier getötete Leoparden; zwei weitere erhalten gerade von ihren menschlichen Kontrahenten den Fangstoß. In wieder anderen Szenen kämpfen Gladiatoren gegeneinander. Da erscheint der *retiarius* («Netzkämpfer») Alumnus mit seiner Hauptangriffswaffe, dem Dreizack, wie er neben seinem gerade getöteten Gegner Mazicinus steht. Anderswo liegt die regungslose Gestalt des Callimorfus, den ebenfalls der Tod in der Arena ereilt hat. Das gleiche Schicksal hat Aurius getroffen; sein Bezwinger Talamonius stellt in der Pose des Siegers den linken Fuß auf eine Hand seines Opfers. Eine weitere Szene schildert den verzweifelten Versuch eines bereits Verwundeten, sich vor dem ihn verfolgenden *laquearius* («Seilkämpfer») in Sicherheit zu bringen. Soweit einige Ausschnitte aus dem großen, wahrscheinlich aus dem 4. Jahrhundert n. Chr. stammenden Gladiatorenmosaik, das die Schrecken der Arena in einer uns merkwürdig neutral und distanziert anmutenden Weise zum Ausdruck bringt.[23]

Es ließen sich mühelos weitere Belege für die Beliebtheit der Gladiatorenkämpfe in *allen* Schichten der römischen Gesellschaft anführen. An dem Urteil Tertullians ist wirklich kein Zweifel möglich: Er bezeichnet die Spiele der Arena als *insignissimum spectaculum ac receptissimum*[24] – als das «berühmteste und beliebteste Schauspiel».

«Gesunder Anfang»? – Der Ursprung des Gladiatorenwesens

Jemand, der das Wohlwollen und die Sympathie breiter Bevölkerungsschichten gewinnen oder sich erhalten wollte, machte sich verständlicherweise diese Begeisterung für das Gladiatorenspiel zunutze, um die eigene Popularität durch die Veranstaltung prächtiger *munera* zu steigern. Wenn schon die ersten römischen Kaiser diese Chance derart konsequent wahrnahmen, daß zumindest in der Hauptstadt niemand ohne kaiserliche Erlaubnis Spiele geben durfte und bei den meisten *munera* ohnehin der Herrscher selbst als Veranstalter auftrat, dann knüpften sie weitsichtig an eine Tradition der republikanischen Zeit an. Schon die frühesten Nachrichten bezeu-

Abb. 9 (rechts) Fußboden-Mosaik mit Szenen einer Tierhetze im Amphitheater aus der Villa von Vallon (Schweiz), frühes 3. Jh. n. Ch.

Abb. 10 Brutalität im Amphitheater: realistische Arena-Szenen auf dem Borghese-Mosaik aus der Zeit um 300 n. Chr. Das Mosaik schmückte die Säulenhalle einer römischen Villa bei Tusculum. Einen weiteren Ausschnitt zeigt Abb. 36.

gen, wie sehr den Römern dieses Schauspiel gefiel. Ein Blick auf die Geschichte der Gladiatorenspiele zeigt das – und er zeigt auch, nach einem Wort des Historikers Livius, «wie sich die Sache von einem gesunden Anfang zu diesem selbst für mächtige Reiche kaum noch erträglichen Wahnsinn entwickelt hat».[25]

Die römischen Geschichtsschreiber verzeichnen den ersten Gladiatorenkampf, der in Rom stattfand, für das Jahr 264 v. Chr. Damals ließen die Söhne des D. Iunius Brutus Pera bei der Leichenfeier für ihren Vater drei Gladiatorenpaare auftreten.[26] Der Ursprung der *munera* ist hier noch deutlich erkennbar: Er liegt im Bereich des Totenkultes.

Menschenopfer am Grabe hochgestellter Persönlichkeiten waren im gesamten Mittelmeerraum bekannt. Sie dienten der Versöhnung des Toten, sollten ihn gegenüber den Lebenden freundlich stimmen. Schon sehr früh setzte sich dann aber eine «humanere» Variante dieses Rituals durch: der Zweikampf bewaffneter Fechter zu Ehren des Verstorbenen. «Einst kauften die Menschen, weil sie glaubten, daß die Seelen der Toten mit menschlichem Blut besänftigt würden, Kriegsgefangene und Sklaven und weihten sie bei der Beerdigungsfeier», weiß der christliche Autor Tertullian zu berichten, und er fährt dann, auf die zweifelhaften Humanisierungstendenzen anspielend, sarkastisch fort: «Später beschloß man, die Ruchlosigkeit durch das Vergnügen, das man daran fand, zu vernebeln. So trösteten sie sich über den Tod mit Hilfe von Menschenmord.»[27]

Die von Tertullian gegebene Erklärung wird durch die Umstände, unter denen die ersten Gladiatorenkämpfe stattfanden, weitgehend bestätigt. Aber sie bleibt zu allgemein und erwähnt das Vorbild der römischen *munera* nicht.

Ein anderer Autor, der griechische Geschichtsschreiber Nikolaos von Damaskos, hilft uns weiter. Er versichert, die Römer hätten die Gladiatorenspiele von den Etruskern übernommen (Abb. 12).[28] Tatsächlich sind die Etrusker in vielen positiven Dingen die ersten Lehrmeister der Römer gewesen; das etruskische Erbe Roms reicht von den wichtigen Übernahmen im Bereich des Kultes bis hin zu den Insignien der höchsten Beamten.[29] Daß sie es auch in diesem unerfreulichen Bereich gewesen sind, ist aufgrund einer Reihe von Indizien wahrscheinlich. Allerdings erfolgte die Vermittlung des Gladiatorenwesens mit großer Sicherheit nicht durch direkten «Kultur»-Austausch, sondern auf dem Umweg über Kampanien. In dieser fruchtbaren Landschaft Süditaliens hatten die Etrusker im 6. und 5. Jahrhundert v. Chr. zahlreiche Kolonien gegründet und dabei wohl auch das Gladiatorenwesen dort heimisch gemacht. Capua, der Hauptort Kampaniens, blieb bis in die Zeit der späten römischen Republik die Hochburg dieser «Kunst» (Abb. 11).

In Rom dauerte es fast fünf Jahrzehnte, bis die im Jahre 264 v. Chr. begründete Tradition fortgeführt wurde. Jedenfalls verzeichnen die erhalten gebliebenen Annalen den zweiten Schaukampf erst für das Jahr 216 v. Chr. Anläßlich der sich über drei Tage erstreckenden Trauerfeierlichkeiten zu Ehren des angesehenen Politikers M. Aemilius Lepidus richteten dessen drei Söhne Gladiatorenkämpfe aus, an denen nunmehr allerdings schon 22 Paare aufeinandertrafen.[30]

Abb. 11 Gladiatorenkampf als Teil von Leichenspielen; lukanische Grabmalerei aus Paestum, 4. Jh. v. Chr.

Gefährliche Ausweitung

Danach trat eine atemberaubende Entwicklung ein, die durch immer größere Zahlen von Kämpfern und durch immer häufiger durchgeführte *munera* gekennzeichnet war. Im Jahre 200 v. Chr. fanden Leichenspiele für M. Valerius Laevinius statt. Sie dauerten vier Tage und sahen den Einsatz von 25 Fechterpaaren.[31] Einen vorläufigen Höhepunkt stellten die *munera* zu Ehren des 183 v. Chr. verstorbenen P. Licinius dar; damals kämpften bereits sechzig Gladiatorenpaare.[32] In jener Zeit kam es vor, daß in einem Jahr gleich mehrere dieser blutigen Schauspiele gegeben wurden.[33]

Und wirklich hatten sich die Gladiatorenspiele damals bereits zu einer Publikumsattraktion ersten Ranges entwikkelt. Das Gerücht, irgendwo gebe es *munera*, veranlaßte die Römer, alles stehen- und liegenzulassen, um ja das große Ereignis nicht zu verpassen. Diese schmerzliche Erfahrung mußte im Jahre 160 der Komödiendichter Terenz machen. Bei der Aufführung seines Lustspiels «Hecyra» entstand plötzlich Unruhe. Die Zuschauer sprangen auf, redeten wild durcheinander, die Vorstellung mußte unterbrochen werden. Der Grund: Irgend jemand hatte das Gerücht verbreitet, es gebe gleichzeitig Gladiatorenkämpfe.[34]

Rund zweieinhalb Jahrzehnte zuvor war es bereits wegen der Schaulust eines Lustknaben zu einem handfesten Skandal gekommen. Der Lustknabe des ehemaligen Consuls Lucius Quintus wollte seinem Liebhaber ein besonderes Zeichen seiner Zuneigung geben und erklärte, er sei ihm in die Ferne nachgereist, *obwohl* in Rom Fechterspiele auf dem Programm stünden – worauf Lucius nichts Eiligeres zu tun hatte, als seinem Liebling kraft seiner Amtsgewalt als Provinzstatthalter kurzerhand ein Er-

Abb. 12 Szenen von Leichen-«Spielen» aus der etruskischen Tomba degli Auguri: Duell zwischen einem zum Tode Verurteilten, dessen Kopf in einen Sack gehüllt ist, und einer Dogge, die ihn anfällt; daneben Phersu, ursprünglich ein Höllendämon, als «Kampfrichter»; Tarquinia, spätes 6. Jh. v. Chr.

satzschauspiel zu «schenken». Er ließ einen verurteilten Verbrecher herbeibringen und ihm in Anwesenheit des Lustknaben den Kopf abschlagen. Der Knabe hatte seinen Spaß, Lucius freilich wurde später für diesen Übergriff mit dem Ausschluß aus dem Senat bestraft.[35]

Politiker entdecken die Todes-«Spiele»

Die Spiele waren zu populär, als daß ehrgeizige Politiker nicht über kurz oder lang auf den Gedanken kommen mußten, sie für ihre Ziele einzusetzen. Es ist kein Zufall, daß ausgerechnet C. Gracchus, ein wirklich volksfreundlicher Reformer, aber doch ein Mann mit großen persönlichen Ambitionen, dies als erster praktizierte. Auf dem Forum Romanum sollten im Jahre 122 v. Chr. Gladiatorenkämpfe veranstaltet werden (Abb. 13). Die verantwortlichen Beamten ließen rings um den Platz Gerüste aufbauen; die guten Plätze waren für betuchte Zuschauer reserviert. Die armen Leute hatten das Nachsehen: Ihnen wurde die Aussicht auf den Kampfplatz verstellt. C. Gracchus griff deshalb im Interesse seiner Wähler zur Eigenhilfe. In der Nacht vor den Spielen ließ er die Tribünen einfach wieder abreißen – eine Aktion, die ihm anerkennende Worte von seiten des Volkes und sehr zornige Blicke der Beamten einbrachte.[36]

Wenige Jahre später wurden die Gladiatorenspiele sozusagen staatlich anerkannt. Erstmals im Jahre 105 v. Chr. richteten staatliche Beamte, die Consuln P. Rutilius Rufus und C. Manilius, *munera* aus. Sinn des Unternehmens war zum einen die Unterhaltung der Römer, zum anderen aber auch die Absicht, das Publikum militärisch zu schulen. Die Kämpfe dienten in den Augen der Beamten als Anschauungsunterricht, von dem die Zuschauer möglicherweise im Kriegseinsatz profitieren konnten.[37]

Seitdem traten Magistrate mehr und mehr als Veranstalter von *munera* auf. Der ursprünglich didaktische Gedanke aber geriet rasch in Vergessenheit. Die Ausrichtung von Fechterspielen wurde statt dessen immer stärker zum Wahlkampfmittel. Junge Politiker, die die untersten Sprossen der Ämterlaufbahn erklommen hatten, erblickten in einer großzügigen Gewährung von *munera* eine Chance, ihre Popularität zu steigern und auf diese Weise für die Wahlen in höhere Positionen Stimmen zu sammeln. Vorläufiger Endpunkt der dadurch in Gang gesetzten «Spirale» war jener Wahnsinn, von dem Livius spricht. Ein moderner Gelehrter formuliert nicht weniger drastisch: «In der letzten Zeit der Republik hatten das Buhlen um die Gunst des Pöbels und die demagogischen Wühlereien die Festgeber zu immer größeren Anstrengungen angetrieben.»[38]

Gefahr für die innere Sicherheit

Die ganze Entwicklung war nicht unproblematisch. Kritischen und nachdenklichen Römern wurde angst und bange, wenn sie an die Gefahren dachten, die diese Ausweitung des Gladiatorenwesens mit sich brachte. Nicht daß sich viele ernsthaft um die allgemeine Moral gesorgt und eine Verrohung und Abstumpfung des Publikums beklagt hätten. Nur vereinzelte Stimmen lehnten die Gladiatorenspiele als «grausam und unmenschlich» ab. Sie wurden allemal übertönt von den Begeisterungsrufen der Zuschauer und den intellektuellen Apologeten der Brutalität, die das Zuschauen bei solchen Gemetzeln als «Schulung gegen Schmerz und Tod» guthießen.[39]

Nicht Erwägungen ethischer Natur, sondern handfeste politische Interessen brachten das Gladiatorenwesen ins Gerede. Einmal war da der große Sklavenaufstand unter Führung des Spartacus gewesen, der drei Jahre lang, von 73 bis 71 v. Chr., alle Freien das Zittern gelehrt hatte (Abb. 14). Der Schreck saß ihnen noch Jahrzehnte später in den Gliedern, und jedermann erinnerte sich: Die Erhebung hatte ihren Ausgang in einer Gladiatorenschule in Capua genommen. Die unfreien Fechter, die eigentlich ausgebildet worden waren, um sich gegenseitig zur Ergötzung des Publikums abzuschlachten, hatten ihre Fähigkeiten genutzt und die Waffen gegen ihre Peiniger erhoben – und hatten sich dabei phantastisch geschlagen!

Das war die eine Gefahr: Je weiter die Zahl der Gladiatoren anstieg, um so höher wurde auch das Risiko für die Sicherheit der freien Bewohner Italiens.

Und dann war da eine zweite Gefährdung der inneren Sicherheit des Staates, die im Ernstfall von Gladiatorenbanden ausgehen konnte – und die tatsächlich wesentlich gegenwärtiger war als die erste: In den chaotischen Auseinandersetzungen der letzten Jahrzehnte der Republik mit ihren Verschwörungen, Staatsstreichversuchen und offenen Bürgerkriegen hatte mancher skrupellose Politiker der Verlockung nicht widerstanden, ihm gefügige Gladiatorenbanden zu einem im wahrsten Sinne des Wortes schlagkräftigen Werkzeug im Kampf gegen seine politischen Kontrahenten zu machen. Nicht ohne Grund fürchteten viele Römer im Jahre 63 v. Chr., daß sich Catilina und seine Mitverschwörer bei ihrem hochverräterischen Unternehmen gegen den Staat durch Gladiatoren verstärken wollten.[40] In den Schlägertrupps des Milo und des Clodius, die sich in den fünfziger Jahren des 1. Jahrhunderts v. Chr. erbitterte Straßenkämpfe lieferten und ganz Rom tyrannisierten, dienten auch etliche Gladiatoren.

Grund genug also für den Senat, in seiner Eigenschaft als Hüter der althergebrachten Ordnung mißtrauisch zu sein gegenüber machthungrigen Politikern, die sich mit einer «Leibgarde» kräftiger Männer aus ihren Fechterschulen umgaben – zumal dieselben potentiellen Putschisten sich bei der Masse durch aufwendige Gladiatorenkämpfe beliebt zu machen wußten. Um hier einen Riegel vorzuschieben, wurde im Jahre 63 ein Gesetz verabschiedet, das es allen Bewerbern um ein politisches Amt untersagte, in einem Zeitraum von zwei Jahren vor ihrer Bewerbung *munera* auszurichten, es sei denn aufgrund der testamentarischen Verfügung eines Erblassers, der sich aus moralischen Gründen niemand entziehen konnte.[41]

Neigung und Berechnung – Caesar als Förderer der Gladiatorenkämpfe

Mulmig war es den Senatoren schon zwei Jahre zuvor geworden, als der junge Caesar (Abb. 15) in seiner Funktion als Ädil das Wählervolk durch eine noch nie dagewesene Gladiatorenschau für sich einzunehmen versuchte. Er plante, mehrere hundert Paare von Fechtern auftreten zu lassen, wohl wissend um die Wirkung dieses ungeheuren Spektakels auf die Zuschauer – und indirekt natürlich auf seine künftige Karriere.

Seine Gegner merkten noch rechtzeitig, wie geschickt Caesar seine Popularitätskurve hochschnellen zu lassen versuchte. Und sie handelten. Gänzlich verbieten ließ sich das beabsichtigte Schauspiel nicht; ein radikales Verbot hätte ohnehin nur wütendes Protestgeschrei der «betrogenen» Zuschauer provoziert und dem verhinderten Festspielgeber zusätzliche Sympathien eingebracht. Das einzige, was in dieser Situation einigermaßen erfolgversprechend schien, war ein Vorgehen, das den «Schaden» in Grenzen hielt. Und so beschloß der Senat rasch ein Gesetz, das Höchstzahlen von Gladiatoren im Besitze einer einzelnen Person dekretierte.[42]

Abb. 13 Schauplatz früher Gladiatorenkämpfe: das Forum Romanum.

Wahrscheinlich hat der ganze Wirbel um die geplanten *munera* Caesar bedeutend mehr Publicity verschafft, als es eine ungestörte Ausrichtung der Spiele vermocht hätte. Das läßt sich um so mehr vermuten, als selbst die reduzierte Zahl der Fechter noch immer die Grenzen des Üblichen sprengte. Es war das Aufgebot von nicht weniger als 320 Paaren, das Caesar bei der Plebs den Ruf eines äußerst großzügigen Politikers und Volksfreundes eintrug. Wen störte es da, daß das grandiose Spektakel auf Pump beruhte und durch Schulden in Millionenhöhe erkauft worden war?[43] Für Caesar war es tatsächlich eine gute Investition: In den nächsten Jahren wurde er in Ämter gewählt, die ihm erlaubten, die eingegangenen Verpflichtungen mühelos auf Heller und Pfennig zu erfüllen...

Caesar war überhaupt derjenige Politiker, der die *munera* mit letzter Konsequenz in den Dienst seiner Politik stellte. Es gibt einige gute Gründe dafür, die Liste der römischen Kaiser mit eben jenem Manne beginnen zu lassen, der der Institution (lateinisch *Caesares* = «Kaiser») ebenso den Namen gegeben hat wie dem entsprechenden deutschen Begriff (das deutsche Wort *Kaiser* leitet sich vom lateinischen *Caesar* ab). Gewiß ist seine Einstellung zu den Gladiatorenspielen – und den übrigen *spectacula* – vorbildhaft für seine Nachfolger gewesen. Sie konnten nur mit Bewunderung nachahmen, was Caesar ihnen in diesem Bereich mit wahrer Virtuosität vorexerziert hatte.

Caesar selbst war freilich vom Fieber des Gladiatorenspiels ergriffen. Sein ganzer Stolz war eine Gladiatorenschule, die er in Capua unterhielt und in der mindestens eintausend Fechter trainiert wurden.[44] In einem der entscheidendsten Augenblicke seines Lebens, kurz vor der Überschreitung das Rubikon, die den Bürgerkrieg auslösen sollte, vertrieb sich Caesar die Zeit, indem er Gladiatoren bei ihren Übungen zuschaute. Beim Abendessen schmiedete er Pläne für den Neubau einer Gladiatorenschule.[45] Von

Abb. 14 Ein Gladiator als Sklavenführer: Spartacus. Statue des «Freiheitshelden» von D. Foyatier. Aus dem Altertum sind keine Darstellungen des Spartacus überliefert.

Abb. 15 Ein großer «Förderer» des Gladiatorenwesens aus wahltaktischen Motiven: Caesar.

den persönlichen Neigungen des künftigen Dictators abgesehen, zeigt sich hier eine weitere in die Zukunft weisende Einstellung Caesars: die Ausbildung der Gladiatoren möglichst in eigener Regie durchzuführen, selbst Herr über große Scharen von Fechtern und damit unabhängig von professionellen Besitzern von Gladiatorenschulen zu sein. Auch hier wurde er zum Vorbild der Kaiser.

Die Historiker lassen keinen Zweifel daran, daß es nicht zuletzt Caesars einzigartiges Engagement in puncto Gladiatorenspiele war, das ihm die Zuneigung und die Unterstützung breiter Volksschichten einbrachte. Ausdrücklich im Zusammenhang mit der Ausrichtung von *munera* hören wir da vom *favor populi*, der «Gunst des Volkes», gegenüber Caesar.[46] Und ein anderer Autor stellt lakonisch fest: «Auf diese Weise brachte er das Volk dazu, daß ein jeder Bürger nach neuen Ämtern und neuen Ehren suchte, mit denen man ihm seine Großzügigkeit vergelten könne.»[47]

Das Vorbild macht Schule

Spätestens Caesar hatte den Beweis dafür erbracht, daß sich großzügige, alles Frühere in den Schatten stellende Ausgaben für diese Art der Massenunterhaltung bestens auszahlten. Er hatte die Ausrichtung der *munera* ganz überlegt in den Dienst der Eigenwerbung und der Steigerung seiner Popularität gestellt. Und der Erfolg hatte ihm recht gegeben. Seinen Nachfolgern hatte er damit ein teures, aber wirkungsvolles Werkzeug an die Hand gegeben, sich die Sympathien der Römer zu erhalten. Wenn die Geschichte des Gladiatorenwesens im republikanischen Rom etwas lehrte, dann dies: Die Kaiser hätten, von ihrem Standpunkt aus gesehen, fahrlässig und töricht gehandelt, wenn sie dieses einzigartige Mittel zur Unterhaltung des Volkes – und seiner Ablenkung von der Politik! – nicht genutzt hätten.

Nicht wenige römische Kaiser haben sich durch Unfähigkeit, Dummheit und schrankenlosen Despotismus ausgezeichnet. Aber keiner – die große Ausnahme war allein Tiberius – wollte es sich mit der hauptstädtischen Plebs verderben, die im Zweifelsfalle ein gefährliches, für Usurpatoren mobilisierbares Potential der Instabilität und Unberechenbarkeit darstellte. Und aus eben dieser Einsicht, vor allem das Volk in Rom für sich gewinnen zu müssen, ergaben sich fast zwangsläufig wichtige Schlußfolgerungen für die Haltung des Kaisers zu den *munera*.

Gladiatoren im Dienste des Kaisers

Erstens mußte er bemüht sein, selbst als großer «Wohltäter» anerkannt zu werden. Das bedeutete: Zurückdrängung der privaten Fechterspiele, Monopolisierung des Gladiatorenwesens durch den Kaiser. Tatsächlich erließen im 1. Jahrhundert n. Chr. mehrere Kaiser gesetzliche Verfügungen, die eben dieses Ziel anvisierten. Unter Domitian (81–96) war es dann soweit: In der Hauptstadt fanden nur noch von Beamten ausgerichtete regelmäßige Gladiatorenspiele statt, und hinter diesen Beamten stand, das war den Römern klar, der Wille des Kaisers. Der Herrscher selbst behielt sich dann noch das Recht vor, außergewöhnliche *munera* in seinem Namen oder in dem eines Mitglieds der kaiserlichen Familie zu inszenieren.

Entsprechend mußte eine Organisation aufgebaut werden, die für den «Nachschub» an Gladiatoren sorgte, die bei den Kaiserspielen zum Einsatz kamen. Es entstanden kaiserliche Fechterschulen *(ludi)*, die seit Claudius unter der Führung eines etatmäßigen Beamten, des *procurator a muneribus*, standen. Der Posten war nicht ohne Verantwortung. Für Pannen bei der Ausbildung der Fechter mußte der *procurator* der Schule geradestehen. Der Kaiser Caligula ließ einen *procurator a muneribus* «mehrere Tage lang vor seinen Augen mit Ketten auspeitschen und nicht eher töten, bis ihn der Geruch verfaulender Gehirnmasse anwiderte»[48] – gewiß keine typische Bestrafung eines solchen Beamten, aber doch ein Hinweis auf die außergewöhnliche Bedeutung dieser Funktion.

In Rom gab es drei kaiserliche Gladiatorenschulen und eine Spezialschule für Fechter, die mit wilden Tieren kämpfen mußten. Die Grundmauern des bedeutendsten *ludus* – Ludus Magnus, die «Große Gladiatorenschule», genannt – sind heute ausgegraben (Abb. 16). Sie befinden sich an der Via S. Giovanni in Laterano unweit des Colosseums. Weitere kaiserliche Gladiatorenschulen standen in italischen Städten, aber auch außerhalb Italiens etwa im ägyptischen Alexandria und in Pergamon in Kleinasien.[49] Insgesamt dürften die Kaiser jederzeit über mehrere tausend Gladiatoren verfügt haben, wenn man bedenkt, daß allein in Rom zur Zeit Neros zweitausend Fechter stationiert waren.[50] Die Kaiser schickten eigens dazu bestellte Beamte im ganzen Imperium umher, die nach «Nachwuchstalenten» und qualifizierten Fechtern Ausschau hielten.

Abb. 16 Ruinen der «Großen Gladiatorenschule» *(Ludus Magnus)*. Sie hatte ein eigenes kleines Amphitheater und war durch einen unterirdischen Gang mit dem Colosseum verbunden.

10 000 Kämpfer an einem Tag – Der Zwang zu Superlativen

Die *zweite* Konsequenz aus der Entscheidung, die Gladiatorenspiele zu einem wichtigen Mittel kaiserlicher Repräsentation zu machen, lag in einer fatalen Eigengesetzlichkeit. Je mehr dem Publikum geboten wurde, um so anspruchsvoller wurde es. Und das hieß für jeden Kaiser: Er mußte bestrebt sein, den Volksmassen etwas Neues, Schöneres, Aufwendigeres, Teureres, möglichst etwas noch nie Dagewesenes zu bieten, um damit seine Vorgänger gleichsam in der Volksgunst auszustechen. Welch ein Zuwachs an Popularität ergab sich aus dem ehrfurchtsvollen Geraune des Arenapublikums, der Kaiser habe *wirklich* keine Kosten gescheut, um seinem geliebten Volk neue Superlative zu bieten!

Zunächst Superlative der Quantität. Caesar hatte neue Maßstäbe gesetzt. Sein Adoptivsohn Octavian-Augustus (Abb. 17), der Begründer des römischen Prinzipats, aber wollte nicht hinter seinem Vater zurückstehen. Die Bilanz seines – erfolgreichen – Bemühens in den dürren Worten des «Tatenberichts» des Augustus: «Dreimal habe ich in meinem Namen Gladiatorenspiele gegeben, fünfmal im Namen meiner Söhne oder Enkel. Bei diesen Spielen haben rund zehntausend Menschen gekämpft.»[51]

Wohlgemerkt: Es handelt sich dabei nur um die *außerordentlichen munera*. Nicht aufgenommen sind diejenigen, die ohnehin regelmäßig von den Beamten ausgerichtet wurden.

Zum Bereich der Arena gehörten auch die Tierhetzen *(venationes)*, bei denen Menschen gegen wilde Bestien kämpfen mußten oder Tiere gegeneinandergehetzt wurden. In dieser Sparte war Augustus genauso «erfolgreich»: «Tierhetzen mit afrikanischen Raubtieren habe ich in meinem Namen oder dem meiner Söhne und Enkel im Circus, auf dem Forum oder im Amphitheater für das Volk 26mal veranstaltet, wobei ungefähr 3500 Tiere erlegt wurden.»[52] Wie viele Menschenleben diese Jagden gekostet haben, verrät Augustus nicht, doch dürfte die Zahl in die Hunderte gehen.

Eindrucksvolle Zahlen und doch – mit Angaben aus späteren Zeiten verglichen – nicht der Rede wert. Ebenso viele Fechter, wie Augustus in seiner jahrzehntelangen Herrschaft insgesamt eingesetzt hatte, bot der Kaiser Trajan im Jahre 107 n. Chr. anläßlich seines Triumphes nach der Eroberung Dakiens auf: In einer 123 Tage währenden Festperiode mit Schauspielen aller Art kämpften zehntausend Gladiatoren. Gleichzeitig fand eine Massenschlächterei an wilden Tieren statt; an die elftausend sollen damals getötet worden sein (Abb. 18).[53]

Damit konnte Trajan sich rühmen, den Rekord überboten zu haben, den der nur wenige Monate regierende Kaiser Vitellius im Jahre 69 zusammen mit «seinen» Beamten aufgestellt hatte. Genaue Zahlen liegen nicht vor, doch vermittelt der Bericht des Tacitus ein anschauliches Bild von dem schier unglaublichen Aufwand, der seinerzeit getrieben wurde:

«Vitellius selbst, dem es nur darauf ankam, Geld zu verschleudern, ließ Ställe für die Wagenlenker bauen und den Circus mit Gladiatorenspielen und Tierhetzen geradezu anfüllen. [Die Consuln] Caecina und Valens feierten den Geburtstag des Vitellius in der ganzen Stadt in allen Bezirken mit ungeheurem Aufwand und in einem bis dahin ungewohnten Ausmaß.»[54] Zusammen mit den Kosten für Schlemmereien und prachtvolle Bankette summierten sich die Luxusausgaben des Vitellius in nur wenigen Monaten zu der irrwitzigen Summe von 900 Millionen Sesterzen.[55]

Aufwand trotz Wirtschaftskrise

Gewiß, die hier genannten Zahlen sind in der Folgezeit wohl nicht mehr übertroffen worden. Siege, wie Trajan sie mit einer angeblichen Beute von 5 Millionen Pfund Gold, 10 Millionen Pfund Silber und einer halben Million kriegsgefangener «Barbaren» errungen hatte[56], waren die große Ausnahme, und ohne derartige Sondereinnahmen konnte selbst eine arg strapazierte römische

Abb. 17 Begründer des Principats, der die «Spiele» konsequent als Mittel der Herrschaftssicherung nutzte: Kaiser Augustus; Reiterstatue aus dem griechischen Raum, 1. Jh. n. Chr.

Staatskasse solch gigantischen Aufwand nicht bezahlen. Und doch galten Gladiatorenkämpfe mit nur fünfzig oder einhundert Fechterpaaren, die zur Zeit der Republik wahre Begeisterungsstürme ausgelöst hatten, als armselige Spektakel, mit denen ein Kaiser seine Popularität nicht steigern konnte.

Daher setzten ehrgeizige Herrscher selbst noch in der Krisenzeit des 3. Jahrhunderts n. Chr., als äußere Feinde das Reich bedrohten und im Inneren eine schlimme Wirtschaftskrise mit Not und Elend herrschte, alles daran, das Volk von Rom durch aufwendige *munera* zu unterhalten. Mag es noch verständlich sein, wenn Kaiser Philippus Arabs den eintausendjährigen Geburtstag Roms im

Jahre 248 n. Chr. durch prächtige Spiele aller Art feierte (Abb. 19)[57], so ist es geradezu makaber, wenn andere Kaiser ausgerechnet in so schweren Zeiten eine neue Gelegenheit ersannen, um Gladiatorenspiele auszurichten: Sie inszenierten sie zusammen mit anderen Lustbarkeiten, wenn ein Heer die Stadt verließ, um gegen die Feinde des Imperiums zu Felde zu ziehen.[58]

Abb. 18 Tierhetze als Schlächterei: *venatio*-Szene aus dem nordafrikanischen Leptis Magna.

Gladiatorenwesen in den Provinzen – durchaus nicht provinziell

Die bisher erwähnten Zahlen bezogen sich nur auf die in der Hauptstadt veranstalteten Gladiatorenkämpfe. Sie waren ohne Zweifel die prächtigsten, teuersten und längsten, aber keineswegs die einzigen. In Italien gab es in der Kaiserzeit kaum eine Landstadt ohne eigenes Amphitheater. Und auch in den Provinzen erfreute sich das Gladiatorenwesen größter Beliebtheit (Abb. 21). Steinerne Zeugen dafür sind die Ruinen der großen Arenen in Nîmes (Abb. 20) und Arles ebenso wie im nordafrikanischen El Djem (Thysdrus), in Trier ebenso wie in Alexandria – allesamt Meisterwerke römischer Baukunst, aber auch Schandstätten der römischen Zivilisation.

Die Übersichtskarte mit Orten, in denen Reste eines Amphitheaters gefunden worden sind, zeigt die weite Verbreitung der Gladiatorenspiele im gesamten Imperium (Abb. 22). Wenn Griechenland und die anderen östlichen Provinzen dabei große weiße Flecken aufweisen, so liegt das nicht daran, daß die blutigen *munera* dort weniger populär gewesen wären. Nach anfänglichen Protesten gegen die Brutalität dieser Spektakel gewöhnten sich auch die Menschen des Ostens rasch an die aus Italien eingeführte «Lustbarkeit». Sie bauten jedoch nicht eigens Arenen für diese Veranstaltungen, sondern benutzten dafür die vorhandenen Stadien und Theater.

Die Ausrichtung der Spiele in Italien und in den Provinzen lag in den Händen von Privatleuten, die damit kommerzielle Interessen verbanden, und von Beamten, die sich die Gunst ihrer Wähler sichern oder erhalten wollten (Abb. 23). Aus Pompeji kennen wir eine Reihe von Ankündigungen und Einladungen zu solchen Darbietungen. Die Veranstalter warben mit besonderem Komfort wie Sonnensegel (*vela*) und erfrischenden Aussprengungen von Wasser und Safranessenzen (*sparsiones*); auch mit «unverzüglichem Beginn» wurde geworben und natürlich mit einem abwechslungsreichen Programm (vgl. Abb. 7).[59]

Nehmen wir als Beispiel die Inschrift des Aulus Clodius Flaccus. Er lädt anläßlich seiner zweiten Amtsperiode als *quinquennalis* ein: «... Am zweiten Tag auf eigene Kosten im Amphitheater dreißig Paare Athleten, vierzig Paare Gladiatoren, Tierhetze mit Stieren, Stierkämpfern, Wildschweinen, Bären. Eine zweite Tierhetze mit verschiedenen wilden Tieren gemeinsam mit seinem Amtskollegen.»[60]

«Blankes Eisen» contra «Nippesfiguren» – Die Sprache der Menschenverachtung

Wie die reichen Honoratioren einer Stadt ihr Ansehen durch die Inszenierung von Fechterspielen steigern konnten, zeigt ein zwar fiktives, aber außerordentlich realitätsnahes Gespräch im Schelmenroman des Petron (1. Jahrhundert n. Chr.):

«Und paß auf, in drei Tagen gibt's bei uns ein delikatiöses Spiel, am Feiertag; Fechtmannschaft nicht professionell, sondern meistens Freigestellte. Und unser Titus ist großzügig und hat einen Vulkan im Blut (...) Er wird für blankes Eisen sorgen, ohne Kneifen, Gnadenstoß auf der Bühne, daß es rundherum im Theater zu sehen ist. Und er hat's dazu: 30 Millionen sind ihm hinterlassen, sein Vater ist gestorben, tut mir leid. Selbst wenn er 400 Mille draufgehen läßt, macht es seinem Vermögen nichts aus, und in Ewigkeit wird man von ihm reden.»[61]

Einige Zeilen weiter schildert unser Erzähler, wie sich ein gewisser Norbanus durch sein Knausern unsterblich blamiert hat: «Er hat Gladiatoren präsentiert, die gerade einen Fünfer taugten und schon marode waren, zum Umfallen, wenn man sie angepustet hätte; ich habe schon bessere Leute vor die wilden Tiere werfen sehen. Was er an Berittenen töten ließ, waren Nippesfiguren, man konnte sie für Gockelhähne halten, der eine ein alter Packesel, der andere ein Schlappschwanz, der Reservemann eine Leiche als Leichenersatz mit seinen angeschlagenen Flechsen. Der einzige mit etwas Dampf war der Thraker, der sich wenigstens seinerseits nach den Regeln der Kunst geschlagen hat. Kurz und gut, alle kriegten später die Peitsche; zu laut hatten sie vom ganzen Publikum ‹Gebt es ihnen!› zu hören bekommen, diese kompletten Hasenfüße»[62] (Übersetzung: K. Müller/W. Ehlers).

Mit allzu magerer Kost, das wird in dieser Klage deutlich, ließen sich auch

Abb. 19 An die *ludi saeculares* des Jahres 248 erinnert das Medaillon des Philippus Arabs. Es zeigt die parallel zu den *munera* stattfindenden Wagenrennen im Circus.

die Zuschauer in der Provinz nicht abspeisen. Entsprechend drückend wurde die finanzielle Last für Beamte, die nicht über genügend Mittel verfügten, und dies um so mehr, als die Tendenz eindeutig weg von freiwilligen *munera* ging und immer mehr Beamte teils aufgrund bindender gesetzlicher Vorschriften[63], teils unter dem Druck moralischer Pflicht zwangsweise Gladiatorenspiele ausrichteten. Zudem wirkten die Kaiser erfolgreich darauf hin, daß ein erheblicher Teil des Glanzes, der von diesen Publikumsattraktionen ausging, auch auf sie zurückstrahlte. Die Gladiatorenkämpfe wurden in weiten Teilen des Reichsgebietes geradezu Bestandteil des Kaiserkultes. Die Oberpriester in den östlichen Provinzen waren offenbar von Amts wegen dazu verpflichtet, *munera* zu Ehren des fernen Kaisers in Rom durchzuführen.

Profit mit Grausamkeit

Die *lanistae*, die übel beleumundeten, aber gut verdienenden Besitzer von Gladiatorenschulen, profitierten von dieser Entwicklung am meisten. Sie scheinen ihre marktbeherrschende Stellung schamlos ausgenutzt zu haben, indem sie den unfreiwilligen Ausrichtern von Gladiatorenspielen die von ihnen ausgebildeten Fechter zu überhöhten Preisen verpachteten oder verkauften. Um diesen Mißstand zu beheben, beschloß der Senat unter der Regierung Marc Aurels rigorose Maßnahmen: Er setzte Höchstpreise für die verschiedenen «Typen» von Gladiatoren je nach Ausbildung und Kampfesqualität des einzelnen fest und koppelte sie an die Gesamtkosten eines jeden *munus*. Zudem verpflichtete er die Unternehmer, jeweils die Hälfte der angeforderten Gladiatoren als einfache Fechter *(gregarii)* der niedrigsten Preisklasse abzugeben.[64]

Das Machtwort aus Rom war offenbar bitter nötig gewesen. Die Honoratioren aus den gallischen Städten richteten warme Dankesworte an Marc Aurel und seinen Mitregenten L. Commodus. Sie hätten endlich «mit diesen heilbringenden Maßnahmen» ihren katastrophalen Vermögenseinbußen Einhalt geboten. Die Äußerung eines Betroffenen: «*Nun* wünsche ich sehnlichst, Priester zu sein. Die Ausrichtung eines Gladiatorenspiels, die wir *einst* verabscheuten, übernehme ich *nun* mit freudigem Herzen.»[65]

Selbstverständlich halten die in den italischen Städten und in den Provinzen veranstalteten *munera* mit den in der Hauptstadt gegebenen keinen Vergleich aus. In kleinen Orten waren die Zuschauer schon dankbar, wenn ein begüterter Bürger zwanzig oder dreißig Gladiatorenpaare aufbot; der Ruhm als «Bürger von großartiger Freigebigkeit»[66] war manchem schon dadurch sicher. Gleichwohl fanden in jedem Jahr im Römischen Reich mit Sicherheit mehrere tausend *munera* statt. Die Zahl der dabei eingesetzten Gladiatoren belief sich gewiß auf einige zehntausend pro Jahr, von denen ein nicht geringer Prozentsatz die Arena nicht mehr lebend verließ.

Die Opfer

Die ungeheuren Massen an Gladiatoren, die zur Unterhaltung des Publikums in allen Teilen der römischen Welt «benötigt» wurden, rekrutierten sich meistens aus Unfreien, vor allem aus Kriegsgefangenen – armen Teufeln, die nach ihrer Gefangennahme an den Besitzer einer Gladiatorenschule verkauft und dann gezwungen wurden, das blutige Handwerk

Abb. 20 Das Amphitheater von Nîmes. Die im 1. Jh. n. Chr. erbaute Arena bot mehr als 20000 Zuschauern Platz.

Abb. 21 Beliebtheit des Gladiatorenwesens auch in den Provinzen: Wandmalerei mit Kampfszene aus Mechern (Mosel).

des Gladiators zu erlernen – und daneben auch «heldenhaftes» Sterben (Abb. 26, 53). Nichts ärgerte die Zuschauer mehr, als wenn Fechter sich vor Angst nicht bewegen konnten oder auf Knien um ihr Leben baten. Die Kriege, die römische Feldherren in den entlegensten Winkeln der damaligen Welt führten, waren eine nie versiegende Quelle für den «Nachschub» an Gladiatoren.

Aus Germanien schleppte man die künftigen Helden der Arena ebenso nach Rom wie aus Spanien, Gallien und Britannien; die Stämme des Donauraumes mußten ebenso unfreiwillige Fechter liefern wie die Völkerschaften des Orients; Neger aus dem Inneren Afrikas wurden ebenso eingesetzt wie Nomaden aus der russischen Steppe.[67] Nach der Zerstörung Jerusalems im Jahre 70 n. Chr. wurden Tausende von Juden in der Arena umgebracht[68], und noch der christliche Kaiser Konstantin ließ kriegsgefangene Brukterer – möglicherweise im Amphitheater von Trier – gegen wilde Tiere kämpfen und «benutzte die massenhafte Vernichtung der Feinde zur Unterhaltung des Volkes», wie ein Lobredner des Kaisers rühmt. «Welcher Triumph hätte schöner sein können?»[69]

Eine weitere Gruppe unfreiwilliger Gladiatoren waren Sklaven, die bei ihren Herren in Mißkredit geraten waren. Um sich nicht länger mit «aufsässigen», «frechen» Unfreien herumärgern zu müssen, verkaufte mancher herzlose Sklavenbesitzer sein «menschliches Eigentum» kurzerhand an einen *lanista*. Erst recht mußten Sklaven, die sich eines Vergehens oder eines Verbrechens schuldig gemacht hatten, mit ihrer Abschiebung in eine Gladiatorenschule rechnen. So verschacherte der Kaiser Vitellius einen seiner Lustknaben, der sich spröde zeigte und zudem einige Diebstähle begangen hatte, an den Impresario einer umherziehenden Gladiatorentruppe, ließ ihn dann aber, als es ernst wurde, doch noch wenige Momente vor seinem ersten Auftritt in der Arena entführen.[70]

Hadrian verbot zwar, einen Sklaven «ohne Grund» an den Besitzer einer Gladiatorenschule zu verkaufen[71], doch war ein «triftiger» Grund vermutlich recht schnell gefunden, wenn der Sklavenbesitzer es nur wollte. Wenn es darauf ankam, dem Moloch «Spiele» neue Opfer zuzuführen, drückten wohl auch die Beamten gern ein Auge zu, die für die Prüfung derartiger Fälle zuständig waren.

Dies läßt sich zumindest in Analogie zu der Leichtfertigkeit und Unberechenbarkeit schließen, mit der eine weitere Gruppe von Menschen zu unfreiwilligen Gladiatoren degradiert wurde: verurteilte Straftäter. Wer ein Verbrechen begangen hatte, mußte damit rechnen, *ad gladium* («zum Schwert») oder *ad bestias* («zum Kampf mit wilden Tieren») verurteilt zu werden: beides in facto grausame Todesstrafen, denn in beiden Fällen war es selbst bei tapferster Gegenwehr unmöglich, dem Tode zu entrinnen. Im Unterschied dazu war die Verurteilung *ad ludum* (zur Gladiatoren*schule*) sozusagen ein Urteil auf Bewährung. Nach der Ausbildung zum Gladiator hatte der Verurteilte die Chance, die Arena mit Geschick und Glück lebend wieder zu verlassen und nach einigen Jahren erfolgreicher Fechtertätigkeit begnadigt zu werden.

Verbrecher und Christen in der Arena

Im Prinzip durften nur Menschen, die schwerster krimineller Taten wie Mord, Brandstiftung und Tempelschändung überführt worden waren, zu derartigen

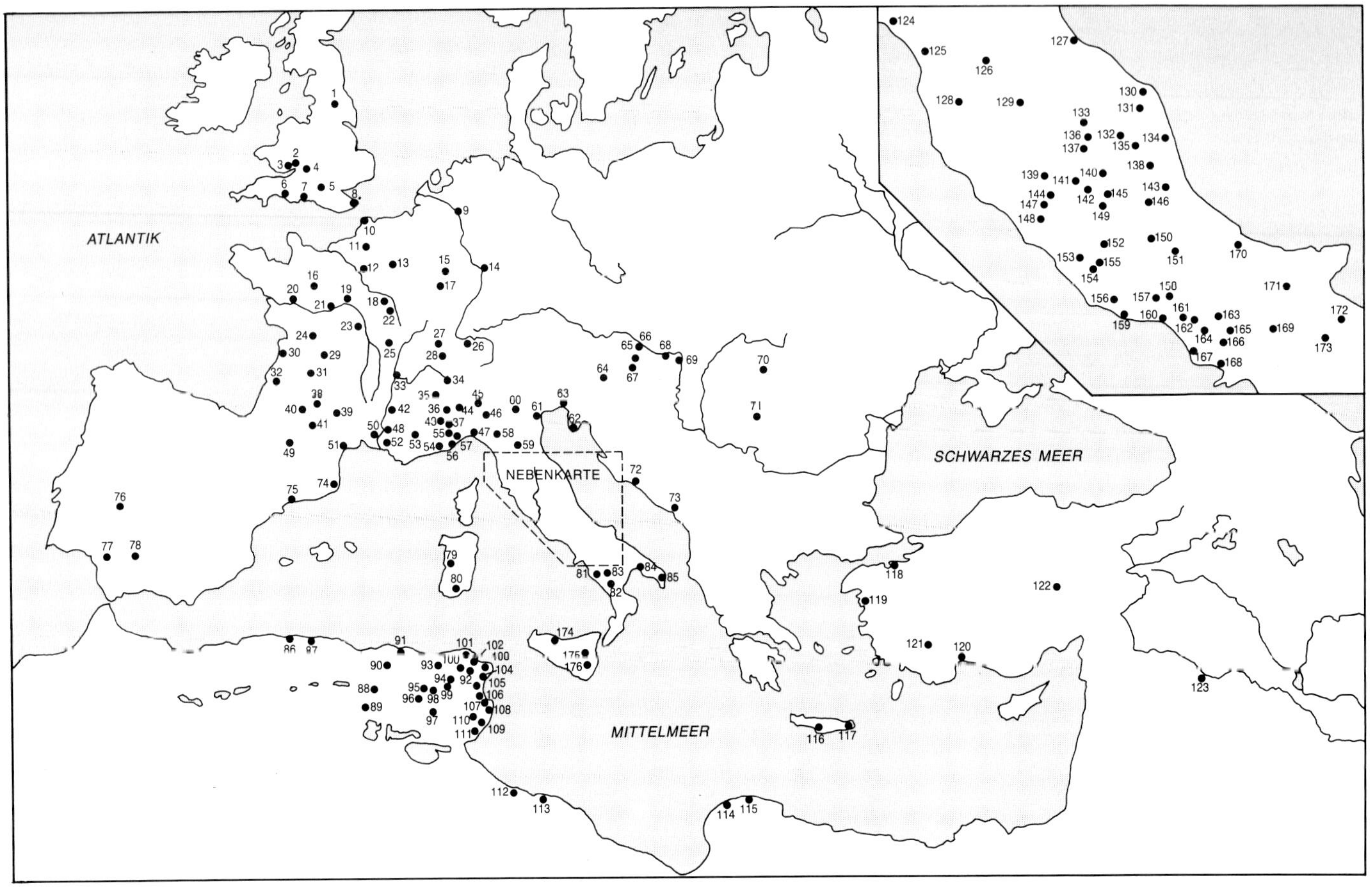

Abb. 22 Amphitheater im Römischen Reich:

1 Isurium
2 Venta Silurum
3 Isca Silurum
4 Durocornovium
5 Calleva Atrebatum
6 Durnovaria
7 Regnum
8 Rutupiae
9 Vetera
10 Gesoriacum
11 Samarobriva
12 Augustomagus
13 Durocortorum
14 Mogontiacum
15 Augusta Treverorum
16 Suindinum
17 Divodurum Mediomatricorum
18 Agedincum
19 Cenabum
20 Iuliomagus
21 Caesarodunum
22 Autessiodurum
23 Avaricum
24 Limonum
25 Augustodunum
26 Vindonissa
27 Vesontio
28 Aventicum
29 Augustoritum
30 Mediolanum Santonum
31 Vesunna
32 Burdigala
33 Lugdunum
34 Octodurus
35 Augusta Praetoria
36 Augusta Taurinorum
37 Pollentia
38 Divona
39 Segodunum
40 Aginnum
41 Tolosa
42 Dea
43 Segusio
44 Vercellae
45 Mediolanum
46 Velleia
47 Libarna
48 Arausio
49 Lugdunum Convenarum
50 Nemausus
51 Baeterrae
52 Arelate
53 Apta Iulia
54 Forum Iulii
55 Augusta Bagiennorum
56 Cemenelum
57 Albingaunum
58 Parma
59 Forum Cornelii
60 Verona
61 Patavium
62 Pola
63 Aquileia
64 Flavia Solva
65 Scarbantia
66 Carnuntum
67 Savaria
68 Brigetio
69 Aquincum
70 Porolissum
71 Sarmizegetusa
72 Salonae
73 Epidaurus
74 Emporiae
75 Tarraco
76 Emerita
77 Italica
78 Astigi
79 Forum Traiani
80 Carales
81 Paestum
82 Grumentum
83 Atina
84 Tarent
85 Lupiae
86 Caesareia
87 Tipasa
88 Lambaesis
89 Gemellae
90 Cirta
91 Rusicade
92 Uthina
93 Simitthu
94 Thuburbo Maius
95 Thibari
96 Theveste
97 Sufetula
98 Mactaris
99 Seressi
100 Thuburbo Minus
101 Utica
102 Karthago
103 Carpi
104 Vina
105 Pupput
106 Hadrumetum
107 Leptis Minor
108 Thapsus
109 Acholla
110 Thysdrus
111 Thaenae
112 Sabrata
113 Leptis Magna
114 Ptolemais
115 Cyrene
116 Gortyna
117 Hierapytna
118 Cyzicus
119 Pergamon
120 Perge
121 Aphrodisias
122 Comana
123 Dura-Europos
124 Luna
125 Luca
126 Florentina
127 Ariminum
128 Volaterrae
129 Arretium
130 Ancona
131 Ricina
132 Urbs Salvia
133 Asisium
134 Firmum
135 Falerio
136 Hispellum
137 Mevania
138 Asculum
139 Volsinii
140 Spoletium
141 Carsulae
142 Interamna Nahars
143 Interamnia
144 Ocriculum
145 Reate
146 Amiternum
147 Falerii
148 Sutrium
149 Trebula Mutuesca
150 Alba Fucens
151 Marruvium
152 Tibur
153 Rom
154 Bovillae
155 Tusculum
156 Setia
157 Aquinum
158 Suessa
159 Tarracina
160 Minturnae
161 Cumae
162 Cales
163 Telesia
164 Capua
165 Abella
166 Nola
167 Casinum
168 Pompeji
169 Aeclanum
170 Larinum
171 Luceria
172 Canusium
173 Venusia
174 Thermae Himeraeae
175 Catana
176 Syrakus

Strafen verurteilt werden. Die große Anzahl der in der Arena kämpfenden «Verbrecher» läßt jedoch erhebliche Zweifel daran aufkommen, ob in der Praxis tatsächlich immer nach dem Buchstaben des Gesetzes verfahren worden ist. In einigen Fällen ist ausdrücklich überliefert, daß allein die Willkür eines Kaisers darüber entschied, ob jemand zum Kampf als Gladiator verurteilt oder den Bestien zum Fraß vorgeworfen wurde (Abb. 27, 35). So überschritt Claudius im Falle von Betrügern bewußt das gesetzlich vorgeschriebene Strafmaß und schickte sie *ad bestias*.[72]

Noch ärger trieb es sein Vorgänger Caligula, der sogar gänzlich unschuldige Menschen zwang, als Gladiatoren aufzutreten. Viele von ihnen kamen dabei ums Leben; ebenso bei einer Tierhetze, die, wie ein Historiker unmißverständlich hervorhebt, «aus Mangel an verurteilten Verbrechern» abgebrochen zu werden drohte: Damals ließ Caligula völlig grundlos Zuschauer ergreifen und sie den Tieren vorwerfen – nicht ohne ihnen zuvor die Zunge herausschneiden zu lassen, «damit sie nicht um Hilfe rufen oder ihm Vorwürfe machen könnten».[73]

Auch Christen haben als verurteilte Verbrecher den Märtyrertod in den Amphitheatern der römischen Welt erlitten, meist als wehrlose Beute bei Tierhetzen. Das große Kreuz, das heute im Colosseum aufgestellt ist, soll daran erinnern. Allerdings haben Christen im Regelfall nur während der Verfolgungsperioden dieses Schicksal erlitten – und dann im Sinne der römischen Gesetze «zu Recht». Die ersten Christen überhaupt, die unter Nero bei Tierhetzen elend umkamen, wurden als Brandstifter verurteilt[74]; später lautete die Anklage auf Majestätsbeleidigung und Hochverrat, weil sie sich weigerten, dem Kaiser göttliche Ehren zu erweisen. Ohne die Standhaftigkeit und den Mut jener Christen, die um ihres Glaubens willen *ad gladium* oder *ad bestias* verurteilt wurden, schmälern zu wollen, muß man doch eines feststellen: Es waren beileibe nicht nur unschuldige Anhänger Jesu, die dieses schreckliche Martyrium erlitten haben, sondern auch – und sicher bedeutend mehr – Nichtchristen, die einer menschenverachtenden Willkürjustiz im Dienste eines «störungsfreien» Ablaufs von *munera* und *venationes* zum Opfer gefallen sind.

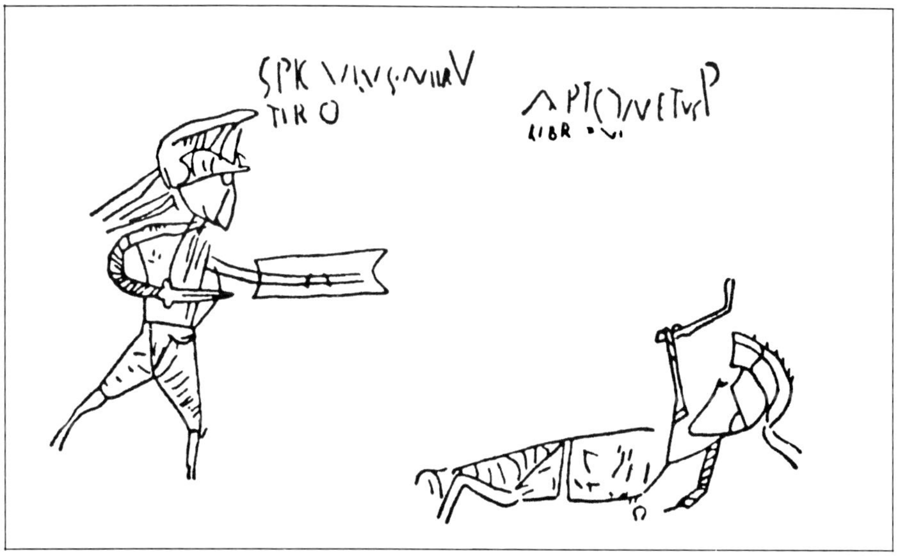

Abb. 23 Wie lebhaft sich viele Menschen für *munera* interessierten, zeigen die pompejanischen Graffiti, auf denen «Fans» genau Buch führten: Hier hat ein erstmals eingesetzter Gladiator (*tiro*, «Rekrut») seinen vorher sechsmal (VI) siegreichen Gegner zu Boden geworfen.

Lieblinge des Publikums – die freiwilligen Gladiatoren

Schließlich eine vierte Gruppe von Gladiatoren, die sich in einer Hinsicht grundlegend von den bisher erwähnten unterschied: Freiwillige, die sich zum Kampf in der Arena meldeten.

Abb. 24 Terrakottarelief mit Darstellung einer Raubtierhatz im Circus; Museo della civiltà romana, Rom.

Abb. 25 Grabstele mit Darstellung eines Gladiatorenkampfes; aus Amisos am Pontos; Musée Cinquantenaire, Brüssel.

Abb. 26 Grabrelief eines Retiariers (Netzkämpfers) mit Darstellung seiner größten «Triumphe». Die Mittelszene zeigt, was die Zuschauer von einem guten Gladiator erwarteten: sich als Unterlegener bereitwillig in sein Schicksal zu fügen.

Abb. 27 Ein *ad bestias* Verurteilter wird gefesselt dem Angriff eines Panthers preisgegeben; Mosaik aus Zliten.

Es gab sie wirklich, die Hasardeure und Abenteurer, die Bankrotteure und sozial Ausgestoßenen, die sich zu diesem blutigen Handwerk drängten. Den Erfolgreichen winkten hohe Siegesprämien. Beliebte Gladiatoren konnten ein Vermögen erwerben und sich nach einigen Jahren bequem zur Ruhe setzen – wenn sie nicht inzwischen ein Opfer ihres Berufes geworden waren!

Hinzu kamen Ruhm und Ansehen, die *der einzelne* Fechter durchaus erringen konnte – im Unterschied zur gesellschaftlichen Ächtung des Gladiatoren-*Standes*. Und so war es bei dem einen Habgier, die ihn in die Arena trieb, bei einem zweiten die Aussicht, Liebling zumal des weiblichen Publikums zu werden, beim dritten schließlich pure Abenteuerlust, gepaart mit Zynismus und Snobismus. Immer wieder erlagen selbst Angehörige der «guten Gesellschaft», begüterte Ritter und Senatoren, ja sogar verrückte Kaiser wie Caligula und Commodus, der Versuchung, sich als Fechter im Amphitheater zu profilieren.

Ein solches Verhalten wurde von der Öffentlichkeit aufs schärfste mißbilligt. Die Auftritte des Commodus waren so peinlich, daß sogar ein Teil des Publikums die geliebten *munera* mied, weil es sich schämte, den Kaiser im Staub der Arena kämpfen zu sehen. Die Senatoren freilich wagten es aus Angst vor den unberechenbaren Launen des Despoten nicht, dem würdelosen Treiben fernzubleiben – bis auf einen einzigen.[75] Dieselben Senatoren beschlossen dann freilich unmittelbar nach dem Tode des Kaisers, alle Statuen, die den Herrscher als Gladiator zeigten, unverzüglich zerstören zu lassen.[76]

Wenn trotz des unüberhörbaren Murrens des Publikums und des Verlustes ihres Sozialprestiges Angehörige der führenden Klassen als Fechter auftraten, dann wirft das erneut ein bezeichnendes Licht auf die heute nicht mehr nachvollziehbare Begeisterung und Faszination, die das Gladiatorenwesen auf die meisten Römer ausübte. Wer sich freiwillig zum Gladiator ausbilden ließ, konnte zwar auf Ruhm und Reichtum hoffen (Abb. 34). Zuvor aber mußte er eine harte Schule durchmachen, in der ihm keine Erniedrigung erspart blieb, die auch seine unfreien Kollegen traf. *Auctorati* – so hießen die freiwilligen Fechter – mußten zu Beginn ihrer Ausbildung einen Eid ablegen. Sie erklärten sich darin bereit, sich «mit Ruten schlagen, mit Feuer brennen und mit Eisen töten zu lassen»[77] – ein klarer Verzicht auf ihren Rechtsstatus als römische Bürger.

Ausbildung zum Töten

Daß dies kein bloßes Lippenbekenntnis blieb, dafür sorgten die unerbittlichen Besitzer und Trainer der Gladiatorenschulen (Abb. 28). Das Übungsprogramm stellte höchste Anforderungen an die *tirones* (Neulinge, Rekruten), wie die Anfänger genannt wurden (Abb. 33). Die Disziplin war hart; außerhalb der Übungsstunden blieben die Fechter in ihren Zellen eingesperrt. Wer den Anordnungen des Personals nicht nachkam, wurde empfindlich bestraft: Ankettung, Brennen mit glühenden Eisen und Hiebe waren die wirkungsvollsten Züchtigungsinstrumente der Aufseher.

Die Ernährung war einseitig auf die Herausbildung von Muskeln ausgerichtet: Die Gladiatoren «essen und trinken, was sie in Blut wieder von sich geben sollen».[78] Lediglich am Abend vor einem Auftritt im Amphitheater durften sie ihr Essen selbst zusammenstellen. Die Tradition der «Henkersmahlzeit» ist alt; im Falle der Fechter wurde sie als *cena libera*, «freies Mahl», bezeichnet. Fast unnötig hinzuzufügen, daß sich der Besitzer der Gladiatorenschule für die Kosten der erlesenen Speisen schadlos hielt: Das Ganze wurde zu einem öffentlichen Spektakel pervertiert, bei dem Neugierige zuschauen durften, wie sich die Protagonisten des nächsten Tages verhielten.

Allein die Gesundheitsfürsorge war vorbildlich in den Gladiatorenschulen – auch dies natürlich kein menschenfreundlicher «Ausrutscher» in einem zutiefst inhumanen System, sondern eine sachliche Notwendigkeit: Die Zuschauer und Ausrichter der Spektakel wollten kräftige, gesunde, leistungsfähige Gladiatoren sehen, die kraftvoll aufeinander einschlugen. Neben der technischen Unterweisung im geschickten Gebrauch der Waffen, der sorgfältigen medizinischen Betreuung und dem allgemeinen physischen Training stand eine psychologische Schulung der Fechter auf dem Programm. Der tödlich getroffene Gladiator sollte möglichst keine Miene verziehen. Das Publikum raste und wähnte sich regelrecht betrogen, wenn ein Kämpfer erkennen ließ, daß er nicht gern starb.[79]

Das Colosseum – Meisterwerk römischer Architektur, Schandmal römischer Zivilisation

Kehren wir nach den Exkursen über das Fechterwesen außerhalb Roms und die Rekrutierung der Gladiatoren wieder zu

Abb. 28 Gladiatorenkaserne in Pompeji; der angrenzende, von Säulengängen umrahmte Platz diente wahrscheinlich als Trainings-Arena.

Abb. 29 Darstellung eines hölzernen Ampitheaters auf der Trajanssäule.

Abb. 30 Das Colosseum auf einem Sesterz des Titus.

Abb. 31 Colosseum mit Kolossalstatue Neros auf einem Medaillon Gordians III.

DIESER
ROEMISCHE
MOSAIKFUSSBODEN
WURDE 1852 AUF
GEFUNDEN · 1874
WIEDERHERGESTELLT
UND 1960
RESTAURIERT

Abb. 33 Vergleichsweise harmlose Bewaffnung zweier Gladiatoren auf dem Mosaik von Nennig; ähnlich könnte man sich Ausbildungsszenen vorstellen. – Abb. 34 Grabrelief eines Gladiators aus dem 3. Jh. n. Chr. Die Siegeskränze weisen auf seine erfolgreiche Karriere hin, die er vielleicht, wie das aufwendige Monument nahelegt, als Freiwilliger zumindest abgeschlossen hat.

den Spielen in der Hauptstadt zurück. Die Kaiser, so hatten wir gesehen, waren bestrebt, dem Publikum möglichst Neuerungen und Verbesserungen zu präsentieren, um ihre Vorgänger zu übertrumpfen. Bisher war von der *Quantität* die Rede. Außer der Aufbietung immer größerer Zahlen von Gladiatoren kam natürlich noch eine andere Möglichkeit in Betracht: die Qualität der *munera* zu steigern, die Spiele noch interessanter, noch abwechslungsreicher und damit – dem Publikumsgeschmack entsprechend – noch perverser und grausamer zu gestalten.

Zunächst eine Maßnahme, die noch am ehesten als wertneutral im moralischen Sinne gelten kann: Vespasian begann im Jahre 70 n. Chr. mit dem Bau eines riesigen Amphitheaters, dessen Fertigstellung rund zehn Jahre später erfolgte. Nachdem die erste steinerne Arena in Rom, die C. Statilius Taurus im Jahre 29 v. Chr. hatte bauen lassen, durch Feuer zerstört worden war, hatten sich die Römer mit den nicht sehr haltbaren und überdies gefährlichen Bauten aus Holz beholfen (Abb. 29). Titus, der Nachfolger Vespasians, konnte schließlich im Jahre 80 eine Arena einweihen, die von da an gleichsam das feste Zuhause von Gladiatorenkämpfen und Tierhetzen wurde: das Amphitheatrum Flavium, so genannt, weil die beiden Erbauer aus der Familie der Flavier stammten. Besser bekannt ist es freilich unter seinem nicht antiken «Spitznamen» Colosseum («riesengroß»), den es im Mittelalter wegen seiner unmittelbaren Nähe zu einer Kolossalstatue Neros erhielt (Abb. 31).

Abb. 32 (links) *venatio*-Szene auf dem Mosaik von Nennig: Aufeinanderhetzen von Tiger und Esel; der Kampf zwischen drei Gladiatoren und einem Bären sowie die Tötung eines Panthers.

Damit war das größte und repräsentativste Amphitheater entstanden, das die römische Welt kannte. Einige eindrucksvolle Zahlen: Das aus vier Geschossen bestehende Bauwerk ragt 50 Meter hoch, der große Durchmesser der elliptischen Arena beträgt 188, der kleine 156 Meter. Beim Bau wurden schätzungsweise 100 000 Kubikmeter Travertin und 300 Tonnen Eisen verarbeitet (die Steinblöcke wurden durch eiserne Klammern miteinander verbunden). Über das Fassungsvermögen liegen unterschiedliche Angaben vor. Eine antike Quelle spricht von 87 000 Plätzen, moderne Berechnungen dagegen kommen auf 40 000 bis 45 000 Sitz- sowie 5000 Stehplätze im obersten Rang. Im Untergeschoß des Amphitheaters wurde ein labyrinthisch anmutendes System von Gängen, Räumen, Käfigen und Kammern für Waffen, Maschinen und anderes Gerät angelegt (Abb. 43). Ein Gang führte übrigens unterirdisch direkt zum nahe gelegenen *Ludus Magnus*, der großen kaiserlichen Gladiatorenkaserne (Abb. 16).[80]

Alles in allem ein gewaltiges architektonisches Meisterwerk, das bald zum

Abb. 35 *venatio*-Szenen auf dem Mosaik von Zliten; u. a. Kampf zwischen Bär und Stier; rechts wird ein Wehrloser einer Bestie zugetrieben.

Wahrzeichen Roms werden sollte. Berühmt ist ein aus dem frühen Mittelalter (um 700) stammender Merkspruch:

Solange das Colosseum steht, steht auch Rom.

Wenn das Colosseum fällt, wird auch Rom fallen.

Wenn Rom untergeht, wird auch die Welt untergehen.[81]

Die Römer waren stolz auf ihr neues Amphitheater; die gewaltigen Dimensionen, die alles bislang Bekannte sprengten, machten schon auf die Zeitgenossen großen Eindruck. Künftig würde das Zuschauen bei den blutigen «Spielen» noch mehr Freude machen – das war die Kehrseite der architektonischen Meisterleistung; für die Erbauer des Colosseums sicher das Ausschlaggebende (Abb. 44).

Eine «würdige» Einweihung

Natürlich mußte die neue Arena mit Schauspielen eingeweiht werden, die sich mit ihrem Glanz und ihrer Dauer des neuen prächtigen Bauwerks würdig erwiesen. Tatsächlich scheute Titus im Jahre 80 keine Kosten, um eben dies zu erreichen (Abb. 30). Hundert Tage hintereinander fanden Festlichkeiten und Darbietungen statt: Das Colosseum wurde mit Strömen von vergossenem Menschen- und Tierblut eingeweiht. An einem einzigen Tage wurden fünftausend Tiere bei *venationes* zur Strecke gebracht.[82] Titus genoß seine Popularität und steigerte sie zusätzlich durch eine Art kostenloser Lotterie, bei der er kleine hölzerne Bälle ins Publikum werfen ließ, auf denen die jeweiligen Gewinne vermerkt waren. Neben Kleidungsstücken und Nahrungsmitteln konnten die Zuschauer sogar Vieh und Sklaven gewinnen.[83]

Die Römer waren begeistert, Titus wurde als Kaiser gerühmt, der seine Vorgänger an Freigebigkeit deutlich übertraf.[84] Der Dichter Martial feierte die gerade eingeweihte Arena als neues Weltwunder, hinter dem die ägyptischen Pyramiden, der berühmte Artemis-Tempel in Ephesos und das riesige Mausoleum in Halikarnaß, das Grabmal des Königs Mausolos, zurücktreten mußten:

«Jegliche Leistung verschwindet vor dem Amphitheater des Kaisers,

Ein Werk allein wird künftig statt aller der Ruhm feiern.»[85]

Daß seit 80 n. Chr. die beliebten Gladiatorenkämpfe und Tierhetzen in der vom Publikum als großartig empfundenen Atmosphäre des Colosseums stattfanden, wurde gewiß als Meilenstein in der qualitativen Weiterentwicklung der blutigen «Spiele» gesehen. Andere Kaiser freilich konnten die Gier der verwöhnten Zuschauer nach Besonderem, Ausgeklügeltem nur noch dadurch befriedigen, daß sie zusätzliche Perversitäten ersinnen und sie bei den Spielen in Szene setzen ließen.

Abb. 36 «Strecke» nach Arena-Kämpfen; Detail des Borghese-Mosaiks.

Die Dramatik des Bösen – ein «normaler» Arenatag

Bevor wir auf diese abstoßende Form der qualitativen «Verbesserung» des Programms eingehen, empfiehlt sich eine Schilderung des «normalen» Ablaufs des Arenageschehens. Auf diesem Hintergrund dürfte deutlicher hervortreten, worin die immer wieder zu registrierenden Auswüchse dieses ohnehin schon ungeheuerlichen Treibens bestanden.

Im allgemeinen war das Programm eines Arenatages dreigeteilt. Vormittags gab es Tierhetzen zu sehen. Zunächst wurden besonders exotische Tiere ausgestellt und den neugierigen Blicken der Großstädter dargeboten. Ohne Übertreibung darf man behaupten, daß es wohl keine Tierart, soweit sie in der damals bekannten Welt vorkam, gegeben hat, die nicht irgendwann in Rom zu sehen gewesen wäre: Da waren Elefanten, Tiger, Löwen, Leoparden und Bären zuhauf, aber auch Giraffen, Flußpferde, Rhinozerosse, Wildpferde, Hyänen, Panther, Kamele, Wölfe, Eber, Elche, Stiere, Hirsche und Antilopen.

Mit Ausnahme ganz wertvoller, seltener Tiere, die in die kaiserlichen Tiergärten gelangten, diente der Transport Tausender und Abertausender wilder Tiere aus den Wäldern Germaniens, den Wüsten Afrikas, den Steppen und Gebirgen Asiens einem einzigen Zweck: der Vernichtung.

Tierhetzen am Vormittag

Tierhetze: Das war einmal der Kampf von Bestien, die, oft durch Verletzungen, Hunger und Reizmittel wie Strohpuppen zur Raserei gebracht, ungestüm aufeinander losgingen und sich gegenseitig zerfleischten. Eine beliebte Kontrahenten-Paarung war die von Bär und Stier, die, möglichst aneinandergebunden, ihre Aggressionen gegeneinander austobten, bis einer verendete und der Sieger von einem Gladiator niedergemacht wurde (Abb. 35, 37).[86] Attraktiv in den Augen der Zuschauer war auch das Aufeinanderhetzen von Tigern und Löwen; Elefanten und Stiere lieferten sich ebenfalls «packende» Kämpfe.[87] Ein Raunen ging durch die Reihen der Zuschauer, wenn ein trächtiges Tier, schon zu Tode verletzt, in der Arena Junge zur Welt brachte.[88]

Die zweite Variante war der Kampf zwischen Tier und Mensch. Da konnten die Zuschauer dann aus nächster Nähe eine gnadenlose Jagd miterleben, bei der meistens die gehetzten Tiere unterlagen (Abb. 40). Aber es gehörte schon Mut dazu, sich als Gladiator gegen die Bestien zu behaupten, deren natürliche Wildheit durch künstliche Mittel noch gesteigert worden war. Nicht jeder war ein Carpophorus, dem es gelang, zwanzig Bestien in einem einzigen Kampf zu besiegen, und der deshalb von Martial reichlich geschmacklos selbst dem mythischen Hercules vorgezogen wird, da der ja seine Heldentaten jeweils einzeln vollbracht habe… (vgl. Abb. 32).[89]

Nach einem Kampftag stapelten sich die Kadaver der getöteten Tiere oft zu Hunderten in den unterirdischen Gewölben des Colosseums (Abb. 36). Es war nichts Seltenes, wenn im Verlaufe weniger Tage mehrere Dutzend Elefanten, bis zu vierhundert Bären und dreihundert Löwen zur Strecke gebracht wurden[90] – von weniger exotischen Tieren gar nicht zu reden. Die Schlächterei fand ihren Höhepunkt anläßlich der Siegesfeier Trajans nach seinem zweiten Triumph über die Daker. Damals wurden elftausend Tiere – wilde und zahme – getötet.[91]

Bei diesen Zahlen ist es kein Wunder, daß ganze Tierarten in bestimmten Landstrichen beinahe ausgerottet wurden. Be-

Abb. 37 Eine beliebte Arena-«Paarung»: Mosaik mit Darstellung eines Kampfes zwischen Bär und Stier.

Abb. 38 Einfangen einer Raubkatze; Mosaik aus Piazza Armerina (Sizilien), 4. Jh. n. Chr.

Abb. 39 Tigerjagd. Das Muttertier wird getötet, damit die Jungen eingefangen werden können; Mosaik aus Piazza Armerina (Sizilien).

Abb. 40 Zwei Gladiatoren versuchen vergeblich, den Bären von ihrem zu Boden geworfenen Kollegen abzulenken; Detail des Mosaiks von Nennig.

sonders der nordafrikanische Raum war davon betroffen. Für solche ökologische Problematik, die ja selbst heute vielfach noch nicht registriert wird, hatte das Altertum freilich noch keinerlei Gespür. Statt dessen *rühmt* ein Dichter einen – namentlich nicht genannten – Kaiser für diesen Raubbau an der Natur:

«Nasamonische Lande im fernen Libyen, euch plagen
nicht mehr des wilden Getiers Schwärme auf bergigen Höhn,
und ihr fürchtet fortan bis über die Wüste Numidiens
nicht mehr der Löwen Gebrüll, das in der Öde erscholl.
Denn ihr zahlloses Volk hat Caesar, der junge, in Fallen
eingefangen und drauf vor seine Fechter gebracht.
Doch auf den Gipfeln, wo einst die wilden Tiere im Freien
hausten, da hütet der Mensch jetzt auf der Weide das Rind.»[92]

(Übersetzung: H. Beckby)

Transportziel: Vernichtung

Für die Kaiser als Ausrichter der *venationes* hatten derartige zivilisatorischen «Erfolge» freilich einen erheblichen Nachteil: Es wurde immer schwieriger und aufwendiger, ausreichend Nachschub für die zahlreichen Tierhetzen zu beschaffen (Abb. 38, 39).

Aber wahrscheinlich war das wenig mehr als ein Randproblem – angesichts des unglaublichen Aufwandes, der ohnehin mit dem Einfangen der Tiere und dem oft über Monate sich hinziehenden Transport in die Hauptstadt verbunden war. Die Organisation im Vorfeld der *venationes* muß Unsummen verschlungen haben, von den Opfern an Menschenleben, die allein schon die gefährliche Jagd mit Netzen und Fanggruben kostete, ganz abgesehen (Abb. 47).

Genauere Angaben über die Organisation von Jagd und Transport der gefangenen Tiere sind aus dem Altertum nicht überliefert (Abb. 42). Da es in der Antike eher weniger und bescheidenere technische Hilfsmittel gab als im 19. Jahrhundert, ist ein Blick auf den Aufwand lehrreich, der vor etwa einhundert Jahren getrieben werden mußte, wenn man eines wilden Tieres aus dem Herzen Afrikas habhaft werden wollte. Am 25. 5. 1850 traf im Zoo von London das erste Nilpferd ein, das in Europa nach dem Untergang des Römischen Reiches gesehen wurde. Um es zu fangen, war eine komplette Truppenabteilung nötig gewesen. Ein knappes halbes Jahr hatte der Transport nilabwärts nach Kairo gedauert, weitere Monate die Verschiffung des Tieres nach England in einem eigens dafür gebauten Schiff mit einem großen Wasserbecken. Zur Ernährung des Tieres wurde Tag für Tag die Milch von zehn Kühen und zehn Ziegen benötigt.[93]

Das eine Beispiel dürfte genügen, um deutlich zu machen, welche irrwitzigen Geldsummen vonnöten gewesen sein müssen, um jährlich Tausende von Tieren über Tausende von Kilometern hinweg nach Rom zu schaffen (Abb. 41, 46) – und das in den allermeisten Fällen zum bloßen Zwecke der Vernichtung (Abb. 43).

So wünschte es ein nach Blut lechzendes Publikum, und so befahl es ein Kaiser, der sich auf diese Weise die Sympathie und Anerkennung seines Volkes zu sichern verstand.

Hinrichtungen mit Raffinesse

Nach den morgendlichen Tierhetzen fand in der Mittagszeit der zweite Akt der Vorstellung statt. Verurteilte Verbrecher wurden öffentlich hingerichtet.[94] Dieses Schauspiel goutierten die Zuschauer nicht so recht, wenn es keinen besonderen Reiz hatte: Dann fehlte einfach die Spannung.

Also mußte etwas Ausgefallenes ersonnen werden. Und das bestand in einer absolut widerwärtigen Variation: Man spielte Mythos, vorzugsweise natürlich mythologische Begebenheiten, bei denen der oder die Hauptdarsteller ums Leben kamen. Da bot sich etwa die Prometheus-Sage an: Ein Verbrecher wurde ans Kreuz geschlagen, und statt eines Adlers, der sich in der Sage an der ständig nachwachsenden Leber des Geschundenen weidet, hetzte man Bären auf ihn. Für römische Zuschauer offensichtlich ein erbauliches Schauspiel: *«Blutig troff ihm der Körper, noch lebten die zerrissenen Glieder, und am ganzen Leib sah man vom Leibe nichts mehr.»*[95]

Ein anderes Beispiel, von Martial dichterisch beschrieben: Die Orpheus-Sage mit einem kleinen «Schönheitsfehler»:

«Was, wie es heißt, die Rhodope einst im Kreise des Orpheus
schaute, o Caesar, das bot deine Arena dir dar.
Felsen bewegten sich da, es eilte ein Wunder von Wald her,
schön, wie man etwa den Hain der Hesperiden sich denkt.
Wildes Getier aller Art war da vereint mit dem Haustier,
über dem Sänger jedoch schwebten die Vögel im Schwarm.
Aber er selbst lag da, zerfleischt von häßlichen Bären,
das nur war's, was allein ‹wider die Sage› geschehn» (vgl. Abb. 45).[96]

Ohne Zweifel: Ideenreich waren diese Inszenierungen, zudem mit bewundernswertem technischen Aufwand dargebracht – all das, damit beim Publikum bloß keine Langeweile durch einfallslose «Normalhinrichtungen» aufkam.

Einzug der Gladiatoren

War die Mittagszeit vorbei, so begann der dritte Akt – der Höhepunkt der gesamten Vorstellung.

Es begann mit dem sprichwörtlichen Einzug der Gladiatoren. Die prachtvoll gekleideten Fechter wurden von allen Seiten aufmerksam begafft, ihre Körper mit kundigen Blicken taxiert.[97]

Dann folgte – möglicherweise – die Begrüßung des Festgebers mit dem geflügelten Wort: *Ave, Caesar, morituri te salutant* («Sei gegrüßt, Kaiser, die dem Tode Geweihten grüßen dich»).

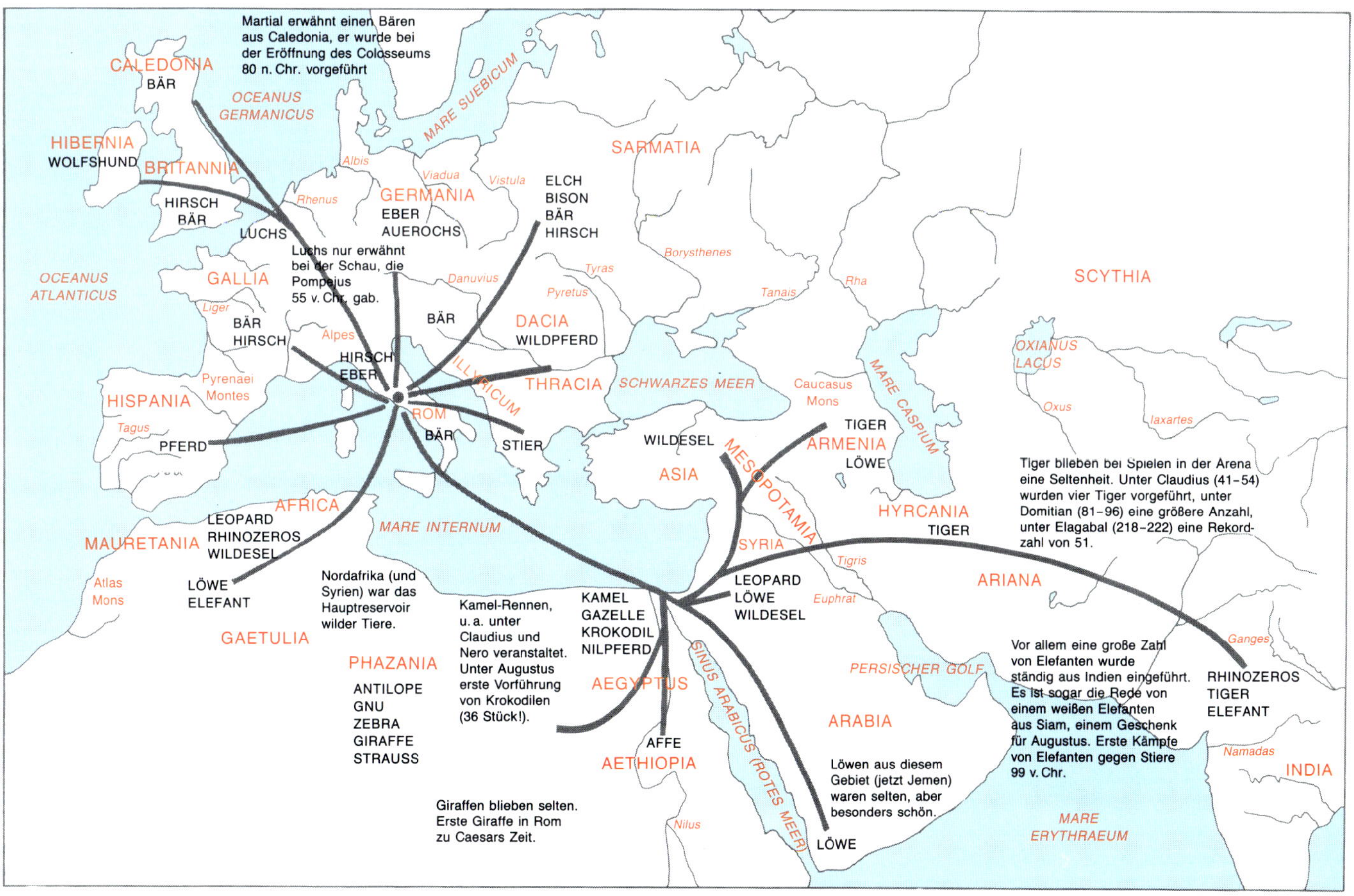

Abb. 41 Tiertransporte für Roms Arenen (nach: A. A. M. van der Heyden [Hrsg.], Bildatlas der klassischen Welt).

Abb. 42 Stadtmodell des antiken Rom im Museo della civilità romana, Rom; links oben das Colosseum, rechts oben der Circus Maximus, links an der Tiberschleife das Theatrum Marcelli und der Circus Flaminius, im Vordergrund links unten das Odeum und die dahinterliegenden Thermae Agrippae sowie rechts daneben das monumentale Theatrum Pompeii (vgl. den Stadtplan Abb. 199).

Abb. 43 Inneres des Colosseums. Unter dem Arena-Boden lag ein Gewirr von Gängen und Räumen, die zum Teil als Käfige benutzt wurden. – Abb. 44 Reparaturinschrift des Colosseums aus dem 5. Jh. n. Chr.: «Venantius Basilius ... hat Arena und Loge, die ein furchtbares Erdbeben niederwarf, wiederherstellen lassen» (CIL VI 1717b).

Ob das wirklich eine Standardfloskel war, ist indes zweifelhaft. Sie wird nur einmal in der Literatur erwähnt, und zwar anläßlich einer gespielten Seeschlacht, die Claudius außerhalb Roms auf dem Fuciner See aufführen ließ. Claudius beantwortete den Gruß damals übrigens gönnerhaft mit den Worten: «Oder auch [die] *nicht* [dem Tode Geweihten].» Worauf sich die Gladiatoren zunächst prompt weigerten zu kämpfen: Der Kaiser, so legten sie die Antwort des Claudius aus, habe sie mit seinen Worten begnadigt (Abb. 51).[98]

Eine geschickte Regie sorgte dafür, daß sich die Spannung allmählich steigerte. Bevor es ernst wurde, mußten die Waffen begutachtet werden *(probatio armorum)*; die Zuschauer wollten sicher sein, daß die Gladiatoren mit scharf geschliffenen Klingen auf Leben und Tod kämpften. Gleichsam zum Aufwärmen für die Akteure der Arena wie für die Zuschauer schloß sich die *prolusio*, ein Scheinkampf mit stumpfen Waffen, an.

Ein Trompetenstoß war das Signal zum Beginn der echten Kämpfe, die dann häufig durch Orgelmusik «untermalt» wurden (Abb. 54). Einzeln oder auch in Gruppen betraten die Fechter die Arena. Die Gladiatoren waren unterschiedlich bewaffnet. Nicht zuletzt in der Auseinandersetzung zwischen ganz ungleich gerüsteten Fechtern lag der Reiz des «Spiels». Ein beliebtes Kämpferpaar bildeten der mit Visierhelm, Beinschienen, kleinem Rundschild und gekrümmtem Dolch bewaffnete «Thraker» *(Thraex)* und der «Samnit» *(Samnes)*. Der trug ebenfalls einen Visierhelm, aber nur am linken Bein eine Beinschiene; seine Hauptdefensivwaffe war ein großer Schild, seine Angriffswaffe ein gerades Schwert (Abb. 49).

Desgleichen stellten die Organisatoren der Kämpfe gern einen *Gallus (murmillo)*, der Schwert und Lanze trug und mit einem gallischen Schild bewehrt war (daher «Gallier»), gegen einen *retiarius*. Dessen wichtigste Waffe war ein Netz *(rete)*, das er dem Gegner überzuwerfen versuchte, um ihm dann den Dreizack in den Leib zu stoßen. Der *retiarius* selbst war leicht verwundbar, da er nicht einmal den Kopf durch einen Helm schützen durfte (Abb. 50). Eine weitere Attraktion bildeten die *essedarii*, die von einem britannischen Streitwagen *(essedum)* aus kämpften. Daneben gab es eine Reihe weiterer Gladiatorentypen, wie den *laquearius*, dessen Waffe ein Lasso *(laqueus)* war, den *sagittarius* («Bogenschütze»), den *dimachaerus*, der mit zwei Dolchen *(machaerae)* angriff, oder auch den flinken *veles* («Leichtbewaffneter»), der sich mit einer Lanze seiner Haut wehren mußte.

Kampf auf Leben und Tod

Atemlos, mit leidenschaftlicher Anteilnahme verfolgten die Zuschauer das Geschehen in der Arena, feuerten ihre Favoriten an oder forderten die Aufseher stimmgewaltig auf, allzu träge Akteure mit Peitschenhieben oder glühenden Eisen an ihre Aufgabe zu erinnern.[99] Erhielt ein Kämpfer eine Wunde, so erscholl von den Rängen der begeisterte Ruf *habet!* oder *hoc habet!* («er hat's!» oder «jetzt hat er's!»).

Ein besiegter Gladiator hatte nur *eine* Chance, sich dem tödlichen Streich zu entziehen: Er bat um Gnade, indem er den linken Arm hob und Daumen oder Zeigefinger in die Höhe streckte. In diesem Moment mußte der Sieger innehalten; nicht ihm, sondern dem Ausrichter der Spiele stand die Entscheidung über die Begnadigung *(missio)* zu.

Der entschied freilich selten selbst, sondern überließ das Urteil über das Leben des Besiegten dem Publikum. Auf dieses Verfahren werden wir später noch zurückkommen. Fiel die Entscheidung negativ aus, so senkte der Kaiser den Daumen: *pollice verso* wurde so zum Fachausdruck für die befohlene Tötung eines unterlegenen Gladiators. Mit welcher Selbstdisziplin sich der Todgeweihte dem Urteil fügte, schildert Cicero:

«Wie oft zeigt es sich, daß die Gladiatoren nichts lieber wollen, als ihrem Herrn oder dem Volke zu gefallen! Sogar mit Wunden bedeckt, schicken sie Boten zu ihrem Herrn, um anzufragen, was dieser wünscht; wenn es ihm gefalle, seien sie bereit, den Todesstreich zu empfangen. Welcher auch nur mittelmäßige Gladiator hat je gestöhnt oder die Miene verzogen? Wer hat sich jemals im Stehen oder sogar im Fallen schimpflich gezeigt? Wer hat den Kopf eingezogen, wenn er gefallen war und den Befehl erhalten hatte, den Hals hinzuhalten?»[100]

Abb. 45 Orpheus fasziniert die Tiere mit seinem Gesang; Mosaik aus Paphos (Zypern).

Das ist wirklich ein eigenartiges Phänomen: Die große Mehrzahl der Gladiatoren war gefügig, «spielte mit», um in der Terminologie der «Spiele» zu bleiben, und das selbst dann noch, wenn dieser Gehorsam den eigenen Tod bedeutete! Ein Verhalten, das erahnen läßt, mit welchen Mitteln die Absolventen der Gladiatorenschulen innerlich gebrochen wurden (Abb. 53).

Der siegreiche Gladiator durfte die Arena, mit einem Palmenzweig als Siegestrophäe geschmückt, vom Publikum stürmisch gefeiert, verlassen und kehrte in seine Gladiatorenschule zurück, wo er von aufopferungsvollen Ärzten und Pflegern für seinen nächsten Einsatz wiederhergestellt wurde. Die freiwilligen Fechter erhielten neben dem Palmenzweig Siegesgelder und Sachprämien, deren Höhe der Spielgeber je nach Ausbildung und Leistung des einzelnen festsetzte.

Die toten Gladiatoren wurden von Sklaven aus der Arena getragen – aber erst, nachdem durch die Berührung mit einem glühenden Eisen geprüft worden war, ob sie tatsächlich tot waren oder sich gar nur verstellten.

Mitunter kam es vor, daß die Sieger noch nicht entlassen wurden. Sie mußten einen zweiten Kampf bestehen, für den *supposititii*, «Ersatzleute», bereitstanden.

Gladiatorenkämpfe besonderer Art waren die *munera sine missione*. Dabei war die Begnadigung des Unterlegenen per Reglement verboten. Augustus untersagte solche Kämpfe durch Gesetz[101], doch dürften die Vorschriften spätestens von Caligula und Claudius, berüchtigten Grausamkeitsfanatikern, aufgehoben oder zumindest unter diesen Kaisern mißachtet worden sein.

Natürlich standen auch wirtschaftliche Erwägungen dieser Variante der *munera* entgegen: Für den Ausrichter der Spiele erhöhten sich die Kosten mit jedem Gladiator, der in der Arena ums Leben kam. Derartige Rücksichten minderten aber wohl kaum die Brutalität der Spiele, denn kein Kaiser wollte in den schlechten Ruf geraten, seine Fechter aus Sparsamkeitsgründen zu schonen.

Die genaue Anzahl der im Kampf getöteten Gladiatoren ist nicht überliefert; die Quellen sagen darüber entweder zu wenig aus, oder die Nachrichten sind zu widersprüchlich.

Es konnte durchaus passieren, daß elf Kämpfe elf Tote forderten.[102] Gewöhnlich war die Überlebenschance der Gladiatoren aber doch wohl beträchtlich größer.

Makabre Statistik

Dafür sorgte schon die Institution des «Unentschieden». Kam es nach erbittertem Kampf zu keiner Entscheidung, so konnten beide Kontrahenten zu Siegern erklärt werden und *stantes missi*, «stehend entlassen», aus der Arena gehen. Grabinschriften von Gladiatoren erwähnen diesen Kampfesausgang verhältnismäßig häufig. Im Epitaph eines Fechters namens Flamma lesen wir: «Er kämpfte 33mal, siegte 21mal, wurde ‹stehend entlassen› 8mal, begnadigt 4mal.»[103]

Manche Zuschauer führten genauestens Buch über die Bilanz eines Arenatages (Abb. 48). Das erinnert – ein vielleicht anstößiger, aber gewiß nicht abwegiger Vergleich – an jene «Statistiker», die heutzutage detaillierte Fußballtabel-

Abb. 46 «Bordgang» eines Elefanten; Mosaik aus Piazza Armerina (Sizilien).

len aufstellen. Als Beispiel seien die gewissenhaften Aufzeichnungen eines Zuschauers aus Pompeji angeführt. Er notierte:

Thrakier gegen Myrmillo
Sieg:
Pugnax aus der neronischen Schule
3 Siege
Tod:
Murranus aus der neronischen Schule
3 Siege
Hoplomachos gegen Thrakier
Sieg: Cycnus aus der julischen Schule
9 Siege
Begnadigt: Atticus aus der julischen Schule
14 Siege
Essedarii
Begnadigt: Publius Ostorius
51 Siege
Sieg: Scylax aus der julischen Schule
26 Siege[104]

Je häufiger ein Gladiator siegreich gewesen war, um so höher war sein «Marktwert», wenn es sich um einen Sklaven handelte. Freiwillige Gladiatoren durften, solange sie bei dem *lanista* unter Vertrag waren, keine Extragagen fordern, erhielten aber oft großzügige Geschenke.[105] Erst wenn sie wieder freie Männer waren, konnten sie «marktgerechte» Ansprüche stellen, indem sie ihre Popularität und Arenaerfahrung teuer verkauften (Abb. 59).[106]

Abb. 47 Expedition zum Einfangen von Raubtieren. Die Jäger schützen sich mit Schilden; der schwere Ochsenkarren dient zum Wegschaffen der Beute; Mosaik aus Piazza Armerina (Sizilien).

Frauen in der Arena

Soviel über den «Alltag» der Spiele, ihren «normalen» Ablauf.

Wollte der Kaiser das hauptstädtische Publikum besonders beeindrucken, so genügten derart «graue», «farblose» Spiele selten. Etwas Neues mußte her, etwas Außergewöhnliches.

Domitian war einer der Herrscher, die dem Publikum eine Reihe von «Spezialitäten» boten. Er ließ eine Schlacht nachspielen, bei der sich der Kampf gleichzeitig auf zwei Ebenen abspielte: Reiterei und Fußsoldaten. Seine Erfindung scheinen auch nächtliche *munera* gewesen zu sein, bei denen die Rüstungen und Schwerter im Lichte zahlloser Fackeln hell blitzten.[107] Auch ließ er Frauen in der Arena auftreten. Weil das aber an sich nichts Originelles mehr war, kam er auf eine neue Kombination: Die Frauen mußten gegen Zwerge kämpfen.[108]

Domitian, darin waren sich die meisten Senatoren einig, war ein schlimmer Despot. Nach seinem Tode atmeten sie auf und beschlossen die offizielle Auslöschung der Erinnerung an den verhaßten Kaiser *(damnatio memoriae)*: Statuen

Abb. 48 Graffito: «Buchführung» in der Arena. Von links nach rechts: Oceanus, Freigelassener, 13 (Siege); er hat gewonnen (V = vicit). Aracintus, Freigelassener, 4 (?) Siege (er starb) [CIL IV 8055]. Severus, Freigelassener, 13 (Siege). Albanus, (Sohn?) des Scaurus, Freigelassener, 19 (Siege); er hat gewonnen [CIL 8056].

Abb. 49 Beliebte Kämpferpaare: «Thraker» gegen «Samnit»; Grabrelief aus Chieti.

Domitians wurden zerstört, sein Name in öffentlichen Urkunden und Inschriften getilgt. Beim Volk hingegen war Domitian durchaus beliebt, «gab er doch ständig prächtige und aufwendige Schauspiele» (Abb. 57).[109]

Nero, der persönlich mehr dem Wagenrennen und dem Theaterspiel zugetan war, gab einem in Puteoli veranstalteten Gladiatorenspiel besondere Würze, indem er nur Äthiopier auftreten ließ – und zwar Männer, Frauen und *Kinder*![110]

Auch in Rom kämpften unter Nero weibliche Gladiatoren, darunter selbst Damen der vornehmen Gesellschaft.[111] Der Einsatz von Frauen bei *munera* und *venationes* wird zwar von einigen Schriftstellern als Exzeß abgelehnt. Die Masse der Zuschauer empfand das aber wohl ganz anders, ähnlich wie der Dichter Martial:

«Daß in dem wüsten Tal Nemeas der Löwe erschlagen,
Hercules' Heldentat rühmte die Sage im Lied.
Schweig' die vergangene Mär! Nach deinen Spielen jetzt, Caesar,
wissen wir, daß auch ein Weib kämpfend dasselbe vollbringt.»[112]

Ob sich das Auftrittsverbot für Frauen, das Septimius Severus im Jahre 200 erließ, auch auf die Gladiatorenspiele bezog oder nur für Athletenwettkämpfe galt, ist unklar. Eindeutig dagegen ist die Begründung für diese Maßnahme: Nicht humanitäre Überlegungen stehen dahinter, sondern lediglich der Schutz «ehrbarer» Frauen vor übler Nachrede[113] – offenbar waren allgemein Witze über «die» Frau bei öffentlichen Auftritten im Umlauf.

«Spezialitäten»

Als makabren «Leckerbissen» faßte das Publikum sicher auch derart ungewöhnliche Kämpfe auf, wie sie der Kaiser Commodus im Jahre 212 von einem Gladiator namens Bato verlangte. Commodus, selbst häufig in der Arena auftretend, freute sich, «wenn möglichst viel Blut floß».[114] Diesem Grundsatz entsprechend ließ er Bato an einem einzigen Tage dreimal hintereinander kämpfen. Beim dritten Kampf war der Gladiator so geschwächt, daß er unterlag – und getötet wurde. Der Zyniker auf dem Kaiserthron ehrte den tapferen Fechter mit einem prachtvollen Begräbnis.[115]

Zuschauermagneten waren erst recht Massenkämpfe, noch dazu wenn ein historisches oder mythologisches Geschehen nachgespielt wurde. Während Nero ein eher bescheidenes Schauspiel dieser Art noch in einem Amphitheater veranstalten konnte, mußte Domitian auf das bei weitem größere Areal des Circus ausweichen, weil die von ihm aufgebotene Zahl von Kämpfern – Reitern wie Fußsoldaten – im Colosseum nicht genügend Platz fand.[116]

Das alles konnte freilich nicht mit der grandiosen Vorstellung konkurrieren, die Claudius seinem Volk auf dem Marsfeld bot. Als stolzer Sieger über Britannien, das unter seiner Regierung römische Provinz wurde, gab Claudius den «Daheimgebliebenen» sozusagen einen kostenlosen Anschauungsunterricht über seine Erfolge im fernen Britannien. Er ließ die Eroberung und Plünderung einer britannischen Stadt und die anschließende Kapitulation des britannischen Führers nachspielen. Beherrschende Figur der eindrucksvollen Szenerie: der Kaiser selbst, in den Feldherrnmantel gehüllt, zufrieden dem «historischen» Spektakel zuschauend.[117]

Die aufwendigsten Schauspiele überhaupt waren die Naumachien. Bei diesen Schiffskämpfen wurden mehrere tausend Kämpfer gleichzeitig aufgeboten. Da sie riesige Geldsummen verschlangen, konnten sie nur in großen zeitlichen Abständen stattfinden. Mehr als eine Naumachie pro Jahrzehnt fand im Durchschnitt nicht statt. Es waren also in jeder Hinsicht Ausnahmeveranstaltungen, von denen jetzt die Rede ist.

Künstliche Seeschlachten – bestaunte Höhepunkte der «Spiele»

Gerade weil sie so selten geboten und mit größter technischer Raffinesse und mit allem erdenklichen Pomp inszeniert wurden, übertraf ihre Resonanz die – ohnehin schon große – Popularität «normaler» Spiele bei weitem. Als Caesar im Jahre 46 v. Chr. in Rom die erste Naumachie austragen ließ, war der Andrang der Schaulustigen so stark, daß Menschen von überall her nach Rom strömten und dort auf Straßen und Plätzen Zelte auf-

Abb. 50 Netzkämpfer *(retiarius)* auf einer Terra-sigillata-Flasche aus Rheinzabern. Netz und Dreizack waren die Angriffswaffen des selbst kaum geschützten Gladiators. – Abb. 51 Statue des Kaisers Claudius.

Abb. 52 Reich dekorierter bronzener Gladiatorenhelm mit Gesichtsschutz; aus Herculaneum; Nationalmuseum Neapel.

schlugen. Im Gewühl der Volksmassen wurden damals etliche Leute erdrückt.[118]

Das Interesse war nur zu verständlich: Caesar hatte auf dem Marsfeld eigens einen künstlichen See anlegen lassen. Dort ließ er eine «tyrische» und eine «ägyptische» Flotte gegeneinander kämpfen. Auf jeder Seite waren zweitausend Ruderer und eintausend Kombattanten eingesetzt; insgesamt also sechstausend Mann, von denen die meisten Kriegsgefangene und verurteilte Verbrecher waren.[119]

Mit diesem gigantischen Unternehmen hatte Caesar eine neue Dimension erschlossen. Die meisten Römer waren beeindruckt – beeindruckt auch von der Freigebigkeit des Dictators. Immerhin erhoben sich inmitten des Begeisterungstaumels doch auch einige Stimmen der Kritik, die die große Zahl der Toten bei den von Caesar ausgerichteten «Spielen» beklagten und sich über die Verprassung ungeheurer Geldmittel erregten.[120]

Vier Jahrzehnte später, als Augustus im Jahre 2 v. Chr. eine Naumachie veranstaltete, waren die Stimmen der Skeptiker verstummt – obwohl der Kaiser den Aufwand seines Adoptivvaters noch um einiges überbot. Wieder wurde ein künstlicher See in der Nähe des Tiberufers geschaffen. Bei den Abmessungen von über 500 Meter Länge und 360 Meter Breite ist es kein Wunder, daß Spuren dieses Beckens noch zweihundert Jahre später zu sehen waren.[121] Die Naumachie stellte den Seekampf zwischen «Persern» und «Athenern» dar; ohne Ruderer nahmen daran dreitausend Kämpfer teil. Augustus selbst hebt in seinem Tatenbericht hervor, daß er dieses Schauspiel *populo*, «für das Volk», veranstaltet habe.[122] Er wußte um die Attraktivität dieses Spektakels; und wirklich war die Stadt an jenem Tage wie ausgestorben. Der Kaiser mußte Wachen aufstellen lassen, damit Plünderer nicht von der Schaulust der Römer profitierten.[123]

Einen neuen Höhepunkt bildete die Naumachie, die Claudius im Jahre 52 n. Chr. auf dem Fuciner See veranstaltete (Abb. 55). Obwohl der Schauplatz des Geschehens über 100 Kilometer von Rom entfernt war, kamen nicht nur Neu-

Abb. 53 Zum Tode bereit: Sieger und Besiegter warten auf die Entscheidung des Publikums; Relief aus Bologna.

Abb. 54 Tubabläser und Orgelspieler «untermalen» das blutige Geschehen in der Arena; Detail des Mosaiks von Nennig.

gierige aus den umliegenden Ortschaften, sondern auch viele Menschen aus Rom, um die grandiose Seeschlacht zwischen «Rhodiern» und «Siziliern» mitzuerleben. 19000 Kombattanten, angeblich nur verurteilte Kriminelle, boten einem «unzählige Köpfe umfassenden Publikum» (Tacitus) eine hervorragende Vorstellung: Sie schonten weder sich selbst noch ihre Gegner, und eben das war nach dem Geschmack ihrer Zuschauer.[124]

Die Größenordnung der Naumachie auf dem *Fucinus lacus* war kaum zu überbieten. Daher setzten die Kaiser bei späteren Naumachien auf größere «Qualität»; der technische Aufwand sollte beim Publikum Erstaunen und Bewunderung hervorrufen. So ließ Nero im Jahre 57 ein (hölzernes) Amphitheater ganz plötzlich mit Seewasser füllen. Fische und große Seetiere schwammen in der unter Wasser gesetzten Arena. Eine Seeschlacht zwischen «Persern» und «Athenern» schien den Clou der Vorstellung zu bilden. Um so erstaunter waren die Leute, als das Wasser unmittelbar nach dem Ende der Naumachie abgelassen, der Boden getrocknet und die Vorstellung gleich darauf mit Gruppenkämpfen von Gladiatoren «zu Lande» fortgesetzt wurde.[125]

Titus ließ sich etwas Besonderes einfallen, um alles Dagewesene zu überbieten. Bei den Einweihungsfeierlichkeiten für das Colosseum richtete er gleich zwei Naumachien aus, eine im neu erbauten Amphitheater selbst, das sich unerwartet mit Wasser füllte und sodann mit Pferden, Stieren und anderen Tieren bevölkert wurde, «die man dressiert hatte, sich im flüssigen Element ebenso zu bewegen wie auf dem Lande». Danach folgte der unvermeidliche Seekampf; diesmal eine Schlacht zwischen

«Korkyräern» und «Korinthern».[126] Für die zweite Naumachie benutzte Titus den von Augustus angelegten künstlichen See. Dabei besiegten die «Athener» die «Syrakusaner», landeten auf einer kleinen Insel und eroberten sie nach Erstürmung der «Stadtmauern».[127]

Martial schmeichelte dem großartigen Kaiser ob der gelungenen Vorstellung: Dieser Seekampf lasse die Naumachie Neros und selbst die auf dem Fuciner See vergessen, er allein werde im Gedächtnis der Menschen fortleben.[128]

Derart lobende Worte ließen Domitian, den Nachfolger des Titus, nicht ruhen. Und so inszenierte auch er gleich zwei Naumachien, von denen eine wiederum im Colosseum stattfand (Abb. 56).

Für die zweite aber griff er nicht auf ein bereits vorhandenes Becken zurück, sondern ließ einen neuen See ausheben.

Alles war bestens organisiert, nur das Wetter machte dem Kaiser einen Strich durch die Rechnung. Während die Aufführung lief, gingen schwere Wolkenbrüche über Rom nieder, begleitet von heftigen Sturmböen. Die Zuschauer wollten sich ins Trockene flüchten, doch Domitian erlaubte niemandem, seinen Sitz zu verlassen. Das Ergebnis der verregneten Naumachie teilt Dio Cassius mit: «Bei diesem Schauspiel kamen fast alle Kämpfer ums Leben und auch etliche Zuschauer.» Im Unterschied zum Kaiser selbst, der sich umgezogen hatte, hatten sie bis zum Ende der Veranstaltung in völlig durchnäßten Kleidern ausharren müssen.

Als Trostpflaster für die erlittene Unbill gab Domitian den Römern einige Tage später ein Festessen auf Kosten der Staatskasse, das eine ganze Nacht hindurch andauerte.[129]

In der Folgezeit fanden kaum noch Naumachien statt, vielleicht weil eine Überbietung der früheren Seeschlachten nicht mehr möglich war, wahrscheinlich jedoch wegen der allzu großen Löcher, die diese extravaganten Veranstaltungen in den Staatssäckel und die Privatkasse des Kaisers rissen (s. S. 168 ff.).

Gladiatorenkämpfe, Tierhetzen, Naumachien: Das alles gehört neben anderen Darbietungen, über die in den nächsten Kapiteln zu sprechen sein wird, zur «Unterhaltungspolitik» der römischen Kaiser. Die Unterhaltung diente dazu, die hauptstädtische Plebs von der Politik abzulenken. Zugleich wollte der Herrscher seine Popularität durch die Veranstaltung prächtiger Spiele steigern; sie waren Selbstdarstellung und Repräsentation – Symbole einer glanzvollen Regierung.

Abb. 55 Graffito eines Vierruderers *(navis tetreris longa)*, gefunden bei Alba Fucens am Fuciner See.

Abb. 56 Darstellung einer der beiden von Domitian ausgerichteten Seeschlachten; Ausschnitt aus einem Stadtplan Roms.

Abb. 57 Als Tyrann verhaßt, als Ausrichter «exquisiter» Spiele geschätzt: Kaiser Domitian.

Abb. 58 Die Anwesenheit des Kaisers wurde auch bei den Spielen der Arena erwartet; hier Kaiser Theodosius in der Loge des Circus; Relief aus Konstantinopel.

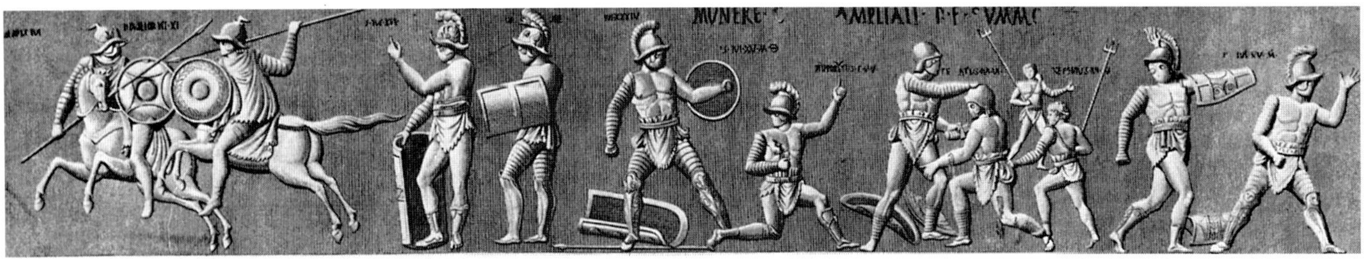

Abb. 59 «Buchführung» über den Ausgang von Gladiatorenkämpfen: Der Spielgeber Numerius Festius Ampliatus ließ Abfolge und Ausgang der von ihm veranstalteten *munera* auf seinem Grabmonument festhalten; Zeichnung eines nicht mehr erhaltenen Grabreliefs von F. Mazois.

Präsenzpflicht des Schirmherrn

Aus diesen Intentionen leitete sich die Tendenz zu immer längeren, aufwendigeren, extravaganteren Darbietungen ab. Aber es gab noch eine *dritte* Konsequenz, die der Kaiser ziehen mußte, wenn er das Popularitätspotential voll ausschöpfen wollte, das ihnen innewohnte: Er mußte präsent sein, die Spiele aufmerksam verfolgen, sich vor dem Publikum als umgänglich und volksfreundlich erweisen; kurz, er mußte sich zumindest den Anschein geben, als begeistere auch er sich an den Vergnügungen des kleinen Mannes. Desinteresse wäre leicht als Dünkel ausgelegt worden, und im übrigen war es ja für den Durchschnittszuschauer eine reizvolle Sache, das Mienenspiel und die Reaktionen hochgestellter Persönlichkeiten, zumal der Mitglieder des Kaiserhauses, zu verfolgen (Abb. 58).

Mit untrüglichem Instinkt hatte Augustus dieses Erfordernis politischer Psychologie erkannt und mit seinem Verhalten Maßstäbe gesetzt, die auch für seine Nachfolger verbindlich werden sollten. Sueton berichtet: «Sooft er bei den Spielen anwesend war, tat er nichts anderes [als ihnen zuzuschauen], sei es, um üble Nachrede zu vermeiden, mit der, wie er sich erinnerte, sein Adoptivvater Caesar öffentlich getadelt worden war, weil er beim Zuschauen Zeit fand, Briefe und Akten zu lesen oder zu verfassen, sei es aus Schaulust und Freude, die er erklärtermaßen empfand und zu der er sich oftmals ehrlich bekannte.»[130]

Die meisten Kaiser konnten das Nützliche mit dem Angenehmen verbinden, da sie selbst Gefallen am Geschehen in der Arena fanden. Claudius gerierte sich bei Gladiatorenkämpfen besonders volksverbunden; er scherzte mit den Zuschauern, nannte sie «meine Herren» und biederte sich bei ihnen an, indem er zusammen mit dem Publikum laut die Geldstücke abzählte, die er siegreichen Gladiatoren aushändigte.[131] Es fiel ihm nicht schwer, mit den Wölfen zu heulen, war er doch selbst von einer so unmäßigen Leidenschaft für die *munera* besessen, daß er die ihm verhaßten Retiarier nur ungern begnadigte. Allzusehr schätzte er es, das Mienenspiel der Unterlegenen beim tödlichen Streich zu beobachten.[132]

Abb. 60 Das früheste auf deutschem Boden aufgefundene Gladiatorenmosaik wurde schon im 16. Jh. in Augsburg, der ehemaligen Hauptstadt der Provinz Raetien, wiederentdeckt und ist heute verschollen; historischer Stich aus: Marcus Welser, Octo librorum rerum Augustanarum Vindelicarum antiqua monumenta (Venedig 1594).

Titus gab sich im Amphitheater leutselig und großzügig. Nicht nach seinem Willen, sondern nach dem Wunsche des Publikums ließ er die Gladiatorenspiele gestalten und lehnte keine Bitte ab, die sich auf derartige Programmwünsche bezog. Zusammen mit den Zuschauern unterstützte er beliebte Gladiatoren durch ermunternde Zurufe und Gesten. Sein Biograph Sueton führt dieses Verhalten ausdrücklich als Beispiel für die *comitas* (Leutseligkeit) und *popularitas* (volkstümliches Benehmen) des Titus an.[133]

Der einzige Kaiser, der keine Konzessionen an die Stimme des Volkes machte, war Tiberius. Ihm waren Gladiatorenkämpfe und auch alle anderen Schauspiele ein Greuel; konsequenterweise richtete er selbst überhaupt keine aus und ging nur äußerst selten zu Veranstaltungen anderer Spielgeber.[134] Er eckte mit diesem Verhalten ziemlich an, doch blieb die kaiserliche Familien-«Ehre» dadurch gewahrt, daß sein Sohn Drusus an seiner Stelle *munera* ausrichtete.[135]

So offen wie Tiberius wagte Marc Aurel knapp eineinhalb Jahrhunderte später seinen Ekel vor den blutigen Gefechten des Amphitheaters nicht mehr zu zeigen (Abb. 61). Er «entschärfte» die *munera*, indem er nur stumpfe Waffen an die Gladiatoren ausgeben ließ, mußte sich aber dennoch manchen Forderungen des Publikums beugen. Als die Zuschauer einmal fanatisch danach verlangten, einen Löwen, der auf Menschenfressen trainiert war, in der Arena zu sehen, konnte Marc Aurel nicht umhin, ihnen den Gefallen zu tun. Er weigerte sich jedoch energisch, dem Sklaven, der dieses denkwürdige Dressurergebnis zuwege gebracht hatte, die Freiheit zu gewähren, wie die Plebs es verlangte. Er könne, argumentierte der Kaiser mutig, darin kein Verdienst des Dompteurs erkennen, das eine Freilassung rechtfertige.[136]

Tiberius und Marc Aurel waren die Ausnahmen, die die Regel bestätigen; der eine aus Gründen, über die schon seine Zeitgenossen nur rätseln konnten, der andere aus den sittlichen Überlegungen seiner stoischen Philosophie heraus. Von den übrigen Herrschern ist nichts Vergleichbares überliefert.

Geschickter «Machtverzicht»

Im Gegenteil: Zum «System» der «Unterhaltungspolitik» gehörte es, dem Publikum möglichst weit entgegenzukommen, seine Wünsche und Forderungen zu berücksichtigen; die Zuschauer sollten schließlich das Gefühl haben, *sie* seien die eigentlichen Herren der Arena.

Da konnte sich der kleine Mann, wenigstens für Augenblicke, schmeicheln, daß *ihm* das Urteil über Leben oder Tod eines Menschen – des unterlegenen Gladiators – überlassen werde.

Denn der Kaiser gab das eigentlich ihm als Spielgeber zustehende Recht, über das Schicksal des besiegten Fechters zu entscheiden, in der Regel an das Publikum weiter. Daß nicht der Herrscher, sondern das Publikum darüber entschied, war so selbstverständlich, daß man geradezu von einem Appell des Unterlegenen *an das Volk* sprechen konnte.[137]

Die vielen tausend Zuschauer waren höchst selten einer Meinung. Plädierten die einen für Begnadigung *(missos, missos!)*, so forderten die anderen die Tötung des Gladiators *(iugula, iugula*[138]; – «erdroßle, töte ihn!»). Die einen schwenkten heftig Tücher oder hoben die Daumen, um für die *missio* (Entlassung, Begnadigung) einzutreten; die anderen senkten den Daumen *(pollice verso)* und verlangten so nach dem tödlichen «Gnaden»-Stoß.[139]

Gleichwohl dürfte es in den meisten Fällen ziemlich eindeutige Mehrheiten gegeben haben; und es war der Wille dieser Mehrheit, den der Kaiser respektierte und befolgte. Der Entscheid erfolgte nämlich gleichsam auf einer «sportlichen» Basis: Hatte sich ein Gladiator wacker seiner Haut gewehrt und dem Publikum einen spannenden, abwechslungsreichen Kampf geboten, so war ihm das Wohlwollen der meisten Zuschauer sicher. Umgekehrt hatte ein zu vorsichtig kämpfender, als feige eingeschätzter Gladiator keine Chance. Unterlag er, so schrie die Menge nach seiner Ermordung: Solche «Spielverderber» sollten künftig niemanden mehr langweilen.

Abb. 61 Abscheu vor den Grausamkeiten des Amphitheaters: Kaiser Marc Aurel.

Ähnliche Vorgänge spielten sich auch bei den Kämpfen zwischen Menschen und Tieren ab. Wenn es einem *ad bestias* verurteilten Verbrecher oder Sklaven wirklich einmal gelungen war, die gegen ihn anstürmende Bestie zu erlegen, und er dabei Mut und Geschick unter Beweis gestellt hatte, durfte auch er auf Begnadigung hoffen.

Die Wünsche und Forderungen, die die Zuschauer in der Arena an den Kaiser herantrugen, beschränkten sich nicht auf Dinge, die in direktem Zusammenhang mit den «Spielen» standen. Es wurden auch allgemeine politische Bitten und Beschwerden vorgebracht.

Die «Spiele» wurden somit zu einer wichtigen Kommunikationsebene zwischen Volk und Kaiser – für die Regierten ein wichtiges Ventil, ihren Unmut zu äußern, für den Herrscher geradezu ein Seismograph für die Stimmungen im Volke. Diese Publikumsdemonstrationen fanden aber nicht nur im Amphitheater, sondern auch im Circus und bei Theateraufführungen statt (s. S. 143ff.).

Der Circus

Vernunft gegen Leidenschaft

«C. Plinius grüßt seinen Freund Calvisius.

Diese ganze Zeit habe ich in angenehmer Ruhe, bei Schreibtafel und Büchern, verbracht. Du fragst: Wie war das möglich – in der Stadt?! – Es gab Circusspiele, und zu dieser Art von Schauspielen fühle ich mich nicht im geringsten hingezogen: nichts Neues, keine Abwechslung, nichts, das man mehr als einmal gesehen haben müßte. Um so mehr wundere ich mich, daß so viele tausend Menschen in so kindischer Weise immer wieder rennende Pferde und auf Rennwagen stehende Männer zu sehen verlangen.

Wenn sie immerhin von der Schnelligkeit der Pferde oder der Kunst der Lenker fasziniert wären, so wäre das noch ein Grund.

Tatsächlich aber beklatschen sie nur den Dreß, lieben sie nur den Dreß. Und wenn mitten im Lauf und Wettkampf die Farben [der konkurrierenden Rennställe] ihre Plätze tauschen würden, dann würden ihr Interesse und ihr Beifall den Wechsel mitmachen, und sie würden sich von jenen Wagenlenkern, jenen Pferden, die sie schon von weitem erkennen, deren Namen sie unablässig schreien, schlagartig abwenden. Einen so großen Reiz, eine so große Autorität übt ein einziges wohlfeiles Hemd, ich will nicht sagen: auf den Pöbel, der noch billiger ist als ein Hemd, sondern auf manche würdigen Männer aus.

Wenn ich bedenke, daß sie bei einer so seichten, faden, eintönigen Sache dasitzen und nicht genug bekommen können, dann macht es mir doch einiges Vergnügen, daß ich von *diesem* Vergnügen nicht angesteckt bin.»[1]

Offenbar war der Schriftsteller und Politiker C. Plinius einer der wenigen, die der Magie der Wagenrennen nicht erlegen waren. Oder haben vielleicht intellektueller Hochmut und eigenbrötlerische Weltfremdheit dem Verfasser dieser Zeilen die Feder geführt und ein entsprechend verzerrtes, übertriebenes Bild von der Circusleidenschaft der Römer entworfen?

So wenig abwegig ein solcher Verdacht prinzipiell ist, so wenig angebracht ist er in diesem Falle: Der Besuch der *ludi circenses*, der Circusspiele, war in der Tat für fast die gesamte römische Bürgerschaft ein Freizeitvergnügen von einzigartigem Rang, in der Popularität nur noch von den «Spielen» des Amphitheaters übertroffen. Mochten *munera* und *venationes* gleichsam qualitativ die größten Attraktionen sein, so fanden sie doch, mit den Wagenrennen des Circus verglichen, nur sehr selten statt. Nach dem Kalender des Furius Dionysius Philocalus (Abb. 62) wurden im 4. Jahrhundert, genauer: im Jahre 354, an insgesamt zehn Tagen Fechterspiele ausgetragen, während Circusspiele an nicht weniger als 64 Tagen gegeben wurden.[2] Die absoluten Zahlen sind für die vorangehenden Jahrhunderte unterschiedlich, das Verhältnis von eins zu sechs dürfte dagegen auch auf andere Zeiten zutreffen – außerordentliche Veranstaltungen allerdings nicht mitgerechnet.

PHILOCALVS
p. Chr. 354.

MENSIS APRILIS
habet dies XXX.

1		G	C	KAL · APR	VENERALIA · LVDI	SEN · LEG
2		A	D	IIII · NON		
3	B	B	E	III	N̄ · DEI · QVIRINI · C̄M̄ · XXIIII	DIES · AEGYP
4		C	F	PRIDIE	LVDI · MEGALESIACI	
5		D	G	NON ·	LVDI	
6	C	E	H	VIII · IDVS	LVDI	
7		F	A	VII		
8		G	B	VI	N̄ · CASTOR · ET · POLLVc · C̄M̄ · XXIIII	
9	D	A	C	V	LVDI	
10		B	D	IIII	MEGALESIACI · C̄M̄ · XXIIII	
11		C	E	III	N̄ · DIVI · SEVERI · C̄M̄ · XXIIII	
12	E	D	F	PRIDIE	LVDI · CEREALICI · C̄M̄ · XXIIII	
13		E	G	IDIB	LVDI SENATVS · LEGITIMVS	
14	F	F	H	XVI · KAL · MAI	LVDI	
15		G	A	XVII	LVDI	
16		A	B	XVI	LVDI	
17	G	B	C	XV	LVDI	
18		C	D	XIIII	LVDI	SOL · TAVRO
19		D	E	XIII	CEREALICI · CM · XXIIII	
20	H	E	F	XII		
21		F	G	XI	N̄ · VRBIS · C̄M̄ · XXIIII DIES · AEGYP	
22		G	H	X		
23	I	A	A	IX		
24		B	B	VIII		
25		C	C	VII	SERAPIA	
26	K	D	D	VI	N̄ · M · ANTONINI · C̄M̄ · XXIIII	
27		E	E	V		
28		F	F	IIII		
29	A	G	G	III		
30		A	H	PRIDIE	LVDI · FLORALES	

Abb. 62 Auszug aus dem Kalender des Philocalus: An fast der Hälfte aller April-Tage fanden *ludi* («Spiele») statt.

Kampf um die Plätze im Circus

Wenn Circusspiele so häufig stattfanden, dann muß sich das Publikumsinteresse so verteilt haben, daß niemand darum bangen mußte, einen Sitzplatz im Circus zu bekommen – sollte man meinen.

In Wirklichkeit aber waren Schaulust und Pferdeleidenschaft der Römer so groß, daß sich an den Veranstaltungsta-

Abb. 63 «Hippomanie» auch in Konstantinopel: Circusfans schwingen begeistert ihre Mäntel; Relief vom Denkmal des Wagenlenkers Porphyrios, 6. Jh. n. Chr.

gen oftmals schon im Morgengrauen, ja sogar schon in der Nacht Hunderte und Tausende auf den Weg zum Circus machten. Entsprechend groß war der Lärm, den die drängende, gestikulierende und schreiende Menge verursachte. Kaiser Caligula wachte einst davon auf und ließ die Leute aus Ärger über die nächtliche Ruhestörung mit Stöcken auseinandertreiben. Die dadurch ausgelöste Panik führte in der kopflos auseinanderstiebenden Menge zu einem Blutbad, das zwanzig römischen Rittern, ebenso vielen verheirateten Frauen und einer «unzähligen Menge» das Leben gekostet haben soll.[3]

Die Reaktion des Kaisers war einzigartig, allenfalls vergleichbar mit einem Vorfall aus der Regierungszeit des Elagabal, der bei gleicher Gelegenheit Schlangen in die zum Circus strömende Menge werfen ließ und dadurch ein wildes Durcheinander verursachte, in dem etliche Personen verletzt wurden.[4] Nichts Besonderes war dagegen das ständige Gerangel um die kostenlosen Circusplätze (Abb. 68), das viele Zuschauer schon in der Nacht zur Kampfbahn eilen ließ; ein Historiker bezeichnet das ausdrücklich als «üblich».[5] Und wie vor den Eingängen zum Circus gedrückt und geschoben wurde, veranschaulicht die Äußerung des Satirikers Juvenal, es sei empfehlenswert, zwei kräftige moesische Sklaven zu haben, um auf deren Schultern sicher zu einem Platz im tosenden Circus zu kommen.[6]

Warum in Rom nichts Ernsthaftes betrieben wird...

Natürlich fanden nicht nur in Rom Wagenrennen und andere Circusspiele statt. Im ganzen Reich hatten die Menschen ihr Vergnügen daran, diesen Darbietungen zuzuschauen. Die Einwohner der Hauptstadt freilich übertrafen alle anderen an Fanatismus und Begeisterung für die *ludi circenses*. Warum in Rom «nichts Ernsthaftes» betrieben wurde? Ammianus Marcellinus, ein Historiker des 4. Jahrhunderts, kennt die Antwort: «Lieblingsbeschäftigung aller [Römer] ist es, sich vom frühen Morgen bis zum späten Abend der Sonne und dem Regen auszusetzen, um bis in alle Einzelheiten die Vorzüge und Fehler der Rennfahrer und Pferde zu mustern. Recht merkwürdig ist es, eine unzählige Menschenmenge zu sehen, wie sie mit größter Leidenschaft den Ausgang von Wagenrennen gespannt erwartet.»

Für Ammianus, den einer griechischen Familie aus Antiochia entstammenden Beobachter der römischen Szenerie, war ein solches Verhalten unverständlich; daher sein Fazit: «Diese Verhältnisse erlauben es nicht, daß in Rom etwas Denkwürdiges oder Ernsthaftes betrieben wird.»[7]

Schließlich eine weitere Schilderung aus der Feder desselben Schriftstellers! Sie vermittelt noch einmal – trotz gewisser Übertreibungen – ein recht zuverlässiges Bild von jenem hohen Freizeitwert, den der Besuch der Circusspiele für Römer aller Schichten darstellte:

«Ihr ganzes Leben», so beginnt Ammianus verächtlich seinen Bericht über

Abb. 64 An den Wendemarken kam es häufig zur Vorentscheidung: es kam darauf an, sie möglichst eng zu nehmen, ohne sie zu berühren; Tonrelief aus dem 1. Jh. n. Chr.

Abb. 65 Zweigespann beim Wagenrennen; etruskische Malerei aus der Tomba del Maestro delle Olimpiadi in Tarquinia, Ende 6. Jh. v. Chr.

das Leben der hauptstädtischen Plebs, «widmen sie dem Wein, dem Würfelspiel, Bordellen, Vergnügen und Schauspielen. Der Circus Maximus ist ihnen Tempel und Wohnung, Versammlungsort und die ganze Hoffnung ihrer Wünsche. Scharenweise kann man sie auf den Plätzen, an den Straßenkreuzungen, in den Gassen und an anderen Treffpunkten sehen, wie sie miteinander streiten, wobei wie gewöhnlich die einen für dieses, die anderen für jenes Partei ergreifen. Unter ihnen lärmen die, die schon am Ende des Lebens stehen und durch ihr Alter größere Autorität haben, unter Hinweis auf ihre grauen Haare und Runzeln, der Staat könne keinen Bestand haben, wenn beim nächsten Wettrennen nicht derjenige, auf den gerade er wettet, als erster vom Start wegkomme, sondern mit verhexten Pferden in zu weitem Bogen um die Wendemarke fahre (Abb. 64). Wo die Fäulnis der Nachlässigkeit so groß ist, eilen alle, sobald der ersehnte Tag der Pferderennen graut, noch bevor die Sonne hell scheint, wild durcheinander, als wollten sie die beteiligten Rennwagen selbst an Schnelligkeit übertreffen. Mit unterschiedlichen Wünschen hinsichtlich des Ausgangs der Rennen bringen sehr viele die Nächte voll banger Unruhe zu, ohne ein Auge zuzumachen.»[8] Eine Vielzahl solcher und ähnlicher Zitate verdeutlicht, welch kaum zu überschätzende Bedeutung die *ludi circenses* im «Freizeitangebot» des kaiserzeitlichen Rom hatten. Man hat von «Raserei» der Zuschauer gesprochen, von «exzessiver Hippomanie» und «unglaublichem Fanatismus». An der Treffsicherheit dieser Urteile besteht angesichts der gerade angeführten Zitate kein Zweifel (Abb. 63).

Bei dieser Sachlage ist es kein Wunder, daß die Circusspiele auch ein Politikum von Rang waren. Juvenal hat es auf den Punkt gebracht: Was das römische Volk mehr wünschte als alles andere, waren seinem berühmten Wort zufolge Brot und eben Circusspiele![9] So blind konnte selbst der unfähigste Kaiser nicht sein, als daß er diese Leidenschaft der Römer nicht wahrgenommen und in seinen politischen Plänen unberücksichtigt gelassen hätte.

Am Anfang die Religion

Und so war es denn eine ähnliche Eigendynamik wie bei der Entwicklung des Gladiatorenwesens, die auch bei den Circusspielen dafür sorgte, daß sie immer länger, prunkvoller und aufwendiger wurden. Oder, um noch einmal Livius zu zitieren, daß aus gesunden Anfängen ein System entstand, das an Wahnsinn grenzte.[10]

Gesunde Anfänge: Das bedeutet in diesem Falle den religiösen Ursprung der Spiele. Die Anfänge «öffentlicher Festtage» *(feriae publicae)*, an denen auch Wagenrennen und athletische Wettkämpfe stattfanden, reichen bis in die römische Königszeit zurück. Tarquinius Priscus, der fünfte in der Reihe der legendären sieben Könige Roms, soll im 6. Jahrhundert v. Chr. die Tradition der «Größten Spiele» *(ludi maximi)* begrün-

Abb. 66 Wagenrennen mit Unfall; etruskische Malerei aus der Tomba delle Olimpiadi in Tarquinia, Ende 6. Jh. v. Chr.

Abb. 67 Denar aus dem Jahre 19 v. Chr. mit Altar der Fortuna Redux; an die glückliche Rückkehr des Augustus erinnerten auch Circusspiele.

Abb. 68 Eintrittsmarke zu den Circusspielen mit Abbildung des Rennpferdes Amicus, das einem Antonius gehörte (*Antoni* als Besitzerangabe). Die Eintrittsmarken wurden kostenlos abgegeben.

det und gleichzeitig den Platz für den ersten Circus bestimmt haben.[11]

Tarquinius Priscus war etruskischer, nicht römischer Herkunft. Tatsächlich spricht einiges dafür, daß die Römer die Institution der Spiele im allgemeinen und das in Etrurien beliebte Wagenrennen im besonderen von ihren etruskischen Lehrmeistern übernommen haben, die bis in die ersten Jahrzehnte des 5. Jahrhunderts hinein die Tiberstadt beherrscht und ihren römischen Untertanen eine Fülle wichtiger zivilisatorischer Errungenschaften vermittelt haben (Abb. 65, 66).

An den ursprünglich religiösen Charakter der Spiele erinnerten feierliche Rituale und sakrale Vorschriften, die auch noch in späterer Zeit peinlich genau beachtet wurden. Bei der Exaktheit, mit der die Römer in allen kultischen Belangen verfuhren, genügten eine kleine Störung oder ein Verstoß gegen Vorschriften der Festgestaltung, um Teile der *ludi* ungültig zu machen. In solchen Fällen war eine Wiederholung *(instauratio)* vorgeschrieben.

Nachdem die Spiele im Laufe der Jahrhunderte nahezu völlig säkularisiert worden waren und über die Bedeutung von Volksbelustigungen kaum noch hinausgingen, wurden die religiösen Vorschriften immer öfter mißbräuchlich in Anspruch genommen, um eine Verlängerung der beliebten *circenses* zu erzwingen. Der Historiker Dio Cassius berichtet, daß eine Reihe von Leuten, die mit der Organisation der *ludi* gute Geschäfte machten, absichtlich solche folgenreichen Formfehler herbeiführten. Dadurch seien bis zu zehn Wiederholungen der Spiele nötig geworden! Kaiser Claudius zog schließlich die Konsequenz aus diesem religiös verbrämten Unfug. Er verfügte im Jahre 41, daß künftig nur *eine* Wiederholung statthaft sei, die auf einen einzigen Tag zu beschränken sei.[12] Offenbar war der mit den ständigen *instaurationes* verbundene Aufwand zu groß geworden.

Sowenig ein Zusammenhang zwischen der Staatsreligion und den Spielen zu übersehen ist, so deutlich ist auf der anderen Seite, daß von den *ludi publici* Verbindungslinien auch zum staatlich-repräsentativen Bereich führen. Zu jeder Veranstaltung von Spielen gehörte ein Festzug *(pompa circensis)*, eine große Prozession, die sich vom Capitol zum Circus Maximus bewegte.

Der Beamte (nicht Priester!), der die Spiele ausrichtete, führte den feierlichen Zug an; er stand auf einem hohen Wagen, gekleidet in der Tracht eines triumphierenden Feldherrn. Einige Forscher vermuten deshalb, daß die Spiele auf Dankesfeiern zum Abschluß erfolgreicher Kriegszüge zurückgehen.

Diese ansprechende Erklärung steht keineswegs im Widerspruch zu den kultischen Aspekten der Spiele. In ihnen sollte zunächst der den Göttern geschuldete Dank zum Ausdruck gebracht werden; erst in zweiter Linie dienten sie dem Unterhaltungsbedürfnis: eine in der römischen Religion gar nicht so selten anzutreffende Mischung von Nützlichem und Angenehmem.

Erweiterung des Festkalenders

Fanden in der Frühzeit der römischen Geschichte die Spiele – entsprechend ihrem vermuteten Ursprung – in unregelmäßigen Abständen statt, so trat im 4. Jahrhundert v. Chr., wahrscheinlich im Jahre 366, eine wichtige Neuerung ein: Die *ludi magni* wurden zu einer *ständigen* Einrichtung im römischen Festkalender.

Offiziell hießen sie seit dieser Zeit *ludi Romani*[13] («Römische Spiele»). Gleichzeitig wurde die Feier auf vier Tage ausgedehnt, nachdem die ursprünglich nur eintägige Dauer schon in früheren Jahrzehnten verlängert worden war. Die *ludi Romani* fanden vom 15. bis zum 18. September eines jeden Jahres statt; nach Caesars Tod im Jahre 44 v. Chr. wurde auch noch der 19. September in die Festperiode einbezogen.

Es dauerte rund eineinhalb Jahrhunderte, bis ein zweites Fest dieser Art mit jährlich ausgerichteten Circusspielen zu einer regelmäßigen Einrichtung wurde. Erstmals für das Jahr 216 v. Chr. ist dies für die *ludi Plebei* («Volks-Spiele») bezeugt[14], deren circensischer Teil fortan vom 15. bis 17. November durchgeführt wurde. In den nächsten Jahren kamen weitere *ludi* hinzu.

Hier eine Übersicht:
208 v. Chr. *ludi Apollinares* 13. Juli
(zu Ehren des Gottes Apollo)
202 v. Chr. *ludi Cereales* 19. April
(zu Ehren der Göttin Ceres)

Abb. 69 a, b Vorder- und Rückseite eines um 80 v. Chr. geprägten Aureus, der die Reiterstatue Sullas abbildet – ebenso wie die Stiftung von Spielen ein Propaganda-Instrument des Dictators.

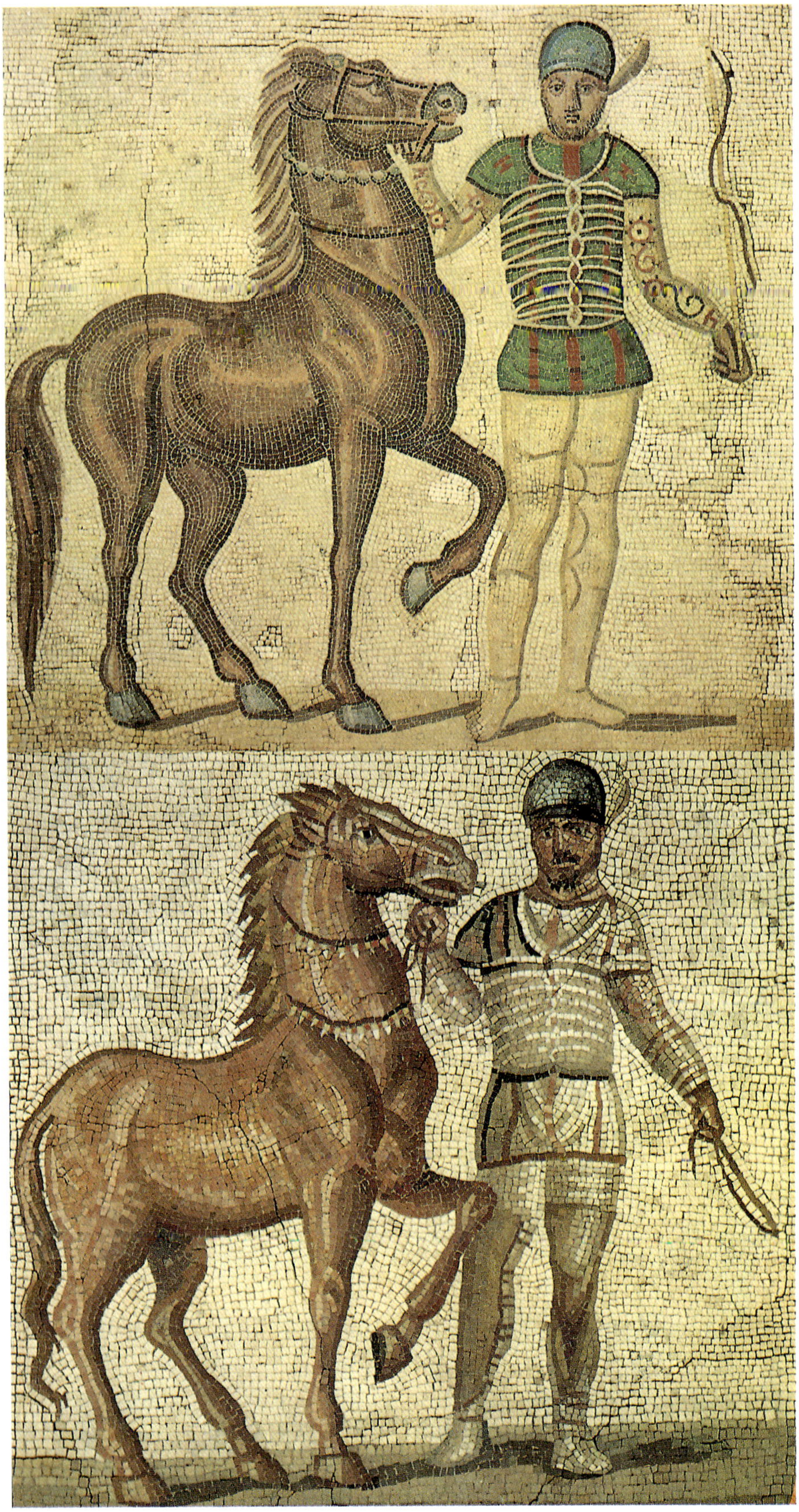

Abb. 70a Wagenlenker der vier Circusparteien; an der Farbe der Tuniken (hier Grün und Weiß) konnte der Zuschauer «seine» Partei erkennen; Mosaik um 200 n. Chr. aus einer Villa an der Via Cassia bei Rom.

191 v. Chr. *ludi Megalenses* 10. April
(zu Ehren der Magna Mater)
173 v. Chr. *ludi Florales* 3. Mai
(zu Ehren der Göttin Flora)

Rechnet man die Tage mit szenischen Aufführungen hinzu, so dauerten die einzelnen Festperioden mehrere Tage. Die angegebenen Daten beziehen sich also nur auf die Tage, an denen die jeweiligen *Circus*spiele auf dem Programm standen, die sogenannten *dies circenses.*

Bis in die Zeit der späten Republik war die Zahl der jährlichen Circustage noch gut überschaubar, wenngleich neben diese «ordentlichen» Spiele dann und wann zusätzlich außerordentliche *ludi* traten, etwa um einen militärischen Sieg festlich zu begehen oder aus Freude über das Ende einer gefährlichen Epidemie.

Inflation der Spiele

Eine neue Entwicklung begann im Zeitalter der großen mächtigen Einzelpersönlichkeiten wie Sulla, Pompejus und Caesar. Ähnlich wie im Gladiatorenwesen wurden damals die Grundlagen für die «Inflationierung» von *ludi circenses* gelegt, wie sie die römische Kaiserzeit erlebte. Um nicht nur das Andenken an einzelne überragende Erfolge, sondern auch an ihre Person aufrechtzuerhalten und vor allem um sich bei den Römern beliebt zu machen, stifteten bedeutende Politiker zusätzliche Feste, die sich – manchmal allerdings erst nach einigen Jahren – ebenfalls zu festen Spielen *(ludi stati)* fortentwickelten.

Genauer gesagt: Die Herren *ließen* solche Feste zu ihren Ehren stiften, so Sulla im Jahre 82 v. Chr. die *ludi Victoriae Sullanae* («zur Erinnerung an Sullas Sieg») (Abb. 69), Caesar im Jahre 46 v. Chr. die *ludi Victoriae Caesaris* und Augustus 11 v. Chr. die (erst später so genannten) *ludi Divi Augusti et Fortunae Reducis* zur Erinnerung an seine Rückkehr von einem erfolgreichen Spanien-Feldzug (Abb. 67). Damit konnten die Römer unter dem 1. November, dem 27. bis 30. Juli und dem 12. Oktober den Vermerk *circenses* in ihre Notizbücher eintragen.

Anlässe, um den Bewohnern der Hauptstadt weitere höchst willkommene Circusdarbietungen zu «spendieren», fanden sich in der Kaiserzeit genug: der Geburtstag des Herrschers, der Jahrestag seines Regierungsantritts, glückliche Ereignisse in Innen- und Außenpolitik oder die Genesung des Kaisers von einer schweren Krankheit boten sich dafür an. Ja, selbst die Consuln gingen mehr und mehr dazu über, ihren Amtsantritt mit Circusspielen zu verschönern.[15]

Nicht alle von diesen Spielen fanden einen bleibenden Platz im römischen Festkalender, sondern wurden nur so lange begangen, wie ihr Stifter lebte.[16] Dadurch war der Kalender natürlich ständigen Änderungen unterworfen. Und doch überlebten genügend Spiele ihren Begründer, um die Zahl der Festtage kontinuierlich ansteigen zu lassen. Des Geburtstages des Augustus etwa wurde noch im 4. Jahrhundert alljährlich am 23. September mit Circusspielen gedacht.[17]

Kein Wunder, daß die Zahl von rund einem Dutzend Circustagen zu Beginn des 1. Jahrhunderts v. Chr. sich im Laufe einiger Jahrzehnte vervielfachte. Entsprechend groß war der finanzielle Aufwand, der mit der Organisation der Spiele verbunden war. Gleichwohl schreckten die meisten Kaiser vor einer so unpopulären Maßnahme wie der Reduzierung der Festtage zurück. Nerva war einer der wenigen, die den Mut dazu aufbrachten. Er machte im Jahre 96 wenigstens den Versuch, «viele Opfer, Wagenrennen und andere Schauspiele abzuschaffen, um die Kosten nach Möglichkeit zu verringern.»[18]

Viel Erfolg war dieser Initiative freilich nicht beschieden. Die Zahl der *dies circenses* stieg laufend; sie dürfte Mitte des 2. Jahrhunderts n. Chr. bei fünfzig bis sechzig gelegen haben. Zweihundert Jahre später waren es nach der oben schon erwähnten zuverlässigen Angabe im Kalender des Philocalus 64 – und das in einer wirtschaftlich ungleich schwierigeren Situation als einige Jahrhunderte zuvor: Nichts vermag die außerordentliche Beliebtheit der Circusspiele besser zu veranschaulichen, als daß der Höhepunkt der Entwicklung ausgerechnet in einer Zeit lag, die sich diesen finanziellen «Wahnsinn» am allerwenigsten hätte erlauben dürfen. Diese Spieltage im Circus verschlangen gigantische Summen.

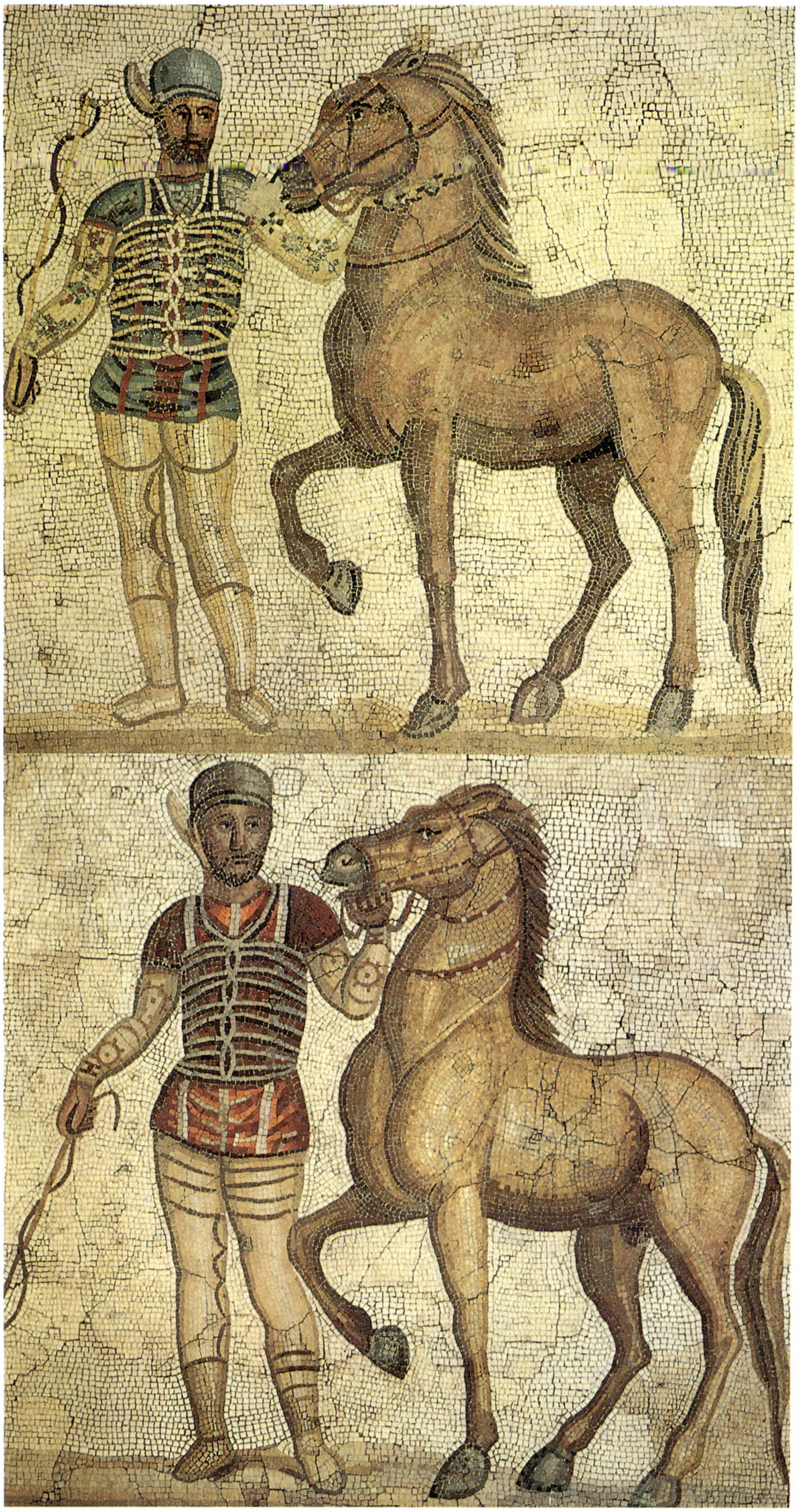

Abb. 70b Die Wagenlenker der «blauen» und «roten» Circuspartei auf dem Mosaik wie Abb. 70a.

Private Freigebigkeit, staatliche Zuschüsse

Eine Gruppe von Spielen, die bislang noch nicht erwähnt worden ist, wurde von den Erträgen aus heiligen Hainen bestritten: die wenigen wirklich noch kultischen Spiele, deren Organisation in der Hand von Priestern lag. Für die Consualia (21. August und 15. Dezember) und die Equirria (27. Februar und 14. März) sind auch Pferderennen bezeugt. Der Aufwand für diese sogenannten sacerdotalen oder priesterlichen Spiele war vergleichsweise gering und wurde deshalb durch die regulären Einnahmen des ausrichtenden Priesterkollegiums gedeckt.

Ursprünglich wurden die magistratischen, von Beamten ausgerichteten Spiele in ähnlicher Weise finanziert. Die Ädilen als die in der Zeit der Republik zuständigen Magistrate erhielten eine festgelegte Summe *(pecunia certa)* aus der Staatskasse, um damit die Kosten der Veranstaltung zu bestreiten. Diese staatlichen Zuwendungen wurden für die *ludi Romani* erstmals im Jahre 217 v. Chr. von 200000 auf eine drittel Million Sesterze aufgestockt.[19] Weitere Erhöhungen folgten in den nächsten Jahrzehnten.

Gleichwohl reichten die staatlichen Gelder bald in keiner Weise mehr aus, um den Aufwand für die Spiele zu dekken. Die Veranstaltungen wurden immer länger, prächtiger und damit teurer. Die Zuschauer wurden zusehends anspruchsvoller und forderten laufend höhere, dem gestiegenen Bedürfnis nach Prunk und Komfort angepaßte Aufwendungen.

Abb. 71 Beamter mit *mappa*. Das Fallenlassen des Tuches durch den Spielgeber markierte den Beginn des Rennens; Statue aus dem 4. Jh. n. Chr.

Und die Beamten kamen diesen Forderungen wohl oder übel nach. Niemand wollte sich der «Knauserigkeit» zeihen lassen, zumal die Unzufriedenheit der Zuschauer auch politische Konsequenzen nach sich zog: Dieselben Leute, die zu den *circenses* strömten, stimmten am nächsten Wahltag darüber ab, ob der Festgeber eine weitere Sprosse auf der Leiter der Ämterhierarchie erklimmen durfte oder nicht. Und die Enttäuschung über zu armselige Spiele war für die meisten allemal ein ausreichender Grund, den sparsamen Kandidaten durchfallen zu lassen.

Die Beamten mußten also die durch den staatlichen Zuschuß nicht abgedeckten Unkosten aus eigener Tasche aufbringen – eine kostspielige Angelegenheit, die schließlich in der späten Republik und der frühen Kaiserzeit manchen davon abhielt, sich um ein Amt zu bewerben. Das eigene Vermögen bzw. die Mittel der Familie reichten einfach nicht aus, um die mit dem Amt verbundenen finanziellen Lasten zu übernehmen.[20] Und nicht jeder war bereit, sich so viel Geld zu leihen, daß er seine Schulden nur auf schmutzige Art und Weise wieder loswerden konnte.

Abb. 72 Spielstein für ein Circus-Rennspiel, das nicht näher bekannt ist. Die Popularität der echten Wagenrennen auch in der Provinz erweist sich unter anderem in ihrer Nachahmung als Gesellschaftsspiel; gefunden in Trier, 4. Jh. n. Chr.

Caesars skrupelloses Finanzierungsmodell

Viele Politiker hatten solche Skrupel allerdings nicht. Sie wälzten die finanzielle Last kurzerhand auf Menschen ab, die kaum eine Chance hatten, sich gegen Ausbeutung und Erpressung zu wehren: die «Bundesgenossen» Roms und die in den Provinzen lebende Bevölkerung. Die Praxis, die Untertanen für die zur Ergötzung des hauptstädtischen Publikums veranstalteten Circusspiele zur Kasse zu bitten, muß schon im 2. Jahrhundert v. Chr. skandalöse Ausmaße angenommen haben. Der Senat sah sich anläßlich eines besonders üblen Ausbeutungsfalles gezwungen, Höchstsummen festzusetzen, um auf diese Weise wenigstens die schlimmsten Auswüchse zu verhindern.[21]

Einige Jahrzehnte später stellte sich jedoch heraus, wie leicht diese Bestimmung zu umgehen war. Ehrgeizige Politiker, die sich der Volksgunst versichern wollten, richteten prächtigere Spiele aus, als Rom sie jemals zuvor gesehen hatte. Es war kein Geringerer als Caesar, der sich darin besonders hervortat. Seine berühmte, auch in der Ausrichtung teurer *circenses* zum Ausdruck kommende *munificentia* (Freigebigkeit) gewann ihm viele Freunde und Anhänger. Aber sie bescherte ihm auch einen gewaltigen Schuldenberg, der im Jahre 61 v. Chr. die schwindelerregende Höhe von 25 Millionen Denaren erreichte.[22] Die Gläubiger fürchteten um ihr Geld und wollten Caesar nicht als Statthalter in seine spanische Provinz abreisen lassen. Hals über Kopf flüchtete Caesar aus Rom, nachdem der steinreiche Crassus sich mit 5 Millionen für ihn verbürgt hatte.[23] Im Grunde hätten die Gläubiger nicht nervös werden müssen. Das zeigte sich, als Caesar nach rund einem Jahr Tätigkeit als Statthalter aus Spanien zurückkehrte: Er konnte alle seine Schulden zurückzahlen und war selbst noch zum wohlhabenden Mann geworden![24]

Es hatte zwar einige Zeit gedauert, bis die Provinzialen die Zeche für die kostspieligen *circenses* des Ädilen Caesar (und seine anderen «Wohltaten» gegenüber seinen Wählern) zahlen mußten. Doch war das sicher kein Trost, wurden ihnen doch auch die zwischenzeitlich aufgelaufenen Zinsen skrupellos in Rechnung gestellt.

Nach diesem «Rezept» verfuhren viele Politiker, und den meisten Römern war das völlig egal. Hauptsache, die eigene Schaulust wurde durch teure Spiele befriedigt – ob die Provinzialen dabei ausgeblutet wurden, interessierte kaum jemanden. Und so waren es nur vereinzelte Stimmen, die mit Livius den Wahnsinn der ganzen Entwicklung anprangerten oder sich gemeinsam mit Cicero darüber aufregten, daß jemand «drei Erbschaften» dazu verschwendete, das Wahlvolk zu ködern, und solche Politiker rundheraus, wenngleich vornehm in griechischer Sprache, als «Verrückte» bezeichneten.[25]

Die Kosten wachsen ins Gigantische

Augustus nahm den Ädilen die Verantwortung für die öffentlichen Spiele ab und übertrug sie den Prätoren, die das nächsthöhere Amt bekleideten. Damals scheint auch der staatliche Zuschuß erhöht worden zu sein.[26] Für das Jahr 51 n. Chr. liegen konkrete Zahlen über die aus öffentlichen Kassen gewährten Mittel vor. So entfielen auf die
ludi Romani 700 000 Sesterze[27],
ludi Plebei 600 000 Sesterze,
ludi Apollinares 380 000 Sesterze,
ludi Augustales 10 000 Sesterze.
Es waren also schon erhebliche Summen, die der Staat den Prätoren zur Verfügung stellte. Sicherlich mehr als der vielzitierte «Tropfen auf den heißen Stein», aber doch bei weitem nicht genug, um die Kosten der Spiele auch nur annähernd zu decken.[28]

Dann und wann sprang der Kaiser einem bedrängten Prätor bei und schenkte ihm einen Teil der fehlenden Summe. So spendierte Kaiser Trajan seinem Schützling (und späteren Nachfolger) Hadrian rund 2 Millionen Sesterze, damit er «würdige» Spiele ausrichten könne.[29] Das war sicher ein Sonderfall. Im allgemeinen werden die Kaiser wesentlich zurückhaltender in der Unterstützung der Beamten gewesen sein; allein schon deshalb, weil sie neben den gleichsam amtlich festgesetzten magistratischen Spielen in eigener Person als Spielgeber auftraten und dafür natürlich tief in ihre Privatkasse greifen mußten. Bei der Häufigkeit der bei allen möglichen Anlässen

Abb. 73 Wagenrennen im Circus Maximus. Gebannt schaut dem dramatischen Rennen auch der Spielgeber aus seiner Loge links oben zu. Wahrscheinlich handelt es sich um seinen eigenen Grabbau, auf dem er das Relief anbringen ließ; aus Foligno, spätes 3. Jh. n. Chr.

«gelobten» Spiele – im «Geloben» liegt noch ein kultisches Relikt! – stellte das für manchen Princeps schon eine finanzielle Belastung von solchem Ausmaß dar, daß er wenig Neigung verspürt haben dürfte, auch zu den offiziellen *circenses* noch seinen Obolus beizusteuern.

Im Interesse des Kaisers lag es ja nur, daß möglichst viele und interessante Darbietungen jahrein, jahraus für Ruhe und Zufriedenheit seiner Untertanen sorgten. Das allein garantierte geradezu politische Stabilität. *Wer* die Kosten für diesen enormen Aufwand trug, konnte ihm ziemlich gleich sein, solange kein einzelner ihm selbst als bedeutendstem Ausrichter von Massenunterhaltungen den Rang ablief. Und da waren die jährlich gewählten Prätoren, die meistens unter der finanziellen Last ihres Amtes stöhnten, beileibe keine Gefahr – auch jene aus reichen Adelsfamilien stammenden Consuln nicht, die freiwillig zu ihrem Amtsantritt Spiele ausrichteten. Die mei-

Abb. 74 Parodie auf Circusrennen: Kinder stehen mit Leibchen der vier nach Farben unterschiedenen Rennparteien auf Zweigespannen, die von Vögeln gezogen werden; Mosaik von Piazza Armerina (Sizilien), 4. Jh. n. Chr.

Abb. 75 «Ich beschwöre dich, Dämon..., und verlange von dir, daß du... die Pferde der Grünen und Weißen quälst und tötest und die Wagenlenker Clarus, Felix, Primulus und Romanus tödlich verunglücken läßt» – Auszug aus einer in Hadrumetum (Tunesien) gefundenen Fluchtafel.

sten dieser potentiellen «Konkurrenten» des Kaisers verdankten zudem ihr hohes Amt der Gunst des Princeps; sehr viele waren von ihm selbst zur Wahl vorgeschlagen worden.

Ruinöser Ehrgeiz

Als «kaiserliche Gunst» mögen es noch die Beamten des 1. und 2. Jahrhunderts n. Chr. interpretiert haben, wenn sie solche hohen Stellungen bekleiden durften. Sie bezahlten ihren politischen Ehrgeiz teuer. Manch einer ruinierte dadurch sein ererbtes Vermögen, ein anderer mußte seine Zuflucht zu hohen Schulden nehmen. Immerhin, Ehre und Ansehen waren ihnen das wert. Nicht zuletzt waren der laut aufbrausende Applaus des zufriedenen Publikums und die Anerkennung der öffentlichen Meinung, der Prätor X oder der Consul Y hätten vorzügliche Spiele ausgerichtet, Trostpflaster, die über die hohen Kosten hinwegtrösteten (Abb. 71).

Und wirklich sahen es besonders vermögende Politiker geradezu als Verpflichtung gegenüber der Familienehre an, herrliche, perfekt inszenierte Circusvorstellungen zu geben. Im Jahre 401 richtete Q. Aurelius Symmachus anläßlich der Prätur seines Sohnes siebentägige Spiele aus, die stolze 2000 Pfund Gold kosteten. Damit hatte er völlig neue Maßstäbe gesetzt, und doch überbot ihn ein anderer Senator spielend, indem er angeblich die doppelte Summe aufwandte.[30]

Für die ganz Reichen war die Organisation der beliebten Circusspiele eine Gelegenheit, sich zu profilieren und das eigene Geltungsbedürfnis zu befriedigen (Abb. 73). Die meisten Amtsinhaber jedoch sahen seit dem 3. Jahrhundert n. Chr. in diesen Leistungen für die Allgemeinheit nur noch eine kaum erträgliche finanzielle Bürde. Und wirklich wurden durch solche Aufwendungen ganze Familienvermögen aufgezehrt, oft allerdings nicht ohne die Schuld besonders ehrgeiziger Politiker, die alles unbedingt noch größer, noch glänzender ausrichten wollten als ihre Vorgänger und in ihrem Wahn noch den letzten Sesterz verschleuderten[31] – eine Mentalität, die ja auch noch heutzutage bei der Ausrichtung von Weltmeisterschaften und Olympischen Spielen zu beobachten ist.

So war es denn fast folgerichtig, wenn sich im 4. Jahrhundert nicht mehr genug Freiwillige für die ruinöse Wahl zum Prätor zur Verfügung stellten. Viele versuchten, sich der belastenden «Ehre» zu entziehen, machten allerhand Vorwände geltend oder flohen gar aus der Hauptstadt. Kaiser Konstantin mußte einige Kandidaten geradezu zwingen, das Amt – und vor allem die damit verbundenen Aufwendungen – zu übernehmen:[32] So gering war mittlerweile die Bereitschaft geworden, höchste Staatsämter zu bekleiden.

Nichts vermag die politische Bedeutung der Spiele stärker zu unterstreichen als die Tatsache, daß der Kaiser Zwang auf die unfreiwilligen Spielgeber ausüben mußte, um dem Publikum die gewohnten circensischen «Leckerbissen» weiterhin servieren zu können.

Außer in Rom fanden Circusspiele aber auch in allen anderen Städten Italiens und in den Provinzen statt (Abb. 72). Gewiß, die hauptstädtischen Darbietungen waren die prachtvollsten und teuersten. Nirgendwo sonst wurden überdies so häufig Spiele veranstaltet wie in Rom. Trotzdem kosteten natürlich auch die kleineren *ludi* in der Provinz sehr viel Geld. Hatten sich in der frühen Kaiserzeit die Angehörigen der führenden sozialen Schichten förmlich danach gedrängt, Ämter *(honores)* in ihren Heimatstädten zu bekleiden und auch die dazu gehörenden Lasten *(munera)* wie die Ausrichtung von Spielen, den Bau bzw. die Renovierung von öffentlichen Gebäuden und Straßen und die Kosten für die Beheizung der Thermenanlagen zu akzeptieren, so nahm seit der Mitte des 2. Jahrhunderts die Neigung dazu rapide ab. Im «spätantiken Zwangsstaat» schließlich war von Freiwilligkeit keine Rede mehr: Wer das für den Dekurionenstand erforderliche Mindestvermögen besaß, wurde unerbittlich zur Übernahme der entsprechenden Lasten herangezogen. So war auch die Ausrichtung von Circusspielen für die Oberschicht zu einer äußerst unangenehmen Pflicht geworden.

Das Geschäft mit den Spielen: Die römischen «Renn-AGs»

Der einzelne Spielgeber wäre in jeder Hinsicht überfordert gewesen, hätte er die ganze Organisation von Circusspielen selbst in die Hand nehmen müssen. Überdies wäre es nicht sehr effektiv gewesen, anläßlich eines jeden Festes einen neuen Apparat aufzubauen, der für die reibungslose Abwicklung der Wagenrennen sorgte. Und so waren im Laufe der Zeit regelrechte Spezialunternehmen entstanden, die alles für die Spiele Notwendige lieferten – gegen ordentliche Bezahlung selbstverständlich. Diese Unternehmen waren nämlich auf Gewinn ausgerichtete «Aktiengesellschaften», deren Anteile Angehörige des vermögenden Ritterstandes zeichneten, um ihr Geld profitabel anzulegen.

Je öfter neue Spiele im Festkalender hinzukamen und je aufwendiger die Veranstaltungen ausfielen, um so größer wurde auch die Bedeutung dieser Gesellschaften. Sie entwickelten sich zu Riesenapparaten, die Umsätze von Zigmillionen machten und ein mehrere hundert Köpfe starkes Personal beschäftigten.

Die meisten Angestellten der Renngesellschaften waren Sklaven, daneben wurden aber auch etliche Freie eingestellt. Auf den Lohnlisten der Unternehmen standen Rennfahrer und Magazinverwalter, Stallmeister und Agenten, die für die Beschaffung von Pferden aus allen Teilen des Imperiums zuständig waren. Auch Boten und Kellermeister, Ärzte für Menschen und Tiere sowie Trainer, Schuhmacher, Schneider und Wagenmacher standen im Dienste der großen Renngesellschaften *(factiones)*. Daneben waren ausgesprochene Spezialisten angestellt: Perlensticker für den Pferdeschmuck[33], «Türöffner», die die Pferde bei Rennbeginn aus den Boxen ließen, und sogar «Besprenger», deren Aufgabe es war, Pferde und Wagenräder mit Wasser zu erfrischen bzw. zu kühlen.[34]

An der Spitze dieser weitverzweigten Organisationen standen Direktoren *(domini factionum)*. Mit ihnen hatte jeder zu verhandeln, der Circusspiele ausrichten wollte oder mußte. Wie viele Pferde gebraucht wurden, welche Gage die Wagenlenker erhielten, für welche Gelder die Lieblingspferde des Publikums an den Start gingen, bis wann die Vorbereitungen für den Renntag abgeschlossen werden mußten: diese und ähnliche Fragen wurden zwischen dem Spielgeber und der Geschäftsführung der Renngesellschaften besprochen.

Dabei kam es bisweilen vor, daß die Unternehmer ihre praktisch monopolartige Stellung zu überhöhten Forderungen mißbrauchten. Mancher Spielgeber fügte sich nur zähneknirschend dem Diktat der Kapitalisten, gab es doch neben der im Ernst nicht durchsetzbaren Möglichkeit, die Spiele ganz abzusagen, keine realistische Chance, ordentliche *ludi* ohne die Hilfe der Renngesellschaften zu organisieren.

Ein einziges Mal fand ein Prätor den Mut, sich der Preistreiberei der *factiones* zu widersetzen. In der Regierungszeit Neros hatten die Renngesellschaften es auf die Spitze getrieben, weil sie im Enthusiasmus des Kaisers für Wagenrennen eine Garantie für die Durchsetzung selbst von völlig unangemessenen Forderungen erblickten. Aulus Fabricius, Prätor des Jahres 54, war jedoch entschlossen, es auf eine Kraftprobe ankommen zu lassen. Als die Verhandlungen mit den Gesellschaften scheiterten, ließ er kurzerhand Hunde abrichten: Sie sollten statt der Pferde Wagen durch den Circus ziehen (vgl. Abb. 74)!

Als am Renntag klar wurde, daß Fabricius es völlig ernst meinte, und die Hunde auf die Bahn gebracht wurden, reichte diese Demonstration der Festigkeit schon aus, um zwei der vier Gesellschaften zum Einlenken zu bewegen. Der Kaiser selbst tat ein übriges, um einen ordnungsgemäßen Rennverlauf sicherzustellen. Er setzte aus eigener Tasche zusätzliche Preisgelder fest, die dann auch die beiden anderen Unternehmen akzeptierten.[35]

Abb. 76 Fragment eines Bechers mit einer Circusszene: Eine Quadriga fährt gerade um die Wendemarke. Das Glas wurde in Trier gefunden, ist aber vermutlich im 4. Jh. n. Chr. in Italien hergestellt worden.

Die Renngesellschaften waren als kapitalistische Unternehmen gegründet worden, und das blieben sie bis in die späte Kaiserzeit. Den «Aktionären» kam es darauf an, mit der Organisation der Circusspiele Geld zu verdienen. Ideelle Motive sucht man bei ihnen vergebens.

Circusparteien – vom «Farbenkoller» der Römer

Und doch ging von diesen Gesellschaften eine beinahe unglaubliche Entwicklung aus: Sie wurden zu Identifikationsobjekten allerersten Ranges, erhielten gleichsam den Status von «Parteien», von denen jede über eine fanatische Anhängerschaft von Tausenden, ja Zehntausenden von Römern verfügte!

Das ursprüngliche Unterscheidungsmerkmal waren die Farben der Trikots gewesen, die die von einer Gesellschaft gestellten Wagenlenker trugen. Im 1. Jahrhundert n. Chr. gab es vier Farben (und entsprechende Parteien): die weiße *(factio alba)*, die rote *(russata)*, die grüne *(prasina)* und die blaue *(veneta)* (Abb. 70, 74). Kaiser Domitian versuchte, zwei weitere Farben einzuführen, die goldene *(aurata)* und die purpurne *(purpurea)*[36], doch setzten sich die neuen Parteien beim Publikum nicht

Abb. 77 (folgende Doppelseite) Intarsie aus farbigem Marmor: Iunius Bassus beim Einzug in den Circus; Kapitolinisches Museum, Rom.

Abb. 78 Medaillon mit Darstellung des Wagenlenkers Porphyrios und seines Leitpferdes Fontanus, das wegen seiner Bedeutung als einziges namentlich genannt wird; 4. Jh. n. Chr.

durch. Die Tendenz ging vielmehr in Richtung Fusion: Im Laufe des 2. Jahrhunderts n. Chr. gingen die älteren Farben Rot und Weiß, die es schon in spätrepublikanischer Zeit gegeben hatte, in den jüngeren «Grünen» und «Blauen» auf – ohne jedoch völlig aus dem Renngeschehen zu verschwinden.

Die Begeisterung der Römer für die Circusspiele läßt sich nur dann in vollem Umfang begreifen, wenn man sich die Rolle klarmacht, die die Circusparteien *(factiones)* dabei gespielt haben. Schaulust und Hippomanie der Zuschauer reichen nicht aus, um dieses Phänomen zu erklären; der Parteienfanatismus, das Hoffen und Bangen bei jedem Rennen, die ängstliche Erwartung, ob die «eigene» *factio* den Sieg davontragen werde: das war das eigentliche Salz der Renntage, das auslösende Moment dafür, daß Zehntausende fiebernd vor Aufregung in den Circus strömten.

Sehr drastisch, aber keineswegs übertrieben hat ein Fachwissenschaftler die *factiones* einmal so definiert: «Es waren Publikumsparteien, in Rom regelrechte Privatorganisationen, deren Angehörige zusammengehalten wurden durch Wettleidenschaft, Pferdespleen, Radausucht und auch politische Ambitionen...»[37] Wenn derselbe Gelehrte an anderer Stelle von «Raserei» und «Farbenkoller» des Publikums spricht, dann klingt das übertrieben und fast unseriös. Ein Blick auf das Verhalten der Zuschauer bestätigt indes sehr rasch, daß selbst so starke Ausdrücke durchaus angebracht sind (s. S. 53 ff.).

Fanatismus bis zum Selbstmord

Erstmals zeigt eine Nachricht aus dem Jahre 77 v. Chr., welche Emotionen der Parteienfanatismus freizusetzen imstande war. Damals stürzte sich anläßlich der Bestattung eines Wagenlenkers der roten Partei ein Anhänger aus Kummer über den Tod seines Idols mit auf den Scheiterhaufen. Betroffen von diesem «beispielhaften» Treueakt zugunsten des verstorbenen Wagenlenkers, behaupteten die Anhänger der gegnerischen (weißen) Partei, der Selbstmörder sei durch die bei der Verbrennung verstreuten Wohlgerüche betäubt worden und habe sich deshalb nicht mit freiem Willen in die Flammen gestürzt.

Mit dieser Erklärung hofften sie, der Tat den Charakter eines Opfers bzw. einer Huldigung an den toten Wagenlenker abzusprechen und dessen Ruhm entsprechend herabsetzen zu können.[38] Daß es einfach die Handlung eines Verrückten gewesen sein könnte – dieser Gedanke kam den Anhängern der einen Partei sowenig in den Sinn wie denen der anderen...

Das Ereignis war singulär, aber es wirft ein grelles Licht auf den Grad an Fanatismus, den die Fans an den Tag legten. Um die gegnerische Partei zu schwächen, schien ihnen jedes Mittel recht. Harmlos, weil nur auf böser Absicht beruhend, aber ohne greifbaren Erfolg, war die weitverbreitete Methode, mit Hilfe von Zauberei der eigenen Partei zum Siege zu verhelfen. Es sind Bleitäfelchen gefunden worden, die in Gräbern verborgen waren: Auf ihnen wurden die in den Gräbern hausenden Dämonen beschworen, das Pferd X oder den Wagenlenker Y beim Rennen zu behindern und sie stürzen zu lassen (Abb. 75).[39] Einer anderen Verfluchungstafel zufolge soll ein Wagenlenker «morgens im Circus so gefesselt sein, wie» – und nun erfahren wir, daß nicht nur die Tafel heimlich ins Grab versenkt worden ist – «dieser Hahn gefesselt ist; an Füßen, Händen und am Kopf».[40] Mit Amuletten und Glocken suchten die Wagenlenker sich selbst und ihre Pferde gegen solche Magie zu schützen.

Ein Hengst als Consul?

Gegen Heimtücke und kriminelle Umtriebe freilich waren sie machtlos. Und auch diese Mittel wurden im ständigen Konkurrenzkampf zwischen den *factiones* rücksichtslos angewandt. Es dürfte nicht nur der Kaiser Caligula gewesen sein, der Pferde und Wagenlenker der Gegenpartei vergiften ließ.[41]

Waren Personal und Tiere der anderen Farbe(n) das Ziel feiger Anschläge und magischer Kunststückchen, so trieb umgekehrt die Schwärmerei für die eigene Partei mindestens ebenso merkwürdige Blüten. Auch hier kann Caligula als Vertreter eines besonders übertriebenen, heutzutage lächerlich anmutenden Verhaltens gegenüber dem eigenen «Rennstall» gelten.

Sein Biograph Sueton berichtet: «Der grünen Partei war er so zugetan und ergeben, daß er häufig im Stall zu speisen pflegte und dort [über Nacht] blieb. Dem Wagenlenker Eutychus schenkte er einmal beim Gelage neben anderen Festgeschenken 2 Millionen Sesterze. Dem

Hengst Incitatus, dessentwegen er am Tag vor den Circusspielen der ganzen Nachbarschaft durch Soldaten Schweigen gebieten ließ, damit er in seiner Ruhe nicht gestört werde, gab er neben einem Stall aus Marmor und einer Krippe aus Elfenbein purpurne Decken und Halsbänder aus Edelsteinen, dazu ein Haus, eine Dienerschaft und Hausrat, um die in seinem Namen eingeladenen Gäste um so prächtiger empfangen zu können. Er soll vorgehabt haben, den Hengst zum Consul zu machen.»[42]

Caligula war beileibe nicht der einzige Kaiser, der sich so stark für eine Circuspartei engagierte, daß der positive politische Effekt offensichtlicher «Volkstümlichkeit» des Herrschers von dem negativen Image einer zu einseitigen Parteinahme überlagert wurde. Angesichts der Leidenschaft, mit der viele Herrscher sich ebenso wie ihre Untertanen einer *factio* verschrieben, ist es keine Selbstverständlichkeit, wenn Marc Aurel, der «Philosoph auf dem Kaiserthron», in seinen «Selbstbetrachtungen» seinem Erzieher dankt, daß er durch ihn «weder ein Grüner noch ein Blauer geworden» sei.[43]

Vielleicht liegt in dieser Bemerkung auch ein Seitenhieb auf seinen Mitregenten Lucius Verus, der sich ganz im Unterschied zu Marc Aurel sehr massiv in das Parteiengezänk einmischte. Er begünstigte die grüne und mußte sich daher von den Anhängern der blauen Partei allerlei Schmähungen bieten lassen. Seine Zuneigung zu dem Pferd Volucer («der Geflügelte») nahm geradezu peinliche Formen an: Auf Schritt und Tritt trug er eine Goldstatuette seines Lieblingshengstes mit sich herum, legte dem Volucer Trauben und Nüsse statt Hafer in die Krippe und ließ ihm auf dem vatikanischen Hügel ein Grabmal errichten (Abb. 78).[44]

Abb. 79 Circus-Leidenschaft auch auf Gegenständen des Kunstgewerbes: Darstellung eines Circus auf einer Öllampe.

Das Verhalten Prominenter wird von den Zeitgenossen aufmerksam registriert und von den Historikern aufgezeichnet. Wie sich der «Mann auf der Straße» im Streit der Circusparteien verhielt, fand demgegenüber kaum Beachtung. Daher ist es nicht weiter erstaunlich, daß sich die absurdesten und auffälligsten Beispiele für eine beinahe grenzenlose Identifikation mit dem Wohl und Wehe einer Circuspartei in den Biographien römischer Kaiser finden. In dieser Sache kann kaum bezweifelt werden, daß ihr Handeln repräsentativ für unzählige Römer gewesen ist.

Die gereizte Stimmung im Circus ist ebenso ein Indiz dafür wie die bereits erwähnten Berichte über die leidenschaftliche Anteilnahme der Masse am Geschehen der Rennbahn. Weitere Belege sind die gleichsam kopfschüttelnd niedergeschriebenen Erfahrungen, die der griechische Arzt Galen in den sechziger und siebziger Jahren des 2. Jahrhunderts n. Chr. in Rom gemacht hatte. Er berichtet, die Anhänger der Blauen und Grünen hätten sogar den Mist der Rennpferde berochen, um sich von der Güte und Verdaulichkeit des verwendeten Futters zu überzeugen.[45] Kein Wunder, daß der Mediziner in der Anhängerschaft an die verschiedenen Farben ein Lehrbeispiel für «unvernünftige Leidenschaft» erblickte![46]

Wettfieber – die Krankheit des Circuspublikums

Mit dieser Begeisterung verband sich eine enorme Wettlust, die den Besuch der Rennen in einer weiteren Hinsicht zu einem lohnenden Ereignis machte – lohnend freilich nur, wenn die eigene Partei Siege errang. Wenn nicht, dann schrien die um ihren Einsatz «Betrogenen» laut auf, schimpften, fluchten und stöhnten sie. Oder es herrschte im Circus eine Trauerstimmung wie nach der Schlacht von Cannae, als Rom eine vernichtende, existenzgefährdende Nieder-

Abb. 80 Sicher wurden auch «echte» Brieftauben als Nachrichtenüberbringer aus dem Circus ausgebildet: Taube im Weißdornbusch, Wandmalerei aus Pompeji.

lage erlitten hatte.[47] Da freilich die «Gewinner» mindestens ebenso lärmten und ihrer Freude lautstark Ausdruck verliehen, bedarf es keiner besonders entwikkelten Phantasie, um sich vorzustellen, wie der gesamte Circus manchmal kochte – «Hexenkessel» nennen Reporter unserer Zeit Stadien, in denen eine derartige Stimmung herrscht.

Mehrfach hören wir von hohen Welteinsätzen. Und so lag die Idee nahe, Wettern, die um ihr Geld bangten, aber – zum Beispiel weil sie nicht in Rom wohnten – die Rennen nicht selbst mit ansehen konnten, eine möglichst rasche und zuverlässige Nachricht über den Ausgang der einzelnen Rennen zukommen zu lassen. Ein gewisser Caecina aus der mehr als 200 Kilometer nördlich von Rom gelegenen Stadt Volaterrae (Volterra) hatte einen genialen Einfall: Er benutzte Schwalben als «Brieftauben» und gab seinen Mitbürgern die ungeduldig erwarteten Wettergebnisse durch, indem er die Vögel mit der Farbe der jeweils siegreichen Partei anstrich und sie dann auf die Reise schickte (Abb. 80).[48]

Abb. 81 *Felix populus veneti* – «glückliche Partei der Blauen», Mosaikinschrift der «Fans» der «blauen» Partei in Karthago; 3./4. Jh. n. Chr.

Geld darauf zu setzen, daß das Pferd einer bestimmten Partei den Sieg davontragen werde, war offenbar bei zwangloser Plauderei in einer Abendgesellschaft ebenso üblich wie im Circus selbst kurz vor dem Beginn eines neuen Rennens.[49]

Circusleidenschaft, psychologisch gesehen

Immerhin, bei den Wetten ging es noch um die Qualitäten von Pferden und Wagenlenkern – wenngleich manch einer auch dies durch die gefärbte Brille seiner Parteianhängerschaft beurteilt haben mag. Sicherlich wäre es auch falsch, verschiedene Motive, die der Circusleidenschaft der Römer in ihrer Gesamtheit zugrunde lagen, fein säuberlich voneinander zu trennen. Wer in den Circus ging, wollte den aufwendigen Pomp genießen, genoß das Bad in der bunten, lärmenden Menge, hatte Freude am sportlichen Wettkampf, war fasziniert von der Spannung, die über dem ungewissen Ausgang der Rennen (und der Wetten!) lag, *und* wollte sich bei alldem, inmitten dieser ganzen unvergleichlichen Szenerie, erholen und «abreagieren», indem er den Gespannen seiner *factio* die Daumen drückte, der Konkurrenz Unfälle und Niederlagen wünschte und sich mit «seiner» Partei in einer Weise identifizierte, die in rationalen Kategorien nicht faßbar ist (Abb. 81).

Obwohl sich also eine Reihe von Gründen für die Circusleidenschaft der Römer anführen läßt, steht doch der psychologische Gesichtspunkt stark im Vordergrund. Die Identifizierung mit einer *factio* gab vielen eine «Heimat», bot ihnen ausreichend Gelegenheit, Aggressionen und Emotionen in bestimmte, genau vorgezeichnete Bahnen zu lenken.

Es liegt auf der Hand, daß diese Wirkung des Parteien- und Circuswesens den Mächtigen nicht unangenehm zu sein brauchte. Auf eine – zugegeben – etwas zu einfache Formel gebracht, bedeutete dies: Jemand, der sich im «Hexenkessel» des Circus gleichsam austobt und den außerhalb der Rennbahn nichts stärker beschäftigt als seine *factio*, der kann im allgemeinen als ruhiger, ungefährlicher Staatsbürger gelten. *Er* hat seine möglichen politischen Ambitionen und Interessen auf ein anderes, «ungefährlicheres», Feld verlagert: Der Staatsbürger hat zugunsten des Circusbesuchers abgedankt.

Gewiß, solche Überlegungen wirken stark vereinfacht. Und tatsächlich gab es durchaus noch bestimmte politische Interessen, die gerade im Circus massiv an den Kaiser herangetragen wurden.

Andererseits ist die Macht der *factiones* über den einzelnen unverkennbar. Und ebenso unverkennbar ist die enorme gesellschaftliche (und damit politische) Bedeutung dieser Parteien in der römischen Kaiserzeit: «Von unendlich größerer Wichtigkeit war die Einrichtung der vier Farben an sich, wie geschaffen für das Bedürfnis der Menge, bei jedem Wettstreit, der vor ihren Augen vorgeht, für und wider Partei zu nehmen. Sie will nur ein Feldgeschrei, nach seinem Inhalt fragt sie nicht. Für Pferde und Wagenlenker konnte eine verhältnismäßig nur geringe Zahl von Sachverständigen und Anhängern sich interessieren, für die Farben jedermann. Pferde und Wagenlenker wechselten, die Farben waren permanent.»[50]

Wie sehr dieses Urteil Ludwig Friedländers, eines der besten Kenner der Materie überhaupt, zutrifft, zeigt das Verhalten einer Personengruppe, die aus dem Parteienwesen den größten persönlichen Nutzen zog: die Wagenlenker (Abb. 84–86).

Die Wagenlenker: Profis und Spitzenverdiener

Ebenso wie bei den Gladiatoren gab es auch bei den Wagenlenkern eine Elite,

Abb. 82 Messalina, die Frau des Kaisers Claudius. Sie ging, mit einer Perücke getarnt, in den Bordellen am Circus Maximus der Prostitution nach.

Abb. 83 Wagenrennen im Circus Maximus. Links der Spielgeber und seine Frau; im Hintergrund die an beiden Seiten durch Wendemarken *(metae)* begrenzte *spina* u. a. mit Obelisk und den Delphinen, die als Rundenzähler dienten; Sarkophag-Skulptur aus dem 2. Jh. n. Chr.

deren Namen jedermann kannte und deren Können und Ruhm von Dichtern gefeiert wurde. Im Unterschied zu den Helden des Amphitheaters genossen freilich die Stars des Circus erheblich größere gesellschaftliche Anerkennung; in der uralten sportlichen Disziplin des Wagenrennens aktiv teilzunehmen galt auch für freie Menschen nicht als Schande.

Tüchtige Wagenlenker konnten nicht nur hohes Prestige und Ansehen gewinnen, sie waren zudem Spitzenverdiener, denen jeder Sieg beträchtliche Preisgelder einbrachte. Kein Wunder, daß Wagenrennen im kaiserzeitlichen Rom ein reiner Profisport war, in dem Amateure nichts auszurichten vermochten.

Einige Inschriften berichten von den Traumkarrieren einzelner Wagenlenker. Von einem M. Aurelius Polynices erfahren wir, er habe bis zu seinem Tode im dreißigsten Lebensjahr insgesamt 739 Siege errungen, den Löwenanteil von 655 für die rote Partei, 55 im Dreß der grünen, 12 für die blaue und 17 im Dienste der weißen Partei. Die höchsten Preisgelder, die Aurelius Polynices verbuchen konnte, waren 3mal je 40 000 und 26mal je 30 000 Sesterze.[51]

Nicht ganz so erfolgreich war sein Kollege M. Aurelius Mollicius Tatianus, ebenfalls übrigens ein geborener Sklave. Er kam auf 125 Siege, wobei auch er im Laufe der Zeit für alle vier *factiones* tätig war. Die meisten Siege (89) holte er für die Roten, die wenigsten (5) für die Blauen.[52] Offenbar war er ein großes Talent, dem es aber wegen seines frühen Todes – er wurde zwanzig Jahre, acht Monate und sieben Tage alt – nicht vergönnt war, in den «Olymp» der Wagenlenker aufzusteigen.

Den «Olymp» der Wagenlenker: So könnte man den höchsten Rang der Spitzenfahrer nennen. Die Römer nannten sie *milliarii*, das heißt Wagenlenker, die mindestens eintausend erste Preise errungen hatten (*mille* = eintausend). Zu dieser kleinen Elite gehörten im 2. Jahrhundert zum Beispiel Flavius Scorpus mit 2048 und Pompeius Musclosus mit sogar 3559 Siegen.[53]

Auch sie sind dank ihrer Siege steinreiche Männer geworden. Noch höher waren allerdings die Prämien und Preisgelder, die der aus Spanien stammende Wagenlenker C. Apuleius Diocles in den 24 Jahren seiner Wagenlenkertätigkeit gewann. Seine Anhänger haben über seine Erfolge genau Buch geführt und die dabei errechnete Statistik auf einem zu Ehren ihres Idols geschaffenen Monument verewigt.[54]

Danach fuhr Diocles insgesamt 4257 Rennen, von denen er etwa ein Drittel, genau 1462, als Sieger beendete. Der roten Partei war es gelungen, Diocles durch hohe Summen fest an sich zu binden: Daher erzielte er für die Roten allein 1361 Erfolge. Mit nicht weniger als neun Pferden siegte er über einhundertmal; eines lenkte er gar zweihundertmal siegreich ins Ziel. Die von ihm errungenen Preise schlugen alle Rekorde, zumal Diocles sich auf attraktive Neuheiten spezialisiert hatte. Einmal lenkte er ein Gespann von gleich sieben aneinandergespannten Pferden – und triumphierte über seine Konkurrenten. Ein anderes Mal verzichtete er gänzlich auf den Einsatz der Peitsche – und sicherte sich gleichwohl den Preis von 30 000 Sesterzen.

Als er sich mit 42 Jahren ins Privatleben zurückzog, war seine Zukunft gesichert: Der Gesamtbetrag seiner Gewinne hatte die astronomische Höhe von 35 863 120 Sesterzen erreicht.

Fallstudie einer ungewöhnlichen Karriere

Obwohl diese Zahlen nicht repräsentativ sind, zeigen sie doch, welche riesigen Geldsummen in der Organisation der *circenses* den Besitzer wechselten. Um über die Modalitäten des Rennbetriebs aus der Sicht eines Wagenlenkers etwas zu erfahren, empfiehlt es sich, auf die «Erfolgsinschrift» eines weiteren Circusstars etwas näher einzugehen. Hier also die stolze Bilanz des P. Aelius Gutta Calpurnianus (Abb. 88):[55]

«Ich, Publius Aelius Gutta Calpurnianus, Sohn des Marius Regatus, habe mit folgenden Pferden Siege errungen:
für die blaue Partei:
mit dem aus Afrika stammenden
schwarzen Hengst Germinator 92 Siege
mit dem aus Afrika stammenden
Rotfuchs Silvanus 105 Siege
mit dem aus Afrika stammenden
isabellfarbenen Nitidus 52 Siege
mit dem aus Afrika stammenden
Schwarzen Saxo 60 Siege
und habe an größeren Preisgeldern erhalten:
1mal 50 000 Sesterze
9mal 40 000 Sesterze
17mal 30 000 Sesterze.

Abb. 84 Der für die rote Partei siegreiche Wagenlenker Polydus; hervorgehoben durch namentliche Erwähnung wird das Leitpferd Compressor; Bodenmosaik aus Trier, um 250 n. Chr.

Von meinen insgesamt über 1000 Siegen habe ich *für die grüne Partei* mit folgenden Pferden gesiegt:
mit dem aus Afrika stammenden Braunen Danaus 19 Siege
mit dem Schwarzen Oceanus 209 Siege
mit dem Rotfuchs Victor
(‹der Sieger›!) 429 Siege
mit dem Braunen Vindex 157 Siege
und habe an größeren Preisgeldern erhalten:
3mal 40 000 Sesterze
3mal 30 000 Sesterze.»

Seine größten Erfolge erzielte Calpurnianus demnach im Trikot der Grünen und Blauen. Daß er aber auch zeitweise im Dienst der roten und der weißen Partei gestanden hat, zeigt die Auflistung seiner Siege im dritten Teil der Inschrift (die im Vergleich mit den ersten beiden Teilen auftretenden mathematischen Inkonsequenzen gehen wohl auf einen Überlieferungsfehler zurück):
Insgesamt siegte Calpurnianus 1127mal, wie Abb. 85 aufschlüsselt:

	Weiße	Rote	Blaue	Grüne	insgesamt
Einzelrennen (nur ein Wagen pro Partei)	83	42	334	116	575
2 Wagen pro Partei	17	32	184	184	417
3 Wagen pro Partei	2	3	65	64	134
4 Wagen pro Partei	–	1	–	–	1
insgesamt	102	78	583	364	1127
davon Wiederholungsrennen nach Unentschieden	2	1	1	–	4
im ersten (anstrengendsten) Rennen gleich nach dem Festzug	4	–	35	6	45
mit Pferden, die noch keine Rennbahnerfahrung hatten	1	–	1	–	2
mit einem Gespann von 6 Pferden	–	–	1	–	1
Preisgeld von 50 000	–	–	1	–	50 000
Preisgeld von 40 000	1	–	9	3	520 000
Preisgeld von 30 000	1	1	17	3	660 000

Abb. 85 Die Siegesstatistik des Wagenlenkers P. Aelius Calpurnianus. – Abb. 86 Siegreicher Wagenlenker mit Palmzweig. Im Gürtel steckt ein Messer, mit dem er bei einem Unfall die Zügel durchschneiden kann; Marmorstatue aus dem 2. Jh. n. Chr.

Abb. 87 Auch in Spanien waren Wagenrennen und Wagenlenker populär. Auf dem Mosaik von Augusta Emerita wird Marcianus zugleich gefeiert und angespornt (*nicha:* Umschrift für griechisch «siege!»); ebenso das Leitpferd Inluminator; 4. Jh. n. Chr.

Regeln des Rennbetriebs

Zum besseren Verständnis dieser Angaben sind noch einige Informationen wichtig. Normalerweise ging in der ersten Hälfte des 2. Jahrhunderts, aus der diese Inschrift stammt, von jeder Partei ein Viergespann an den Start; insgesamt also sechzehn Pferde. Weil die Fahrt um die Wendemarken die kritischsten Punkte des Rennens waren und dem Verhalten des links außen angespannten Pferdes deshalb größte Bedeutung zukam, war dieser Platz für das beste Pferd reserviert, das dann als der eigentliche Sieger galt; daher erscheint in den ersten beiden Teilen der Inschrift jeweils nur der Name *eines* der vier Pferde.

Es kam vor, daß jede Partei mehrere Wagen ins Rennen schickte, in Ausnahmefällen bis zu vier. Wer sich in einem so stark besetzten Feld an der Spitze behaupten konnte, durfte natürlich auf einen solchen Sieg stolzer sein als auf einen Erfolg im Normalrennen mit insgesamt nur vier Gespannen. Als weitere außerordentliche, weil in schwereren Rennen erzielte Siege galten der Erfolg im ersten Lauf eines Circustages, da sich Menschen und Tiere da noch nicht von dem ermüdenden Spektakel des Festzuges erholt hatten, oder auch der Sieg in einem Wiederholungslauf, der nötig wurde, wenn es zuvor ein «totes Rennen» gegeben hatte.

«Prämienpoker» und «Starallüren» – alles schon dagewesen

Für die erfolgreichen Wagenlenker, das machen sämtliche einschlägigen Inschriften deutlich, waren die Circusparteien wenig mehr als Mittel zum Zweck. Anders als die Fans hielten sie ihrer *factio* keineswegs die Treue. Erhielten sie von der Konkurrenz ein besseres Angebot, so ließen sie sich bereitwillig abwerben. Wie sich die Lieblinge der Massen in der Öffentlichkeit ungestraft Frechheiten und Rüpeleien bis hin zu kriminellen Delikten herausnehmen konnten[56], so hatten sie erst recht im Umgang mit den Direktoren der *factiones* freie Bahn; sie forderten teilweise unverschämte Honorare – und erhielten sie. Es ist sicher keine falsche Aktualisierung, wenn man die Verhandlungen zwischen den Geschäftsführern der Parteien und den prominenten Wagenlenkern mit dem «Prämienpoker» heutiger Sportprofis vergleicht.

Erst recht aber liegen die *allgemeinen* Parallelen zum Verhalten der modernen Hochleistungsathleten, soweit sie sich in einer Massensportart engagieren, und dem Verhalten der Zuschauer offen zutage. Daß der echte Fan seinem Verein im Erfolg wie im Mißerfolg treu bleibt und für viele die Vereinsfarben mehr zählen als die wirklich erbrachten Leistungen, während sich auf der anderen Seite viele Sportprofis weniger, um nicht zu sagen gar nicht, um die Interessen ihres Vereins scheren, sondern sich allein ihrem Bankkonto verpflichtet fühlen und deshalb bei besseren Angeboten zur Konkurrenz überlaufen: dieses Phänomen findet sich ebenso beim Publikum und bei den Berufsathleten der römischen Kaiserzeit.

Es waren nur wenige, die sich darüber Gedanken machten und das Phänomen kopfschüttelnd beschrieben: «Wenn die Zuschauer immerhin von der Schnelligkeit der Pferde oder der Kunst der Lenker fasziniert wären, so wäre das noch ein Grund.

Tatsächlich aber beklatschen sie nur den Dreß, lieben sie nur den Dreß. Und wenn mitten im Lauf und Wettkampf die Farben ihre Plätze tauschen würden, dann würden ihr Interesse und ihr Beifall den Wechsel mitmachen... Einen so großen Reiz... übt ein einziges wohlfeiles Hemd, ich will nicht sagen: auf den Pöbel..., sondern auf manche würdigen Männer aus.»[57]

Klarer und unmißverständlicher läßt sich die Bedeutung des Wesens der *factiones* für das kaiserzeitliche Rom nicht beschreiben. *Nunc favent panno, pannum amant* («sie beklatschen den *Dreß*, den *Dreß* lieben sie»): in ihrer Rationalität und sprachlichen Prägnanz geradezu eine gnomische, über die römischen Verhältnisse weit hinaus reichende Feststel-

P·AELIVS·MARI·ROGATI·FIL·GVTTA
CALPVRNIANVS
EQVIS·HIS·VICI·IN FACTIONE·VENETA
GERMINATORE·N·AF· LXXXXII
SILVANO·R·AF· CV
NITID·GIL·AF· LII
SAXONE·N·AF· LX
ET·VICI·PRAEMIA·M·L·I·XL·IX·XXX·XVII

P·AELIVS·MARI·ROGATI·FIL·GVTTA
CALPVRNIANVS
MILLe·PALMAS·COMPLEVI·IN FACTIONE·PRASINA
EQVIS·HIS
DANAO·B·AF· XIX
OCEANO·N CCVIIII
VICTORE·R CCCCXXIX
VINDICE·B CLVII
ET·VICI·PRAEMIA·MAIORA·XL·III·XXX·III

EX NVMERO·PALMARVM·SVPRA·SCRIPTARVM·ↀCXXVII·VICI·IN FACTIONE·ALBATA·CII
REMISSVS·II·XXX·I·XL·I·A POMPA·IIII·EQVORVM·ANAGONVM·I·SINGVLARVM·LXXXIII·
BINARVM·VII·TERNARVM·II·IN FACTIONE·RVSSATA·VICI·LXXIIX·REMISSVS·SEMEL·XXX·I
QVATERNARVM·I·SINGVLARVM·XLII·BINARVM·XXXII·TERNARVM·III·QVATERNARVM·SEMEL
IN FACTIONE·VENETA·VICI·DLXXXIII·XXX·XVII·SEIVGE·I·XL·VIIII·L·I·A POMPA·XXXV·TRIGAS
X·VII·TRIGA·XXV·I·EQVORVM·ANAGONVM·I·SACRO·QVINQVENNALIS·CERTAMINIS·I·REMISSVS
SEMEL·SINGVLARVM·CCCXXXIIII·BINARVM·CLXXXIV·TERNARVM·LXV·IN FACTIONE·PRASINA
VICI·CCCLXIV·XXX·I·XL·II·PEDIBVS·AD QVADRIGAM·LXI·A POMPA·VI·SINGVLARVM·CXVI
BINARVM·CLXXXIIII·TERNARVM·LXIIII·HOC·MONVMENTVM·VIVVS·FECI

Abb. 88 Inschrift mit der Karriere des P. Aelius Calpurnianus; Faksimile von CIL 10047.

Abb. 89 Luftaufnahme des Circus Maximus.

lung des Jüngeren Plinius – aber doch nicht mehr als die leise Stimme eines nachdenklichen Außenseiters, die vom Höllenlärm des tosenden Circus[58] allemal übertönt wurde.

Die Massen, die an jedem Renntag in den Circus strömten, darunter Angehörige *aller* sozialen Schichten, vom Sklaven über den Lohnarbeiter bis zu den höchsten Spitzen der Aristokratie, interessierten sich für die «Nörgeleien» intellektueller «Spielverderber» nicht im geringsten.

Größte Sportkampfbahn der Welt: Der Circus Maximus

Welche ungeheuren Menschenmassen gleichzeitig den Wettrennen zusehen konnten, zeigen die imposanten Ausmaße des ersten und größten aller römischen Circusse, des Circus Maximus. Nicht von ungefähr hat der italienische Archäologe F. Coarelli diesen Bau als die «größte Anlage für öffentliche Darbietungen, die je gebaut wurde», bezeichnet (Abb. 89).[59]

Die langgezogene Senke zwischen dem Abhang des Palatin im Nordosten und dem Aventin im Südwesten bot sich für die Austragung von Wagenrennen geradezu an. Und so sollen dort schon in der römischen Königszeit die ersten Wettbewerbe stattgefunden haben, darunter übrigens auch jene Circusspiele, die die Römer zum berühmten Raub der Sabinerinnen nutzten. Während die männlichen Verwandten der Frauen gebannt den Wagenrennen folgten, stürzten sich die jungen Römer angeblich auf die wehrlosen Frauen.[60]

Die Baugeschichte des Circus Maximus ist eine Entwicklung von einfachsten Anfängen bis zu einer wirklich luxuriösen, mit Kunstwerken geschmückten, von Edelmetall überhäuften, teilweise mit marmornen Sitzen ausgestatteten Arena. Zunächst ließen sich die Zuschauer einfach auf den mit Gras bewachsenen Abhängen von Aventin und Palatin nieder, um die Wagenrennen anzuschauen. Im Laufe der Zeit entstanden dann hölzerne, später aus Stein gebaute Tribünen. Da neben den Pferdewettkämpfen auch Tierhetzen im Circus veranstaltet wurden, waren bauliche Maßnahmen zum Schutz der Zuschauer notwendig geworden. Die Bahn wurde durch eiserne Gitter abgeschirmt, die aber im Jahre 55 v. Chr. einem Ausbruchsversuch von zwanzig Elefanten nicht an allen Stellen standhielten. Weil damals etliche Menschen verletzt worden waren, ließ Caesar wenige Jahre später einen Wassergraben von rund 3 Meter Breite und Tiefe rings um die Bahn anlegen.[61]

In jener Zeit muß der Circus Maximus schon ein imponierendes Bauwerk gewesen sein. Wie er unter Augustus aussah, schildert der Historiker Dionys von Halikarnaß recht genau. Danach hatte er eine Länge von knapp 650 Metern und eine Breite von etwa 125 Metern. Hinter dem Wassergraben erhoben sich die Zuschauerreihen in drei «Rängen», von denen der unterste Steinsitze besaß und die beiden oberen Holzsitze hatten. Das Fassungsvermögen des Circus gibt Dionys mit 150000 Sitzplätzen an. Der Gesamteindruck des Griechen: «Eines der schönsten und bewundernswertesten Bauwerke Roms.»[62]

Rund einhundert Jahre später hätte er zu noch anderen Superlativen greifen müssen. In der Zwischenzeit war der Circus dreimal abgebrannt – und jedes Mal prächtiger wiederaufgebaut worden. Die schlimmste dieser Brandkatastrophen ereignete sich im Jahre 64 n. Chr. unter Nero. Der Feuersturm, der damals einen großen Teil der Stadt in Schutt und Asche legte – Nero machte die Christen dafür verantwortlich –, nahm seinen Ausgang im Circus selbst. Der Brandherd lag an der Nordseite, und infolge starken Windes griffen die Flammen in kürzester Zeit auf den ganzen Circus über, um von dort die benachbarten Stadtteile zu erfassen.[63]

Der Wiederaufbau dauerte einige Jahre, doch wurden Teile des Circus schon wenige Jahrzehnte später unter Domitian erneut durch eine Feuersbrunst zerstört.[64] Seine endgültige Gestalt erhielt der Bau bei der dadurch notwendig gewordenen Renovierung, die von Trajan zwischen 100 und 104 abgeschlossen wurde. Mit Sinn für wirkungsvolles Understatement verzichtete Trajan darauf, sämtliche Wiederaufbau- und Verschönerungsarbeiten im einzelnen festzuhalten. Er beschränkte sich in der Inschrift auf den Hinweis, den Circus «ausreichend groß für das römische Volk» gebaut zu haben.[65]

Mit anderen Worten: Er dürfte die alten Dimensionen von 652 Metern Länge und 184 Metern Breite sowie vor allem das Fassungsvermögen von 250 000 Plätzen[66] noch einmal vergrößert haben (Abb. 91).

Auch später noch setzten einige Kaiser ihren Ehrgeiz in die Verschönerung der größten Sportkampfbahn der Welt. Auch die Tribünen sind wahrscheinlich noch etwas erweitert worden. Allerdings dürfte die Kapazität von 385 000 Sitzplätzen, die in Regionalverzeichnissen des 4. Jahrhunderts auftaucht[67], übertrieben sein. Mehr als 300 000 Zuschauer haben nach den – voneinander teilweise erheblich abweichenden – Schätzungen moderner Archäologen im Circus Maximus nicht Platz gefunden – gleichwohl eine schier unglaubliche Menschenmenge, die keine Sportarena unserer Zeit aufzunehmen in der Lage ist.

Pracht: sehr gut – Sicherheit: mangelhaft

Die Sicherheitsmaßnahmen hielten allerdings mit dem Ausbau des Circus Maximus nicht Schritt. Gefährdet waren besonders die oberen, aus Holz gebauten Zuschauerreihen. Als ein Teil der Holzkonstruktion in der Regierungszeit des Antoninus Pius (138–161 n. Chr.) in sich zusammenstürzte, kostete das mehr als tausend Zuschauern das Leben. Noch verheerender war ein ähnliches Unglück, das sich gegen Ende des 3. Jahrhunderts ereignete: Damals forderte die Katastrophe möglicherweise 13 000 Menschenleben.[68]

Während also hier und da an der Sicherheit gespart worden zu sein scheint, waren den Kaisern keine Ausgaben zu hoch, um die Rennbahn selbst prunkvoll auszustatten. Das begann mit den Startboxen der Gespanne (*carceres* – «Kerker»), die seit der frühen Kaiserzeit aus Marmor gebaut waren, und endete bei der *spina* (wörtlich: «Rückgrat»), der niedrigen Mauer, die die Rennbahn in zwei Hälften teilte (Abb. 90).

Auf der *spina* standen einige kleine, kostbar verzierte Tempel von Gottheiten, die im oder in der Nähe des Circus verehrt wurden, ferner Ehrenstatuen berühmter Athleten und Siegeszeichen. Um den Zuschauern die Runde anzuzeigen, in der sich die Gespanne jeweils befanden, waren schon im Jahre 174 v. Chr. sieben große Holzeier auf einem Gerüst angebracht worden. Agrippa fügte 33 v. Chr. einen zweiten Rundenanzeiger in Form von sieben herunterklappbaren Delphinen hinzu. Wasserspiele wurden im Laufe des ersten nachchristlichen Jahrhunderts angelegt. Kaiser Claudius ließ es sich nach dem Brand des Jahres 36 n. Chr. etwas kosten, aufwendigere Wendemarken *(metae)* zu stiften. Die nach oben spitz zulaufenden Aufsätze waren aus vergoldeter Bronze gefertigt. Sie bildeten an beiden Seiten den Abschluß der *spina*.

Das prächtigste Monument ließ Augustus im Jahre 10 v. Chr. genau auf die Mitte der *spina* setzen: einen 23,70 Meter hohen, aus dem 13. Jahrhundert v. Chr. stammenden Obelisken aus dem ägyptischen Heliopolis. Er ist noch heute in Rom zu bewundern, allerdings an anderer Stelle: Papst Sixtus V. ließ ihn 1587 auf der Piazza del Popolo neu aufrichten (Abb. 83).

Roms größter Obelisk: Schmuckstück des Circus

Über dreieinhalb Jahrhunderte lang war dieser Obelisk das Prunkstück des Circus Maximus, gewissermaßen sein Wahrzeichen. Erst seit 357 n. Chr. stand er im Schatten eines zweiten, mit 32,50 Meter noch größeren Obelisken. Kaiser Constantius II. hatte einen bereits von Konstantin dem Großen verfolgten Plan wieder aufgegriffen und den Obelisken aus rotem Granit, den Thutmosis III. im 15. Jahrhundert v. Chr. in Theben aufgestellt hatte, nach Rom bringen lassen. Dort wurde er mit Hilfe mehrerer tausend Arbeiter in der Mitte des Circus Maximus aufgerichtet und an der Spitze mit einer bronzenen, von Blattgold verzierten Kugel geschmückt.

Es war sicher kein Zufall, wenn der größte von allen nach Rom geschafften Obelisken seinen neuen Platz ausgerechnet im Circus Maximus fand; dort waren es Hunderttausende, die das exotische Kunstwerk zur gleichen Zeit bestaunen konnten. Wann er zu Boden stürzte und in drei Teile zerbrach, ist ungewiß. Jedenfalls ließ Papst Sixtus V. auch diesen Obelisken im Jahre 1587 wieder aufrichten. Er schmückt seitdem den Platz vor dem Lateran.

Souvenirverkäufer, Wahrsager, Dirnen…

Für die «praktischen» Bedürfnisse der vielen Besucher des Circus Maximus standen die Ladenstraßen in den Gewölben unterhalb der Arkaden der Zuschauerränge zur Verfügung. Dort gab es alles zu kaufen, was das Herz begehrte, von Lebensmitteln – zufällig kennen wir aus einer Inschrift einen C. Iulius Epaphora, seines Zeichens «Obsthändler vom Circus Maximus»[69] – bis zu kitschigen Souvenirs, die Lieblinge der Rennbahn auf Lampen, Bechern oder Preziosen abbildeten.

Aber auch allerlei zwielichtige Gestalten machten dort ihre Geschäfte, so etwa windige Wahrsager und Astrologen, die auf reiche und leichtgläubige Kunden warteten.[70]

Wie andere Orte, an denen große Menschenmassen zusammenkamen, wurde auch der Circus Maximus von Dirnen aller «Klassen» gern besucht.[71] Die Prostitution stand dort in solcher Blüte, daß ein christlicher Autor tadelnd anmerken konnte, der Zugang zum Circus führe direkt durchs Bordell (Abb. 82).[72]

Der Circus Maximus konnte nach dem Worte eines römischen Schriftstellers mit der Pracht von Tempeln wetteifern; das Bauwerk selbst war nicht weniger sehenswert als die Veranstaltungen, die dort stattfanden.[73] Angesichts der Bedeutung der *circenses* im Leben der Römer war es nur konsequent, dem *genius loci* in einer so aufwendigen Weise Tribut zu zollen.

Dabei war der Circus Maximus keineswegs der einzige, sondern nur – wie der Name schon sagt – der größte aller Circusse in Rom.

Weitere Circus-Anlagen

Als zweiten nach dem Circus Maximus legte der Censor C. Flaminius im Jahre 221 v. Chr. den nach ihm benannten Circus Flaminius in der Nähe des Tibers an. Dort wurden regelmäßig die *ludi Plebei-*

durchgeführt. Vor allem in der Zeit der Republik fanden dort auch politische Veranstaltungen wie Wahlen und Volksversammlungen statt. Daß die Circusparteien in der Kaiserzeit auch dieses Hippodrom beherrschten, geht aus Regionenverzeichnissen hervor, die in dieser Gegend mehrere Ställe der *factiones* lokalisieren. Wie viele Zuschauer der Circus Flaminius faßte, läßt sich nicht sagen. Einige Zehntausende mögen es gewesen sein.

Einen dritten Circus ließ Caligula (Caius) auf dem rechten Tiberufer bauen. Da Nero den von seinem Vorgänger begonnenen Bau vollendete, erhielt die Arena den Namen Circus Cai et Neronis (Circus des Caius und des Nero). Ähnlich wie der Circus Maximus bekam auch diese Rennbahn als besonderes Wahrzeichen einen Obelisken – den dritten jemals nach Rom gebrachten[74], der heute auf dem Petersplatz steht. Der Circus Cai et Neronis erlangte eine traurige Berühmtheit dadurch, daß Nero dort die Christen, die er der Brandstiftung beschuldigte, unter furchtbaren Martern hinrichten ließ, indem er unter anderem Hunde auf die in Felle wilder Tiere eingenähten Märtyrer hetzte oder sie als lebendige Fackeln zur nächtlichen Beleuchtung des Circus mißbrauchte.[75] Über dem Circus Cai et Neronis wurde später der Petersdom errichtet; das linke Seitenschiff überdeckt die Nordseite des ehemaligen Hippodroms.

Einige Jahrzehnte später, zwischen 92 und 96, wurde der Circus Domitiani, oder auch das Stadium Domitiani, erbaut. Besser bekannt ist dieser Platz, der noch weitgehend die ursprüngliche Form des Circus bewahrt hat, unter seinem heutigen Namen: Piazza Navona, einer der schönsten, malerischsten Plätze der Welt. Einem Regionenverzeichnis zufolge bot der Circus etwa 30 000 Zuschauern Platz.

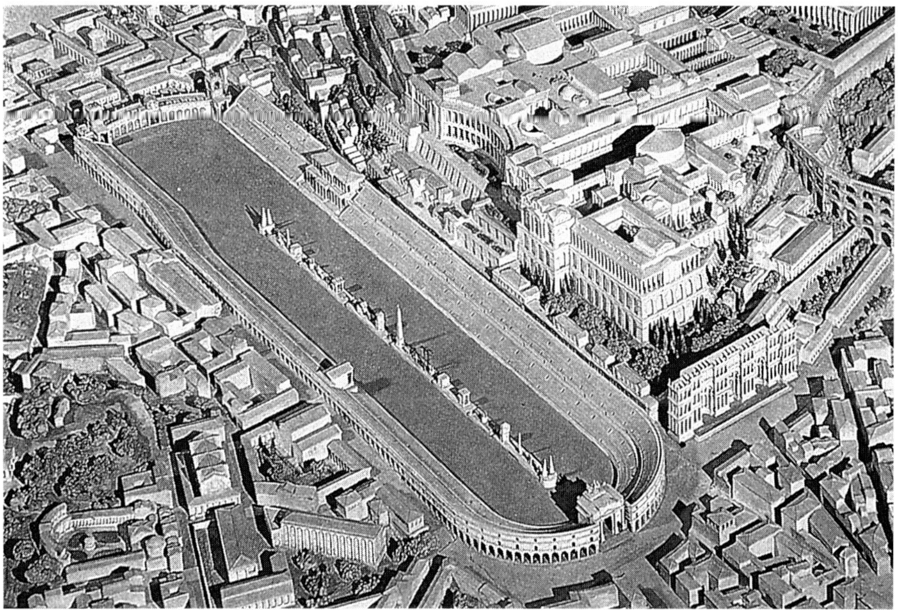

Abb. 90 Modell des Circus Maximus. Die Rekonstruktion der *spina* ist durch eine große Zahl antiker Darstellungen weitgehend gesichert.

Als letzter Circus kam im 4. Jahrhundert der von Kaiser Maxentius außerhalb der Stadtmauern erbaute Circus Maxentii ad Catacumbas hinzu (Abb. 93). Er liegt zur Linken der Via Appia etwa 2 Kilometer von der Porta Capena entfernt. Die recht beachtlichen Ruinen kann jeder, der den beliebten Ausflug mit dem Bus Nr. 218 bis zum Grabmal der Caecilia Metella auf der Via Appia macht, auf der linken Seite der Straße (aus Stadtrichtung) liegen sehen. Der Circus erstreckte sich über 482 Meter Länge und 79 Meter Breite und besaß ein Fassungsvermögen von knapp 20 000 Zuschauern.

Prozession vor Rennbeginn

Nun zu den Wagenrennen selbst, die so viele Millionen Menschen im ganzen Römischen Reich faszinierten! Die Quellenlage ist wiederum für die Verhältnisse in der Hauptstadt am besten. Das Geschehen in den römischen Hippodromen kann allerdings durchaus als Spiegel dessen gelten, was in den anderen Städten des Imperiums – vielleicht mit lokalen Besonderheiten, ganz sicher in bescheideneren Dimensionen – an Circustagen vor sich ging.

Die Spiele begannen am frühen Morgen. Vor den eigentlichen Wettkämpfen lag noch der große Festzug. Diese *pompa circensis* hatte den Charakter ei-

Abb. 91 Der Circus Maximus zur Zeit Caracallas; Anfang 3. Jh. n. Chr.

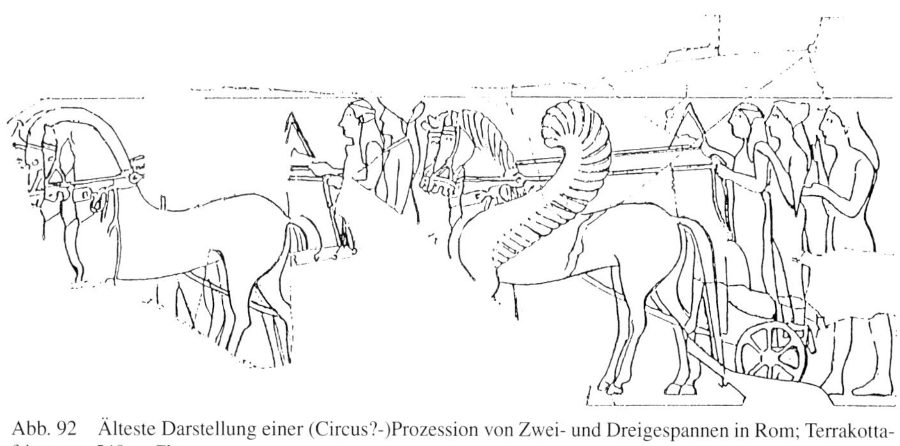

Abb. 92 Älteste Darstellung einer (Circus?-)Prozession von Zwei- und Dreigespannen in Rom; Terrakottafries, um 540 v. Chr.

ner feierlichen Prozession (Abb. 92). Der die Spiele ausrichtende Beamte führte sie, auf einem hohen Wagen in der Kleidung eines Triumphators stehend, an. Hinter ihm kamen junge Männer zu Fuß und zu Pferde. Ihnen folgten die Wagenlenker und die anderen Athleten, die nach Abschluß der Pferderennen auftraten. Musikanten begleiteten die Hauptakteure, während sich hinter dieser Gruppe eine Reihe von burlesken Gestalten wie Tänzer und als Satyrn verkleidete Menschen tummelten. Daran schlossen sich Priester an, die Bilder von Gottheiten und religiöse Attribute teils auf Wagen mit sich führten, teils von Helfern tragen ließen. Auch Bilder des Kaisers und der wichtigsten Angehörigen des Kaiserhauses wurden gezeigt, später allerdings nur noch derjenigen Mitglieder der Dynastie, die bereits tot und offiziell unter die Unsterblichen aufgenommen worden waren.

Wenn die Prozession, die vom kultischen Zentrum Roms, dem Capitol, ihren Ausgang genommen hatte, im Circus ankam, erhoben sich die Zuschauer von den Plätzen und klatschten Beifall. Für viele war das offenbar nicht viel mehr als eine lästige Pflichtübung. Es gibt Anzeichen dafür, daß sich ein großer Teil des Publikums durch die von dem Festzug ausgehende Verzögerung gelangweilt fühlte und ungeduldig darauf wartete, daß der kultische Teil der Circusspiele möglichst rasch zu Ende gehe.[76]

Nach Abschluß der *pompa* begab sich der Festgeber zu seiner Ehrenloge über dem Haupteingang des Circus. Von dort aus leitete er in den nächsten Stunden das Renngeschehen.

Vorsicht beim Start!

Bevor das erste Rennen gestartet wurde, losten die Fahrer die Startplätze untereinander aus. Auf diese Weise wurde sichergestellt, daß allein der Zufall über eine bessere Startbox entschied.

Worin allerdings solche Platzvorteile bestanden haben könnten, läßt sich nicht mehr rekonstruieren. Alles spricht dafür, daß eine ausgeklügelte Startvorrichtung größtmögliche Chancengleichheit gewährleistete. Die zwölf steinernen Startboxen *(carceres)* lagen nämlich nicht auf gleicher Höhe; sonst hätten die in der Mitte startenden Gespanne einen erheblichen Vorteil gehabt, weil sie in gerader Linie auf die Wendemarke hätten zufahren können. Um das zu vermeiden, waren die *carceres* in der Form eines Kreisbogens angeordnet, dessen (imaginärer) Mittelpunkt dort lag, wo alle Gespanne sich theoretisch auf der Ideallinie getroffen hätten.

Weil der ohnehin recht schmale Parcours durch die mittlere Mauer *(spina)* in zwei getrennte Bahnen geteilt war, mußten die aus den in Fahrtrichtung links außen gelegenen Startboxen herausstürmenden Gespanne zunächst nach rechts fahren, um überhaupt erst die richtige Bahn zu erreichen. Umgekehrt kam es für die aus den *carceres* am rechten Rand startenden Wagenlenker darauf an, möglichst schnell nach innen zu ziehen, um nicht bedeutend weitere Wege zurücklegen zu müssen als die Konkurrenz. Kein Zweifel, daß diese Konstellation außerordentlich unfallträchtig war.

Nun bedeutete zwar gerade das Unfallrisiko für viele Zuschauer einen angenehmen Nervenkitzel. Wer an den Schlächtereien der Gladiatoren-«Spiele» Gefallen fand, dem darf man wohl unterstellen, daß es ihm auch Freude machte, wenn Gespanne aufeinanderprallten, die Pferde und Wagen sich zu einem blutigen Knäuel zusammenballten und die Wagenlenker in hohem Bogen durch die Luft geschleudert wurden. Daß dergleichen aber bereits wenige Sekunden nach dem Beginn des Rennens passierte, konnte auch den sensationsgierigsten Zuschauern nicht recht sein, hätte doch eine derartige Massenkarambolage die Fortsetzung des Rennens gefährdet.

Aus diesem Grunde mußten die Gespanne – ähnlich wie es heute auf bestimmten Laufstrecken üblich ist – zu-

Abb. 93 Ruinen des Maxentius-Circus an der Via Appia. – Abb. 94 Kurz vor dem Start: der spielgebende Beamte mit der *mappa*, dem «Starttuch»; Mosaik aus den Caracalla-Thermen.

nächst in vorgezeichneten Bahnen fahren. Erst wenn sie eine weiß markierte Linie passiert hatten, waren die Wagenlenker in der Wahl der Spur völlig frei; erst dann begann sozusagen der Ernst des Rennens. Die Einrichtung dieser «Sicherheitslinie» begründet ein spätantiker Schriftsteller ausdrücklich mit den gerade vorgebrachten Erwägungen: «Wenn die Wagenlenker sonst [das heißt ohne die Linie] zu früh versuchen würden, einander umzuwerfen, könnte der Eindruck entstehen, sie wollten den Zuschauern den unterhaltsamsten Teil des Schauspiels vorenthalten.»[77]

Abb. 95 Unfall beim Wagenrennen; das *naufragium* ereignet sich, wie die Eier-Indikatoren auf der *spina* zeigen, nach Ablauf der vierten Runde; Mosaik aus Piazza Armerina (Sizilien).

Der Rennverlauf

Nach dem Losen nahmen die Gespanne ihre Plätze ein. Am häufigsten waren lediglich vier Wagen am Start. Es kam vor, daß jede «Farbe» zwei oder gar drei Gespanne entsandte. Ganz selten gingen sogar sechzehn Wagen ins Rennen. In diesen Fällen konnten jedoch die Startboxen nicht benutzt werden, weil ihre Zahl (12) dafür nicht ausreichte.

Was die Zahl der Pferde angeht, so waren Rennen mit Viergespannen die üblichsten. Anfänger bestritten ihre ersten Rennen mit Zweigespannen.[78] Wettbewerbe mit Dreigespannen waren selten; ebenso bildeten Rennen mit sechs-, sieben- und achtspännigen Wagen durchweg Ausnahmen. Nero, der ein passionierter Wagenlenker war, versuchte sich einst in Olympia sogar mit einem Zehngespann, wurde jedoch während der Fahrt aus dem Wagen geschleudert und gab schließlich, obwohl hilfreiche Hände ihn wieder auf seinen Platz hoben, auf. Trotzdem, dies sei nebenbei vermerkt, wagte es niemand, ihm den Siegerkranz vorzuenthalten...[79]

Die Augen auf den Spielgeber gerichtet, warteten die Wagenlenker auf das Zeichen zum Start. Anders als heutzutage *standen* sie auf den leichten, zweirädrigen Wagen. Sie trugen eine Art Sturzhelm sowie eine kurze trikotartige Tunica in der Farbe ihrer Partei. In der Hand hielten sie nur eine Peitsche; die Zügel dagegen waren an ihren Gürteln befestigt, in denen sicherheitshalber Messer steckten, damit sie sich im Notfall nicht über Hunderte von Metern von den Pferden mitschleifen lassen mußten (Abb. 85).

Sobald der Ausrichter der Spiele ein weißes Tuch *(mappa)* von seiner Loge in die Rennbahn hinabgeworfen und damit das Startsignal gegeben hatte (Abb. 71, 94), wurden die Boxen, die bis dahin mit Seilen gesperrt waren, geöffnet. Die Gespanne stürmten heraus und nahmen Kurs auf den rechten Teil der Rennbahn. Nach knapp 600 Metern folgte die erste Linkskurve. Die Wendemarke *(meta)* war möglichst eng zu umrunden. Auf der Gegenseite ging es zurück; auch dort war am Ende eine Wendemarke zu passieren.

Insgesamt mußte die Gesamtstrecke siebenmal durchfahren werden. Jeder Umlauf *(curriculum)* war etwa 1,2 Kilometer lang. Es war also eine Strecke von etwa 8,5 Kilometern zurückzulegen, was in einer knappen Viertelstunde zu schaffen war. Sieger war der Wagen, der als erster die weiß markierte Ziellinie auf der linken Seite der Rennbahn in der Nähe des Eingangs überfahren hatte. Dort hielten sich die Schiedsrichter auf, die bei einem knappen Einlauf über die Reihenfolge entschieden oder ein Wiederholungsrennen ansetzten. Theoretisch war es für den Sieg nicht erforderlich, daß auch der Wagenlenker das Ziel erreichte. Plinius der Ältere berichtet von einem spektakulären Rennen aus dem Jahre 47 n. Chr., in dem ein Wagenlenker der weißen Partei gleich zu Beginn des Wettbewerbs stürzte, die Pferde aber unbeirrt ihre Runden drehten und schließlich mit leerem Wagen, aber siegreich durchs Ziel liefen.[80]

Solche Vorkommnisse hatten natürlich Seltenheitswert. Im Normalfall fuhr der siegreiche Wagenlenker zur Loge des Spielgebers, um dort den Preis entgegenzunehmen. Belohnungen wie Palmenzweige (Abb. 84–86) und Kränze waren zwar sehr ehrenvoll, doch nur in Verbindung mit materiellen Preisen für die Lenker interessant. Bargeld war sehr beliebt, aber auch wertvolle Kleider nahmen die ersten drei eines Rennens gern entgegen. Daß Scorpus, ein gefeierter Liebling des Circus zur Zeit Domitians (81–96), es einmal nicht ablehnte, innerhalb einer einzigen Stunde gleich fünfzehn Beutel Gold in Empfang zu nehmen[81], versteht sich von selbst. Welche hohen Einkünfte prominente Wagenlenker erzielten, ist ja schon dargelegt worden; und es braucht nicht weiter zu erstaunen, daß ein Spitzenfahrer der roten Partei es nach Schätzung des Satirikers Juvenal auf das Einkommen von einhundert Rechtsanwälten bringen konnte.[82]

Nachdem er Preisgelder und Ehrenzeichen erhalten hatte (Abb. 96), fuhr der Sieger mit seinem Gespann unter dem Beifall des Publikums eine Ehrenrunde.

«Sport» mit Fouls und Unfällen

Bis zu dieser Demonstration des Sieges war es freilich ein weiter Weg. Dieser führte über harten körperlichen Einsatz, taktisches Geschick und höchste fahrerische Qualitäten. Nur wer wirklich etwas vom Wagenrennen verstand, hatte die Chance, sich in dem meist gut besetzten Feld am Ende zu behaupten.

Vor allem kam es darauf an, die Winkelzüge der Konkurrenten rechtzeitig zu erkennen und ihren oftmals üblen Tricks durch eigene «Fouls» zuvorzukommen oder in geeigneter Weise zu begegnen. Tatsächlich hatten diese Wagenrennen mit unserer Vorstellung von *fair play* wenig zu tun. Riskante Überholmanöver mit der Nebenabsicht, den Wagen des Gegners zu touchieren und ihn zu Fall zu bringen, das Fahren von Zickzacklinien, um niemanden vorbeikommen zu lassen, und ähnliche Unsportlichkeiten gehörten zum festen Repertoire der Wagenrennen[83] und wurden von den Schiedsrichtern auch nicht geahndet.

Selbst wenn von den Konkurrenten keine Gefahr drohte, war das Wagenrennen nicht ohne Risiko. Der sportliche Höhepunkt des Rennens bestand im mehrmaligen Umrunden der Wendemarken. Wer die kritischen Punkte der Strecke gut meisterte und in möglichst geringer Distanz an den *metae* vorbeifuhr, hatte keine schlechten Aussichten auf einen der vorderen Plätze – vorausgesetzt, er verfügte über ein hervorragendes «Leitpferd». Das beste Pferd erhielt stets den linken Außenplatz; auf seine Wendigkeit und Kraft kam es beim Umfahren der Wendemarken vor allem an (Abb. 78). Entsprechend gut mußte es ausgebildet sein. Die Dressur begann bei den Dreijährigen, erstmals eingesetzt wurden die Rennpferde aber erst, wenn sie das fünfte Lebensjahr vollendet hatten[84] – mithin erheblich später als heutzutage, wo bereits Zweijährige Rennen bestreiten.

Unfälle kamen gerade an den Wendemarken sehr häufig vor; vor allem, wenn ein Fahrer die Kurve zu eng hatte nehmen wollen und dabei mit einem Rad die *meta* berührte. Die leichten Wagen zerschellten schnell, die Fahrer wurden aus ihnen herausgeschleudert, und oftmals fuhren die nachfolgenden Gespanne mit vollem Tempo in das verunglückte Gespann hinein – Verletzungen von Tieren und Menschen, ja sogar tödliche Unfälle waren nicht selten die Folge (Abb. 95, 97).[85]

Als Spezialheilmittel verletzter Wagenlenker nennt der Naturforscher Plinius den Mist wilder Eber, der im Frühling gesammelt und getrocknet wurde. Er wurde sowohl äußerlich auf die Wunden aufgetragen als auch als orales Mittel zusammen mit Wasser verabreicht. Manche schworen auf die besondere Wirkung des Ebermistes, wenn er in Essig gekocht worden war. Der Kaiser Nero scheint diese wenig appetitliche Arznei sogar rein prophylaktisch eingenommen zu haben. Von der Heilkraft des Mittels waren die Ärzte so fest überzeugt, daß sie nur ungern auf einen Ersatz zurückgriffen. Wenn der Mist eines wilden Ebers nicht verfügbar sei, so empfiehlt Plinius, solle man bei Verletzungen, wie sie bei Wagenlenkern häufig vorkämen, als zweitbeste Medizin den Mist von Hausschweinen nehmen.[86]

Tod in der Rennbahn

Die Sache mag uns heute skurril vorkommen; gleichwohl war der Hintergrund alles andere als lustig. Nicht nur das Verletzungsrisiko, sondern auch die Möglichkeit tödlicher Unfälle war nicht gering; mehrere Inschriften bezeugen das, wie beispielsweise diese: «Hier liege ich, Florus, ein noch junger Wagenlenker, begraben. Als ich den Wagen beschleunigte, fiel ich hinab zu den Schatten der Unterwelt.»[87]

Ein ähnliches Schicksal erlitten die Söhne des Wagenlenkers Polynices, die bei ihrem Vater in die Schule gegangen

Abb. 96 Siegerehrung. Der Ausrichter der Spiele steht, von einem Tubabläser flankiert, bereit, dem siegreichen Jockey der grünen Partei die Siegespalme zu überreichen; Mosaik aus Piazza Armerina (Sizilien).

Abb. 97 Unfall: Der Fahrer ist aus dem Wagen gefallen und hält die Zügel noch in der Hand; auch zwei Pferde sind gestürzt. Da alle sieben Delphin-Anzeiger auf der *spina* noch aufrecht stehen, muß das Rennen noch in der Anfangsphase sein; Tonrelief aus dem 1. Jh. n. Chr.

waren und am Beginn einer hoffnungsvollen Karriere standen, als auch sie in der Kampfbahn tödlich verunglückten: Marcus Aurelius Polynices hatte bereits 739 Siege errungen und starb im Alter von 29 Jahren, sein jüngerer Bruder Marcus Aurelius Mollicius Tatianus hatte es auf immerhin schon 125 Erfolge gebracht, als ihn der Tod im Alter von zwanzig Jahren ereilte.[88]

Offensichtlich war das Risiko besonders für Berufsanfänger sehr hoch. Doch mußte auch mancher Routinier öfter, als ihm lieb war, mit dem Sand der Rennbahn Bekanntschaft machen und etliche schmerzhafte Prellungen und Schürfwunden hinnehmen (Abb. 97). Und selbst die Besten waren vor tödlichen Verletzungen nicht gefeit (Abb. 98): Es ist durchaus möglich, daß der vorhin erwähnte Scorpus, der meistgefeierte Wagenlenker seiner Zeit, sein Leben bei einem Unfall verloren hat. Die Abschiedsworte, die der Dichter Martial dem Idol des Circuspublikums zuwirft, das noch in jugendlicher Blüte stand, als sich die «dunklen Pferde des Todes» seiner bemächtigten, lassen sich so verstehen – wenngleich diese Interpretation nicht zwingend ist.[89]

Langeweile – nicht im Circus!

Ursprünglich hatte nur ein einziges Rennen – neben Darbietungen anderer Art – auf dem Programm eines Circustages gestanden. Mit der Beliebtheit der *circenses* beim römischen Publikum stieg dann im 1. Jahrhundert v. Chr. die Zahl der Wettbewerbe auf zehn bis zwölf pro Renntag. Caligulas Popularität kam es gewiß zugute, daß er erstmals im Jahre 37 n. Chr. zwanzig und am folgenden Tage sogar 24 Rennen durchführen ließ.[90] Damit war eine Zahl erreicht, die einen durchgehenden Rennbetrieb vom Morgen bis zum Abend «sicherstellte». Spätestens seit Nero, der das Renngeschehen «absichtlich bis zum Einbrechen der Dunkelheit ausdehnte»[91], war dieser «Sättigungsgrad» erreicht. Wenn gelegentlich von einer noch größeren Anzahl von Rennen – dreißig, vierzig und sogar 48 – die Rede ist, so war diese Steigerung nur noch möglich, wenn die Zahl der Umläufe pro Wettbewerb verringert und damit die für das Einzelrennen erforderliche Zeit entsprechend verkürzt wurde.

Mochten noch so viele Renntage hinzukommen, mochte sich auch die Zahl der Wettbewerbe so erhöhen, daß der Tag geradezu «vollgestopft» war und weder Zuschauern noch Akteuren eine Atempause vergönnt war – dem Publikum wurde es nie langweilig, dem Geschehen in der Rennbahn zuzusehen.

Wenn wirklich einmal der Elan der Zuschauer etwas erlahmte, dann traten «Einpeitscher» auf den Plan, die die Anhänger ihrer Partei anfeuerten und zur Unterstützung «ihrer» Fahrer durch Beifall und ermunternde Zurufe aufriefen. Diese *hortatores* brauchten nur über eine kräftige Stimme und mitreißendes

Abb. 98 (nächste Doppelseite) Spektakulärer Rennunfall des Viergespanns eines gewissen Limenius in einem spanischen Circus; Mosaik aus Gerona.

CALIMORF
PATINI CVS
POLI
ANVS

LIMENIVS
PANTARACVS
FILORO
MVS
CECILIANVS FICET

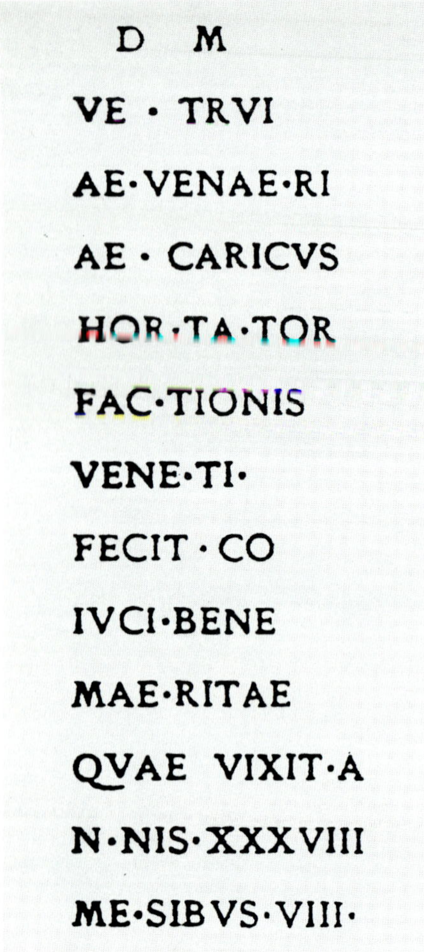

Abb. 99 Orthographisch sehr fehlerhafte Grabinschrift des «Einpeitschers» *(hortator)* der blauen Partei Caricus für seine Ehefrau; u. a. müßte es statt *veneti venetae* heißen (CIL VI 10074).

Temperament zu verfügen – dann verzichteten die Parteien, die diese Leute einstellten, gern auf den Nachweis der Beherrschung der lateinischen Sprache in Grammatik und Orthographie, wie die von einem «Einpeitscher» verfaßte Grabinschrift für seine Ehefrau zeigt, der nicht einmal das richtige Geschlecht von *factio*, also «Circuspartei», kannte. Er – oder der Steinmetz – hielt das Wort für ein Maskulinum (Abb. 99).[92]

Es waren aber nur Ausnahmesituationen, in denen es solcher berufsmäßigen Anfeuerer bedurfte, um das Publikum in Schwung zu bringen. Alle Nachrichten antiker Autoren über die Stimmung im Circus Maximus stimmen überein, daß sich die Leidenschaften in ohrenbetäubendem Lärm und überschäumenden Temperamentsausbrüchen ein Ventil geschaffen haben.

Vom «Wahnsinn» der Zuschauer

Eine plastische Beschreibung des Zuschauerverhaltens während der Rennen stammt von dem christlichen Autor Tertullian. Ihm kommt es in seiner um 200 n. Chr. verfaßten Streitschrift *De spectaculis* («Über die Schauspiele») darauf an, die Unmoral der römischen «Spiele» anzuprangern und für Christen als nicht akzeptabel zu verurteilen: «Wenn uns Christen also dieser Wahnsinn verboten ist, dann halten wir uns von jeglichem Schauspiel fern, *auch vom Circus*, wo ein spezifischer Wahnsinn das Kommando führt. Schau dir nur das Volk an, wie es schon im Wahn zu diesem Schauspiel hinkommt, schon ungeordnet, schon blind, schon vom Wahn erregt! Ihm ist der Prätor [als Spielgeber] zu langsam, die Augen der Leute sind in seiner Urne, in der sie sozusagen zusammen mit den Losen durcheinandergeschüttelt werden. Und dann warten sie in ängstlicher Spannung auf das Startzeichen – *ein* Geschrei, *ein* Wahnsinn! Du kannst ihre Verrücktheit an ihrem lächerlichen Verhalten erkennen: Gerade hat er die Gespanne weggeschickt, da erzählen und melden sie sich gegenseitig, was alle gesehen haben (...).

Damit geht es los, der Wahnsinn, das Wüten, der Ärger, die Zwietracht und alles übrige, das zu den Priestern des Friedens [den Christen] nicht paßt. Dann Schimpfwörter, Schmähworte, die durch keinen Haß gerechtfertigt sind, auch Rufe der Unterstützung, die nicht die Liebe diktiert. Denn was wollen sie *für sich* damit erreichen, die sich dort so aufführen, wenn sie ihrer selbst nicht mächtig sind? Außer vielleicht gerade der Tatsache, *daß* sie ihrer selbst nicht mächtig sind: Sie trauern über das Pech fremder Leute und freuen sich über das Glück anderer. Was sie auch wünschen, was sie auch verwünschen: Mit *ihnen selbst* hat es nichts zu tun. Und so ist ihre Liebe unsinnig und ihr Haß ungerecht. Oder ist es vielleicht erlaubt, ohne Grund zu lieben und ohne Grund zu hassen?

Gott verbietet sogar zu hassen, auch wenn ein Grund vorliegt. Er befiehlt, auch die Feinde zu lieben. Gott läßt nicht einmal Schmähworte zu, auch wenn sie einen Grund haben. Er befiehlt, auch von den Übelwollenden Gutes zu reden. Was aber ist widerlicher als der Circus, wo die Zuschauer weder die führenden Leute des Staates noch ihre Mitbürger schonen?! Wenn eine der Formen des Wahnsinns, in denen der Circus tobt, den Heiligen irgendwo anders erlaubt ist, dann auch im Circus: wenn aber nirgendwo, dann auch nicht im Circus.»[93]

Alles spricht dafür, daß Tertullian in der Beschreibung des Massenverhaltens nur wenig oder gar nicht übertrieben hat. Und die kräftigen Worte, die er gebraucht, lassen zusätzlich eines erkennen: Auch Christen waren der Faszination des Circus erlegen, auch sie ließen sich vom Fieber des Parteienstreites anstecken, waren gegen das süße Gift des Wettens nicht immun und genossen den vom Anblick der durch die Rennbahn stürmenden Gespanne ausgehenden Nervenkitzel. Es waren schon drastische Formulierungen vonnöten, um die christlichen Circusbesucher zur Ordnung zu rufen.

Kunstreiten und Akrobatik als Pausenfüller

Die Wagenrennen bildeten den weitaus gewichtigsten Teil des Circusprogramms. Daneben gab es eine Reihe weiterer Darbietungen, die auch im Circus gezeigt wurden (Abb. 103).

Vergleichsweise regelmäßig war im Circus Maximus ein «Trojaspiel» zu sehen. Es handelte sich dabei um ein Reiterspiel, in dem zwei oder drei bewaffnete Reitergruppen gegeneinander antraten. Gefordert waren die Geschicklichkeit der Reiter und eine gute Dressur der Pferde, weil gleichzeitig mit dem Scheinkampf eine Art Figurenreiten verbunden war. Das Trojaspiel ist ungeklärten Ursprungs; es wurde nicht von professionellen Reitern betrieben, sondern galt als Übung, in der sich die adlige Jugend Roms bewähren mußte. Daß die Zuschauer daran Gefallen fanden, läßt sich mit zwei Gründen erklären. Einmal war es vermutlich die Prominenz der Akteure, die das Interesse der Leute weckte – wie ja auch heute noch an sich Normales in den Augen vieler dadurch an Bedeutung gewinnt, daß es von bekannten Persönlichkeiten betrieben wird (Abb. 100). Zum anderen ging es bei den Scheinkämpfen recht stürmisch zu, und mancher Adelssproß holte sich beim Sturz vom Pferd blaue Flecken oder erlitt sogar ernste Verletzungen.[94]

Akrobatische Leistungen vollbrachten die *desultores* («Abspringer»). Sie zeigten mit ihren verschiedenen Kunstreiterstückchen Leistungen, wie man sie am ehesten mit dem heutigen Verständnis von «Circus» in Verbindung bringen könnte. Die *desultores* sprangen von einem galoppierenden Pferd auf ein zweites, legten sich der Länge nach auf den Rücken eines Pferdes oder standen aufrecht auf dem rennenden Tier (Abb. 101). Auch das blitzschnelle Aufheben von Gegenständen, die auf dem Boden der Arena lagen, vom Rücken eines in vollem Galopp dahinstürmenden Pferdes aus gehörte zum Repertoire dieser Artisten[95] – all dies für das Publikum sicherlich eine abwechslungsreiche, staunenerregende Vorführung akrobatischer Virtuosität, die mit lautem Beifall bedacht wurde.

Auch Ringer und Faustkämpfer traten zuweilen im Circus auf (Abb. 102), doch darüber wird später noch berichtet.

237 Kilometer im Dauerlauf?

Lediglich *eine* Gruppe von Athleten soll hier noch erwähnt werden, da diese Disziplin anscheinend nur im Circus ausgeübt worden ist; und zwar die Dauerläufer, deren Wettbewerbe das Publikum wohl deswegen fesselten, weil sie ständig auf neue Rekorde Jagd machten. Über die Organisation dieses merkwürdigen Spektakels ist wenig bekannt. Allein Plinius berichtet von zwei Höchstleistungen. Bei einer Veranstaltung im Jahre 57 n. Chr. sollen einige Dauerläufer 237 Kilometer zurückgelegt haben; ein achtjähriger «Wunderknabe» stellte durch einen vom Mittag bis zum Abend währenden ununterbrochenen Lauf angeblich einen Rekord von 111 Kilometern auf.[96]

Die phantastischen Entfernungen scheinen wenig glaubhaft, obwohl bemerkenswerte Ergebnisse dabei gewiß erzielt wurden – sonst hätten sich die Zuschauer von diesem «langweiligen» Schaulaufen schnell abgewandt. Die Anstrengung bis zur Erschöpfung, das Streben nach neuen Rekordleistungen mit der Gefahr gesundheitlicher Schäden durch völlige Überanstrengung, die Ungewißheit, ob der Läufer es schaffen oder ob er vor dem Ziel zusammenbrechen werde: das alles mag die sensationslüsterne Schaulust vieler Circusbesucher hervorgerufen haben, so daß sie auch diese Darbietungen aufmerksam verfolgten.

Abb. 100 Gaius Caesar, Enkel des Augustus, beim Troja-Spiel. – Abb. 101 *Desultor,* der im Galopp von einem zum anderen Pferd überwechselt; sein Erfolg im Wettbewerb wird durch den Siegeskranz links verdeutlicht; Denar des Münzmeisters Sepullius Sacer aus dem Jahre 44 v. Chr.

Abb. 102 Circusartisten und Arenakämpfer waren in Trier zu einer Korporation zusammengeschlossen; zu Ehren dieser *arenarii* ließ Axilius Avitus den Gedenkstein aufstellen; gefunden im Amphitheater von Trier (CIL XIII 3641). – Abb. 103 Kunstreiten im Circus; Mosaik aus Rom (4. Jh.).

Das Stadion

Hellas – Wiege der Athletik

«Größeren Ruhm wahrhaftig erntet kein Mann zeitlebens als das, was er vollbringt mit seinen Füßen und Armen» – so die Aufforderung des Laodamas an Odysseus, an den von den Phäaken ausgerichteten sportlichen Wettkämpfen teilzunehmen.[1]

Eine Aufforderung, die im Mutterland der Olympischen Spiele, der klassischen Heimat athletischer Wettkämpfe und sportlichen Kräftemessens nicht weiter überrascht. Tatsächlich stand die Athletik in Griechenland in höchster Blüte, und zu den regelmäßig stattfindenden Wettkämpfen in Olympia, Nemea, Korinth und Delphi – um nur die bedeutendsten, für alle Griechen offenen zu nennen – strömten Sportler und Zuschauer in großer Zahl.

Ein Sieg in Olympia (Abb. 104): Das war etwas Großartiges, das verschaffte dem Olympioniken höchsten Ruhm: «Wer dort siegt», sagt Pindar, «der hat künftig im Leben stets süßester Heiterkeit Beglückung, weil den Kampfpreis er errang.» Und: «Es glänzt sein Ruhm leuchtend weithin von Olympias Festspiel.»[2] Freilich: Auch dieser Erfolg war noch steigerungsfähig. Traum eines jeden Athleten war es, den Titel eines Periodoniken[3] zu erringen. So nannten die Griechen jene Wettkämpfer, die bei allen großen panhellenischen Spielen, der Periodos, den ersten Platz in einer Disziplin belegt hatten.

Preisgelder, wertvolle Siegestrophäen oder ähnliche materielle Belohnungen gab es bei den bedeutendsten Wettkämpfen zunächst nicht. Der Sieger erhielt lediglich einen Kranz – in Olympia war er aus den Blättern wilder Oliven geflochten, in Delphi, bei den Pythischen Spielen, bestand er aus Lorbeerblättern, am Isthmus erhielten die ersten einen Fichtenkranz (später aus Efeu), in Nemea schließlich diente wilder Eppich als Material für den Siegerkranz. Die Athleten mußten aber nicht unbedingt die auf regionaler und lokaler Ebene ausgetragenen Agone besuchen, um kostbare Trophäen erringen zu können – wie zum Beispiel in Athen bei den Panathenäen der Erstplazierte im Stadionlauf sechzig, der Zweitplazierte immerhin noch zwölf Amphoren Öl bekam. Denn die Heimatstädte der Sieger in den panhellenischen Wettkämpfen zeigten sich in großzügiger Weise erkenntlich dafür, daß der Ruhm des erfolgreichen Athleten auch auf seine Vaterstadt ausstrahlte. Und so wurde ihm ein feierlicher Empfang berei-

Abb. 104 Blick auf das Heiligtum von Olympia.

Abb. 105 «Bohrende» Pankratiasten; der Trainer oder Schiedsrichter droht den beiden Strafe für dieses Foul an; griechische Vase aus dem 5. Jh. v. Chr. – Abb. 106 Wagenrennen mit Viergespann. Bei dieser olympischen Disziplin hatten nur wohlhabende Rennstallbesitzer eine Siegeschance; panathenäische Preisamphore, um 500 v. Chr.

tet, erhielt er vom Staat und von Privatleuten Geldgeschenke oder gewährte ihm die Bürgerschaft neben immateriellen Belohnungen wie der Aufstellung einer Statue, der Ehrenmitgliedschaft in hohen staatlichen Gremien oder einem Ehrenplatz im Theater zum Beispiel auch das Recht auf lebenslange Speisung auf öffentliche Kosten – all das, wohlgemerkt, schon in einer Zeit, in der in Olympia und Delphi, in Nemea und Korinth nach landläufiger Meinung nur Amateure an den Start gingen, um im edlen Wettstreit gegeneinander den besten Läufer, Diskuswerfer oder Ringer zu ermitteln.

Seit wann gibt es Sportprofis?

Die idealistische Überhöhung des «agonalen griechischen Menschen», die klassizistische Verallgemeinerung des berühmten homerischen Wortes «Immer Bester zu sein und überlegen zu sein den anderen»[4] als Haupttriebfeder des archaischen Griechentums, insonderheit seiner Athleten: das alles hat, wie neuere kritische Untersuchungen gezeigt haben, mit der Wirklichkeit wenig gemein, muß, wenn nicht gänzlich aufgegeben, so doch erheblich relativiert werden.

Und das betrifft eben auch die Athletik. Gewiß, es hat im 6. und 5. Jahrhundert v. Chr. auch bei den großen Agonen noch lupenreine Amateure gegeben, doch fiel es ihnen von Jahrzehnt zu Jahrzehnt schwerer, sich gegen die «professionelle» Konkurrenz zu behaupten. «Profis» freilich im heutigen Sinne waren damals nur die allerwenigsten. Die Aristokraten und die Fürsten, die ihre Pferde in Olympia und bei den anderen Festspielen laufen ließen und die als *Eigentümer* des siegreichen Rennstalls Olympioniken wurden, ohne auch nur einen Finger gekrümmt zu haben: sie lebten von den Erträgen ihrer landwirtschaftlichen Güter und leisteten sich die teure Pferdezucht als Hobby, ohne daneben einer «bürgerlichen» Arbeit nachzugehen (Abb. 106).

Bei den Pferdewettkämpfen waren diese Reichen unter sich. Aber auch in den anderen Disziplinen traten schon im 6. Jahrhundert Männer hervor, die nichts anderes mehr betrieben als Sport oder, besser gesagt, nichts anderes betrieben haben *können*. Wie anders erklärt sich die triumphale Laufbahn des Ringers Milon aus Kroton, der fast eine Generation lang – 26 Jahre! – der beste, von niemandem bezwungene Ringer ganz Griechenlands war und über dreißig panhellenische Siege errang? Wie die Karriere des Faustkämpfers Glaukos von Karystos, der von 520 v. Chr. an vier Olympiaden lang – zwölf Jahre – unbesiegt blieb? Wie die Leistung des berühmtesten Athleten der Alten Welt, des Theugenes von Thasos, der, ebenfalls Schwerathlet, angeblich 1300 Siege errang und in der ersten Hälfte des 5. Jahrhunderts nicht weniger als 22 Jahre allen anderen Konkurrenten überlegen war? Wie schließlich der Erfolg des Langstreckenläufers Dromeus von Stamphylos, der zweimal hintereinander Periodonike wurde und damit rund ein Jahrzehnt lang die Stadien der bedeutendsten Wettkampfstätten beherrschte?

Darauf läßt sich nur *eine* überzeugende Antwort finden: Diese Athleten müssen die Gelegenheit zu derart intensivem Training gehabt haben, daß sie daneben keiner Erwerbstätigkeit nachgingen. *Wie* sie sich ihren Lebensunterhalt verdient haben, wissen wir nicht genau – vermutlich standen staatliche oder private «Sponsoren» hinter ihnen –, *daß* sie keine echten Amateure gewesen sind, ist wohl unbestreitbar.

Griechischer «Sportsgeist» – Legende und Wirklichkeit

Schon der Blick auf diesen Aspekt der griechischen Athletik zeigt, daß die von Coubertin, dem Begründer der modernen Olympischen Spiele, ausgegebene Maxime, es komme nicht auf den Sieg an, sondern das «Dabeisein» sei «alles», für die griechischen Sportler in keiner Weise zutraf. Im Unterschied zu dem nicht selten unerträglich verlogenen Geschwätz heutiger Sportfunktionäre und -reporter, Politiker und auch Aktiver haben die Griechen solche pseudoedlen und auf Harmonie bedachten Devisen des Teilnahmeethos nie verbreitet. Wer in einem sportlichen Wettkampf an den Start ging, der *wollte* den ersten Platz erringen und der war keineswegs damit zufrieden, durch einen guten Mittelplatz seine Zugehörigkeit zur Sportlerelite unter Beweis zu stellen.

Und um dieses Ziel zu erreichen, war vielen kein Trick zu billig, kein Foul zu peinlich (Abb. 105). Da versuchte man durch einen Frühstart entscheidende Sekundenbruchteile zu gewinnen, da wurde der Gegner mitten im Lauf geschubst, festgehalten und sogar an den Haaren gerissen, da setzten die Ringer unerlaubte Griffe an, die Faustkämpfer suchten ihr Heil in Tiefschlägen, da verstanden sich auch schon die Wagenlenker des «klassischen» Hellas auf die gleiche zweifelhafte Kunst wie die Fahrer der römischen Kaiserzeit und versuchten, den Konkurrenten abzudrängen, ihn zu rammen und stürzen zu lassen. Und wenn alles nicht half, dann griff der eine oder andere auch zum Mittel der Bestechung seiner Gegner, um sich den Sieg zu erkaufen. Derartige Bestechungsfälle sind zwar erst seit dem Beginn des 4. Jahrhunderts v. Chr. überliefert, doch sagt das nichts darüber aus, daß sie vorher nicht vorgekommen wären. Was wir über die wenig skrupulösen Praktiken von Sportlern, Trainern und Repräsentanten der einzelnen griechischen Staaten wissen – die Verbindung von Sport und Politik war damals, nebenbei bemerkt, kaum minder intensiv als heutzutage –, das läßt durchaus den Schluß zu, daß sich der Sündenfall der Korruption im Sport nicht erst nach dem Peloponnesischen Krieg ereignet hat.

Die Geschichte der großen panhellenischen Wettkämpfe also eine einzige *chronique scandaleuse*? Das nicht; natürlich ging nicht jeder Sieg auf unfaire Techniken, erst recht nicht auf Bestechung zurück, und natürlich wurde auch, wahrscheinlich häufiger, mit sauberen Mitteln um den Sieg gestritten. Es ist nicht das Ziel dieser Ausführungen, die griechische Agonistik in den Schmutz zu ziehen. Wohl aber muß, zumal nach den ernüchternden Ergebnissen der historischen Sportforschung der letzten Jahre, der Glorienschein verschwinden, mit dem idealistische Betrachter das klassische griechische Sportwesen umgeben haben, um es von den «bösen» Verfallserscheinungen des Hellenismus und den noch viel «böseren» Olympischen Spielen unserer Zeit abzugrenzen. In Wirklichkeit schworen gewiß nicht alle, aber doch eine nicht mehr als *quantité négligeable* zu behandelnde Minderheit von Olympiateilnehmern ebenso einen Meineid wie viele ihrer modernen Nachfolger, wenn sie gelobten, sie würden «sich keinen Verstoß gegen die Olympischen Wettkämpfe zuschulden kommen lassen».[5]

«... sie aber lachten über ihn vergnügt»

Die Zuschauer strömten zu den Agonen der Läufer, Fünfkämpfer, Boxer, Ringer, Pankratiasten und Wagenlenker nicht nur, um sich an den kräftigen Bewegungen gut trainierter Körper zu erfreuen, sondern nicht minder um der Spannung und der inneren Beteiligung willen, die die Wettbewerbe bei jedem Betrachter auslösten. So gediegen und vornehm war die Atmosphäre bei den sportlichen Wettkämpfen keineswegs, wie sie oftmals in verklärender Betrachtungsweise geschildert worden ist. Mißgunst, Schadenfreude und Sensationsgier kamen nicht erst im Zeitalter des politischen Niedergangs von Hellas auf. Die Griechen des 7. bis 5. Jahrhunderts v. Chr. waren von diesen menschlichen Regungen ebensowenig frei wie die Sportfans anderer Zeiten und Kulturen (Abb. 108).

Als Beweis für diese scheinbar herabsetzende Behauptung genügt es, die erste literarische Beschreibung griechischer Athletenspiele überhaupt ein wenig aufmerksamer unter die Lupe zu nehmen: die homerischen Athletenspiele im 23. Buch der Ilias.

Es ist gar nicht zu übersehen, daß das dramatische Moment der Spannung und des Nervenkitzels und die teilweise sehr drastische Ausmalung der Folgen von Sportunfällen das frühgriechische Publikum brennend interessiert haben müssen. So etwa, wenn Homer das Unglück des Wagenlenkers beschreibt, dem Athena das Joch seines Gespannes zerbrach, so daß er «aus dem Wagen neben das Rad gewirbelt wurde und rings zerschunden an den Armen, am Mund und an der Nase». Und, heißt es weiter, «er schlug sich die Stirn auf über den Brauen, und seine Augen füllten sich mit Tränen, und ihm stockte die Zunge».

Oder auch die derbe Charakterisierung des bezwungenen Faustkämpfers, der wankend und blutend den Kampfplatz verläßt: «Sie führten ihn durch die Versammlung mit nachschleppenden Füßen, und er spie dickes Blut und ließ den Körper zur Seite fallen» (Abb. 107).

Vielleicht ist die Schilderung des Unfalls, den Aias im Wettlauf erlitt, noch überzeugender. Der glitt nämlich aus, und zwar «dort, wo von den Rindern der Mist lag... und mit Rindermist füllten sich ihm Mund und Nasenlöcher (...) Er aber stand da und hielt in den Händen das Horn des Herdenrinds, den Mist von sich speiend.» Die Reaktion der Zuschauer auf diesen tragikomischen Zwischenfall: «Sie aber lachten alle über ihn vergnügt.»[6]

Um Mißverständnisse zu vermeiden: Mit diesen Zitaten soll nicht das griechische Sportpublikum der archaischen Zeit denunziert oder an den Pranger gestellt werden. Es kam lediglich darauf an zu zeigen, daß sich auch das Interesse der Zuschauer jener Zeit bei athletischen Wettkämpfen nicht aus Motiven speiste, die auf einer völlig anderen Ebene gelegen hätten als zur Zeit der Römer oder heutzutage.

Wider die unhistorische Schönfärberei

Die griechische Agonistik fand, wenn auch recht zögernd, als Massenunterhaltung auch im römischen Bereich Einlaß und entwickelte sich allmählich zu einem weiteren tragenden Pfeiler in dem System, das mit dem Schlagwort «Brot und Spiele» beschrieben zu werden pflegt. Gewiß stellten sich die *certamina Graeca*, wie die Römer diese aus Griechenland «importierten» athletischen Schauwettkämpfe gern nannten, in einem anderen Gewande dar als etwa die panhellenischen Sportagone der klassischen griechischen Zeit. Es waren ausschließlich professionelle Athleten, die zur Unterhaltung des Publikums ihre Kräfte maßen und dabei mit Showeffekten nicht zurückhielten. Diese Professionalisierung des Sportes hatte sich in Griechenland selbst schon im 4. Jahrhundert v. Chr. in einer so übermächtigen Weise vollzogen, daß die Amateure schließlich völlig ins Hintertreffen gerieten.

Die noch vor einigen Jahrzehnten übliche Unterscheidung zwischen «gutem», sozusagen echt olympischem Sport in der Zeit bis zum Ende des 5. Jahrhunderts auf der einen und der dann einsetzenden unaufhaltsamen «Dekadenz» mit ihrem «widerlichen» Starkult und einem hemmungslos materialistischen Profitum auf der anderen Seite stimmt indes in ihrem einfachen Schwarz-Weiß-Raster nicht. Die Grundlagen für die Entwicklung, an deren Ende der reine professionelle Schausport stand, wurden schon viel früher gelegt, und ohne einen Hinweis auf diese bis in die archaische Zeit Griechenlands zurückreichenden Wurzeln der Professionalisierung bliebe ein Abriß dieses Kapitels antiker Sportgeschichte, das in die *certamina Graeca* auf römischem Boden einmündet, unvollständig und irreführend – daher der vorangehende Exkurs über die Athletenspiele in der «Goldenen» Zeit von Hellas.

Griechische Muskelprotze erobern Rom

Ohne Zweifel: Die Epoche des Hellenismus – vom Tode Alexanders des Großen im Jahre 323 v. Chr. bis zur Eroberung Ägyptens durch die Römer 30 v. Chr. – ist, soweit es sich um die von den einzelnen Städten im festlichen Rahmen ausgerichteten Sportwettkämpfe handelt, völlig von Profiathleten beherrscht, denen es auf materielle Siegespreise ankam. Sie wußten sich publikumswirksam so in Szene zu setzen, daß der Begriff des Schaugeschäfts für diese Art athletischer Agone nicht deplaziert erscheint.

Carl Schneider hat in seiner «Kulturgeschichte des Hellenismus» ein anschauliches Bild der Sportler dieser Zeit gezeichnet: «Der Hellenismus hat die hohe Gage für den Professionellen erfunden und damit die Voraussetzungen geschaffen für das Aufkommen jenes ungebildeten, großsprecherischen Muskelprotzes, der von Agon zu Agon zog, sich mit seinen Siegen brüstete und es gern sah, wenn die Städte versuchten, ihn sich durch immer höhere Geldzahlungen gegenseitig abspenstig zu machen. Was jedoch den hellenistischen Sport trotz dieser Entwicklung vom modernen Sport grundlegend unterscheidet, ist, daß ihm die Rekordsucht als Motiv fehlte; der Sieg über den Gegner genügte bei allen Agonen.»[7]

Es waren wohl hauptsächlich Vertreter dieser Zunft von «ungebildeten, großsprecherischen Muskelprotzen», die M. Fulvius Nobilior im Jahre 186 v. Chr. nach Italien holte, um den ersten Athletenwettbewerb auszurichten, den Rom jemals erlebte. Wie das Echo des Publikums auf das neue Schauspiel aussah, ist nicht überliefert, doch sprechen einige Indizien dafür, daß die gleichzeitig erstmals gegebenen Tierhetzen die Sportlerdarbietungen in den Schatten stellten.[8]

Es dauerte nämlich über einhundert Jahre, bis die Römer den nächsten athletischen Agon zu sehen bekamen. Es war der Dictator Sulla, der die Triumphfeiern anläßlich seines Sieges über den kleinasiatischen König Mithridates unter anderem mit Sportwettkämpfen verschönern wollte. Als faktischer Herrscher über den ganzen Osten hatte Sulla die Macht und Mittel, sich diesen Wunsch in aufwendigster Weise zu erfüllen. Und so ließ er im Jahre 80 v. Chr. die Berufsathleten aus ganz Griechenland in derart großer Zahl nach Rom bringen, daß die 175. Olympischen Spiele, die in dasselbe Jahr fielen, nicht ordnungsgemäß durchgeführt werden konnten – mangels «Masse», wie der Historiker Appian lakonisch mitteilt: «Außer am Stadionlauf nahm keiner an den Kämpfen in Olympia teil, weil Sulla die Athleten und sämtliche anderen Schauspiele nach Rom geholt hatte.»[9] Offenbar haben die Zuschauer an den von Sulla in großem Stil eingeführten athletischen Schaukämpfen Geschmack gefunden (Abb. 109). Jedenfalls richteten auch andere Politiker in den folgenden Jahrzehnten derartige Veranstaltungen aus bis hin zu Caesars Triumph im Jahre 46, bei dem neben anderen Attraktionen auch dreitägige Athletenwettbewerbe in einem eigens dazu errichteten Stadion ins Programm aufgenommen wurden.[10]

Abb. 107 Boxer mit stark blutenden Nasen; griechische Vase, um 520 v. Chr.

Schauwettkämpfe unter Augustus

Für die weitere Zukunft der *certamina Graeca* in Rom mußte die Einstellung des Augustus gegenüber diesem Typ des öffentlichen Schauspiels von großer Bedeutung sein. Der erste Kaiser Roms hat mit seiner auch für die Nachfolger verbindlichen «Unterhaltungspolitik» eine entscheidende Rolle gespielt; sein Verhalten gegenüber der griechischen Agonistik hätte daher sehr wohl eine Weichenstellung für den künftigen Rang dieser Disziplin innerhalb des römischen Schauspielwesens bedeuten können. Daß es nicht dazu kam, liegt vor allem an der recht zwiespältigen Einstellung des Augustus zu dieser Form der Unter-

Abb. 108 Begeisterung der Zuschauer beim Wagenrennen; Illustration der Leichenspiele für Patroklos auf dem Fragment der Sophilos-Vase, um 570 v. Chr.

Abb. 109 Römischer Boxer mit typischen *caestus* (Boxriemen). Die Gesichtszüge zeigen deutliche Spuren vorangegangener Kämpfe.

Abb. 110 Römische Pankratiasten («Allkämpfer») und Boxer. Der Boxkampf rechts ist entschieden, beim Pankration wird noch mit allen Mitteln (Festhalten; Stoß in die Genitalien) gekämpft; Marmorrelief aus dem 2./3. Jh. n. Chr.

haltung. Persönlich machte es ihm großen Spaß, den Darbietungen der Athleten zuzuschauen. Es waren nicht wenige Sportler, deren Leistungen dem Kaiser so gefielen, daß er ihnen Geschenke überreichen ließ und ihnen sogar großzügige Privilegien einräumte.[11] Besonders gern sah er Boxkämpfen zu (Abb. 110), wobei es ihm größte Freude machte, ungeübte, rohe Schläger – mitunter aus finsteren Gassen der Hauptstadt herbeigeholte «Amateure» – gegen technisch versierte, erfahrene griechische Berufsboxer zu stellen und die zweifellos sehr originellen Kämpfe zu verfolgen. Überhaupt hatte Augustus, dies sei am Rande vermerkt, ein Faible für Schlägereien, zumal wenn sie sich spontan vor seinen Augen irgendwo in Rom zu wilden Massenprügeleien entwickelten...[12]

Abb. 111 Priester als Pflüger: Ritus der Neugründung einer Stadt, möglicherweise die Gründung von Nikopolis («Siegesstadt») nach der Schlacht von Actium; Denar, um 29/28 v. Chr.

Kein Wunder also, wenn er von Zeit zu Zeit Sportlerwettkämpfe veranstaltete und sich in seinem «Tatenbericht» im Kapitel über die öffentlichen Spiele auch die Notiz findet, daß er «dem Volke zweimal im eigenen Namen Schauwettkämpfe mit von überall herbeigeholten Athleten geboten habe sowie ein drittes Mal im Namen [seines] Enkels».[13]

Das Engagement des Augustus für *certamina Graeca* war allerdings nicht so groß, daß er in Rom das gleiche tat wie in dem von ihm neugegründeten griechischen Nikopolis («Siegesstadt») nahe Actium (Abb. 111), wo er die entscheidende Schlacht im Kriege gegen seinen innenpolitischen Widersacher Antonius und die ägyptische Königin Kleopatra gewonnen hatte (31 v. Chr.): Dort stiftete er aus Anlaß seines Sieges ein Fest, das alle vier Jahre mit athletischen und musischen Wettkämpfen begangen werden sollte, die sogenannten *Aktia*.[14] Tatsächlich entwickelte sich dieser neue Agon in erstaunlich kurzer Zeit zu einem anerkannten Sportfest in der griechischen Welt; noch zu Lebzeiten des Augustus erhielten die *Aktia* den höchsten Rang hinter den vier alten Agonen der Periodos in Olympia, Korinth, Nemea und Delphi.

Einen solchen regelmäßig ausgerichteten Athletenwettkampf hat Augustus in Rom nicht gestiftet, und er hat, soweit man das dem Schweigen der Quellen entnehmen darf, auch nie mit dem Gedanken gespielt, einen sportlichen Agon dieser Art in der Hauptstadt des Reiches heimisch zu machen.

Das einzige, was sich in dieser Hinsicht im lateinischen Westen überhaupt tat, war die Einrichtung der *Sebasta* in Neapel, bezeichnenderweise einer ursprünglich von Griechen gegründeten und viele Jahrhunderte hindurch von Griechen bewohnten Stadt. Dort wurden im Jahre 2 n. Chr. zu Ehren des Kaisers Spiele gestiftet, die von da an alle vier Jahre stattfanden – nach dem Urteil des Geographen Strabo «musische und gymnastische Wettbewerbe, die sich über viele Tage hinzogen und dem Vergleich mit den berühmtesten griechischen Agonen standhielten».[15]

Neapel lädt ein: Athletentreffen in Italien

Einladungen, bei diesen ihm zu Ehren gegründeten Athletenwettkämpfen als Zuschauer anwesend zu sein, nahm Augustus gern an. Als er im Sommer des Jahres 14 n. Chr. zu einer Reise nach Kampanien aufbrach, verfolgte er damit einen doppelten Zweck: zum einen, seinen Sohn Tiberius auf dessen Weg nach Illyrien ein Stück zu begleiten, zum anderen, gleichzeitig den *Sebasta* in Neapel beizuwohnen. Wenige Tage, nachdem er dort den Wettkämpfen der Athleten zugeschaut hatte, verstarb er am 19. August in der kampanischen Stadt Nola.[16]

Ein Zufallsfund hat Einzelheiten des musikalischen und sportlichen Programms der *Sebasta* zutage gebracht, die mehrere Jahrzehnte lang das einzige regelmäßig gefeierte Fest dieser Art in Italien bleiben sollten. In Olympia stießen die Ausgräber auf eine – nicht ganz vollständig erhaltene – Inschrift, die einige Reglements der neapolitanischen Spiele enthält.[17] Wahrscheinlich handelt es sich bei diesem Dokument um eine Art Reklametafel, die die in Olympia versammelten Athleten auf die in Neapel veranstalteten Spiele aufmerksam und sie mit den wichtigsten Regeln vertraut machen sollte.

Danach mußte sich jeder, der an dem Agon teilnehmen wollte, dreißig Tage vor Beginn der Veranstaltung bei den Schiedsrichtern anmelden. Verspätete Anmeldungen wurden nur dann entgegengenommen, wenn die Sportler nachweisen konnten, daß das Versäumnis nicht durch ihre Schuld zustande gekommen war: Krankheit, Überfall durch Räuber und Schiffbruch galten als begründete Entschuldigung. Vor Tricks und Betrug wurde deutlich gewarnt. Wer sich, aus welchen Gründen auch immer, unter falschem Namen in die Teilnehmerlisten eintragen ließ, riskierte eine empfindliche Geldstrafe oder mußte in besonders schwerwiegenden Fällen sogar mit der Auspeitschung rechnen.

Neben den musikalischen und dramatischen Wettbewerben, in denen Trompeter, Kitharaspieler, Flötenspieler, komische und tragische Schauspieler sowie Pantomimentänzer um den Sieg stritten, standen sportliche Agone auf dem Programm, die weitgehend die gleichen waren wie bei den anderen Athletenspielen in der griechischen Welt: der Stadionlauf (etwas kürzer als unsere 200-Meter-Strecke); der «Doppellauf» (Diaulos; mit zwei Stadien ungefähr der modernen 400-Meter-Strecke entsprechend); ein Waffenlauf, bei dem die Athleten mit einigen Teilen der militärischen Rüstung beschwert die Strecke des Diaulos zurücklegen mußten; das Pentathlon mit seinen fünf Disziplinen Diskuswurf, Weitsprung, Speerwurf, Laufen und Ringen sowie die schwerathletischen Sportarten Ringen, Boxen und Pankration (Abb. 112). Alle Teilnehmer wurden in zwei Klassen – Männer und Knaben – eingeteilt; später kam dann noch eine mittlere Klasse, die der Jünglinge, hinzu. Zum Programm der *Sebasta* gehörten ferner Pferde- und Wagenrennen.

Derartige *certamina Graeca* als periodisch veranstaltetes Sportfest hat es *in Rom* in der Regierungszeit des Augustus *nicht* gegeben. Wohl beschloß der Senat als Ehrung des Siegers von Actium regelmäßig in vierjährigem Turnus wiederkehrende Spiele, bei denen *auch* athletische Wettkämpfe geboten wurden. Doch bildeten sie dabei nur einen von mehreren Programmpunkten und standen keineswegs im Mittelpunkt.[18] Sie sind deshalb ebensowenig mit den großen Sportfesten im griechischen Raum wie mit den in Neapel veranstalteten *Sebasta* zu vergleichen. Zudem waren sie offenbar selbst im römischen Festkalender von untergeordneter Bedeutung, gerieten sie doch gleich nach dem Tode des Augustus in Vergessenheit.

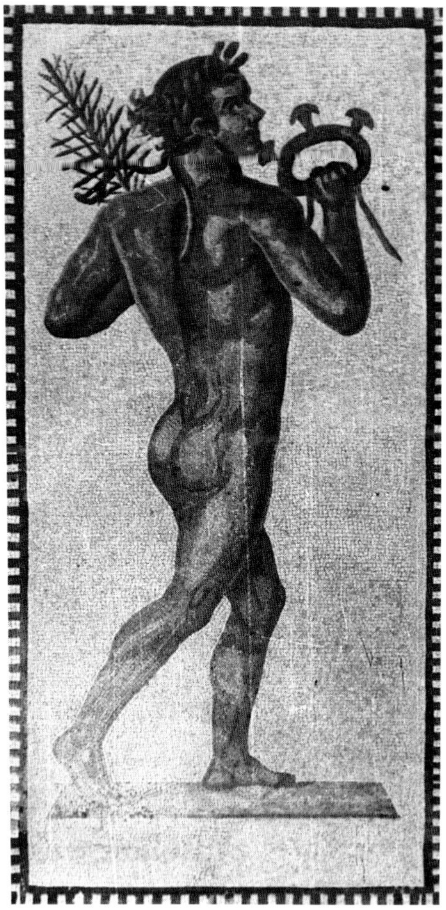

Abb. 112a Boxhandschuhe als Mordinstrumente: aus den *caestus* dieses Boxers ragen Dornen heraus; Mosaik aus dem 2. Jh. n. Chr.

Abb. 112b Sieg dank Metalleinlage? In die Riemen des Boxers sind Metallstücke eingenäht; Mosaik aus dem 2. Jh. n. Chr.

Verpaßte Gelegenheit oder kluge Taktik?

Es ist nicht ganz klar, warum die griechische Agonistik in augusteischer Zeit – und eigentlich noch im ganzen 1. Jahrhundert n. Chr. – in Rom ein Schattendasein führte (verglichen mit Wagenrennen, Gladiatorenkämpfen und Tierhetzen) und warum Augustus, obwohl selbst ein Anhänger sportlicher Wettkämpfe, die Chance nicht wahrnahm, dieses Spektakel in Rom zu etablieren und sich dadurch zusätzliche Sympathien des Publikums zu sichern.

Einiges spricht wohl dafür, daß Augustus die Konfrontation mit den einflußreichen Kritikern der *certamina Graeca* gescheut hat. Ausgerechnet er, der in seiner Propaganda keine Gelegenheit ausließ, die Rückbesinnung auf altrömische Tugenden zu fordern und die von ihm getroffenen politischen Maßnahmen auf allen Gebieten geschickt nicht als Neuerungen, sondern als Rückkehr zur «guten alten Zeit» Roms zu «verkaufen» – ausgerechnet er, der sich schmeichelte, von «Senat, Ritterschaft und Volk einhellig» zum «Vater des Vaterlandes» erhoben worden zu sein (2 v. Chr.), sollte es riskieren, als Förderer «unrömischer», «verweichlichender» Spiele, wie sich die Athletenwettkämpfe in den Augen mancher traditionsbewußter Römer der Oberschicht darstellten, zu gelten und die Früchte seiner erfolgreichen Politik wegen einer solch läppischen Einzelheit aufs Spiel zu setzen?!

Wie gesagt: Sicher ist es nicht, daß Augustus Überlegungen dieser Art angestellt hat, wohl aber wahrscheinlich angesichts der massiven Kritik, mit der sich Intellektuelle und «national denkende» Aristokraten der Einführung der Athletenwettkämpfe als fester Institution widersetzten.

Überraschende Kritik

Es ist schon eine höchst erstaunliche Sache: Dieselben Leute, die nichts dabei fanden, wenn Menschen und Tiere erbarmungslos gegeneinandergehetzt wurden, wenn nach Schluß einer Arenavorstellung Dutzende von Tierkadavern und blutüberströmte Leichname von Gladiatoren den Boden des Amphitheaters bedeckten, die diese scheußlichen Perversitäten nicht nur ohne Protest zur Kenntnis nahmen, sondern selbst Vergnügen an den grauenvollen Schlächtereien fanden – dieselben Leute konnten nicht genug Worte der Empörung und Entrüstung finden, wenn die Rede auf die «dekadenten», «unrömischen», «jugendverderbenden» (!) Athletenspiele griechischer Provenienz kam.

Geradezu abstrus wirkt, verglichen mit der verheerenden Wirkung, die von den Brutalitäten der Arena ausging, die in diesen Kreisen verbreitete Furcht vor Sittenverderbnis, die durch die Nacktheit der Athleten hervorgerufen werde (Abb. 114). «Ganz richtig», urteilt Cicero, «sagt schon Ennius: ‹Anfang der Schandtat ist es, unter Mitbürgern seinen Körper zu entblößen.›» Keine Frage für den römischen Redner, daß die Ursache für die in Griechenland weitverbreiteten homosexuellen Beziehungen «in den Gymnasien der Griechen entstanden ist, in denen diese Liebesverhältnisse frei und erlaubt sind» (Abb. 113).[19] Keine Frage auch für jeden nachdenklichen, national gesinnten Römer, daß der Niedergang Griechenlands hauptsächlich aus der Erziehung der griechischen Jugend zum Müßiggang in den Gymnasien herrühre – die politische Dekadenz von Hellas als unmittelbare Folge der auf sportliche Unterweisung ausgerichteten griechischen Pädagogik![20]

Im Chor der Kritiker durfte auch die Stimme eines Mannes nicht fehlen, der sich den altrömischen «Tugenden» ebenso verpflichtet fühlte, wie er umgekehrt als wortgewaltiger Ankläger der Laster seiner eigenen Zeit auftrat: der Historiker Tacitus. Für ihn war es klar, daß «die Sitten der Väter durch die von außen herbeigeholte Zügellosigkeit völlig untergraben» würden, daß «die Jugend durch fremdartige Übungen degeneriere», indem sie – unter anderem – die Gymnasien frequentiere. «Fehlte nur noch», so beschließt er seine Tirade, «daß vornehme römische Jünglinge auch ihre Körper entblößen, zu Faustriemen greifen und mehr an solche Kämpfe als an Kriegsdienst und Waffen denken.»[21]

«Blödsinnig im Geiste, deren Schultern wir bewundern…»

Aus anderen Gründen lehnt der Philosoph Seneca (Abb. 115), er immerhin auch ein Kritiker des Gladiatorenwesens, die griechische Athletik und vor allem die Aufnahme dieser körperlichen Übungen in das Unterrichtsprogramm für römische Kinder ab. Die körperliche Inanspruchnahme behindert das Denken, ja, sie «laugt den Geist aus und macht ihn untauglich für scharfsinnige geistige Tätigkeiten». Nicht zuletzt werde die Geisteskraft durch die Fülle der Speisen stumpf, die der Athlet zu sich nehmen müsse. Und dann der schlechte Umgang! Trainer der Athleten sind, will man Seneca Glauben schenken, «Sklaven von der übelsten Sorte, Kerle, die nur mit Öl [zum Einreiben des Körpers] und Weingenuß beschäftigt sind, denen der Tag gut vonstatten gegangen ist, wenn sie kräftig geschwitzt und wenn sie für den vergossenen Schweiß tüchtig Wein auf nüchternen Magen getrunken haben».[22]

Auch hier schwingt das Überlegenheitsgefühl des Römers gegenüber den *Graeculi*, den «Griechlein», auf die man ein wenig gönnerhaft und ein wenig verächtlich herabblickte, in der abschätzigen Charakteristik der Trainer mit. Aber es ist auch das beleidigte Unverständnis des Intellektuellen mit im Spiel, die Erschütterung, die er, wie er an anderer Stelle sagt, empfindet, wenn «gewaltiges Geschrei aus dem Stadion zu mir dringt» und ihn mit Schmerz daran denken läßt, «wie viele Leute ihren Körper üben, wie wenige aber nur ihren Geist, und welches Gerenne zu einem läppischen, spielerischen Spektakel einsetzt, während um die schönen Künste Einsamkeit herrscht». Und schließlich, ein Seitenhieb auf die Berufsathleten: «…wie blödsinnig im Geiste diejenigen sind, deren Oberarme und Schultern wir bewundern» (Abb. 119).[23]

Gleichwohl, trotz aller Warnungen und Menetekel, an denen es Philosophen und Satiriker – selbst Martial, der Lobredner des Gladiatorenwesens, spottet über die griechische Agonistik in Rom, den «Faustkämpfer mit seinem gebrochenen Ohr» und den «schmuddeligen Einsalber», der «unverdienten Reichtum rafft»[24] –, patriotische Aristokraten und Politiker nicht fehlen ließen: Der Siegeszug der Athletenwettkämpfe als einer weiteren Attraktion der kaiserzeitlichen Unterhaltungs-«Industrie» war auf die Dauer nicht aufzuhalten. Die Kritiker konnten seinen Vormarsch bremsen, stoppen aber konnten sie ihn nicht.

Schon das – natürlich auch von wirkungsvoller Rhetorik bestimmte – Bild, das Seneca in seinem um 63 n. Chr. niedergeschriebenen Satz gebraucht, läßt aufhorchen: Bei den athletischen Wettkämpfen herrsche ein *concursus*, ein Menschenauflauf. Mit anderen Worten: Die Leute drängten sich, den Darbietun-

Abb. 113 Homosexuelle Werbung. Die Nacktheit in den griechischen Gymnasien leistete nach römischer Auffassung der Anbahnung homosexueller Beziehungen und der Verweichlichung der Jugend Vorschub; Vase, um 540 v. Chr. – Abb. 114 Gymnische Nacktheit: Ringkampfübungen mit Trainer; Vase, um 525 v. Chr.

gen der Sportprofis zuzuschauen. Sittenverderbnis hin, fremdländische Zügellosigkeit her – das Publikum hörte nicht auf die Stimmen der Moralisten und Patrioten; es stimmte sozusagen mit den Füßen ab, indem es die *certamina Graeca* besuchte.

Abb. 115 Kritiker der *certamina Graeca:* der Philosoph Seneca (4 v. – 65 n. Chr.); Doppelherme des Seneca und des Sokrates.

Der Durchbruch der Athletenwettkämpfe: Nero stiftet «Neronia»

Mehr noch: Die Zuschauer forderten förmlich die «griechischen Wettkämpfe», wie nicht einmal Tacitus umhinkommt einzuräumen.[25] Und die Kaiser sahen keinen Grund, sich den Wünschen ihres Volkes zu widersetzen, wenngleich sie ihnen zunächst nur in Maßen nachgaben.

So veranstaltete Caligula im Jahre 39 n. Chr. ein Schauspiel, bei dem am ersten Tag Wagenrennen und Tierhetzen – Strecke: fünfhundert getötete Bären! – stattfanden, während am zweiten Tage *venationes* mit libyschen Tieren geboten wurden und «an vielen Orten zugleich Faustkämpfer gegeneinander antraten». Das Volk wurde großzügig verköstigt, und die Senatoren und ihre Frauen erhielten – vielleicht als Ausgleich für das «unrömische» Spektakel? – ein Geschenk vom Kaiser.[26]

Fünf Jahre später ließ auch Claudius in einem «bunten Programm» neben Wagenrennen und Tötungen von Bären – als Rahmenunterhaltung jeweils zwischen den einzelnen Rennen! – Athleten in mehreren Disziplinen auftreten und, als Sondernummer, eigens aus Asien herbeigeschaffte Knaben einen Waffentanz aufführen.[27]

Den eigentlichen Durchbruch erzielte die griechische Agonistik in Rom aber durch Nero. Der Kaiser war ein begeisterter Liebhaber griechischer Sitten und Einrichtungen. Kein Wunder also, daß er auch die Athletenspiele nach Kräften förderte. Sichtbarstes Zeichen dieser Neigung war der Bau eines Gymnasiums, das Nero direkt neben «seinen» Thermen anlegen ließ. Die Zeiten eines vorsichtig taktierenden Augustus, der es sich mit den «vaterländischen Kräften» nicht hatte verderben wollen, waren endgültig vorbei. Das wurde schlagartig deutlich, als Nero sich anläßlich der Einweihung des Gymnasiums bei den (vorwiegend aus den höheren Ständen der Gesellschaft stammenden) Kritikern der griechischen Agonistik auf seine Weise revanchierte: Er ließ an Ritter und Senatoren kostenlos Öl verteilen – Öl wohlgemerkt, mit dem sich die Athleten im Gymnasium einzureiben pflegten. Tacitus charakterisiert diese anzügliche Spende ziemlich verlegen als Akt von «typisch griechischer Freundlichkeit».[28]

Abb. 116 Preistisch mit Attributen des Wettkampfes und Siegeskranz; die Umschrift *certamen quinquennale Romae constitutum* (Gründung eines alle fünf Jahre stattfindenden Athletenwettkampfes in Rom) erinnert an die Stiftung der Neronia; Münze, um 64/65 n. Chr. – Abb. 117 Mit Kränzen geschmückter Altar, auf dem eine Eule steht: Attribute der Minerva Pacifera als Schutzgöttin auch der Spiele. Die Darstellung auf der Münze (um 64/65 n. Chr.) dürfte sich auch auf die Neronia beziehen. – Abb. 118 Nero als Apollo mit Lyra. Die Begeisterung des Kaisers für Gesang und Lyra-Spiel spiegelt sich in den musikalisch-dramatischen Wettbewerben seiner Spiele; Münze, um 64/65 n. Chr.

Abb. 119 Boxer mit wenig intelligentem Gesichtsausdruck und Spuren seiner Verletzungen, z. B. einer gebrochenen Nase; Statue aus dem 1. Jh. v. Chr.

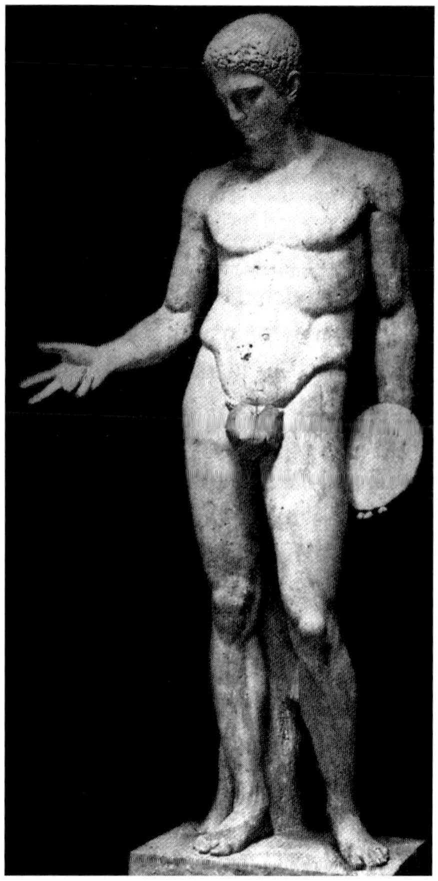

Abb. 120 Diskuswurf war eine der zum Fünfkampf zählenden leichtathletischen Disziplinen; römische Kopie des «Diskophoros» (Diskusträgers) des Polyklet.

Abb. 121 Das Stadion des Domitian auf einer Goldmünze aus dem frühen 3. Jh. n. Chr.

Im gleichen Jahre – 60 n. Chr. – stiftete Nero das erste ganz von den griechischen Vorbildern bestimmte periodische Fest mit athletischen und musikalisch-dramatischen Wettkämpfen (Abb. 116–118). Als Namen des Festes wählte er in der ihm eigenen Bescheidenheit die Bezeichnung *Neronia*, «Neronische Spiele». Großzügig, wie er ebenfalls war, lud Nero zu den Wettkämpfen der Sportler auch die Vestalinnen ein, da es doch auch in Olympia – so seine offizielle Begründung – den Priesterinnen der Demeter gestattet sei, den Sportlern zuzusehen.[29]

Das war nicht falsch, und es hörte sich auch ganz harmlos an – es sei denn, man erinnerte sich an die Maßnahme des Augustus, der es ausdrücklich *allen* Frauen, Vestalinnen eingeschlossen, verboten hatte, den Darbietungen der nackt kämpfenden Athleten beizuwohnen.[30] Was damals als Zugeständnis an die Gegner der griechischen Agonistik empfunden werden mochte, konnte bei Nero in den Augen der Kritiker nur als bösartiger Affront gewertet werden.

Eine große Zukunft war den *Neronia* freilich nicht beschieden. Nero starb im Jahre 68, und mit ihrem Stifter gerieten auch die Spiele in Vergessenheit, sozusagen ganz offiziell, da Nero nach einem Beschluß des Senats der *damnatio memoriae* («Tilgung des Angedenkens») verfiel. Aus allen öffentlichen Urkunden wurde sein Name getilgt, und ein Fest

Abb. 122 Luftaufnahme der Piazza Navona. Von vielen heute als schönster Platz Roms gerühmt, war die Piazza Navona in der Antike ein Stadion, dessen Form sich bis heute erhalten hat.

mit dem Namen *Neronia* war daraufhin nicht mehr durchführbar.

Glanzvolle Bereicherung des Festkalenders: Der «Capitolinische Wettkampf»

Ein Sieg für die Reaktion im Kampf gegen die Einführung des Athletenwesens in Rom? Wenn ja, dann ein allerletzter Erfolg; ein kurzer noch dazu. Denn im Jahre 86 war es soweit: Domitian stiftete einen neuen Agon nach dem Muster der großen griechischen Festspiele, und dieser Stiftung war, endlich, eine lange Dauer beschieden. Noch im 4. Jahrhundert n. Chr. stand der von Domitian begründete *Agon Capitolinus*, der «Capitolinische Wettkampf», auf dem Festspielprogramm der Hauptstadt. Er wurde alle vier Jahre veranstaltet und umfaßte wie sein Vorgänger, die *Neronia*, musische Wettbewerbe ebenso wie sportliche Disziplinen. Etwas Einzigartiges war der Wettbewerb in lateinischer und griechischer Poesie, der ebenfalls im Rahmen des *Agon Capitolinus* ausgetragen wurde. Ihn zu gewinnen war das höchste Ziel aller Dichter. An diese Tradition knüpft übrigens der moderne «Capitolinische Wettbewerb» an, in dem jedes Jahr von der Stadt Rom Preise für die besten eingereichten neulateinischen Dichtungen vergeben werden.

Nun aber zu den sportlichen Wettkämpfen, die im Rahmen der *Capitolia* ausgetragen wurden! Die Spiele umfaßten Wettlauf (Abb. 126), Boxen, Ringen, Pankration, Diskus- und Speerwurf. Eine besondere Attraktion stellten Laufwettbewerbe auch für Mädchen dar, doch wurden sie bald wieder vom Programm abgesetzt – möglicherweise eine allerletzte Geste gegenüber den Gegnern der Agonistik.

Es war eine glanzvolle Veranstaltung, und der Kaiser ließ es sich nicht nehmen, dabei selbst den Vorsitz zu führen, «mit Sandalen an den Füßen und in einer purpurnen Toga nach griechischem Schnitt, auf dem Haupte einen goldenen Kranz mit dem Bild Jupiters, Junos und Minervas [der sogenannten capitolinischen Trias, der der große Tempel auf dem Capitol in Rom geweiht war]. An seiner Seite saßen der Jupiterpriester und das Flavische Priesterkollegium in der gleichen Kleidung, außer daß auf ihren Kränzen zusätzlich ein Bild des Kaisers war.»[31]

Die Piazza Navona – einst Tummelplatz der Athleten

Um «seinen» Athletenwettkämpfen ein eigenes Zuhause zu geben, ließ Domitian nach dem Vorbild der griechischen Sportstätten ein Stadion in Rom bauen: das nach ihm benannte *Stadium Domitiani*, die heutige weltbekannte *Piazza Navona* (Abb. 121, 122).[32] Die volle Anerkennung, die der griechischen Agonistik nun auch in der Hauptstadt des Imperiums zuteil wurde, findet ihren sichtbarsten Ausdruck darin, daß dieser von einer kleinen, aber sehr lautstark auftretenden und einflußreichen Minderheit lange bekämpften Form der Massenunterhaltung nun sogar in der *Piazza Navona* eine eigene Kampfbahn zur Verfügung gestellt wurde, die immerhin eine Kapazität von ca. 15000 Zuschauerplätzen besaß – auch dies ein Beweis dafür, welchen Grad an Popularität Athletenwettkämpfe mittlerweile bei dem verwöhnten hauptstädtischen Publikum erreicht hatten (wenngleich daneben auch andere öffentliche Spiele, vor allem Wagenrennen, im Stadion des Domitian stattfanden).

Und noch einen anderen Erfolg

Abb. 123 Karikatur eines dickbäuchigen Boxers mit Verletzungsspuren an Ohren und Nase; Terracotta-Statuette. – Abb. 124 «Schwerathleten von wunderlicher Figur»: karikierende Terrakottastatuette aus dem 2. Jh. v. Chr.

konnte Domitian mit Genugtuung verbuchen. Die von ihm gestifteten *Capitolia* standen auch bei den Wettkämpfern in hoher Gunst. Sie zählten zu den sieben großen Agonen und standen damit neben den auch erst in römischer Zeit dazugekommenen Heraien von Argos und den von Augustus begründeten *Aktia* auf derselben Stufe wie die klassischen vier heiligen Wettkämpfe der Griechen in Olympia, Nemea, Delphi und Korinth.

Damit war die Agonistik in Rom unangefochten etabliert. Im 2. und 3. Jahrhundert kamen weitere Spiele dieses Typus hinzu: Antoninus Pius stiftete einen Agon zu Ehren seines Vorgängers Hadrian, des großen Philhellenen, zu Beginn des 3. Jahrhunderts richtete wahrscheinlich Caracalla einen weiteren Athletenwettkampf zu Ehren Alexanders des Großen ein, Gordian III. begründete einen Agon der Minerva, Aurelian schließlich stiftete Ende des 3. Jahrhunderts ein dem Sonnengott Sol geweihtes Fest.

Athleten als beliebte Sujets in der Kunst

Daneben fanden ungezählte, nicht periodisch wiederkehrende Athletenkämpfe statt, die weniger dem Kalender als der Spontaneität des kaiserlichen Ausrichters verpflichtet waren. Mit einem bedeutenden Sportlerwettkampf wurde – neben anderen Darbietungen – auch die Tausendjahrfeier des Bestehens Roms im Jahre 248 begangen (Abb. 120).[33] Damals kam einer der beliebten Witze von Stubengelehrten auf, über die man im Altertum so gerne herzog: «Ein Stubengelehrter sah bei der Jubiläumsfeier, die alle tausend Jahre in Rom veranstaltet wird, einen Athleten weinen, weil er unterlegen war. Er tröstete ihn: ‹Sei nicht traurig, denn bei der nächsten Jahrtausendfeier wirst *du* siegen!›»[34]

Wie populär die Darbietungen der Athleten im Laufe der Zeit wurden, zeigt auch die zunehmende Verwendung von Sportlermotiven in der römischen Kunst. Besonders die Mosaizisten nahmen sich dieses Sujets an. Im Jahre 1824 wurden in den Caracalla-Thermen die stattlichen Reste eines großen Fußbodenmosaiks gefunden, das insgesamt rund 150 Athleten darstellte (Abb. 217). Das Mosaik ist zu etwa einem Drittel erhalten. Viele der nackt wiedergegebenen Sportler halten Siegespreise wie Palmenzweige und Kränze in den Händen, andere – Faustkämpfer, Speer- und Diskuswerfer – sind mit den typischen Attributen ihrer Disziplin dargestellt. Auch Schiedsrichter sind präsent. Zumindest bei einem Teil der Athleten dürfte es sich um Porträtbilder wirklicher Heroen des Stadions handeln; sie werden durch Namensbeischriften individualisiert. Ob auch die anderen, anonymen, Sportlerbilder des Mosaiks zeitgenössische Berühmtheiten wiedergeben, ist zweifelhaft; die wenig individuellen Züge in der dumpf-brutalen Physiognomie der Athleten sprechen dagegen.[35]

Die Helden des Stadions: Ihre Köpfe schmückten Vasen und Lampen, Bilder und Schüsseln, Ringe und Mosaiken nun ebenso wie die Porträts ihrer «Kollegen» aus der Arena und dem Circus. Gewiß, die Athletenwettkämpfe haben bei den römischen Zuschauern niemals den gleichen Enthusiasmus ausgelöst wie die Darbietungen der Gladiatoren und Wagenlenker, aber auch sie hatten ihre begeisterten Anhänger und standen hoch in der Gunst eines Publikums, das jede Form des Schauspiels als willkommene Bereicherung der Unterhaltungspalette empfand.

Hauptdarsteller von wunderlicher Figur

Es wäre auch mehr als erstaunlich gewesen, wenn sich in einer Gesellschaft, die Abstrusitäten und Perversionen im Unterhaltungsbereich schätzte, auf kurz oder lang nicht auch eine Sparte hätte durchsetzen können, deren Hauptdarsteller eben diese Sucht nach Wunderlich-Ausgefallenem diesseits und jenseits der Grenze des guten Geschmacks in überzeugender Manier zu befriedigen verstanden.

Was waren das für Athleten, die sich da – insbesondere in den schwerathletischen Disziplinen – im Stadion ein reichlich merkwürdiges Stelldichein gaben! Jene Muskelprotze und Großsprecher, die schon das Profitum der hellenistischen Zeit mit sich gebracht hatte: Selbst sie standen eindeutig im Schatten der dickbäuchigen Kraftmeier bei den

Abb. 125 Vom eigenen Unterhaltungswert überzeugt: zwei Pankration-Kämpfer; Mosaik aus Gafsa (Tunesien), 4. Jh. n. Chr. – Abb. 126 Zwei Wettläufer beim Rennen; Mosaik aus Gafsa (Tunesien) 4. Jh. n. Chr.

Agonen der römischen Kaiserzeit (Abb. 124).

Für die Schwerathleten galt die Devise: Je mehr Gewicht sie auf die Waage brachten, um so tüchtigere «Sportler» gaben sie ab. Die spezifische «Diät» dieser Athleten bestand aus Essen, Essen und nochmals Essen (Abb. 123).

Der griechische Schriftsteller Philostrat hat in seiner um die Mitte des 3. Jahrhunderts n. Chr. verfaßten Schrift «Über Gymnastik» drastische Worte für die Entartungserscheinungen im Sport seiner Zeit gefunden:

«Die Medizin... lehrt [die Athleten], die Zeit vor den Übungen dazusitzen, vollgepfropft wie libysche oder ägyptische Mehlsäcke; sie führt Feinbäcker und Luxusköche ein, wodurch nur Schleckerer und Fresser gezüchtet werden, und setzt ihnen mohnbestreutes Weizenbrot aus feinem Mehl vor, mästet sie mit regelwidriger Fischkost... und verabreicht ihnen Schweinefleisch mit wunderlichen Weisungen...»[36]

Unmittelbare Folge dieser «Schlemmerei und Verweichlichung» ist nach Philostrat auch eine moralische Dekadenz der Athleten: «Eine solche Üppigkeit ist ein starker Anreiz für den Geschlechtstrieb und gab den Sportlern sogar den Anstoß zu Gesetzwidrigkeiten in Geldsachen und zum Kauf und Verkauf der Siege. Denn die einen verkaufen ihren Ruhm, wie ich glaube, weil sie viel brauchen, die anderen müssen sich einen mühelosen Sieg erkaufen, weil sie ein weichliches Leben führen...»[37]

Die Trainer achten, so fährt unser Kritiker in seiner Philippika fort, schon bei den jungen Athleten darauf, daß sie die gleichen Fehler begehen wie die Erwachsenen: «Sie lassen sie vor den Übungen den Bauch füllen, mitten im Training spazierengehen und rülpsen, daß es dröhnt. Dadurch nehmen sie wie schlechte Erzieher den Knaben die jugendliche Bewegungslust und gewöhnen sie nur an Untätigkeit, Arbeitsaufschub, Trägheit und eine ihrem Alter unangemessene Zaghaftigkeit.»[38]

Essen als Sportlerdiät

Woran erkennt man den schlechten Athleten? Philostrat weiß auch darauf sehr genaue Antworten, und seine Beschreibung mag auf manchen Sportprofi zutreffen, der auch bei den römischen Agonen auftrat: «Übermästung also verrät die hängende Braue und der keuchende Atem sowie die Ausfüllung der Schlüsselbeinhöhlen und die Weichen an der Seite, die eine gewisse Üppigkeit aufweisen.

Den Weintrinker kennzeichnet ein dikker Bauch, lebhafteres Blut und Feuchtigkeit der Weichen wie der Knie. Die vom Liebesgenuß Kommenden verraten sich in mehrfacher Hinsicht. Sie sind nämlich von verminderter Kraft, kurzem Atem, schüchtern im Angriff, verlieren durch die Anstrengungen die Farbe und sind durch derlei Dinge zu erkennen: entkleidet verraten sie sich wohl durch die Höhlung am Schlüsselbein und die ungefüge Hüfte, die Zeichnung der Rippen und die Kälte des Blutes...»[39]

Und so weiter, und so weiter! Philostrat wird nicht müde, gegen die falsche Ernährung und Lebensweise der Athleten zu wettern, die lächerlichen Figuren der Sportler zu kritisieren, ihre mangelnden Leistungen zu beklagen.

Der Einwand, daß hier einer mit ganz falschen Vorstellungen über die «goldene» Zeit der griechischen Agonistik urteilt – in blindem Zorn und mit verkehrten Maßstäben –, liegt nahe, stellt doch der Schriftsteller die Vergangenheit tatsächlich in allzu verklärendem Lichte hin. *So* edel und unverdorben, wie Philostrat das ursprüngliche Athletentum beschreibt, ist es ohne Zweifel nicht gewesen; wir haben am Anfang dieses Kapitels darauf hingewiesen.

Gleichwohl ist Skepsis hier nicht angebracht. Philostrat ist beileibe nicht der einzige Autor, der solch drastische Beschreibungen der Athleten zu Papier gebracht hat.

Immer wieder ist es die hemmungslose Freßsucht der Berufssportler, die die Chronisten hervorheben. Daß die Mägen der Athleten soviel aufnehmen können wie die von Rindviechern, ist für den Naturforscher Plinius eine ausgemachte Sache.[40] Cyprian, ein christlicher Schriftsteller des 3. Jahrhunderts, gießt einen Kübel von Ironie über die Athleten aus: Ihr erster Sieg bestehe darin, sich eine über das Maß des menschlichen Magens hinausgehende Fähigkeit zu essen antrainiert zu haben. Die Faustkämpfer vor allem, so Cyprian, lassen sich ihr Gesicht für Geld zerschlagen – Geld, das sie dringend benötigen,

Abb. 127 Gesamtdarstellung eines Athleten-Agons: Start zum Wettlauf; Läufer; Dank an die Götter; Preisverleihung; Weitsprung; Diskuswurf, Faustkampf; Ringkampf; Ehrenrunde; Pankration; Tisch mit Siegespreisen; Waffenlauf; Athletenmosaik aus Gafsa (Tunesien), 4. Jh. n. Chr.

um ihren gewaltigen Bauch weiterhin mästen zu können.[41]

Schärfster Kritiker des Athletenwesens war der griechische Arzt Galen – wohlgemerkt auch er wie Philostrat ein *Grieche*, dem nicht etwa national-römisches Ressentiment die Feder führte, wenn er die «Verweichlichung» der Sportler geißelte. Erbarmungslos geht er mit den Athleten ins Gericht. Er vergleicht ihre Lebensweise mit der von Schweinen.[42] Ja, angesichts der Schlaffheit der stets faulen und müden Athleten sei es besser, wichtige Dinge eher Schweinen als Sportlern anzuvertrauen.[43]

Anschaulich auch sein Bild vom Tagesablauf eines typischen Athleten: Das sei nichts anderes als ein ewiger Kreislauf von Essen, Trinken, Schlafen, Ausleerung und Herumwälzen in Staub und Dreck.[44]

Showbusineß, Abteilung Sport

Kein Zweifel: Eine große Zahl der an den Agonen teilnehmenden Athleten *waren* rohe, ungebildete, großmäulige Typen, mehr fettleibig als muskulös, träge und schläfrig, dumm und frech, in den Kämpfen – auch hier stehen wieder die Schwerathleten im Vordergrund – mehr auf ihr gewaltiges Körpergewicht vertrauend als auf Kondition und Technik. Nicht der sportliche Erfolg zählte für sie, sondern die Siegesprämien (vgl. Abb. 1), nicht Selbstbestätigung und Freude am eigenen Können waren ihnen wichtig, sondern die Wünsche des Publikums. Bei aller Ignoranz und Dumpfheit, die die Gebildeten den Helden des Stadions vorzuhalten nicht müde wurden: So clever und geschäftstüchtig waren diese Sportprofis allemal, daß sie es sich nicht mit den Zuschauern verdarben.

Das Ganze erinnert, zumal bei den Ringern, Boxern und Pankratiasten, deren Darbietungen zweifellos die beliebtesten waren, an die routinierte Mischung aus sportlichen Elementen, Effekthascherei und Personality-Show, wie sie heutzutage vor allem die Zunft der Catcher mit Perfektion beherrscht. Manche Züge der kaiserzeitlichen Schau-Agonistik nehmen wesentliche Elemente des modernen Showbusineß, Abteilung Sport, bereits vorweg: Da traten urige, unverwechselbare Typen auf, über deren Aussehen und Gehabe sich die Zuschauer teilweise amüsieren, auf jeden Fall aber lange unterhalten konnten (Abb. 125), da wurden die Paarungen in geschickter Dramaturgie unter den gespannten Blikken des Publikums ausgelost, da versuchten die Akteure, ihre Kontrahenten mit markigen Worten und allerlei Verbalinjurien einzuschüchtern, da droschen die Gegner ungestüm aufeinander ein, da floß Blut, da erbebte der Boden unter dem Fall des durch einen Hüftwurf niedergeschleuderten schwergewichtigen Ringers, da gab es eine Menge übler Tricks und auch ein paar clowneske Einlagen zu sehen, und da stellte sich schließlich der zum Sieger ausgerufene Athlet in ähnlicher Triumphatorpose hin oder gerierte sich in ähnlich ekstatisch-siegestrunkener oder ganz einfach verrückter Manier, wie wir es heute vor allem von den Berufsboxern und Catchern her kennen.

Natürlich fand das alles nicht die Zustimmung der Intellektuellen; für den einfachen Römer jedoch waren diese Schauwettbewerbe überaus unterhaltsam, er hatte seinen Spaß an den Spielen des Stadions. Und wenn dann noch von Zeit zu Zeit ein «Leckerbissen» in Gestalt eines weiblichen Athleten gereicht wurde, dann gingen die Wogen der Begeisterung erst recht hoch. Zwar hatten sich nur wenige Frauen dieser Profession verschrieben, doch zogen weibliche Ringer um so stärker das Interesse des männlichen Publikums auf sich. Ihr Trainingsprogramm unterschied sich nicht von dem der Männer: Sie übten mit schweren Hanteln, wälzten sich im Staub des Rings, wurden durch Schläge des Trainers zu höherer Leistung angespornt, tranken und aßen ebenso unmäßig wie ihre männlichen Kollegen, um sich danach – so der Satiriker Martial – sexuellen Praktiken zuzuwenden, die sie für ausgesprochen männlich hielten...[45]

Abb. 128 Ring- und Faustkämpfer auf einer griechischen Vase, um 540 v. Chr.; einer der auf dem Vasenkörper abgebildeten Boxer blutet heftig aus der Nase.

Beliebtheit in Maßen

Die Athleten der Kaiserzeit hatten, wenn man so will, keine «gute Presse». In den negativen Darstellungen der Literaten spiegelt sich allerdings die soziale Stellung dieses Standes nur sehr verzerrt wider. Berufssportler waren keineswegs, wie manche geringschätzigen zeitgenössischen Berichte vermuten lassen könnten, gesellschaftlich Ausgestoßene. Sie galten nicht als ehrlos und würdelos, sondern waren höher geachtet als namentlich Gladiatoren und Schauspieler. Und die Athletengilden, die sozusagen Berufsgenossenschaften der professionellen Sportler bildeten, waren durchaus als honorige Gesellschaften anerkannt, denen die Kaiser in Rom für ihre Zusammenkünfte, Opferhandlungen und Beratungen Lokale zur Verfügung stellten.

Es ist schon fast folgerichtig, daß eher wegen als trotz der gesellschaftlichen Anerkennung der Athleten der Starkult um die Berühmtheiten des Stadions nicht ganz so intensiv war wie bei den Großen der Arena, des Circus und des Theaters – dies gewiß auch ein unübersehbares Indiz dafür, daß die Agonistik niemals in Rom jenes Maß an Begeisterung und Besessenheit erreichte, das die Zuschauer etwa den Kämpfen des Amphitheaters und den Wagenrennen entgegenbrachten.

Aber natürlich hatten auch die Athleten ihre Anhänger, sogar ausgesprochene Fans, die Statuen ihrer Idole anfertigen und aufstellen ließen[46] und die die im Handel angebotenen Souvenirs mit den Köpfen oder Büsten ihres Lieblingsringers oder -läufers kauften. Und es fehlten auch nicht weibliche Bewunderer der agonistischen Kunst, die ihr väterliches Erbteil verschleuderten, um dem angebeteten Athleten teure Geschenke zu machen[47], und für die es die Erfüllung ihrer Wünsche war, wenn sie sich ihrem Idol körperlich hingaben.[48]

Spottgedichte auf «Versager»

Waren die Athleten schon als Persönlichkeiten oftmals sehenswert, so waren ihre Wettbewerbe erst recht von Interesse für die Zuschauer. Daß die «hautnahen» Disziplinen des Boxens, Ringens und Pankrations das römische Publikum vor allem faszinierten – und entsprechend bei den Agonen dominierten –, bedarf keiner langatmigen Begründung. Immerhin waren auch die Laufwettbewerbe und die technischen Disziplinen nicht ohne Reiz (Abb. 127). Sie boten vor allem spannende Unterhaltung, bisweilen wohl auch Gelegenheit zu Spott und Gelächter, wenn Stümper an den Start gin-

Abb. 129 Doppelarmklammer beim Ringen; griechische Bronze aus dem 3./2. Jh. v. Chr.

Abb. 130 Boxkampf-Darstellung auf einer Tonlampe (2. Jh.). Der rechte Boxer richtet sich auf, um einen harten Schlag auf dem Kopf des Gegners landen zu können.

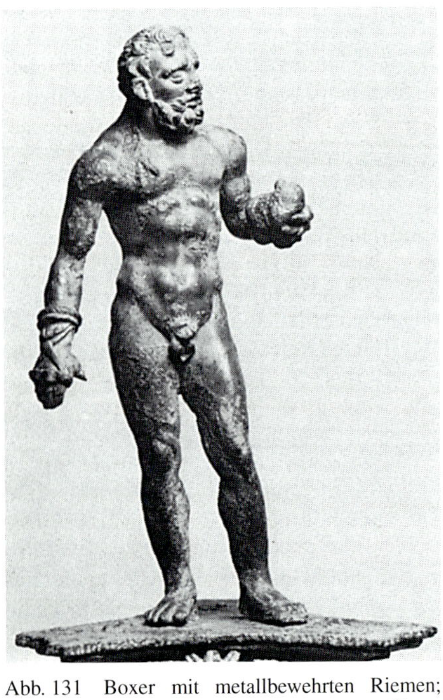

Abb. 131 Boxer mit metallbewehrten Riemen; sein Gesicht weist Verletzungsspuren an Ohren und Nase auf; Bronzefigur aus dem 1. Jh. n. Chr.

gen, die ihren Konkurrenten hoffnungslos unterlegen waren.

Das kam sicher nicht oft vor, passierte aber doch hier und da, wie spöttische Epigramme beweisen, die im 11. Buch der «Griechischen Anthologie» überliefert sind. Ein Sprinter namens Perikles wird da mit folgendem Vierzeiler lächerlich gemacht:
«Hat denn der Perikles nun das Stadion heute durchlaufen | Oder durch*sessen*? Wer weiß! Heilige Langsamkeit du! | Klingend schon hallte im Ohr das Startseil, schon kränzte man einen [als Sieger], | Aber der Perikles war noch keinen Zoll breit gerannt!»[49]
Einem schlechten Fünfkämpfer wird dieses fiktive Grabepigramm der Superlative auf den Leib geschneidert:
«Keiner der Ringer ist schneller als ich zur Erde gefallen, | Keiner der Läufer ist so langsam gelaufen wie ich, | Ganz bis zum Ziel auch bin ich nicht recht mit dem Diskus gekommen, | Dafür bracht' ich beim Sprung aber die Füße nicht hoch, | Und mit dem Speere wirft besser ein krüppliger Junge. So ward ich | Erstmals als fünffach besiegt in einem Fünfkampf erklärt.»[50]

Der Nervenkitzel der Schwerathletik

Zuschauer, die es sonst eher in die Arena zog, kamen vor allem bei den schwerathletischen Disziplinen auf ihre Kosten: Da floß nicht selten Blut, da erlitten die Athleten schmerzhafte Verletzungen, knackten Knochen und wurden Gelenke verdreht (Abb. 128). Es wäre reine Schönfärberei, die Augen vor der eigentlichen Motivation zu verschließen, die den größten Teil der Zuschauer zu diesen Kämpfen hinzog. Wenn der Innsbrucker Althistoriker I. Weiler kürzlich noch einmal deutlich darauf hingewiesen hat, daß die Schwerathletik schon im klassischen Griechenland wegen ihrer «Gefährlichkeit bei den Zuschauern jenen Nervenkitzel auslöste, der vermutlich immer schon Massen in die Sportarenen lockte»[51], dann trifft diese Feststellung erst recht auf das römische Publikum zu, das ja bei anderer Gelegenheit keinen Hehl daraus machte, daß es Blut sehen *wollte*. Wer bei den *munera* den Schiedsrichter frenetisch mit den Worten «Hau, peitsche, brenne!» zur «Anspornung» träger Gladiatoren aufforderte[52], von dem ist wohl nicht im Ernst anzunehmen, daß er zum Ring- und Boxkampf ging, um brillante Ausheber oder sauber angesetzte Schwinger zu sehen.

Die harmloseste, unblutigste unter den drei schwerathletischen Sportarten war das Ringen. Der antike Ringkampf war ein reiner Standkampf. Zusätzlich zu den heute erlaubten Griffen und Schwüngen kommen für den Ringkampf im Altertum sämtliche Ansatzmöglichkeiten hinzu, die sich aus der Tatsache ergeben, daß Beinausschlagen und insbesondere Beinstellen nicht verboten waren. Der ganze Körper des Ringers bildete somit die Angriffsfläche für seinen Kontrahenten (Abb. 129). Verlierer war, wer *dreimal* zu Boden gegangen war. Über die Vergabe eines «Punktes» entschied ein Kampfgericht.

Inwieweit auch schmerzhafte Griffe bis an die Grenzen der Brutalität angewendet werden durften, ist eine unter den Sporthistorikern sehr kontrovers diskutierte Frage. Sie läßt sich aufgrund der schlechten Überlieferungslage in der Tat nicht eindeutig entscheiden. Einiges spricht dafür, daß es nicht statthaft war, «den Gegner durch schmerzhaftes Schlagen, Würgen, Verdrehen der Gelenke und ähnliches zum Aufgeben zu zwingen» – so W. Rudolph, ein guter Kenner der Materie.[53] Dem steht allerdings das ausdrückliche Zeugnis des Pausanias, des Verfassers eines «antiken Griechenland-Baedekers» aus dem 2. Jahrhundert n. Chr., entgegen. Er weiß von dem sizilischen Ringkämpfer Leontiskos zu berichten, daß der seine Gegner nicht durch Niederwurf habe besiegen können, sie aber durch Fingerbrechen zur Aufgabe gezwungen habe – und damit zweimal bei den Olympischen Spielen Sieger geworden sei![54]

Faustkampf brutal

Fragen *dieser* Art stellen sich beim Faustkampf dagegen nicht. Der *war* brutal und äußerst schmerzhaft. Die Charakterisierung dieser Sportart, wie sie vor etwa einhundert Jahren Adolf Boetticher, einer der Pioniere der Olympia-Forschung, formuliert hat, besitzt noch immer Gültigkeit:

«Von allen olympischen Kampfarten ist unserem heutigen Gefühle am wenigsten sympathisch der Faustkampf; und es bleibt allen Versuchen gegenüber doch immer noch nicht recht erklärlich, wie ein hochgebildetes und ästhetisch so fein fühlendes Volk [wie die Griechen] an dem barbarischen Schauspiele Gefallen finden konnte, wie zwei Männer einander mit schwerbewehrten Fäusten ins Antlitz schlugen, sich bis zur Unkenntlichkeit zerhieben und blutüberströmt (Abb. 132) so lange im Kampfe verharrten, bis der eine sich für besiegt erklärte oder kampfunfähig zusammenbrach.

Abb. 132 Ein Kopftreffer führt zu einer stark blutenden Platzwunde; Mosaik aus Gafsa (Tunesien).

Denn nicht nur zur Römerzeit, sondern auch bei den Griechen war diese Art des Kampfes kein Spiel mehr, sondern blutiger Ernst... Mehr als einmal bleibt auch in Olympia der eine tot auf dem Platze.»[55]

Sicher, der Tod im «Boxring» war im Altertum letztlich ebenso eine Ausnahmeerscheinung wie in der Moderne. Es gibt eine Reihe von Berichten über derartige tödliche Ausgänge von Faustkämpfen, doch verteilen diese sich über mehrere Jahrhunderte, dürfen also nicht überbewertet werden.

Anders sah es mit furchtbaren Verletzungen und bleibenden Entstellungen aus, die die Kämpfer durch die Schläge ihrer Kontrahenten erlitten (Abb. 107, 109, 119). Mag die Satire noch so stark verzerren – sie wäre unglaubwürdig, wenn es nicht einen wahren Kern gegeben hätte. Mit welcher Begeisterung sich aber gerade Satiriker und Epigrammatiker der zerschundenen Boxer angenommen haben, zeigt doch eindringlich die vorherrschende Brutalität dieses Sportes.

Der Epigrammdichter Lukillios aus dem 1. Jahrhundert n. Chr. spottet über einen Faustkämpfer namens Stratophon:

«Als sich *im zwanzigsten Jahr* Odysseus nach Hause gerettet,
Da erkannte sein Hund Argos ihn an der Gestalt.
Dich aber, Stratophon, nun, der du eben *vier Stunden* geboxt hast,
Kennen die Hunde zwar noch, aber kein Mensch in der Stadt.
Geh nur, wenn's dich gelüstet, betrachte dein Antlitz im Spiegel,
Und du schwörst dann sofort: ‹Nein, ich bin Stratophon nicht.›»[56]

In gleicher Weise zieht Lukillios über einen anderen entstellten Boxer her, der pikanterweise den Namen «Olympikos» trägt: «Einst hatte er alles: Nase, Brauen und Kinn, Ohren und Lider wie wir. Seit er aber als Boxer sich hat eintragen lassen, fehlt alles...» (Abb. 131).[57]

Wieder einem anderen Faustkämpfer rät der Spötter, nicht in ein Gewässer mit einer glatten, spiegelnden Oberfläche zu schauen: Beim Anblick seines Gesichts werde ihn sonst vor lauter Schreck der Schlag treffen.[58] Dem Boxer Apollophanes schließlich wird liebenswürdig bescheinigt, sein Kopf ähnele «einem Sieb oder dem Rand eines Buches, den schon die Motten zernagt haben».[59]

Immer wieder ist es der entstellte *Kopf* des Athleten, der vom Satiriker aufs Korn genommen wird (Abb. 130, 132). Und wirklich zielten im antiken Boxsport fast alle Schläge auf den Kopf und das Gesicht des Kontrahenten. Daß Körpertreffer überhaupt zulässig waren, wird von einigen Sporthistorikern bestritten. Im literarischen wie im bildlichen Quellenmaterial finden sich tatsächlich fast ausschließlich Hinweise auf Kopftreffer – die freilich in jeder Variation: Gerade, Haken und Schwinger, mal auf die besonders empfindliche Kinnspitze, mal auf die Ohren – deutlich erkennbar an den zerquetschten Ohren der berühmten Faustkämpferstatue im Thermenmuseum in Rom (Abb. 119) –, mal, mehr auf Zermürbung als auf sofortigen K. o. hin berechnet, auf Nase, Mund und Augengegend.

Bis zum bitteren Ende – nur der K.-o.-Sieg zählt

All das, mag mancher einwenden, nicht mehr und nicht weniger brutal als beim heutigen Boxen. Richtig! Es war auch nicht diese Konzentration auf den Kopf als Ziel der Schläge, die den antiken Faustkampf so gefährlich machte, sondern ein sehr gravierender Unterschied im Reglement: Im Altertum wurde nicht nach Runden gekämpft – und schon gar nicht war ein Punktesystem bekannt, nach dem die Schiedsrichter am Ende über Sieg und Niederlage entschieden.

Knappe Ergebnisse, umstrittene Entscheidungen, gekaufte, manipulierende Punktrichter: All das gab es nicht. Die Boxer kämpften «einfach» so lange, bis ein Gegner physisch oder psychisch kampfunfähig war, niederstürzte, benom-

Abb. 133 Tretender und boxender Pankratiast; Bronzestatuette aus der Kaiserzeit.

Abb. 134 Ein Pankratiast drückt seinen Gegner zu Boden und holt zum Faustschlag aus; Tonlampe aus dem 1. Jh. n. Chr.

men und unfähig zu jeder Gegenwehr liegenblieb. Allein der K.-o.-Sieg zählte, allenfalls konnte ein Kontrahent in schlimmer Bedrängnis mündlich oder durch Erheben einer Hand kundtun, daß er den Kampf aufgebe.

Ein geradezu mörderisches Reglement, das blutige Szenen en masse produzierte und die Kämpfer bis zur äußersten körperlichen Erschöpfung brachte! Zwar konnten die Gegner kurzzeitige Kampfespausen vereinbaren, doch wurden sie spätestens durch Pfiffe und Mißfallenskundgebungen der Zuschauer aus ihrer «Passivität» aufgerüttelt.[60]

Mißbräuchliche Anwendung einer kompromißlosen Defensivtaktik, wie sie von einem Boxer berichtet wird, der den Schlägen seines Kontrahenten angeblich zwei Tage lang auswich und den völlig entnervten Gegner dadurch zur Aufgabe brachte[61], hatte sicher Seltenheitswert.

Gerade das verwöhnte römische Publikum hätte sich Finten dieser Art wohl kaum gefallen lassen, zumal die Beliebtheit öffentlicher Faustkämpfe in Rom noch auf die Zeiten vor der Einführung der griechischen Agonistik zurückgeht. Wenn *pugiles* – so der lateinische Ausdruck für «Boxer» – auftraten, dann durften sie sich des Interesses der Römer sicher sein. Der Komödiendichter Terenz konnte ein Lied davon singen: Im Jahre 165 v. Chr. erlitt er mit der ersten Aufführung seiner *Hecyra* («Die Schwiegermutter») Schiffbruch, weil die Zuschauer lärmend zu einer gleichzeitig stattfindenden Boxveranstaltung stürmten.[62]

Das war offenbar kein Einzelfall. Es scheint, als hätten Dichter und Schauspieler des öfteren darum bangen müssen, ihr Stück ohne Störung und «einschlägige» Zurufe über die Bühne zu bekommen. Horaz jedenfalls weiß zu berichten, daß die Menge häufig das Theaterspiel mit den Rufen nach «Bären»(-Jagden) oder «Faustkämpfern» unterbrochen habe; «denn an diesen Dingen hat der Pöbel seine Freude».[63]

Box-«Handschuhe» – von der Defensivwaffe zum Mordinstrument

Wie wenig es dem faustkampfbegeisterten Publikum auf die sportlich-technische Seite des Boxens ankam, wie sehr es sich vielmehr für die Brutalität und Gefährlichkeit des Schlagabtausches interessierte, das lehrt ein Blick auf die Entwicklung des antiken Pendants zu den modernen Boxhandschuhen. Schon in frühester Zeit pflegten die griechischen Boxer sich die Fäuste mit einem bis zu 3 Meter langen Lederriemen zu umwickeln. Diese Riemen liefen in mehreren Windungen um die Knöchel herum, schlangen sich um das Handgelenk und reichten bis zum Unterarm. Ihre Aufgabe: Sie sollten den *Angreifer schützen*, vor allem seine Knöchel beim Aufprall auf das harte Ziel seiner Schläge, den Kopf des Gegners, schonen.

Den ursprünglich als Defensivwaffe gedachten Riemen entwickelten schon die Griechen zu Beginn des 4. Jahrhunderts v. Chr. zu einem bedeutend härteren Riemengeflecht weiter, das nunmehr bewußt auch als Angriffswaffe eingesetzt wurde. Die Schläge mit dieser harten Riemenumwicklung verursachten erheblich größere Schmerzen, als es zuvor der Fall gewesen war.

Den Römern blieb es vorbehalten, die von ihnen als *caestus* bezeichneten «Handschuhe» in makabrer Weise als Angriffsmittel zu vervollkommnen: Sie verstärkten die Riemen durch Eisen- und Bleieinlagen[64], um den Schlägen größere Wucht zu verleihen (Abb. 112a). Ein «tragischer» Irrtum! Tatsächlich *verringerten* nämlich diese metallbeladenen *caestus* die Schnelligkeit der Schläge, und die ist nach modernen Erkenntnissen von Boxsportexperten wirkungsvoller als der langsamere, mit schwereren Handschuhen erzielte Treffer.[65] Anders sieht es dann freilich mit einer letzten Verstärkung der *caestus* aus, den rein metallischen «Boxhandschuhen», wahren «Mordwerkzeugen» (W. Rudolph), die aber möglicherweise nur in Gladiatorenkämpfen zum Einsatz gekommen sind (Abb. 112b).

Die allgemeine Einschätzung des Boxens kommt gut in der Analyse der antiken Traumdeuter zum Ausdruck. Wenn jemand von einem Faustkampf träumte, so war das nach ihrer Meinung «verlustreich; denn der Faustkampf bedeutet Schaden und Verlust, wird doch dabei das Gesicht verunstaltet und Blut vergossen, welches allgemein als Symbol des Geldes gilt. Glück bringt diese Kampfart nur denen, die ihren Lebensunterhalt mit Blut verdienen: Ärzten, Opferpriestern und Köchen.»[66]

«Allkampf» – nur Beißen und «Graben» verboten

Die Roheit des Boxkampfes wurde nur noch durch das brutale Pankration übertroffen – in der Kaiserzeit bezeichnenderweise die beim Publikum beliebteste Sportart überhaupt, selbst von einem Griechen als «das Schönste von ganz Olympia» gerühmt.[67] Pankration war eine Mischung aus Boxen und Ringen, ein «Allkampf» – alles war erlaubt außer «Beißen und Graben».[68]

Über die Bedeutung dieses «Grabens» (griechisch ὀρύττειν) herrscht keine volle Klarheit. Vermutlich war es verboten, die Finger in die Augenhöhlen, die Mundhöhle oder andere weiche Körperteile zu bohren.[69]

Alle anderen Griffe und Tricks waren erlaubt, Boxhiebe ebenso wie Ringergriffe, Treten und Stoßen mit Knie und Fuß, Umdrehen der Gelenke ebenso wie Knochenbrechen (Abb. 133, 134). Gerade die äußerst schmerzhaften Verdrehungen von Gelenken und Gliedmaßen waren bevorzugte Mittel der Pankratiasten, um ihren Gegner zum Aufgeben zu bewegen. Großer Beliebtheit erfreuten sich auch Würgegriffe, die den Kontrahenten in äußerste Atemnot und Todesangst brachten (Abb. 135). Das Abklemmen der Halsschlagader war ein effizientes Vorgehen, um den Kampf rasch zu beenden: Die dadurch hervorgerufene Blutarmut im Gehirn führte zur Bewußtlosigkeit des Gegners und damit zum Siege.

Der Kampf begann im Stehen, wurde aber im Unterschied zum Ringen auf dem Boden fortgesetzt, wenn beide Kämpfer gestürzt waren. Hatte einer seinen Gegner durch einen gekonnten Ringergriff zu Boden geschleudert, war aber selbst auf den Beinen geblieben, so hinderte ihn niemand, auf dem Liegenden herumzutreten und ihm durch Fußtritte übelste Verletzungen beizubringen.

Daß selbst gut trainierte, rauhe Burschen bei diesem Sport mächtig zu Schaden kamen, versteht sich von selbst: «In Olympia verlor ich ein Ohr, in Platää ließ ich ein Auge, tot brachten sie mich aus Delphi hinweg.»[70] Diese «Karriere» eines Pankratiasten macht deutlich, welch schlimme Unfälle und Verletzungen der brutale «Allkampf» mit sich brachte.

Abb. 135 Pankratiasten und Schiedsrichter. Der untere Kämpfer hält seinen Gegner im Kopfklammergriff; der andere holt zum Faustschlag aus; griechische Vase, um 500 v. Chr.

Zweiter Exkurs in die «gute alte Zeit» des Sports

Auch bei dieser Disziplin wurden natürlich nicht alle Tage tote Kämpfer aus dem Stadion getragen. Etwas ganz und gar Ungewöhnliches kann der tödliche Ausgang eines Pankrationkampfes allerdings auch nicht gewesen sein, und nicht wenige Zuschauer mögen insgeheim darauf spekuliert haben, daß «etwas passierte». Daß auch dies keine spekulative, böswillig herabsetzende Unterstellung gegenüber einem Teil des Publikums ist, beweist die mehrfach überlieferte Geschichte von dem als berühmt geltenden letzten Kampf des Pankratiasten Arrhachion aus Phigalia – eine Geschichte, die wir eher mit dem Attribut «berüchtigt» oder «abschreckend» versehen würden.

Das Ganze ereignete sich bei den Olympischen Spielen des Jahres 564 v. Chr. (!). Nach dem Bericht des Pausanias «packte der Gegner den Arrhachion im Endkampf zuerst, hielt ihn mit den Beinen umklammert und würgte ihn gleichzeitig mit den Händen am Hals. Arrhachion aber brach seinem Gegner eine Fußzehe. Zum gleichen Zeitpunkt hauchte Arrhachion im Würgegriff des Gegners seinen Geist aus, während sein Gegner vor Schmerz den Kampf aufgab. Die Eleer aber bekränzten den Leichnam des Arrhachion und erklärten ihn zum Sieger.»[71]

Die Zuschauer zeigten während dieses dramatischen Ringens auf Leben und Tod keine Spur von Betroffenheit, ebensowenig von Trauer oder Nachdenklichkeit nach dem Ende des tödlich verlaufenen Kampfes!

«Die einen erheben beide Hände, die anderen ihr Gewand, wieder andere hüpfen auf von der Erde, die vierten schließlich fangen mit ihren Nachbarn im Scherz zu ringen an (!). Denn so etwas Erstaunliches (!) läßt die Zuschauer nicht ruhig bleiben.» Und die Wertung des Chronisten? Er stand mit seinem Urteil sicher nicht allein: «Obwohl Arrhachion die Großtat vollbrachte, daß er schon zweimal zuvor in Olympia gesiegt hatte, war es doch diesmal etwas noch Größeres, nachdem er den Sieg mit dem Leben erkauft hat, mit Staub bedeckt ins Land der Seligen hinüberzugchen.»[72]

Der Vorfall datiert nicht aus der «Dekadenzepoche» der griechischen Agonistik in der römischen Kaiserzeit, sondern geschah im 6. Jahrhundert v. Chr.; er ereignete sich nicht inmitten eines durch Gladiatorenspiele und Tierhetzen abgestumpften Publikums in Rom, sondern im klassischen Olympia, bei einem heiligen Agon vor den Augen festlich gekleideter Zuschauer aus ganz Hellas – all das mithin ein weiterer Grund, die Frühzeit der Olympischen Wettkämpfe nicht zu idealisieren und mit einer höheren moralischen Weihe zu umgeben, als es ihnen zukommt (Abb. 135). Gleichzeitig freilich ein guter Hinweis darauf, *weshalb* Pankration auch von den Besuchern der *certamina Graeca* in Rom als besondere Attraktion geschätzt wurde.

Was die Zuschauer sehen wollten

Der Reiz des «Allkampfes» lag in den Augen der meisten darin, daß auch in dieser Sportart bis zur völligen Kampfunfähigkeit eines der beiden Athleten gekämpft wurde. Da Aufgabe, wenn nicht als Schmach, so doch als wenig förderlich für die weitere Karriere eines Pankratiasten (der ja sein Geld damit verdiente!) galt[73], konnte das Publikum sicher sein, daß es aufregende Kämpfe sozusagen mit Brutalitätsgarantie zu sehen bekam – und genau das war es, wonach zumindest einer Mehrheit unter den Zuschauern der Sinn stand.

Kein Zweifel, daß auch technische Brillanz, vorzügliche Schulung und sportliche Leistung der Athleten in Rom ihre Anhänger fanden – so ist kaum vorstellbar, daß der feinsinnige Kaiser Marc Aurel, von dem es heißt, er «habe Boxen, Ringen und Laufen geliebt»[74], die damit zum Teil verbundenen Roheiten billigte. Kein Zweifel aber auch, daß es bei den meisten Anhängern sportlicher Schaukämpfe bedeutend weniger edle Motive gewesen sind, die zum Aufschwung der griechischen Agonistik in Rom führten und die Darbietungen des Stadions zu einem nicht unbedeutenden Pfeiler des Unterhaltungs-«Systems» werden ließen.

Das Theater

«Ein Ort, der sittlichem Anstand Abbruch tut…»

Als Ovid im Jahre 2 v. Chr. das erste Buch seiner berühmten «Liebeskunst» *(Ars amatoria)* veröffentlichte, da vergaß er auch das Theater nicht in der Aufzählung jener Örtlichkeiten, wo der liebeshungrige Römer am ehesten Gelegenheit habe, eine Frau seines Herzens kennenzulernen: «Vor allem aber jage in den runden Theatern», so empfiehlt er dem geneigten Leser seines erotischen Handbuches, denn «diese Jagdgründe sind reicher, als du denkst. Dort wirst du etwas zum Lieben und etwas zum Spielen finden, etwas für flüchtige Berührung, aber auch etwas zum Festhalten.»

Abb. 136 Ovid; anonymer Kupferstich aus dem 18. Jh. n. Chr. Trotz der Popularität Ovids ist aus dem Altertum kein Bildnis von ihm erhalten.

«Bestens aufgeputzt», so erläutert Ovid seinen Ratschlag, «stürzen sich die Frauen zu den Spielen», und dann folgt ein Vers, der durch seine ebenso schlichte sprachliche Gestaltung wie durch seine psychologisch meisterhafte Aussage berühmt geworden ist: «Zu sehen kommen sie; sie kommen, um selbst gesehen zu werden» *(spectatum veniunt, veniunt spectentur ut ipsae)*. Und schließlich das kategorische Resümee der ganzen Passage: «Dieser Ort tut sittlichem Anstand Abbruch.»[1]

«Dieser Ort tut sittlichem Anstand Abbruch» – eine in jeder Hinsicht bemerkenswerte Feststellung über das römische Theater der Kaiserzeit, zudem eine, wie es scheint, nicht unbedingt übertriebene Behauptung. Ovid mag, als er diesen Vers schrieb, auch an die Stücke gedacht haben, die damals auf den Bühnen der römischen Theater aufgeführt wurden. Vor allem freilich ging es ihm um den Gesichtspunkt, daß das Theater ein hervorragender Ort sei, eine Geliebte zu finden und zu gewinnen.

Die «Liebeskunst» Ovids fand beim römischen Lesepublikum eine begeisterte Aufnahme (Abb. 136). Und das nicht ohne Grund! Die *Ars* ist ein brillant geschriebenes Handbuch der «freien Liebe», frech und zärtlich, ein bißchen obszön, aber auch romantisch, humorvoll und stimulierend, raffiniert und für manchen Leser vielleicht sogar lehrreich. Mit welchen Listen und Kunstgriffen Mann und Frau einen Partner finden, mit welchen Tricks der Nebenbuhler oder der eifersüchtige Ehemann auszuschalten sind, welche Mittel schließlich geeignet sind, sich die Zuneigung der Geliebten oder des Liebhabers zu erhalten (Abb. 137): das alles behandelt der Dichter mit einer poetischen Leichtigkeit und Nonchalance, die die *Ars* zu einer überaus unterhaltsamen Lektüre machen.

Bestrafung eines «Sittenverderbers»

Augustus freilich war alles andere als erbaut darüber, daß der gefeierte Dichter ein so unverhülltes Plädoyer für die freie Liebe, für das Spielerische, für das Vergnügen Bereitende in der Beziehung zwi-

Abb. 137 Paar beim Tête-à-tête; pompejanische Wandmalerei.

schen Mann und Frau publiziert hatte – und damit seine Sittengesetzgebung voll unterlief. War es gerade das Bestreben des Kaisers gewesen, die sexuelle Libertinage seiner Zeit zurückzudrängen und den puritanischen Idealen der «Vätersitte» zu einem Comeback zu verhelfen, so zielte Ovids «Liebeskunst» – und nicht nur sie! – genau in die entgegengesetzte Richtung. Nicht als Kriegserklärung – Ovid wollte politisch nichts bewirken –, aber doch als offenen Affront gegenüber der erklärten Zielsetzung der kaiserlichen Politik unter dem Motto eines «Zurück zu den guten alten Zeiten» mußte Augustus es empfinden, wenn Ovid ehrlich, aber auch mit spöttischem Unterton im 3. Buch der *Ars* bekannte: «Am Alten mögen *andere* sich erfreuen, ich preise mich glücklich, jetzt erst zu leben: Diese Zeit paßt zu meinem Wesen.»[2]

Tatsächlich war Ovid kein «Sittenverderber», der mit seinen Werken ein neues Bewußtsein, eine neue Moral geschaffen hätte. Was er tat, war nichts anderes, als die Sitten seiner Zeit zu porträtieren, den Alltag gleichsam auf künstlerischer Ebene nachzuzeichnen und ihn, wenn man so will, etwa in der *Ars* zu systematisieren. «Nicht du lehrst deine Zeit», sagt ein mittelalterlicher Dichter ganz richtig an Ovid gewandt, «sondern deine Zeit hat dich gelehrt.»[3] So *war* es, auch wenn es nach dem Willen des Kaisers nicht so sein *sollte*.

Und es *sollte* so nicht sein! Die Quittung dafür, daß er sich mehr an die Realität des Lebens als an das Moralprogramm des Kaisers hielt, bekam Ovid im Jahre 8 n. Chr.: Damals traf ihn völlig unerwartet der Bannstrahl des Augustus, der den Fünfzigjährigen ins Zwangsexil nach Tomis ans Schwarze Meer schickte. Das Rätsel um die Verbannung Ovids ist immer noch nicht völlig geklärt. Der Dichter spielt mehrmals auf eine Affäre an, in die Julia, die Enkelin des Kaisers, verwickelt war. Sie wurde ebenfalls im Jahre 8 wegen eines ehebrecherischen Verhältnisses aus Rom verbannt. Welche Rolle Ovid in dem Skandal gespielt hat, ist ungewiß. Er selbst betont, sein Fehler habe darin bestanden, bei dem Verbrechen eines anderen zugesehen zu haben.[4]

Dieser «Fehler» war allerdings nur das auslösende Moment, der Tropfen sozusagen, der das Faß zum Überlaufen brachte. Die Geduld des Kaisers mit

Abb. 138 Hüter altrömischer Sitten. Augustus als Opfernder mit traditionellen Frömmigkeitsgesten; Statue, um 20 v. Chr.

dem «aufsässigen» Dichter, der sich nicht für die Propaganda des Princeps einspannen ließ, war schon lange arg strapaziert. Hauptsächlich war es die «Liebeskunst» – und natürlich ihre außerordentlich positive Aufnahme beim Publikum! –, die Augustus zutiefst verärgert hatte. Ovid selbst berichtet, daß das «schimpfliche Gedicht» mit seiner angeblichen Aufforderung zum Ehebruch einer der Gründe für seine Verbannung gewesen sei.[5] Noch der Humanist Francesco Petrarca (1304-1374) sieht in der *Ars amatoria* den «gerechten Grund für die Verbannung» Ovids.[6]

Im Altertum freilich regten sich durchaus Stimmen der Kritik gegenüber dem kompromißlosen Vorgehen des Augustus, der einen ihm unbequemen Dichter kurzerhand relegierte. Es sei typisch, so ein Schriftsteller des 4. Jahrhunderts, daß Augustus, selbst ein «Sklave des Luxus», gegen andere um so kompromißloser vorgegangen sei, die sich im Grunde keines anderen Fehlers schuldig gemacht hätten. Augustus sei am allerwenigsten berechtigt gewesen, den Autor der «Liebeskunst» ins Exil zu jagen.[7]

Ovid selbst verzichtete wohlweislich darauf, sich mit dieser auf die Person des Kaisers gemünzten Argumentation zu entschuldigen. Er hielt sich lieber an die allgemeine Moral seiner Zeit und beklagte sich darüber, daß ausgerechnet er zum Sündenbock für Zustände gemacht worden sei, die er, wenn überhaupt, dann nur in äußerst geringem Maße mitzuverantworten habe.

Peinliche Enthüllungen aus dem fernen Tomis

In dieser Klage durfte ein Hinweis auf das zeitgenössische Theater nicht fehlen, das er nun erst recht, wenn auch in anderem Sinne als ursprünglich zu Beginn der *Ars amatoria*, als Ort anprangern konnte, der «sittlichem Anstand Abbruch tut».

Fast genüßlich schildert Ovid da die Laszivität der Bühnenstücke, und alles, was er dazu sagt, muß dem Kaiser äußerst peinlich ins Gehör gedrungen sein – peinlich deshalb, weil die «Enthüllungen», die aus dem fernen Tomis von einem zwar verbannten, aber nach wie vor beliebten Dichter nach Rom durchsickerten, nur allzu wahr waren und erhebliche Zweifel daran aufkommen ließen, ob Augustus in seiner Kulturpolitik wirklich überall mit gleicher Elle maß.

Ein auch in kulturgeschichtlicher Hinsicht höchst aufschlußreiches Dokument der Theatergeschichte, das Ovid uns da hinterlassen hat! Es lohnt sich, diesen Spiegel der Sittengeschichte aus Augusteischer Zeit im Zusammenhang zu zitieren:

«Was, wenn ich Schauspiele geschrieben hätte, die mit dem Anstößigen ihr Spiel treiben,
die stets den Makel haben, verbotene Liebe darzustellen,

in denen ständig der geschniegelte Ehebrecher auftritt
und die schlaue Ehefrau ihren törichten Mann betrügt?
Diese Stücke schauen sich unverheiratete Jungfrauen ebenso an wie Matronen, Männer
und Knaben, und auch ein großer Teil der Senatoren ist dabei.
Nicht genug damit, daß die Ohren durch unzüchtige Reden beleidigt werden;
auch die Augen gewöhnen sich daran, vieles Schamlose zu erdulden.
Und wenn der Liebhaber den Ehemann durch irgendeinen neuen Trick getäuscht hat,
dann wird geklatscht, dann wird dem unter großem Beifall der Siegespreis zugesprochen.
Je weniger [sittlichen] Nutzen sie bringt, um so lukrativer ist die Bühne für den Dichter;
für nicht geringes Honorar kauft der Prätor solch anstößige Stücke an:
Schau dir, Augustus, die Ausgaben für deine Spiele an:
Du wirst finden, daß du vieles von dieser Sorte für teures Geld erworben hast.
Dies hast du angeschaut und oft zum Anschauen gegeben – so freundlich ist deine Größe allerorten.
Und mit deinen eigenen Augen, die der ganze Erdkreis benutzt,
hast du dem ehebrecherischen Treiben auf der Bühne gelassen zugeschaut.
Wenn es gestattet ist, Schauspiele zu schreiben, die Schändliches nachahmen,
dann ist für meine Sujets eine geringere Strafe angebracht.
Oder macht die Bühne diese Art von Literatur sicher,
hat die Bühne den Schauspieldichtern erlaubt, was ihnen nun einmal erlaubt ist?» (Abb. 139).[8]

Obszönität und Derbheit: Der Mimus

Die Brisanz dieser Verse liegt darin, daß die geschilderte Theaterwirklichkeit *stimmte*. Ovid bezieht sich auf die schon seit dem 2. vorchristlichen Jahrhundert immer beliebter gewordene Gattung des Mimus. Weil diese Art des Schauspiels den Akteuren bewußt viel Raum zu freier Entfaltung, oft auch zu spontanen Einlagen und Improvisationen gab und der – wenig abwechslungsreiche – Inhalt der Stücke allemal weit hinter der szenischen Darbietung und der schauspielerischen Leistung rangierte, ist kein einziger dieser zu Hunderten oder vielleicht sogar zu Tausenden verfaßten Mimen vollständig überliefert worden. Nur wenige Fragmente sind dank der Stu-

Abb. 139 a–c Theatermasken als Dekoration eines Raumes im sogenannten Haus des Augustus auf dem Palatin. Die Verwendung solcher Motive als Wandschmuck unterstreicht die Beliebtheit dieser Sparte des Unterhaltungswesens; Wandmalerei, um 30 v. Chr.

Abb. 140, 141 Götter-Parodie auf der Bühne: Zeus «fensterlt» bei Alkmene; Herakles ärgert den auf seinem Thron «wippenden» Zeus; Phlyaken- (keine Mimus-!)Szenen auf unteritalischen Vasen des 4. Jhs. v. Chr.

dien antiker Philologen überliefert. Was diese Gelehrten an den Schauspielen interessierte, waren nicht die läppische Handlung und der meist nach dem gleichen Muster gestrickte dramatische Aufbau, sondern die Sprache der *mimi*.

Überflüssig zu bemerken, daß jeder Mimendichter seinen eigenen Stil, sein eigenes Vokabular hatte. Und doch gibt es einige typische Merkmale der Sprache, deren sich die meisten Mimendichter – rühmliche Ausnahme: Publilius Syrus – bedient haben dürften. Sie war direkt und volkstümlich[9], spielte nicht mit obszönen und derben Ausdrücken, war voll Spott und Schadenfreude, Hohn und Aggressivität.

Einige Kostproben, die das Urteil Ovids vollauf bestätigen, den Stücken des berühmten Mimendichters Decimus Laberius entnommen: Noch ganz witzig ist die Definition des Eides als «Pflaster für Schulden». Schon weniger geschmackvoll die Verspottung der kynischen Philosophenschule: Um von deren Lehre etwas zu kosten, empfehle es sich, die Latrine aufzusuchen. Und dann die Dominanz eines erotisch-obszönen Vokabulars auf dem niedrigsten Niveau der Gossensprache! Da hat, dies noch verhältnismäßig harmlos, «ein Arzneiverkäufer angefangen, seinen Affen abgöttisch zu lieben», da leidet jemand an Durchfall – wieso? Nun, «du beschmierst dir die Hoden» (lateinisch drastischer: *in coleos cacas*); da wundert sich jemand darüber, «wie mir die Brüste so heruntergefallen waren», und da ergeht an einen Gesprächspartner die Aufforderung: «Zerreiße zusammen mit diesem ausdauernden Lustknaben diese brünstige Hure!»[10]

Vieles mag noch drastischer, noch anstößiger formuliert worden sein. Die Vermutung erhärtet sich zur Gewißheit, wenn man Martials Worte liest, eine Frau, die im Theater Mimen zugucke, könne durch die Lektüre seiner lasziven Gedichte nicht beleidigt oder gar verdorben werden.[11] Wer die Gedichte Martials und ihre freizügige, die Grenzen des «guten Geschmacks» oft genug überschreitende Sprache kennt, kann ermessen, welches «Kompliment» er damit der sprachlichen Ausdruckskraft seiner Dichterkollegen vom Schauspiel macht.

Alles in allem ertönte da von den Brettern der Bühne herab eine Sprache, die in den Augen der Moralisten schon schlimm genug war; *licentia verborum*[12], «sprachliche Ausgelassenheit», merkt ein Kritiker tadelnd an. Das war freilich nur die akustische Seite der Medaille, die vom Handlungsverlauf und den ihn begleitenden Gesten und Aktionen der Schauspieler mit Leichtigkeit in den Schatten gestellt wurde.

«Sex and Crime» – Stoff für viele Bühnenstücke

Ganz vorn in der Rangfolge der Themen standen erotische Stoffe: Liebschaften und Heiraten, Ehebrüche und abwegiges sexuelles Verhalten kamen als Sujets am besten an, daneben dramatische und Kriminalstoffe wie Schiffbruch, Tod, Giftmord, Betrügereien und handfeste Auseinandersetzungen. Mit einem Wort: Alles das, was bestens unter dem modernen Schlagwort *sex and crime* subsumierbar ist; eine die Zuschauer erregende Mischung menschlicher Leidenschaften aller Art, gewürzt durch zahllose Ohrfeigen, Fußtritte, Prügeleien, schmachtvolle Liebesszenen, obszöne Bewegungen, alberne Grimassen, Verfolgungsjagden über die Bühne und dergleichen mehr, das Ganze äußerst professionell inszeniert und routiniert gespielt.

Kein Zweifel: Die Mimen kamen bei den Zuschauern an, und der Beifall wurde um so stärker, je gewagter und freizügiger die halb- bis einstündigen Stücke waren (Abb. 142).

Sehr zum Verdruß der christlichen Autoren, die nicht müde wurden, die Obszönität der Stücke anzuprangern, um ihren christlichen Brüdern (und Schwestern!) energisch ins Gewissen zu reden und sie aufzufordern, dem «schändlichen Treiben» des Theaters fernzubleiben – offenkundig mit geringem Erfolg, wie die ständige Wiederholung der Angriffe gegen die Mimen zeigt.

Abb. 142 Der Mimus erfreute sich im gesamten Imperium großer Beliebtheit: Mimen-Szene als Bühnenschmuck des Theaters von Sabratha in Nordafrika; um 200 n. Chr.

Abb. 143 Theater-Kritiker aus moralischen Gründen: Der Jüngere Cato; Büste aus dem 1. Jh. v. Chr.

Abb. 144 Der Mimenschauspieler C. Norbanus Sorix aus Pompeji; 1. Jh. v. Chr.

Kritik zwischen Empörung und Verlogenheit

Im Vergleich mit den wütenden Protesten, mit denen die Kirchenväter Schauspieler und Zuschauer der Theaterstücke eindeckten, wirken die Angriffe Ovids gegen die «Unzucht» der Bühne geradezu zurückhaltend und schüchtern.

So langweilig und ermüdend es auf die Dauer ist, immer wieder die gleichen Vorwürfe, oft in fast wörtlicher Übereinstimmung, gegen die Mimen zu lesen, so wichtig sind die Polemiken christlicher Autoren als Quellen für dieses nur umrißartig nachzuzeichnende Kapitel der europäischen Theatergeschichte: Mit unfreiwilliger Präzision haben sie der Nachwelt genau das überliefert, was sie am liebsten aus den römischen Theatern verbannt wissen wollten. Was die Literaturhistoriker heute über den römischen Mimus wissen, geht ironischerweise zum großen Teil auf die christliche «Entrüstungsliteratur» zurück.

Ein Beispiel für viele: Ein Brief des im 3. Jahrhundert lebenden Bischofs von Karthago, Cyprian, aus dem Jahre 246. Darin warnt Cyprian vor der verheerenden pädagogischen Wirkung eines Theaterbesuchs und teilt uns ganz nebenbei mit, daß sich der Mimus auch der Mythentravestie angenommen hat:

«Durch seine Unterweisung in Schändlichkeit erfreut [den Zuschauer] bei den Mimen entweder, daß er wiedererkennt, was er selbst zu Hause getrieben hat, oder daß er hört, was er zu Hause treiben kann. Ehebruch wird er-

Abb. 145 Kopf eines Mimen-Schauspielers mit grotesken Gesichtszügen; Tonfigur aus der Kaiserzeit.

Abb. 146 Mimen-Schauspieler mit grotesken Gesichtszügen; Tonstatuette aus der Kaiserzeit.

lernt, wenn man ihn sieht, und dadurch, daß das Übel der öffentlichen Anerkennung zu sittlichen Verfehlungen verlockt, kehrt eine, die vielleicht als züchtige Matrone zum Schauspiel hingegangen war, unzüchtig vom Schauspiel zurück... Sie bringen Venus als schamlose Person auf die Bühne, Mars als Ehebrecher und ihren Jupiter nicht weniger als obersten Gott denn als obersten Jünger des Lasters, wie er mit seinen eigenen Blitzen in irdischen Liebschaften entbrennt, wie er bald das weiße Federkleid eines Schwans annimmt, bald in goldenem Regen niederfließt, bald in der Gestalt von Vögeln als Diener heranwachsender Knaben umherhüpft. Und da fragst Du noch, ob jemand, der das sieht, rein und keusch sein kann?»[13]

Parodie auf Götter und Heroen scheint zu bestimmten Zeiten besonders hoch in der Publikumsgunst gestanden zu haben, zumal wenn erotische Motive dabei im Spiel waren. Die Mimendichter Lentulus und Hostilius waren Spezialisten im Genre der Mythentravestie; sie schrieben Stücke über «Anubis der Ehebrecher», «Die männliche Luna», «Die ausgepeitschte Diana», «Die Verlesung des Testaments nach dem Tode Jupiters» und «Die drei verlachten schmachtenden Herculesse» (Abb. 140, 141).[14]

Kritik an der Obszönität der Mimen kam indes nicht nur aus dem christlichen Lager, auch wenn das von einem christlichen Autor gebrauchte Bild, an den Tagen des Schauspiels «wandere man direkt aus den Bordellen in die Theater»[15], in seiner anschaulich-aggressiven Polemik kaum noch zu überbieten war. Auch Tacitus steht in der vordersten Front der Theaterkritiker, bezieht aber die anderen beiden Säulen des Unterhaltungswesens der Kaiserzeit, Gladiatorenkämpfe und Pferderennen, gleich mit ein: Die Menschen seien mit allen diesen Dingen so ausgelastet, daß ihnen keine Zeit mehr für die «schönen Künste» bleibe.[16]

Macht die Bühne den Menschen schlecht?

Sympathisch in ihrer Offenheit ist die Stellungnahme Senecas zu den Theaterstücken seiner Zeit. In einer Schrift aus dem Jahre 49 n. Chr. klagt zwar auch er über die Mimen, schreibt aber seinen Zeitgenossen zugleich einige Sätze ins Stammbuch, die kaum zu widerlegen waren:

«Geh nun hin und glaube, die Schauspieler dächten sich vieles aus, um die Genußsucht verächtlich zu machen. Fürwahr, sie übergehen mehr, als sie darstellen, und so groß ist die Menge an unglaublichen Lastern in unserem nur in diesem einen Punkte einfallsreichen Jahrhundert geworden, daß wir den Schauspielern ihre Nachlässigkeit vorwerfen können.»[17]

Das und nichts anderes war der eigentliche Kernpunkt. Die ganze antike Diskussion über das Für und Wider des bestehenden Bühnenwesens krankte daran, daß zu viele Kritiker an Symptomen zu kurieren versuchten – und einfach den gesellschaftlichen und moralischen Hintergrund übersahen, der eine solche Art des Theaterspiels überhaupt erst ermöglichte. Es war, wie schon Seneca erkannt hat, ein tragischer Irrtum zu glauben, die Bühne mache die Menschen «schlecht» – wo doch die Stücke nicht mehr und nicht weniger taten, als die Realitäten des Alltags, wenn auch manchmal verzerrend, karikierend oder übertreibend, zu spiegeln. Gewiß blieb die ständige Rückprojizierung der bestehenden «Unmoral» von der Bühne in den Zuschauerraum nicht ohne Folgen, hatte sie, weil sie die Wirklichkeit nicht in Frage stellte, sondern abbildete und kritiklos übernahm, im Bereich der Sitten eine «systemstabilisierende» Funktion, und insofern fiel es nicht schwer, die Theaterstücke als Meilensteine des fortschreitenden «Sittenverfalls» zu attackieren.

Abb. 147 Schauspielerin, die ihr Kleid löst – an den Floralia gehörte das zum «guten Ton»; Statuette aus dem 1. Jh. v. Chr.

Abb. 148 Das markante Profil des Dossen(n)us, eines der Standard-Typen der Atellane; Terrakottastatue aus der Kaiserzeit.

Abb. 149 Tanzende und singende Mimin, die sich mit Glocken (am Hut) und einer Art von Hand- und Fußkastagnetten selbst begleitet; kaiserzeitliche Statuette.

Aber es stimmt schlicht und einfach nicht, daß die Gesellschaft, so wie sie sich in ihren moralischen Anschauungen und Wertbegriffen entwickelt hatte, durch einen wie auch immer gearteten «unheilvollen» Einfluß des Theaters so und nicht anders geworden war. Mochte der Rat von Marseille den Mimenschauspielern den Zutritt zu den Bühnen der Stadt verwehren, weil deren «Stoffe zum größten Teil Unzuchtshandlungen darstellten» und deshalb gar nicht erst «die Gewohnheit, solche Dinge anzusehen, auch die Freiheit, sie nachzuahmen», im Gefolge haben sollte[18] – für Rom wäre es nicht nur faktisch unmöglich, sondern auch im Sinne der Urheber völlig unnütz gewesen, ein ähnliches Verbot einzuführen. (Ob die Situation in Marseille wirklich so sehr anders war, steht auf einem anderen Blatt.)

Schauspiel-Kunst

Der Aufwand, mit dem die Mimen in Szene gesetzt wurden, war verhältnismä-

Abb. 150 Schauspieler und Schauspielerin in der Künstlergarderobe; Wandmalerei aus Pompeji, 1. Jh. n. Chr.

ßig gering. Das feste Ensemble bestand aus vier Darstellern, die bestimmte Rollen sicher beherrschen mußten. Zwei von ihnen waren Charakterdarsteller, während die anderen beiden zwei Typen verkörperten, der eine den Dümmling *(stupidus)*, dessen äußere Merkmale ein rasierter Schädel und ein buntes Kostüm waren, der andere den Parasiten. Zu diesen vier Rollen kamen, falls das «Rollenbuch» es verlangte und die finanziellen Möglichkeiten es gestatteten, zusätzliche Schauspieler hinzu.

Schon ziemlich früh setzte eine Entwicklung ein, die dem Starrummel späterer Zeiten gewaltig Vorschub leistete. Der Hauptdarsteller verlangte von seinen Kollegen, sich ihm kompromißlos unterzuordnen. Die ungeschriebenen Gesetze dieser «Zusammenarbeit» scheinen so streng gewesen zu sein, daß selbst ein wesentlich besser qualifizierter Akteur schlechter spielen mußte, um dem Hauptdarsteller nicht die Schau zu stehlen (Abb. 144).[19]

Im Unterschied zu den in anderen Theaterstücken auftretenden Darstellern trugen die Mimen keine Masken – eine höhere Anforderung an die Kunst der Akteure, deren Gesichtszüge die Zuschauer aufmerksam verfolgten. Als Vollendung der schauspielerischen Fähigkeiten galt denn auch, die menschlichen Affekte, Furcht und Sorge, Trauer und Betroffenheit, Freude und Ausgelassenheit, in Mienenspiel und Gebärden wirklichkeitsnah ausdrücken zu können (Abb. 145, 146).[20] Mochten Handlung und Inhalt der aufgeführten Stücke auch läppisch und banal sein, von den Schauspielern erwartete das Publikum höchste Anstrengungen und beste künstlerische Qualitäten. Da viele Schauspiele aus Prosapartien, Gesangsnummern und Balletteinlagen gemischt waren, mußte ein guter Darsteller auch singen und tanzen können (Abb. 149).

Damen mit schlechtem Leumund: Die Schauspielerinnen

Eine besondere Attraktion waren weibliche Mitglieder des Mimenensembles. Für das klassische Drama war die Beteiligung von Schauspielerinnen völlig undenkbar gewesen. Um so größeres Interesse fanden die Darstellerinnen *(mimae)*, als sie sich in dem neuen Schauspieltyp auf die Bühne wagten. Schon im 1. Jahrhundert v. Chr. traten *mimae* auf[21], so daß es nicht lange dauerte, bis auch in «griechischen» Stücken Frauen mitwirkten.

Durch einen glücklichen Zufall ist das Grabepigramm der Schauspielerin erhalten, die als erste Frau auf der «griechischen» Bühne in Rom aufgetreten ist. Oder besser gesagt: als erstes Mädchen, denn Eucharis Licinia – so ihr Name –, eine hoffnungsvolle junge Darstellerin, «gelehrt und fast von den Musen selbst ausgebildet», starb bereits mit vierzehn Jahren «in jungem Alter, in der Blüte ihrer Kunst, mit zunehmenden Jahren den Gipfel des Ruhmes erklimmend».[22]

Frauen auf der Bühne: Das war gleichwohl – im Unterschied zu dem harmlosen Eindruck, den die Grabinschrift der Eucharis Licinia erweckt – ein Stein des Anstoßes in den Augen des Durchschnittsrömers, ein Skandal, eine freche Verhöhnung der Sitte der Vorfahren *(mos maiorum)*, an der dem guten Patrioten, zumindest rein verbal, doch soviel lag. Da erstaunt es nicht, wenn Schauspielerinnen einen noch übleren Leumund hatten als ihre männlichen Kollegen. Sie auf eine Stufe zusammen mit Hetären und Straßendirnen zu stellen ging jedem «ordentlichen» Hausvater leicht über die Lippen. Die noch in der Spätantike gültige, auf jahrhundertelange Tradition zurückgehende juristische Charakterisierung der Schauspielerin als einer «niedrigen und verworfenen Person» war nur der konsequente Ausdruck der gesellschaftlichen Ächtung, unter der die *mimae* zeit ihres Lebens zu leiden hatten.[23] Undenkbar, daß ein Senator eine Schauspielerin heiratete oder auch nur die Tochter oder Enkelin eines Mannes oder einer Frau, die das «schmutzige» Gewerbe der Bühnenkunst betrieben. Das ging denn doch zu weit; und damit sich niemand über diese sozialen Barrieren hinwegsetzte, ließ Augustus das Verbot offiziell in seinen Ehegesetzen festschreiben.[24]

Völlig grundlos war der schlechte Ruf der Schauspielerinnen natürlich nicht, und er gründete sich auch nicht *nur* auf konservative Starrheit, die den *mimae* den Bruch mit einer sich über Jahrhunderte erstreckenden Theatertradition anlastete und verübelte. Die Schauspielerinnen *waren* ja bereit, allen Regieanweisungen zu folgen; es *kamen* ja obszöne Worte aus ihrem Mund; sie *machten* ja bei unzüchtigen Handlungen mit, *ließen* ja auf der Bühne mitunter alle Hüllen fal-

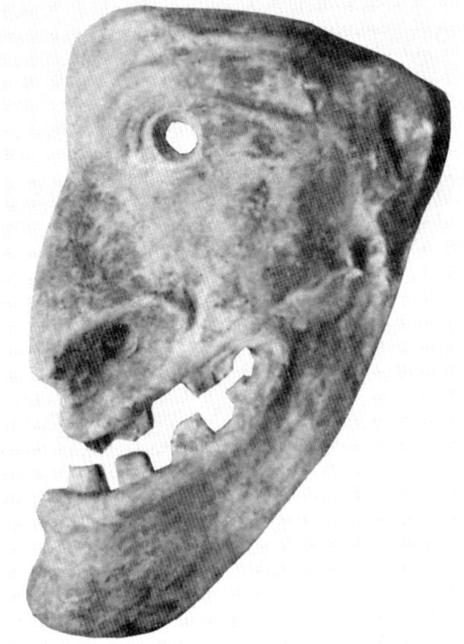

Abb. 151, 152 Manducus-Masken. Der «Fresser» wird mit weit geöffnetem Mund und großen Zähnen dargestellt; Terrakotta-Masken. – Abb. 153. Grausame Tragödien-Szene: Tragische Schauspieler, die fortstrebende Kinder mit dem Schwert bedrohen; römische Öllampe.

len, *tanzten* nackt und *ließen* sich von ihren Partnern «unsittlich» berühren. Sie gaben sich ja kokett, traten provozierend vor ihr – überwiegend doch wohl männliches – Publikum und ließen sich von ihren Verehrern mit Geschenken überhäufen[25] – und das sicher nicht ohne Gegenleistung. Das alles gehörte durchaus zu ihrem Beruf, und es traf auf ihre männlichen Bühnenpartner in gleicher Weise zu – übrigens einschließlich der Geschenke aus der Hand vornehmer Damen!

Doppelte Moral...

Im öffentlichen Bewußtsein aber gab es doch einen erheblichen Unterschied: Wenn Männer so etwas taten, nun ja, es wurde nicht geschätzt, aber doch hingenommen angesichts der ohnehin niedrigen gesellschaftlichen Einschätzung des ganzen Berufsstandes. Aber Frauen? Da sträubte sich doch alles in einem «echten» Römer, und da verwischten sich die Unterschiede zwischen einer Prostituierten und einer Schauspielerin doch sehr.

Die öffentliche Moral stand in einem erstaunlichen Kontrast zu der Popularität gerade von Bühnenauftritten *weiblicher* Protagonisten. Es war keineswegs so, daß die große Mehrheit der Theaterbesucher entrüstet losschrie und ein ohrenbetäubendes Pfeifkonzert anstimmte, wenn eine Dame des «leichten» Schauspielergewerbes ihre Kleider bis hin zum kompletten Striptease fallen ließ und noch dazu, nackt dastehend oder tanzend, «eindeutige» Bewegungen machte oder hinnahm. Dieselben Bürger, die sich über das Theater-«Gesindel» erhaben dünkten und sich über die Unmoral der Schauspielerinnen erregten, *verlangten* im Theater stürmisch nach den Enthüllungsauftritten der Darstellerinnen (Abb. 147). Ein einziges Mal, so berichtet ein Historiker, habe sich das Publikum davor geschämt «zu fordern, daß Schauspielerinnen sich entblößten» – als der Jüngere Cato, ein Mann von großer Charakterfestigkeit und Autorität, kurz vor den unvermeidlichen Rufen das Theater verließ, um damit seine Mißbilligung auszudrücken, gleichzeitig aber, «um nicht durch seine Anwesenheit den *üblichen* Fortgang des Schauspiels zu unterbinden»[26] – ein Vorfall aus dem Jahre 55 v. Chr. (!), einer Zeit mithin, in der zumindest nach der Meinung der Moralisten vom Schlage eines Tacitus der «Sittenverfall» bei weitem noch nicht so fortgeschritten war wie in der Kaiserzeit (Abb. 143).

Das Verhalten des Publikums änderte sich in diesem Punkte auch in den folgenden Jahrhunderten nicht. Am Festtag der Floralien – aber mit Sicherheit auch bei anderen Gelegenheiten – erscholl der laute Ruf, die weiblichen Mitglieder des Ensembles bzw. für sie einspringende «echte» Dirnen sollten sich ihrer Kleider entledigen und, wie ein christlicher Autor grimmig kommentiert, mit ihren schamlosen Bewegungen die lüsternen Augen der Zuschauer «bis zur Ersättigung» auf sich ziehen.[27]

Das geringe Renommee der Schauspielerinnen und die immer wieder lautstark vorgetragenen Klagen über ihre Laszivität haben der Beliebtheit der Mimen niemals geschadet. Sie waren lediglich Ausdruck einer nicht nur für das Altertum charakteristischen Doppelmoral. Über die Anerkennung des Theaterspiels als Einrichtung der kaiserzeitlichen Massenunterhaltung sagen sie absolut nichts aus.

Schauspiel *war* anerkannt; und zwar gerade in *dieser* Form des Mimus, dessen Popularitätskurve erst in der Kaiserzeit ihren absoluten Höhepunkt erreichte (auf dem sie jahrhundertelang verweilte!). Die Zuschauer *wollten* genau das sehen, was ihnen Mimendichter und Schauspieler vorsetzten. Sie waren keineswegs unkritisch, ließen sich nicht mit Stücken oder Schauspielerleistungen abspeisen, die ihrem Geschmack oder ihrer Vorstellung von einem richtigen «Rollenverhalten» der Akteure nicht entsprachen.

... an zwei Beispielen illustriert

Aufschlußreich ist da der Fall der Schauspielerin Arbuscula aus den fünfziger Jahren des 1. Jahrhunderts v. Chr. Arbuscula war offenbar nicht bereit, sich dem Diktat der Masse zu beugen. Wahrscheinlich lehnte sie allzu freizügige Szenen ab und verscherzte sich dadurch die Sympathien der meisten Theaterbesucher. Die Quittung für solch «aufsässiges» Verhalten erhielt sie postwendend: Sie wurde ausgezischt und durch Mißfallenskundgebungen förmlich aus dem Theater gejagt. Nur einige Ritter hielten zu ihr, was sie mit der Bemerkung kommentierte, sie sei «mit dem Beifall der römischen Ritter zufrieden» und ziehe es

Abb. 154 Mythentravestie in der Phlyakenposse: Geburt Helenas aus dem von Leda gelegten Ei; der von Zeus als «Geburtshelfer» geschickte Hephaist kommt zu spät; hinter der Tür «spioniert» Leda; Tyndareus, Helenas Stiefvater, hebt erstaunt den Arm; unteritalische Vase aus dem 4. Jh. v. Chr.

Abb. 155 Vater führt seinen betrunkenen Sohn; Darstellung einer Szene aus einer Phlyakenposse; unteritalische Vase aus dem 4. Jh. v. Chr.

vor, einigen «Guten» als der großen Masse zu gefallen.[28]

Vermutlich ging es in diesem Konflikt zwischen Arbuscula und der Mehrheit des Publikums um – je nach Standpunkt des Betrachters – sexuell stimulierende oder anstößige Darbietungen, zu denen die Schauspielerin sich wohl nicht hatte hergeben wollen. Auf die wenigen «Guten», die Ritter als gesellschaftliche Elite neben den Senatoren, fällt dabei ein unverdient gutes Licht. Jene Doppelmoral, die für das Verhältnis der Römer zu den auf der Theaterbühne auftretenden Frauen so typisch ist, findet sich bei leibe nicht nur in den unteren Schichten des Volkes.

Gerade die «Meinungsbildner» aus der römischen Oberschicht wie Redner, Philosophen, Schriftsteller und führende Politiker sind zum Teil wahre Meister der Heuchelei in puncto Schauspielerinnen gewesen. Cicero zum Beispiel spricht einerseits in der Verteidigungsrede für seinen Mandanten Plancius herablassend von einer *mimula*, einer «kleinen Mimin» (Abb. 149), die Plancius geraubt haben soll[29] – Unterton: Und so etwas führt der Ankläger im Ernst als Delikt an?! –, und andererseits gibt er aber doch nicht ungern zu, wenngleich ein bißchen kleinlaut, anläßlich eines Gastmahls einer bekannten Schauspielerin (der oben erwähnten Arbuscula) begegnet zu sein, die ihm «sehr gefallen»[30] habe: vor Gericht der gestrenge Herr Anwalt, der sich das allgemeine Vorurteil gegenüber den Schauspielerinnen zunutze macht, nicht ohne es durch seine Äußerung weiter zu verfestigen; auf dem Speisesofa, neben einer so «anrüchigen Person» liegend, ein galanter Plauderer, der den Damen vom Theater artig Komplimente macht und sich in ihrer Gegenwart offenkundig sehr wohl fühlt.

Es hängt halt alles von der Situation ab, oder wie Cicero selbst diese Art der Relativität, allerdings in ganz anderem Zusammenhang, anschaulich definiert: «Die Sache selbst ist bald anständig, bald unanständig. Er lüpft das Gewand – Schimpf und Schande! Hernach steht er nackt in der Badewanne – nichts dran auszusetzen!»[31]

Ciceros Verhalten war geradezu charakteristisch für zahllose Römer auch (und gerade) der oberen sozialen Schichten in ihrer ambivalenten Einstellung gegenüber weiblichen Theaterstars:

Den freizügigen Darbietungen der Schauspielerinnen und Tänzerinnen wurde im Theater begeistert Beifall gezollt, im bürgerlichen Leben jedoch rümpfte man die Nase über dieses

Abb. 156 Tragische Masken als Schmuck eines Sarkophags, um 130 n. Chr.

«üble» Gewerbe – ein Verhalten, das ja auch heute nichts Ungewöhnliches ist (Abb. 150).

Aussagekräftige Polemik

Das schlechte Ansehen der Schauspieler, zumal der weiblichen Mitglieder der Theaterensembles, stand also in keinerlei Beziehung zur Popularität des Theaterspiels im kaiserzeitlichen Rom. Wenn die Verunglimpfungen und negativen Charakterisierungen der *mimae* in den Schriften der Moralisten jedweder Couleur einen so breiten Raum einnehmen, so beweist das nur eines: daß sich der Mimus bei den allermeisten Römern größter Beliebtheit erfreute und von ihnen als wesentlicher Bestandteil der vom Kaiser, von den Beamten und von Privatleuten finanzierten Massenunterhaltung angesehen und geschätzt wurde. Gegen etwas zu polemisieren, das ganz unten in der Publikumsgunst gestanden oder nur bei einer Minderheit Anklang gefunden hätte, wäre reine Zeit- und Energieverschwendung gewesen.

Der Mimus war die beherrschende Form des Lustspiels in der gesamten römischen Kaiserzeit. Seiner Anziehungskraft war die «klassische» Komödie der hellenistischen Zeit, die sich mit den Dichternamen Menander, Terenz und Plautus verbindet, völlig unterlegen. Nur *eine* Form des Lustspiels konnte sich wenigstens noch im 1. Jahrhundert n. Chr. einigermaßen anerkannt neben dem Mimus behaupten, ohne ihm allerdings den Vorrang streitig machen zu können: die Atellane.

Die Atellane – zwischen Posse und Charakterkomödie

Die Form dieser Komödie stammt aus dem süditalischen Raum; Kampanien war ihre Heimat, der Stamm der Osker ihr «Geburtshelfer». Mit der ebenfalls aus Unteritalien stammenden rustikalen Komödienform der Phlyakes ist die Atellane eng verwandt (Abb. 140, 141, 154, 155). Schauspieler aus der Stadt Atella traten erstmals in Rom als Akteure in Stücken dieser Art auf. Im Sprachgebrauch der Römer blieb die Erinnerung an diese erste Präsentation in der Bezeichnung *Atellana fabula* für die neue Gattung erhalten.

Die Atellane war eine Posse, die vom Mit- und Gegeneinander ihrer vier festen männlichen Figuren lebte. Das waren stehende, unverwechselbare Masken mit festumrissenen Charakterzügen – drei von ihnen bezeichnenderweise mit Eigenschaften, die unter den Oberbegriffen Tölpelhaftigkeit und Albernheit subsumierbar sind.

Maccus, der Dümmling, der Einfaltspinsel, wird ständig betrogen und verspottet und bereits in seinen (durch die Maske bestimmten) Gesichtszügen als lächerliche Figur charakterisiert: Hakennase, Kahlkopf, halbgeöffneter Mund mit nur noch wenigen Zähnen, stupider Gesichtsausdruck. Nicht weniger tölpelhaft ist Bucco, die zweite Figur. Der Name hängt wohl mit lateinisch *bucca*, die Backe, zusammen und bezeichnet einen fülligen, pausbäckigen Gesellen, der zur Unterhaltung des Publikums des öfteren schallende Ohrfeigen einstecken mußte, möglicherweise auch deshalb, weil er sich – nach einer anderen Deutung dieser Figur – als «Maulheld» oder «Großschnauze» hervortat.

Der Dritte im Bunde ist Manducus («der Fresser» [Abb. 151, 152]), bisweilen auch Dossen(n)us genannt: Seine Haupteigenschaften sind Vergeßlichkeit und eine gewisse Bauernschläue, die ihn in Stücken wie «Der Philosoph» oder «Der Wahrsager» zum Titelhelden werden lassen (Abb. 148). Ob er als Buckliger aufgetreten ist (lateinisch *dorsum* = «Rücken»), ist umstritten. Den vierten Typus schließlich bildet Pappus, der lüsterne und geizige Alte, der nicht ganz so streng typisiert auch in der «Neuen Komödie» auftritt. Auch Pappus ist nicht gerade ein Ausbund an Klugheit und Verstandeskraft.

Abb. 157 Eine «klassische» Tragödie: Medea mit Dolch. Trotz der «blutigen» Handlung wandte sich der Publikumsgeschmack von der Tragödie ab; Wandmalerei aus Herculaneum, 1. Jh. n. Chr.

Von «Maccus als Wirt» über «Hercules als Steuereintreiber» bis zum «Kranken Eber»

Neben diesen vier Hauptfiguren traten je nach den Erfordernissen des Handlungsverlaufs noch andere Personen auf, doch waren sie kaum wichtiger als Statisten. Im Zentrum der Stücke standen die Reden und «Taten» der unabdingbaren vier Hauptfiguren.

Stoffe für ihre schlichten Schauspiele, deren Komik mehr auf sprachlichen Derbheiten, Clownerien und übertriebener Gestikulation beruhte als auf geistreich-witzigen Dialogen, fanden die Atellanen-Dichter und -Schauspieler genug: Situationen des Alltagslebens bildeten die Basis der Stücke (Abb. 155). Vollständige Atellanen sind ebensowenig überliefert wie Mimen, doch haben sich zahlreiche Titel erhalten, die auf den Inhalt dieser volkstümlichen Possen Rückschlüsse erlauben: «Maccus als Wirt», «Maccus als Verbannter», als Soldat, als Mittelsmann, als Jungfrau; «Bucco als Gladiator», als Adoptivsohn, «Pappus als Bauer», als Wahlverlierer usw. Die gesamte Palette der Berufe kommt in den Atellanen vor: Tempelhüter, Eingeweideschauer, Walker, Maler, Müller, Fischer ebenso wie Unkrautjäter, Arzt, Ausrufer, Rinderhirt, Weinleser und andere.

Erotische Stoffe im weitesten Sinne waren ebenfalls beliebt, und Obszönitäten waren auch in der Atellane ohne Zweifel an der Tagesordnung, wenn auch in geringerem Ausmaße als im Mimus. Einige einschlägige Titel: «Der Kuppler», «Die Dirne», «Der Sittenpräfekt» oder auch «Das Bruchleiden des Pappus».

Daneben gaben familiäre Ereignisse und Verwicklungen, insbesondere alles, was mit Heiraten und Beerdigungen (Erbschaften!) zu tun hatte, dankbare komische Situationen ab. Stücke wie «Hercules als Steuereintreiber», «Sisyphus» oder «Der unterschobene Agamemnon» zeigen, daß die Atellane auch vor Götter- und Mythentravestie nicht haltmachte (Abb. 154).

Ein gern benutzter Kontrast war der Gegensatz zwischen Stadt und Land. Da die Atellanen in den Theatern der Städte zur Aufführung kamen, wurden die Landbewohner immer wieder kräftig durch den Kakao gezogen und dienten dem sich himmelhoch überlegen dünkenden Stadtpublikum als ständige Quelle der Belustigung.

Über Stücke wie «Das Zicklein», «Der kranke Eber», «Der gesunde Eber» oder «Der Hühnerhof» amüsierten sich die Zuschauer um so mehr, als nicht nur das ganze ländliche Milieu veralbert wurde, sondern auch die sprachliche Unbeholfenheit und der grobe, «vulgäre» Dialekt der Landbewohner Zielscheibe beißenden Spottes waren.[32]

Gegenüber den Komödien eines Plautus und Terenz bedeutete der Siegeszug der Atellane zu Beginn des 1. vorchristlichen Jahrhunderts einen erheblichen Niveauverlust. Aber gerade das Volkstümlich-Urige und Schlichte dieser Lustspiele faszinierte viele Römer, sprach vermutlich ganz andere Schichten des Volkes an, die zuvor an der Bühnenkunst keinen Gefallen hatten finden können. Folge des Qualitätsverlustes war – bekanntlich nicht nur ein Phänomen des Altertums! – eine zunehmende Popularität des Theaterspiels in Rom.

Siegeszug des Mimus, Niedergang der Tragödie

Wenn die Atellane im Laufe der Jahrzehnte, und zwar nach ihrer größten Blüte zwischen 100 und 80 v. Chr., kontinuierlich an Beliebtheit verlor, so hing das mit dem gleichzeitigen Aufgehen eines neuen Sterns am römischen Theaterhimmel zusammen: Der Mimus, insgesamt sicher noch ein bißchen weniger anspruchsvoll als die Atellane, stieg zu *dem* Lustspiel der Kaiserzeit schlechthin auf. Es war ein konsequenter Endpunkt dieser Entwicklung, daß sich seit dem 2. Jahrhundert n. Chr. die Grenzen zwischen den beiden Lustspieltypen immer mehr verwischten[33] und die Atellane schließlich geradezu im Mimus aufging.

Was der Komödie des alten Typs widerfuhr, das blieb auch der «klassischen» Tragödie nicht erspart: Auch sie fiel einem gewandelten Publikumsgeschmack zum Opfer. Die letzten Aufführungen von Tragödien, die nach dem Vorbild der griechischen Dramen des 5. Jahrhunderts auch von romischen Dichtern in lateinischer Sprache geschaffen worden waren, fanden in der ersten Hälfte des 1. Jahrhunderts n. Chr. statt.

Ob Seneca (4 v. – 65 n. Chr.), von dem eine Reihe von Tragödien in lateinischer Sprache überliefert ist, wirklich noch für die Bühne geschrieben hat, ist unter den Wissenschaftlern heftig umstritten. Gute Gründe sprechen dafür, daß Senecas Trauerspiele als reine Lesedramen konzipiert waren – teilweise mit einzelnen Partien, die sich für eine (isolierte) Rezitation anboten –, daß sie jedoch nie als «vollständige» Schauspiele aufgeführt worden sind.[34]

Fest steht, daß die klassische Tragödie in der Kaiserzeit sozusagen völlig aus der Mode gekommen ist und als fremd und unzeitgemäß empfunden wurde. Schon die traditionelle Bekleidung und Maskierung der Tragödienschauspieler mit ihren «seltsamen, auf dem Kothurn wie auf Stelzen einhertretenden, ausgestopften, von langen, bunten Schleppkleidern umwallten Figuren, mit hohen künstlichen Haaraufsätzen und einer Maske, deren Mund so weit geöffnet war, als wollten sie den Zuschauer verschlingen»[35], wirkten auf die meisten Römer antiquiert oder sogar lächerlich.[36] Die oft häßlich verzerrte, grimmige Maske der Tragöden (Abb. 156) jagte Kindern einen gehörigen Schrecken ein[37], und die Bewohner einer spanischen Provinzstadt liefen in Panik aus dem Theater, als dort zum ersten Male ein Tragödienschauspieler gastierte – so sehr hatte sie der Anblick des Kostümierten, der ihnen wie ein Eindringling aus einer fremden Welt vorgekommen sein mochte, in Furcht versetzt (Abb. 153).[38]

Beide Beispiele belegen zwar nicht ausdrücklich das Verschwinden der Tragödie, aber sie sind immerhin Indizien für eine starke Entfremdung, ja für eine völlige Unkenntnis dieser Art des Schauspiels und der dazugehörigen Requisiten.

Die Ursprünge dieses Niedergangs der Tragödie liegen indes schon in der Zeit der Republik. In den letzten Jahrzehnten dieser Epoche fiel es den Tragöden immer schwerer, die Aufmerksamkeit des Publikums für ihre Darbietungen zu gewinnen. Gladiatorenkämpfe, Wagenrennen und, mit Abstrichen, auch die leichter zu verstehende, volkstümlichere Komödie zogen die Zuschauer in ihren Bann und verurteilten das «schwer verdauliche» Trauerspiel zu einem Schattendasein.

Abb. 158 Die Kindesmörderin Medea und ihre Opfer; pompejanische Wandmalerei aus dem 1. Jh. n. Chr.

Knalleffekte – dem Publikumsgeschmack zuliebe

Um dem ständig größer werdenden Druck der Konkurrenzunterhaltung wenigstens etwas entgegensetzen zu können, mußten alle, die den Zuschauern ernste Dramen schmackhaft machen wollten, zu ganz neuen Mitteln greifen. Einigermaßen Hoffnung auf Erfolg versprach ein radikaler Umschwung gleichsam vom Ohr zum Auge: Langeweile und Desinteresse sollten mit Schaueffekten vertrieben werden, die Neugierde und Staunen erregten. Und so wurden in der Tragödie «Clytaemestra» sechshundert Maultiere auf die Bühne gebracht; im Drama «Equus Troianus» («Das Trojanische Pferd») gehörten nicht weniger als dreitausend Mischkrüge zur Bühnendekoration, Reiter und Fußsoldaten erhielten im gleichen Stück eine prunkvolle bunte Bewaffnung. *Das* – und nicht der Inhalt des Stückes oder die darstellerische Leistung der Schauspieler – war es nach den Worten eines Augenzeugen, was «bei der Menge staunende Bewunderung fand».[39]

Aber eben nicht nur bei der Menge! In einem Gedicht aus dem Jahre 18 v. Chr. beklagt Horaz, daß nicht nur «das Vergnügen der Ungebildeten und Dummen», sondern auch «das der Ritter sich vom Ohr zu unstetem Schaugenuß der Augen verlagert hat».[40] Wenn vier oder mehr Stunden lang in einem fort Schwadronen zu Pferde und Bataillone zu Fuß über die Bühne eilen, Könige hin und her gezerrt werden, gestürzten Potentaten die Hände auf dem Rücken gefesselt werden, wenn Streitwagen vorüberjagen, Reisekutschen, Frachtwagen und Schiffe auf der Bühne erscheinen und eine riesige Kriegsbeute umhergeschleppt wird[41]: dann sind die Zuschauer begeistert bei der Sache, dann sind sie bereit, auch einmal ins Theater zu gehen statt ins Amphitheater oder in den Circus Maximus.

Einen Publikumsgeschmack, der sich vor allem am Spektakulären in des Wortes doppelter Bedeutung ausrichtete – zum einen das mit den Augen «Sehbare», «Erschaubare», zum anderen das Außergewöhnliche, mit Knalleffekten Gespickte: einen solchen Geschmack konnte die Tragödie auf Dauer nicht befriedigen. Der Unterhaltungswert dieser anspruchsvollen Dramen konnte einfach nicht mit dem der anderen Massenattraktionen mithalten, und dies mußte sich um so gravierender auswirken, als Zahl und Dauer dieser Konkurrenzveranstaltungen unaufhaltsam zunahmen (Abb. 157, 158).

Selbst ein in unglaublicher Weise gesteigerter Aufwand, wie er bei den gerade erwähnten Vorstellungen das Publikum geradezu «bei der Stange hielt» und das Ensemble vor Störungen, beleidigenden Zwischenrufen und Tumulten im Zuschauerraum schützte, war letztlich schon aus Kostengründen nicht durchzuhalten. Einzelne Vorstellungen

Abb. 159 Heulender Jagdhund; Bronze aus dem 3. Jh. n. Chr.

dieser Art konnten wohl das Ende der Tragödie auf den römischen Bühnen noch hinausschieben, die Agonie des Trauerspiels gleichsam verlängern; doch der unvermeidliche Tod dieser Gattung war damit nicht zu verhindern.

Wenn die Tragödie überleben wollte, und sei es auch nur in einer rudimentären Form, der manch einer sogar ihren Anspruch als Nachfolgerin des klassischen Trauerspiels entrüstet bestreiten mag, dann mußte sie sich den neuen Wünschen des Publikums anpassen und sich einer radikalen Reform unterziehen. Angesichts der eben skizzierten Veränderungen im Publikumsgeschmack bedeutete das unweigerlich: Sie mußte seichter und «genießbarer» werden, dem Auge mehr bieten und mit allerlei Momenten der Spannung und der Überraschung aufwarten.

Ein neuer Stern am Theaterhimmel: Der Pantomimus

Wie auch immer man das qualitative Ergebnis dieses Umformungsprozesses beurteilt, eines muß jeder einräumen, der sich auch nur oberflächlich mit dem Theaterwesen der Kaiserzeit beschäftigt hat: Beim römischen Publikum hatte diese Metamorphose der Tragödie zum Pantomimus einen grandiosen Erfolg – einen Erfolg, der in der Geschichte des europäischen Theaters seinesgleichen sucht. Binnen weniger Jahrzehnte hatte sich aus der «grauen», nur von einer kleinen Intellektuellenschicht goutierten Tragödie der Pantomimus als Massenunterhaltung etabliert, die Tausende und Zehntausende von enthusiastischen Anhängern in die Theater lockte.

Die Geburtsstunde des Pantomimus, der sich die Herzen der Theaterzuschauer sozusagen im Sturm eroberte, schlug im Jahre 22 v. Chr. Damals änderte der Schauspieler Pylades die Aufführungspraxis der Tragödie in einer äußerst zukunftsträchtigen Weise: Er trennte den Vortrag von der Bewegung.[42] Hatten früher die Akteure auf der Bühne gleichermaßen rezitieren, singen und gestikulieren müssen, so wurden seit der «Reform» der Tragödiendarstellung durch Pylades die Aufgaben neu verteilt: Der Schauspieler wurde zum bloßen Pantomimen, der die Handlung durch Gebärden und Gesten zum Ausdruck brachte. Die Römer nannten diese Darstellung *saltare*, wörtlich «tanzen»; doch beschränkten sich die Aufgaben des Pantomimen keineswegs auf einfache Tanzschritte. Vielmehr kam es ebenso auf die Gestik der Arme und Finger und nicht zuletzt auf die gesamte Körperhaltung, das Zusammenspiel aller Körperteile an. Die Gesichtsmimik hatte allerdings keine Bedeutung, da der Schauspieler eine Maske trug.

Die Rezitation der Textpartien übernahm ein Chor, dessen Gesang von einem Flötenspieler begleitet wurde. Später weitete sich diese musikalische Untermalung zu einem regelrechten Orchester aus, in dem neben Flötisten auch Kitharaspieler und andere Musikanten vertreten waren, darunter ein Spezialist, der das *scabellum* bediente, eine an der Fußsohle befestigte, mit kleinen Schellen behängte Klapper.

Damit die Aufmerksamkeit der Zuschauer keinen Augenblick lang nachließ, mußten nach Möglichkeit die Höhepunkte des Stückes Schlag auf Schlag aufeinanderfolgen. Angesichts der teilweise recht langen Dialogpartien der klassischen Tragödien ein Ding der Unmöglichkeit! So mußte es jedenfalls Liebhabern dieser Art des Theaterspiels scheinen. Die Reformer indes sahen darin überhaupt keine unüberwindbare Schwierigkeit. Wenig pietätvoll und wenig kunstverständig, dafür aber mit um so größerem Gespür für «Zugkräftiges», verfielen sie auf einen grandiosen Ausweg: Die Stücke wurden einfach radikal zusammengestrichen, die «langweiligen» Passagen gekürzt oder völlig ausgelassen, und schon bestand die Tragödie aus einer ununterbrochenen Reihe von Szenen, die sich durch spannende dramatische Gestaltung und Augenblicke höchster Emotion auszeichneten.

Die Tragödien wurden also mitleidlos

Abb. 160 Bühne mit Darstellung eines Pantomimus; pompejanische Wandmalerei aus dem 1. Jh. n. Chr.

zerhackt und ohne Rücksicht auf ihre poetische Struktur verstümmelt. Schauspiele, häppchenweise serviert und leicht verdaulich: Diese Kost entwikkelte sich mit atemberaubendem Tempo zum Kassenschlager der Theater in der römischen Welt.

«Schlager»-Produktion im alten Rom

Die Konzentration auf das Spektakuläre, das schon Bekannte und vom Publikum Akzeptierte führte nun auch folgerichtig zu endlosen Wiederholungen beliebter *cantica* (Lieder) – mit dem Ergebnis, daß manche Melodien eine Volkstümlichkeit erlangten, die sie, je nach Geschmack des Betrachters, als «Volkslieder», «Schlager», «Gassenhauer» oder «Lieblingsarien» ausweisen. Die berühmtesten *cantica* sind wahrscheinlich jahrzehnte-, vielleicht sogar jahrhundertelang gesungen worden: «Melodien, die jeder von Jugend auf konnte, die schon an den Kinderwiegen gesummt worden waren»[43] (J. Carcopino).

Inhaltlich unterschieden sich die Texte dieser Schlager an Geistlosigkeit und Schlichtheit in vielen Fällen kaum von denen heutiger Hitparadenlieder. Hauptsache, die Musik ging ins Ohr; die Aussage der Lieder interessierte kaum.

Kein Wunder also, wenn kein einziges Libretto einer Pantomimenaufführung überliefert worden ist. Diese für Chor und Schauspieler geschriebenen «Rollenbücher» lohnten meist die Lektüre nicht. Vorrangig für die Bühne bestimmt und auf die Bedürfnisse einer Massenunterhaltung zugeschnitten, waren literarische Meisterleistungen nicht gefragt – und sie wurden auch nicht geliefert.

Die Pantomimendichter genossen bei den Intellektuellen denn auch einen schlechten Ruf. Über einen Vertreter dieser Zunft urteilt Seneca der Ältere, er habe «sein großes Talent nicht nur im Stich gelassen, sondern geradezu besudelt».[44] Anstößig war es im Kreise der Gebildeten zweifellos, sich zum Schreiben von *salticae fabulae* – so der Terminus technicus dieser neuen literarischen Produktion – herzugeben. Doch hinderte dies selbst bedeutende Schriftsteller nicht, sich auch in dieser Sparte zu betätigen – gegen klingende Münze natürlich. Gut bezahlt wurden diese Libretti, und so ließ sich beispielsweise ein Lucan herab, neben einem anspruchsvollen Epos auch eine Reihe von *salticae fabulae* zu verfassen.[45] Packende Dramatik und «viel Blut» waren in Lucans «Rollenbüchern» garantiert, wie

Abb. 161 Mars und Venus als Liebespaar; pompejanische Wandmalerei aus dem 1. Jh. n. Chr.

ein Blick in seine «Pharsalia» lehrt. Ein anderer Epiker, Statius, verkaufte sein noch unveröffentlichtes Stück «Agave» an einen bekannten Pantomimen: Nur das soll ihn vor dem Hungerleiden bewahrt haben.[46]

Griff ins mythologische Repertoire

Deutlich erweist sich der Pantomimus als Nachfolger der Tragödie: Die Pantomimendichter beziehen den Stoff für ihre Stücke aus der unerschöpflichen Fundgrube der griechischen Mythologie. Sie lieferte den Autoren der Libretti die allermeisten Themen.

Ob Agamemnon der Titelheld war oder Dädalus, ob Aphrodite oder Niobe dem Stück den Namen gab, ob die Qualen des Tantalus im Vordergrund standen oder die Irrfahrten des Odysseus nachgespielt wurden, ob schließlich der Kampf der Titanen auf dem Programm stand oder der gewaltige Streit zwischen Lapithen und Kentauren: das alles ging auf die Welt der griechischen Götter und Heroen zurück, die schon die Vorstellungskraft der altgriechischen Tragöden beflügelt hatte. Insgesamt sind über zweihundert Titel mit mythologischen Stoffen bekannt, die als Pantomimen gespielt worden sind.[47]

Ganz im Unterschied zum Lustspiel wandte sich der Pantomimus nur selten Themen des Alltagslebens zu. Eher in den Bereich des Skurrilen gehören Stücke, in denen die Grundzüge der Pythagoreischen Philosophie pantomimisch dargestellt oder gar Platonische Dialoge auf der Bühne «vorgetanzt» wurden.[48]

Weitere Themen der Pantomime zählt U. Kahrstedt auf: «Daneben wird die ganze Weltgeschichte ausgeschlachtet, die klassische Zeit, die römische Republik, sogar die sonst dem Publikum der Zeit sehr fernliegende Geschichte der hellenistischen Höfe, wo man allerlei rührsame Tragödien in allerhöchsten Kreisen dramatisch ausgestalten konnte. Im 2. Jahrhundert stellt Lukian fest, daß nun allmählich die ganze Geschichte – man möchte sagen: verfilmt sei, von der Erschaffung der Welt bis zur Schlacht von Aktion.»[49]

Parallelen und Unterschiede zum modernen Film

«Verfilmung»: Die Parallele liegt tatsächlich nahe, da beide, der Pantomimus wie der Film, von der «Schaulust» der Zuschauer leben, da beide, der Film zumindest zum großen Teil, auf Effekte und Action abzielen und da schließlich die breite Palette der Stoffe beiden gemeinsam ist. Das letzte Argument gewinnt zusätzlich an Überzeugungskraft, wenn die Themen von Pantomimus *und* Mimus zusammengesehen werden, die «Melodramen» auf der einen und die spritzigen Lustspiele auf der anderen Seite. Auf eine Parallele im kleinen zwischen Film und Theaterspiel in Rom hat auch die Archäologin Margarete Bieber in ihrem Standardwerk über «The history of the Greek and Roman theatre» hingewiesen: Zur Zeit Vespasians spielte im Marcellus-Theater in Rom ein Hund die Hauptrolle in einem Theaterstück – nichts anderes also als «ein Vorläufer von Rin-tin-tin und Lassie» (Abb. 159).[50]

Blickt man allerdings auf die Anforderungen, die an die Pantomimen einerseits und an die heutigen Filmschauspieler andererseits gestellt wurden bzw. werden, so ist sehr zweifelhaft, ob sich auch da noch Parallelen abzeichnen. Wenn die Gerüchte stimmen, die sich über manchen Cinemastar unserer Tage hartnäckig halten, daß er nämlich nur für diese Art der Darstellung geeignet sei, auf den Brettern der Livebühne jedoch kläglich versagen würde, dann dürfte spätestens an diesem Punkt jeder sinnvolle Vergleich mit den Pantomimen ausgeschlossen sein.

Ein weiteres wichtiges Unterscheidungsmerkmal tritt hinzu: Setzt (zumindest der konventionelle) Film auf Perfektion und treue Drehbucherfüllung, die im Zweifel durch zahllose Wiederholungen ein und derselben Szene erreicht werden (sollen), so bestand die Kunst des Pantomimen gerade in der Improvisation, in der Livedarbietung vor Tausenden von kritischen Zuschauern. *Hic Rhodus, hic salta* – das war die Devise für den Pantomimen. Gelang ihm die Vorstellung beim ersten Male nicht, so wurde er gnadenlos ausgezischt; *er* hatte nicht die Chance einer zweiten oder dritten «Klappe».

Pantomimendarsteller von höchster künstlerischer Perfektion

Im Zusammenhang mit der Massenunterhaltung «Pantomimus» mag man die Nase rümpfen und schlechten Geschmack, seichte Libretti, aufdringliche Musikbegleitung und die allzusehr am Durchschnittszuschauer orientierte Effekthascherei beklagen, kurz: die «Dekadenz» anprangern, die die Entwicklung von der Tragödie zum Pantomimus darstellt – *eines* ist dieser neuen Gattung des Theaterspiels bei objektiver Betrachtung sicher *nicht* abzusprechen: das hohe künstlerische Niveau der Hauptdarsteller, ihre – auch von antiken Kritikern der Gattung – neidlos anerkannten darstellerischen Fähigkeiten, ihre Ausdruckskraft und ihr Nuancenreichtum.

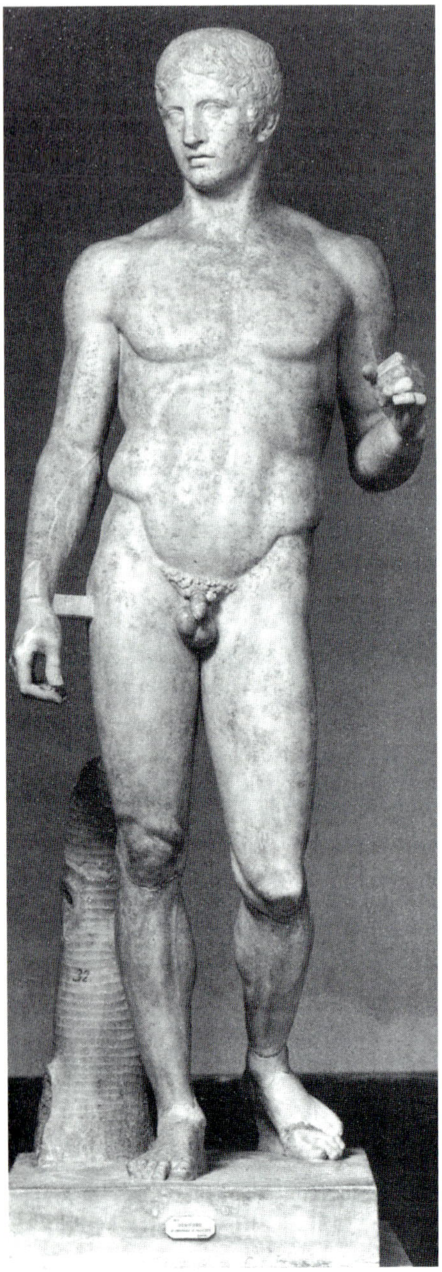

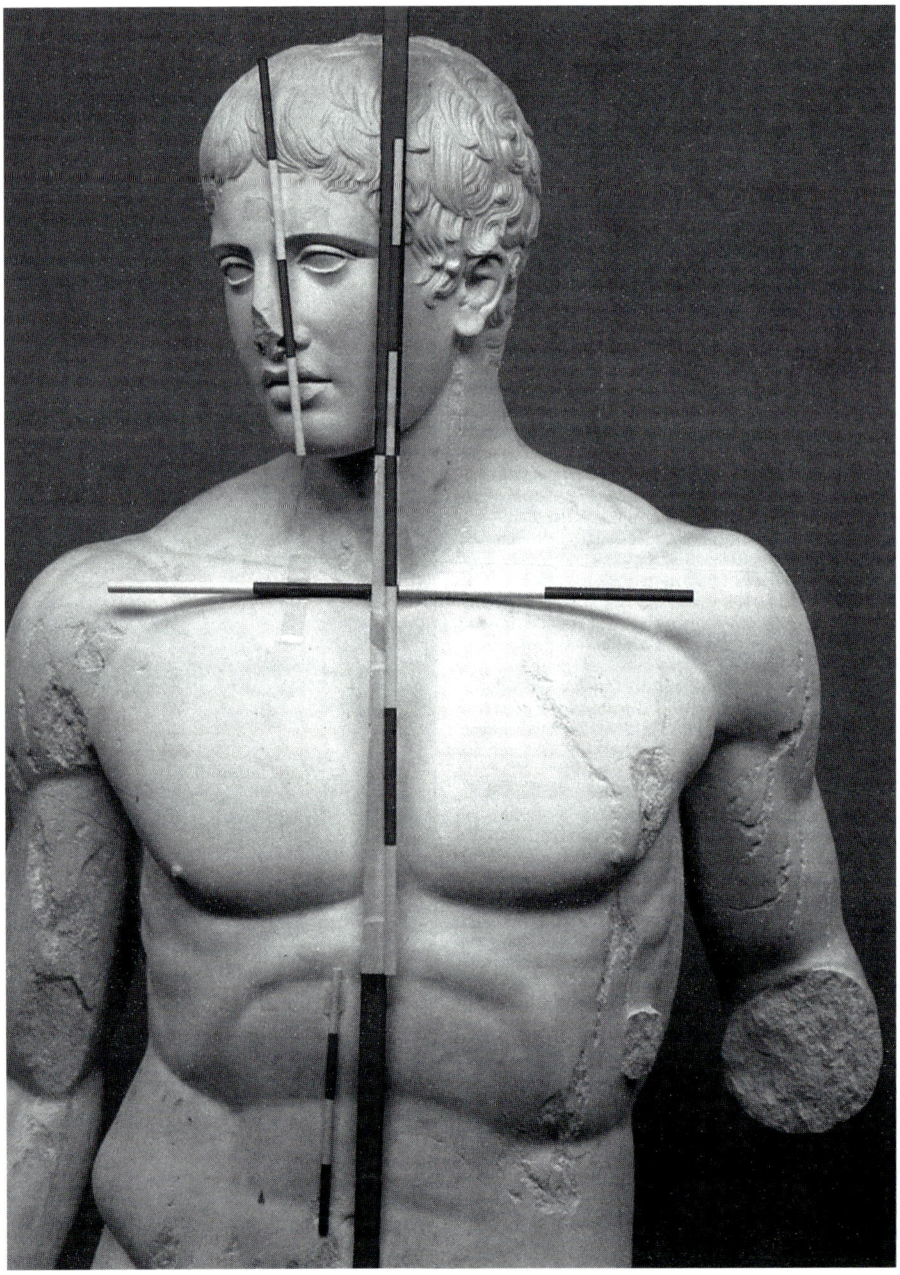

Abb. 162 Römische Kopie der berühmten Doryphoros-Statue Polyklets; Neapler Replik aus der Kaiserzeit. – Abb. 163 Dem ästhetischen Ideal auf der Spur: moderne Vermessung der Minneapolis-Replik des Doryphoros.

Abb. 164 Waffentänzer (Korybanten) umtanzen das auf dem Boden sitzende neugeborene Zeus-Kind; vermutlich die Wiedergabe einer pantomimischen Tanzszene; Terrakotta-Relief aus dem späten 1. Jh. v. Chr. – Abb. 165 Statuenbasis des Pantomimen Apolaustus aus dem Jahre 199 n. Chr. Apolaustus («Freudenspender») nannte Kaiser Verus den Schauspieler, den er aus dem Osten nach Rom geholt hatte. Daß Apolaustus einer der großen Pantomimen-Stars Ende des 2. Jhs. n. Chr. war, zeigt u. a. die Würdigung *temporis sui primo*: «dem ersten (Künstler) seiner Zeit»; gefunden in Tivoli.

Der Pantomime konnte auf so gut wie gar keine Requisiten zurückgreifen. Was immer er zum Ausdruck bringen wollte, ob es die Handlungen der von ihm verkörperten Personen waren, ihre Gemütsbewegungen, ihre Wünsche und Befürchtungen, oder ob es sich um die Beziehungen zwischen *zwei* Personen handelte – er war allein auf seine Körpersprache angewiesen.

Zudem entwickelte sich der Pantomimus mehr und mehr zu einer Ein-Mann-Vorstellung, weil ehrgeizige Darsteller oft nicht bereit waren, den Applaus mit anderen Kollegen zu teilen. So verdrängten sie nach und nach ihre Mitspieler, duldeten allenfalls noch Statisten und mußten infolgedessen die Rollen der verdrängten Schauspieler selbst mit übernehmen. Gerade diese außerordentliche Flexibilität und Fähigkeit, sich von einem Moment auf den nächsten umstellen zu können, machte die Kunst hervorragender Pantomimen aus.

In einem einzigen Stück mußte der Pantomime möglicherweise bis zu fünf Rollen spielen[51], zudem Personen unterschiedlichen Alters und Geschlechts und verschiedenen Charakters: von einem Augenblick zum anderen zwischen Apollon und Aphrodite gleichsam hin- und herpendeln, wobei lediglich die Maske als äußeres Attribut geändert wurde, oder erst einen rasenden Athamas und gleich darauf die furchterfüllte Ino darstellen, jetzt einen Greis, darauf einen Jüngling, dann einen Herrscher und schließlich einen Soldaten verkörpern – und zwar *glaubwürdig, realistisch* verkörpern. Dieser fliegende Rollenwechsel verlangte von dem Pantomimen sehr viel Geschick, diszipliniertes Training und nicht zuletzt eine große künstlerische Begabung.

Die Spitzenkräfte in diesem Metier verstanden es, das Publikum mit ihren frappierenden Fertigkeiten in ihren Bann zu schlagen. Wie selbst Skeptiker durch eine überzeugende Darstellung zu geneigten Anhängern des Pantomimus werden konnten, zeigt eine Anekdote, die sich um den Philosophen Demetrius rankt, der zur Zeit Neros lebte. Demetrius hielt nicht viel von den Pantomimen und machte keinen Hehl aus seiner Geringschätzung. Ohne Chor und Musikbegleitung, so äußerte er einmal, tauge der Pantomimendarsteller nichts, der lebe eigentlich nur von der musikalischen Untermalung.

Der damals berühmteste Pantomime von Rom, wahrscheinlich der aus Berichten anderer Autoren bekannte Paris, wollte diesen Vorwurf nicht länger auf sich sitzen lassen. Er erbot sich, dem Kritiker eine Galavorstellung zu geben, damit dieser die Kunst eines wahren Pantomimentänzers ausgiebig studieren könne. Als Stoff wählte er die sicher nicht leicht darzustellende Geschichte vom Ehebruch des Mars und der Venus (Abb. 161). Gefühle und Handlungen mehrerer in dem Mythos vorkommender Gottheiten, darunter den Sonnengott Sol, Hephaist und natürlich die beiden Titelgestalten, ahmte er derart plastisch nach, daß Demetrius am Ende eingestand, er habe sein Urteil revidieren müssen. Die Lektion des Künstlers muß außerordentlich überzeugend ausgefallen sein, wenn er sich eine derart offene Stellungnahme abtrotzte.[52]

Auch wenn sich angesichts der zahllosen Pantomimenaufführungen unweiger-

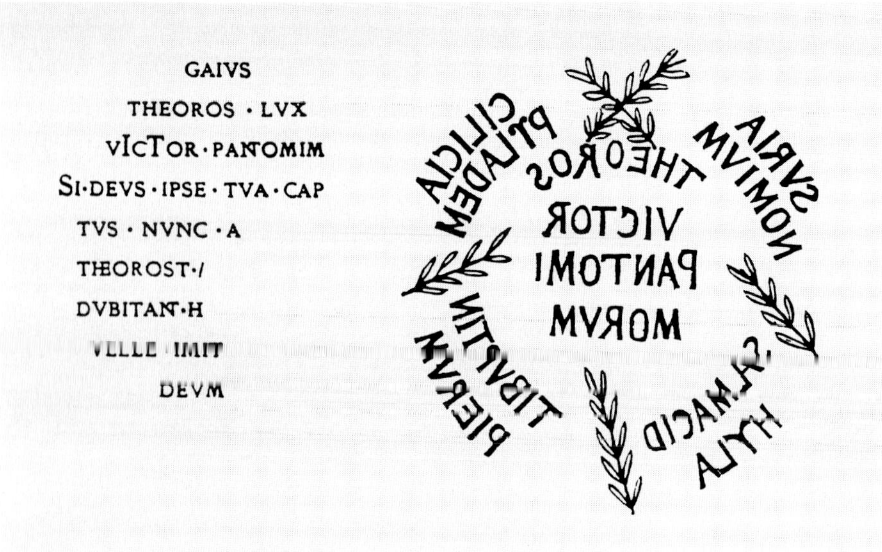

Abb. 166 Tonmarke mit Inschriften. Auf der Rückseite wird in Spiegelschrift Theoros als «Sieger der Pantomimen» gefeiert; zu den «Besiegten» zählen auch prominente Kollegen wie Hylas und Pylades; Faksimile CIL VI 10115.

lich im Laufe der Zeit eine Art Gestenkanon herausbildete, in dem gewisse Gesten ganz bestimmte, regelmäßigen Theaterbesuchern nur allzu vertraute Emotionen und Vorgänge zum Ausdruck brachten[53], blieben dem einzelnen Darsteller noch genügend Möglichkeiten, eine individuelle, unverwechselbare künstlerische Originalität zu entwickeln. Die Nuancierungen der Gesten und Körperhaltungen waren zu fein und zu zahlreich, als daß sie sich in erstarrte Formen hätten gießen oder in ein festgefügtes System hätten pressen lassen.

Wie nuanciert das Spiel der Pantomimen oder zumindest der besten Vertreter dieser Kunst war, geht aus einer berühmten Episode hervor, die einen typischen Künstlerstreit zwischen den in Augusteischer Zeit lebenden Pantomimenstars Pylades und seinem Schüler Hylas schildert.

Den «großen Agamemnon» sollst du spielen...!

Als Hylas einmal ein Stück spielte, an dessen Ende im Libretto die griechischen Worte τὸν μέγαν Ἀγαμέμνονα («den großen Agamemnon») standen, und sich der Pantomime, um diese Worte gleichsam mit seinen stummen Ausdrucksmitteln wiederzugeben, zu voller Körpergröße aufrichtete, erscholl aus dem Publikum ein Ruf: «Du gibst ihm eine große Figur, aber verleihst ihm damit noch keine Größe!» (σὺ μακρόν, οὐ μέγαν ποιεῖς). Der Name des aufgebrachten Zwischenrufers: Pylades. Er benutzte die Gelegenheit, dem Konkurrenten am Zeug zu flicken.

Das Publikum gab sich jedoch mit bloßer «destruktiver» Kritik nicht zufrieden. Es forderte Pylades auf, es besser zu machen; er solle auf die Bühne gehen und die Nummer so interpretieren, wie es *ihm* richtig erscheine. Pylades konnte sich dieser Forderung nicht entziehen, wollte er nicht sein Renommee aufs Spiel setzen. Also begab er sich auf die Bühne und spielte die gleiche Szene. Als die entscheidende Stelle kam, stellte er sich nur ruhig hin und gab sich ein nachdenkliches Aussehen. Nichts, so interpretierte er die Bezeichnung «großer Agamemnon», schicke sich für einen großen Anführer mehr, als im Interesse aller nachzudenken (Abb. 166).[54]

Die Zuschauer haben diese ruhige, unspektakuläre Interpretation des «großen Agamemnon» offensichtlich nicht nur toleriert, sondern sogar geschätzt – ein Indiz dafür, daß die Pantomime nicht nur dann erfolgreich war, wenn sie durch heftiges Gestikulieren und ungestüme Aufgeregtheit Action bot. Wenn Pylades mit dieser Szene überhaupt auf eine römische Bühne treten konnte, so läßt das auf ein einigermaßen kunstverständiges, nuancierte Darstellung sehr wohl honorierendes Theaterpublikum schließen.

Ätzende Kritik an Fehlleistungen

Und auf ein kritisches dazu! Mochten die Clownerien und Hanswurstiaden des Mimus nicht so scharf auf ihre künstlerische Gestaltung und die darstellerischen Fähigkeiten ihrer Protagonisten hin geprüft werden, so wandte doch ein sicher nicht ganz geringer Teil der Zuschauer auf die Pantomimen anspruchsvollere Kriterien an. Da mußten sich die Darsteller vor Fehlern und Mißverständnissen hüten, wenn sie nicht Gefahr laufen wollten, mit ironischen oder abschätzigen Bemerkungen überschüttet zu werden.

Einige Beispiele für Spott und Kritik von seiten eines empfindlichen Publikums an ungeeigneten oder unpassend agierenden Pantomimen: Einem hochgewachsenen Schauspieler, der den Kapaneus verkörpern will, wie er die Stadtmauer von Theben stürmt, rufen die Zuschauer zu: «Spring einfach rüber! Was brauchst *du* eine Sturmleiter dazu?!» Einem etwas zu korpulenten Tänzer, der seine ersten Sprünge hinter sich gebracht hat, tönt es entgegen: «Schone die Orchestra!» Einem sehr mageren Pantomimen wünscht das Publikum schlicht «gute Besserung». Und ein zu klein geratener Hektor wird erstaunt gefragt: «Du bist doch der Astyanax, wo aber bleibt Hektor?»[55] Ein Pantomime namens Ariston («Der Beste»!) schließlich erhält sogar von einem Epigrammdichter schriftlich die Versicherung, er habe die Niobe, die nach der Sage aus Kummer über den Tod ihrer Kinder zu Stein erstarrt war, tatsächlich «steinern» getanzt.[56]

Wer sich auf der Bühne nicht geschmeidig genug bewegte, den traf ein solcher Vorwurf leicht; wer als Pantomime sogar stolperte und ausglitt, machte sich zum Gespött der Leute. Besonders blamabel war es, im wahrsten Sinne des Wortes aus der Rolle zu fallen und entscheidende Szenen der dargestellten Geschichte einfach auszulassen oder völlig falsch zu interpretieren. Was der Spötter Lukillios höhnisch in Gedichtform von einem Versager erzählt, das dürfte der Alptraum manch eines vom Publikum noch nicht akzeptierten Nachwuchspantomimen gewesen sein, wenn er sich dem Urteil der Zuschauer stellte und dabei mit ähnlicher Kritik rechnen mußte:

«Alles hast du getreu nach dem Mythos getanzt; nur das eine,
was von Entscheidung doch war, hast du entschieden verfehlt.
Als du die Niobe tanztest, da standest du da wie ein Steinblock;
als du den Kapaneus gabst, kamst du im Stolpern zu Fall.
Doch bei der Kanake nun, da tratest du trotz deines Schwertes
und dem Mythos zum Trotz, Stümper, als Lebender ab!»[57]

Ein Pantomime mußte also einen schönen Körper besitzen, das «goldene Mittelmaß», das ihn zudem vor der Festlegung auf bestimmte Rollen schützte. Er sollte ein Allroundtalent sein, *kein* ausgeprägter Charakterdarsteller heutigen Typs, der sich auf gewisse «Fächer» konzentriert.

Die «Leiden» der Starschauspieler

Um ihre natürliche Gestalt zu behalten, scheuten besonders die Stars unter den Pantomimen keine Mühe. Weil es besonders auf die «gute Figur», die «schlanke (allerdings nicht *zu* schlanke) Linie» ankam, hielten sie strenge Diät. Als Vorbild für die Idealfigur eines Pantomimen konnte nach Meinung Lukians die berühmte Doryphoros- (Lanzenträger-) Statue Polyklets gelten (Abb. 162, 163)[58]. Und sie schreckten auch nicht vor weiter gehenden Mitteln zurück, falls es zur Imagepflege notwendig schien. Erfordernisse des Berufs und persönliche Eitelkeit gingen Hand in Hand, und so griffen die Künstler dann und wann sogar zum Brechmittel oder zum Klistier, um ja nicht zuzunehmen – extreme «Schönheitsmittel», die freilich in der römischen Welt nur deshalb auffielen, weil sie eine Gewichtszunahme verhindern und nicht, wie bei üppigen Gelagen üblich, den Magen wieder frei für weitere Schlemmereien machen sollten.[59]

Besonderes Augenmerk richteten die Pantomimen natürlich auf ein intensives Bewegungstraining. Geschmeidigkeit und Gelenkigkeit waren ja *die* Voraussetzungen für eine überzeugende Pantomimendarstellung (Abb. 164). Anerkennend heißt es von einem ehemaligen Pantomimentänzer, er habe in seiner Jugend auf der Bühne agiert, als hätte er «überhaupt keine Knochen und Sehnen» gehabt – ein um so größeres Kompliment, als es ihm nur widerwillig gemacht wird; vorher war er als übelster «Schlemmer, Hurer und Brutstätte aller Laster» beschimpft worden![60]

Den Gipfel körperlicher Elastizität erreichte der Pantomime, wenn er Frauenrollen so überzeugend spielte, daß die Zuschauer ihn wirklich für ein weibliches Wesen hielten. Diese Fähigkeit kam besonders bei schlüpfrigen Szenen zum Ausdruck, und so gingen die Wogen der Begeisterung hoch, wenn der «weiche» Bathyllus den Part der Leda einfühlsam und verführerisch tanzte: Dann geraten vor allem die weiblichen Zuschauer in Ekstase, und sogar die notorische Dirne Thymele erscheint dann wie ein Mädchen vom Lande, das von dem Pantomimen noch manches lernen kann.[61]

Neben körperlichen Vorzügen mußten die Tänzer auch eine gute geistige Begabung aufweisen, vor allem ein hervorragendes Gedächtnis, aber auch wache Intelligenz, Urteilsfähigkeit, Sinn für Dichtung und Harmonie.[62] Kenntnisse in Mythologie und Literaturgeschichte waren ebenfalls unabdingbar. Ein Ungebildeter, sagt Persius, ist nicht imstande, «auch nur drei Takte vom Satyrtanz des Bathyllus zu tanzen».[63]

Abb. 167 Kein Freund des Theaters: Kaiser Tiberius; Münze, um 22/23 n. Chr.

Abb. 168 Geliebte des Pantomimen Paris: Kaiserin Domitia; Münze, um 82/83 n. Chr.

Talentförderung durch Höchstgagen

Wirkliche Spitzenkräfte, die alle diese physischen wie geistigen Anlagen besaßen, waren außerordentlich gesucht. Ähnlich wie ihre Kollegen in anderen Branchen der Massenunterhaltung konnten auch die Stars der Bühne Höchstgagen fordern: Sie erhielten sie. Schon in der Zeit der Republik ließ sich manch ein Parvenü von Tänzern und Pantomimen begleiten[64], ein einziger unfreier Pantomime wechselte für mehr als 700 000 Sesterze den Besitzer[65], und die Lieblingspantomimin eines reichen Privatmannes soll einst von ihrem Herrn eine Mitgift von nicht weniger als einer runden Million Sesterzen erhalten haben.[66]

Bei den öffentlichen Theatervorstellungen mußten die Kaiser und Beamten als Ausrichter tief in die Tasche greifen, um die Zuschauer durch das Aufgebot berühmter Größen des Bühnenwesens beeindrucken zu können. Der zur Zeit des Augustus lebende Pantomime Pylades, von dem vorhin schon die Rede war, ließ sich seine Auftritte so teuer bezahlen, daß er im Alter ein gemachter Mann war. Sein Vermögen reichte sogar aus, um ihm ein ganz besonderes Vergnügen zu bereiten: Nunmehr veranstaltete *er selbst* Schauspiele und finanzierte damit sozusagen den künstlerischen Nachwuchs in seinem Fach.[67]

Nero, der ja selbst nicht nur als Wagenlenker, sondern auch als Tragöde – allerdings nicht pantomimisch, sondern als Rezitator – brillieren wollte, ließ sich die Förderung aller Arten von Unterhaltungsstars eine Menge Geld kosten. Insgesamt verschenkte er über 2 Milliarden Sesterze an seine Favoriten, darunter auch viele Schauspieler. Die nicht zuletzt dadurch heraufbeschworene Finanznot der Staatskasse versuchte sein Nachfolger Galba allerdings durch äußerst drastische Maßnahmen zu lindern: Er forderte kurzerhand neun Zehntel der jeweiligen Geschenksumme von den Empfängern zurück.[68]

Doch ließ sich dadurch kaum ein späterer Kaiser davon abbringen, beliebten Mimen und Pantomimen seine Freigebigkeit unter Beweis zu stellen – zumal diese Gesten außerordentlich publicityträchtig waren, verlangte doch das Publikum stürmisch nach hohen Belohnungen oder Vergünstigungen für seine Lieblinge.[69] Erst der besonnene Marc Aurel tat sich wieder als «Bremser» hervor, indem er die Gagen für Bühnendarsteller auf eine Gesamtsumme von 10 Goldstücken pro Vorstellung begrenzte.[70] Ob dieser Erlaß über die Regierungszeit Marc Aurels hinaus Gültigkeit behalten hat, darf bezweifelt werden.

Vielen Dokumenten zufolge ging es den führenden Schauspielern in der römischen Welt nicht schlecht. Obwohl sie zu einer gesellschaftlichen Randgruppe gehörten, deren Ansehen *als Stand* denkbar schlecht war, hatten sie weder materielle Sorgen, noch brauchten sie eine Ächtung durch die Gesellschaft zu befürchten. Das beweist die Grabinschrift eines Schauspielers namens Vitalis, der in schöner Offenheit hervorhebt, er sei dank seiner Kunst «auf der ganzen Welt außerordentlich bekannt» gewesen und verdanke seiner Bühnentätigkeit ein «großes Haus» sowie ein «ordentliches Vermögen».[71]

Der Durchschnittsdarsteller: Geringes Sozialprestige

Das alles galt indes nur für eine kleine Gruppe wirklicher Spitzenkräfte, jener «Könige der Pantomime», die sich zuweilen noch auf ihren Grabsteinen als «führenden Pantomimen seiner Zeit» (Abb. 165), als «Sieger über [alle anderen] Pantomimen» oder als «Zierde der Pantomimen, die auf ewig in aller Leute Munde ist»[72], feiern ließen.

Das Leben des «normalen» Pantomimen verlief in wesentlich bescheideneren und ruhigeren Bahnen und brauchte niemandem Anlaß zu Neid und Mißgunst zu geben. Die tiefe Kluft zwischen Darstellen und Sein, die die Existenz der Schauspieler aus dem zweiten und dritten Glied bestimmte, hat der Philosoph Seneca – in allerdings extremer Form – durch ein eindrucksvolles Bild veranschaulicht:

«Der Mann, der stolz über die Bühne schreitet und mit gleichmütig zurückgeworfenem Kopf die Worte spricht: ‹Schaut! Ich herrsche in Argos. Pelops gab mir das Reich...› – das ist ein Sklave; fünf Scheffel Korn und fünf Denare erhält er im Monat. Und der andere Mann, der stolz, herrisch und geschwollen im Bewußtsein seiner Kraft ankündigt: ‹Menelaos, sei still! Du stirbst durch meine Hand!› – der erhält nur Tagesverpflegung und schläft auf einem Häuflein Lumpen.»[73]

So drastisch, wie es hier um der rhetorischen Wirkung willen geschildert wird, ist der Unterschied zwischen dem, was viele Schauspieler auf der Bühne dargestellt haben, und ihrer persönlichen Lebenssituation sicher nicht gewesen. Um sein tägliches Brot brauchte sich kein Pantomime Sorgen zu machen, ob er nun Sklave war oder als Freier dem Beruf des Bühnenkünstlers nachging. Wohl aber gehörte er beileibe nicht zu den Privilegierten, sondern mußte sich mit jener gesellschaftlichen Mißachtung abfinden, die *alle*, die im Theater auftraten, zumindest in der westlichen, lateinisch sprechenden Reichshälfte traf – die Pantomimen nicht weniger als die Akteure des Lustspiels.

Für alle galt zudem eine empfindliche Einschränkung der Bürgerrechte: Die Beamten durften Schauspieler jederzeit und überall körperlich züchtigen lassen, und es wurde als großes Zugeständnis an die Zunft der Bühnendarsteller aufgefaßt, daß Augustus diese seit alters bestehende Regelung einschränkte. Fortan durften die Beamten diese Kompetenz nur noch während der Spielzeit und im Theater ausüben.[74]

Daß dies von keinem Schauspieler als Freibrief mißverstanden werden konnte, demonstrierte Augustus an mehreren Beispielen, so als er den Pantomimen Hylas auf die Klage eines Magistrats hin im Atrium seines Hauses vor den Augen neugieriger Passanten auspeitschen ließ oder auch den Mimen Stephanio in drei Theatern mit Ruten prügeln ließ, nachdem er von einem Techtelmechtel des Schauspielers mit einer verheirateten Frau erfahren hatte.[75]

Allerdings gaben viele Schauspieler auch Anlaß zu Kritik und abschätzigen Bemerkungen. Immer wieder berichten römische und griechische Schriftsteller, daß sie über die Stränge schlugen. Dabei blieb es nicht immer bei «Ordnungswidrigkeiten». Tiberius (Abb. 167), zugegebenermaßen kein Freund des Theaters, aber doch auch kein launischer Despot mit bloßen Willkürentscheidungen, sah sich im Jahre 23 n. Chr. veranlaßt, sämtliche Pantomimen aus Rom auszuweisen. Der Grund: Sie schändeten Frauen und schürten Unruhen.[76] Und das scheint, da es durch andere Indizien erhärtet wird[77], kein bloßer Vorwand für die – von Tiberius sicher nicht ungern verhängte – Ausweisung gewesen zu sein. Caligula freilich, der Nachfolger des Tiberius, selbst ein begeisterter Pantomimentänzer, beeilte sich, kaum an die Macht gekommen, die Schauspieler wieder nach Rom zurückzurufen.[78]

Starrummel und Theaterskandale

Vermutlich war es auch in den Augen des Theaterpublikums höchste Zeit, daß die so schmerzlich vermißten Stars endlich wieder in Rom auftreten durften. «Stars» – das ist in der Tat der passende Ausdruck für jene ganz Großen, die die Theaterbesucher damals in gleicher Weise verehrten und anhimmelten, wie wir es vom Starkult unserer Tage her gewohnt sind.

Selbst in die höchsten Kreise der Gesellschaft fand der Starrummel Einlaß. Er grassierte, was die Pantomimen angeht, *vor allem* in den höheren Ständen, denn die waren dem Pantomimus als «ernsterer» und mehr Bildung voraussetzender Form des Theaterspiels geneigter als dem Mimus, der wiederum bei «schlichteren» Gemütern besser ankam. (Die Unterscheidung steht allerdings unter dem Vorbehalt, daß das Publikum gleichwohl bei *allen* Theaterdarbietungen stets *gemischt* war; es läßt sich allenfalls von einer gewissen, zahlenmäßig aber nicht bestimmbaren Überrepräsentation «besserer» Kreise bei den Pantomimen sprechen.)

Hervorragende Darsteller wurden von aller Welt bewundert und geliebt[79], unabhängig davon, welcher sozialen Schicht der Zuschauer entstammte. Die Begeisterung für Pantomimen, so diagnostiziert Tacitus, gehöre zu den typischen Übeln in Rom, die jeder schon im Mutterleibe empfange.[80] Die Begeisterung führte mitunter zu Szenen, wie sie uns von manchen Popkonzerten nur zu gut bekannt sind: Da erschollen hysterische Schreie und Ausrufe der Verzückung, und da entlud sich, gar nicht einmal so selten, der Enthusiasmus in Aggressionen und Handgemengen, in deren Verlauf nicht nur Sachen zu Bruch gingen, sondern auch Menschen verletzt oder getötet wurden.[81]

In fast regelmäßigen Abständen kam es immer wieder einmal zu solchen Theaterskandalen. Wortwechsel, die zu blutigen Schlägereien führten, Massenprügeleien mit Verwundeten und Toten: Ursache dieser Entgleisungen war die Bildung regelrechter Theaterparteien, die man heutzutage wohl als «Fanclubs» bezeichnen würde. Anhänger des einen Stars schlossen sich zusammen und feierten ihr Idol durch Sprechchöre und organisierten Beifall. Gut bezahlte Claqueure wurden strategisch geschickt im Zuschauerraum verteilt und brachen dann einen künstlichen Beifallssturm vom Zaun.[82]

Auswüchse der Theaterleidenschaft: Der Fall Nero

Wie sich dergleichen organisieren ließ, zeigt das Beispiel Neros, der, um sicherzugehen, daß seine eigenen Darbietungen seiner Stellung entsprechend Anklang fanden, einst eine mehrere tausend Köpfe starke Claque zusammenstellen ließ. Den engagierten Beifallklatschern wurden «abteilungsweise die verschiedenen Arten des Beifalls beigebracht – Summen, Klatschen mit hohler und mit flacher Hand –, und sie mußten ihn, wenn er sang, mit ihrem Applaus unterstützen». Die Sache klappte, aber sie war nicht billig: Die Anführer der Beifallklatscher erhielten die runde Summe von 400 000 Sesterzen.[83]

Das alles wäre harmlos gewesen, wenn sich nicht dann und wann die «Fanclubs» verschiedener Größen des Theaterspiels befehdet hätten. Aber genau das kam mitunter vor – angesichts der Sticheleien und Eifersüchteleien, die unter den Stars selbst herrschten, nicht weiter verwunderlich –, und dann ging es im Theater hoch her. Beamte und Soldaten mußten eingreifen, um die Ruhe wiederherzustellen. Aber sie waren natürlich machtlos, wenn der Kaiser selbst die Finger mit im Spiele hatte bzw. den Tumult selbst auslöste. So etwa Nero, der von seiner Ehrenloge aus die Unruhe gern beobachtete und, wenn nötig, noch anfachte. Da flogen dann Steine durch die Luft, da schlugen die Kontrahenten mit zerbrochenen Bänken aufeinander ein, und der Kaiser hatte nichts Besseres zu tun, als seinerseits alle in greifbarer Nähe befindlichen Gegenstände mitten ins Publikum zu schleudern und dabei noch einen «Volltreffer» zu erzielen: Er verwundete einen hohen Beamten durch eines seiner Wurfgeschosse schwer am Kopf.[84]

Soweit eine nicht gerade rühmliche Seite der Theaterbegeisterung der Römer und ihrer leicht in Handgreiflichkeiten ausartenden Schwärmerei für einen der ganz Großen im Showgeschäft. Dieser moderne Begriff bietet sich trotz prinzipieller methodisch-terminologischer Bedenken um so mehr an, als ja die Begleitumstände so überraschende Parallelen zur heutigen Zeit erkennen lassen.

Damen im Theater

Daß Pantomimen auf Frauen eine ungeheure Faszination ausübten, schildern antike Quellen überaus anschaulich.

Die satirisch-böse Charakterisierung des Verhaltens der Zuschauerinnen bei besonders gekonnten pantomimischen Liebesszenen durch Juvenal («Tuccia wird inkontinent, eine Frau aus Apulien stößt ekstatische Schreie aus wie in der Umarmung eines Mannes»... und Thymele, die erfahrene Dirne, schaut aufmerksam zu, um von dem Pantomimen zu lernen[85]) ist bereits erwähnt worden: Der von Tacitus gegeißelte *histrionalis favor*[86], die Hingegebenheit gegenüber den Schauspielern, hatte auch die Frauen in Rom (und nicht nur dort) ergriffen.

Ein geradezu klassisches Beispiel für einen solchen *favor* einer Frau gegenüber dem Pantomimenspiel bietet das «Hobby» der Ummidia Quadratilla, einer reichen Dame aus bestem Hause, die um 110 n. Chr. im Alter von fast achtzig Jahren starb. Ihre Leidenschaft war es, Pantomimen zuzuschauen, und da sie die erforderlichen finanziellen Mittel besaß, hielt sie sich ihr eigenes Schauspielerensemble. Langeweile hatte die alte Dame nie, konnte sie sich doch jederzeit etwas vorspielen lassen. «Sie hätschelte die Pantomimen übertriebener, als es sich für eine Dame von Stand schickt», tadelt Plinius die Zuneigung der Ummidia zu ihren Schauspielern. Aber immerhin: Sie praktizierte sozusagen Jugendschutz, denn immer wenn sie den Darbietungen ihrer Pantomimen zuschaute, befahl sie ihrem – zur Zeit ihres Todes 24-jährigen – Enkel, wegzugehen und sich seinen Büchern zuzuwenden.[87]

Die Liebhaberei der alten Dame war freilich ganz harmlos im Vergleich mit den erotischen Beziehungen, die manch eine Frau gerade aus der sozialen Oberschicht mit den berühmtesten Bühnenkünstlern unterhielt. Affären dieser Art erschütterten mehrmals das Kaiserhaus, und darüber haben die Historiker teilweise sehr detailliert berichtet. Verhältnisse in weniger prominenten Kreisen ließen den Klatsch nicht so aufblühen, waren aber keineswegs eine Ausnahme.

Der schöne Mnester – schillernde Hauptgestalt der Chronique scandaleuse der römischen Theatergeschichte

Ein besonders skandalumwitterter Pantomime war der schöne Mnester, mit dem Caligula ein homosexuelles Verhältnis hatte. Der Kaiser machte gar keinen Hehl aus dieser Liebschaft, sondern küßte den Schauspieler öffentlich während der Vorstellungen. Solange Mnester tanzte, mußte äußerste Stille im Theater herrschen; wer auch immer das geringste Geräusch verursachte, wurde vom Kaiser eigenhändig geohrfeigt.[88]

Mnester selbst hielt allerdings offenbar mehr von den Frauen. Die Beziehung zu Caligula hinderte ihn nicht, hinter dessen Rücken mit weiblichen Mitgliedern der römischen Hocharistokratie sexuelle Kontakte zu pflegen. Die «schönste Frau von Rom» (Tacitus), Poppaea Sabina, eine verheiratete Dame, verliebt sich in den gefeierten Schauspieler. Sie trifft sich mit ihm in einem von Mitwissern zur Verfügung gestellten Hause zu nächtlichen Rendezvous.[89] Die Sache kommt heraus, Claudius, der neue Kaiser, nimmt Anstoß und läßt die heimlichen Helfer des ungleichen Liebespaares hinrichten.

Mnester selbst geht ohne Schaden aus der Affäre hervor. Aber schon bahnt sich der nächste Skandal an. Der Pantomime geht eine neue Liaison ein – und das ausgerechnet mit Messalina, der Frau des Kaisers. Eine Reihe von Indizien spricht dafür, daß Mnester diese Beziehung nicht von sich aus gesucht hat, sondern von der intriganten, zielstrebigen Kaiserin mehr oder weniger dazu gezwungen worden ist.

Das alles geschieht nicht bloß in den verschwiegenen Zimmern des Kaiserpalastes auf dem Palatin. Die Sache ist vielmehr in aller Munde, ganz Rom weiß von den Eskapaden der Messalina. Der Kaiser selbst sieht zunächst darüber hinweg. Natürlich ist auch ihm die Affäre zu Ohren gekommen, wenngleich sich nach der Aussage des Historikers Dio zumindest von den regelmäßigen Theaterbesuchern niemand bereit gefunden hat, Claudius offiziell von der Liebesbeziehung zwischen dem Schauspieler und seiner Gattin Mitteilung zu machen. Viele haben Angst vor der einflußreichen Messalina, die trotz ihrer Ausschweifungen einen beherrschenden Einfluß auf den Kaiser ausübt; die meisten aber wollen Mnester, ihr Idol, decken: «Wie er der Messalina wegen seiner Schönheit gefiel», so erklärt Dio dieses Verhalten der Römer, «so gefiel er dem Volke wegen seiner schauspielerischen Fähigkeiten».[90]

Was als Romanze begonnen hat, endet in einem Blutbad. Mnester ist nicht der einzige Liebhaber Messalinas, er ist nur einer unter vielen. Und Claudius ist schließlich nicht mehr willens, über all das hinwegzusehen, zumal seine Frau zu allem Überfluß noch hinter seinem Rükken intrigiert. In den Jahren 46 und 47 läßt Claudius alle Männer hinrichten, die ein Verhältnis mit Messalina gehabt haben. Als einer der letzten muß auch Mnester sterben, obwohl er den Kopf aus der Schlinge zu ziehen versucht, indem er beteuert, Messalina habe ihn zum Ehebruch verführt. Der Kaiser selbst neigt zunächst zur Milde, gibt dann aber den Einflüsterungen seiner mächtigen Freigelassenen nach und läßt auch an dem berühmten Pantomimen die Todesstrafe vollziehen.[91] Nur kurze Zeit später fällt auch Messalina einer Intrige zum Opfer und folgt ihrem ehemaligen Geliebten in den Tod.

Publikumsliebling Paris

Ein weiteres Blatt in der Chronique scandaleuse der Geschichte des Pantomimus im kaiserzeitlichen Rom hat ein Schauspieler namens Paris geschrieben. Er lebte zur Zeit Domitians und ist nicht mit dem gleichnamigen Pantomimen zu verwechseln, den Nero im Jahre 67 als unerwünschten Konkurrenten und «ge-

Abb. 169 a–c Paris-Urteil; unteritalische Vasendarstellung aus dem 4. Jh. v. Chr.

fährlichen Gegner» des *Künstlers* Nero hatte umbringen lassen.[92]

Der «zweite» Paris hatte allerdings eines mit seinem früheren Kollegen gemeinsam: Auch er wurde ermordet – und zwar ebenfalls von einem Kaiser. Aber aus einem anderen Grund: Dieser Paris hatte nämlich den verhängnisvollen Fehler begangen, sich mit Domitia, der Kaiserin, einzulassen (Abb. 168).[93] Zur Strafe wurde er auf Befehl Domitians auf offener Straße umgebracht (um 83 n. Chr.).

Unmittelbar darauf geschah etwas, das beim Tode eines prominenten Publikumslieblings auch in unseren Tagen ganz ähnlich geschehen könnte (und des öfteren auch geschehen ist): Anhänger und Bewunderer des Paris legten Blumen auf der Stelle nieder und streuten dort Wohlgerüche aus, wo der Pantomime sterbend zusammengebrochen war – eine symbolische Geste der Verehrung, die der wütende Domitian nur dadurch zu beenden wußte, daß er alle, die bei diesem Akt der Huldigung an den toten Schauspieler ergriffen wurden, hinrichten zu lassen drohte.[94]

Diesen spontanen Ausdruck der Trauer und Betroffenheit über die brutale Ermordung des gefeierten Pantomimen seiner Zeit konnte Domitian noch rasch unterdrücken. Seine Macht reichte indes nicht aus, um zu verhindern, daß sich eine Eloge bis heute erhalten hat, die der Dichter Martial in Form einer Grabinschrift auf den großen Schauspieler verfaßt hat:

«Wer auch immer du auf der Flaminischen Straße gehst, Wanderer,
geh nicht an diesem vornehmen Marmorbau vorbei.
Die Wonne Roms, der Witz des Nils (= Alexandriens),
Kunst und Anmut, Spiel und Freude,
Zierde und Schmerz des römischen Theaters
und alle Liebesgöttinnen und Liebesgötter
sind in diesem Grabe mit Paris zusammen bestattet.»[95]

Mit größerer Gelassenheit als Domitian ertrug der Kaiser Marc Aurel die Seitensprünge seiner Frau Faustina. Er war an Kummer gewöhnt. Die Dame trieb es bisweilen mit Gladiatoren und Matrosen. Da war es angesichts der Beliebtheit von Schauspielern als außereheliche Liebhaber nur folgerichtig, wenn sie sich von Zeit zu Zeit auch mit Pantomimen einließ.[96]

Die Verhältnisse zwischen Frauen der kaiserlichen Familie und Pantomimen waren Stadtgespräch in Rom. Wenn sie, von der delikaten sittengeschichtlichen Seite abgesehen, etwas aussagen, dann dies: Die Bühnenstars der römischen Kaiserzeit waren nicht zuletzt deshalb so umworben und stießen deshalb auf so große Resonanz bei den Frauen, weil das Theater ein anerkannter und äußerst beliebter Bestandteil des Unterhaltungsprogramms jener Jahrhunderte war.

Manche vornehme Dame der Oberschicht mag gerade wegen ihrer hohen gesellschaftlichen Stellung auf Schauspieler anziehend gewirkt haben und konnte deshalb eher mit der Erfüllung ihrer geheimen Wünsche rechnen – oder sie bisweilen auch erkaufen.

Anderen Frauen blieb der Zugang zur Welt der Bühnenstars verschlossen. Sie konnten nur insgeheim von einem derartigen Rendezvous träumen oder sich aus Kummer über die unerwiderte Liebe schlaflos im Bett umherwälzen wie jene Gemahlin des Iustus, deren «Krankheit» der Arzt erst richtig erkannte, als er den Namen des berühmten Tänzers Pylades erwähnte und anhand des erhöhten Pulsschlages, des Erbleichens der Frau und der Veränderung ihres Blickes die Ursache für das «Leiden» seiner Patientin diagnostizierte.[97]

Paris-Urteil: Beschreibung eines Pantomimus

Leider haben sich aus dem Altertum weder Libretti erhalten, die den Ablauf einer Pantomimendarbietung veranschaulichen könnten, noch ausführliche Beschreibungen solcher Vorführungen – bis auf eine Ausnahme: In seinem «Eselsroman» hat der im 2. Jahrhundert n. Chr. lebende Schriftsteller Apuleius eine anschauliche Schilderung eines Schauspiels gegeben, das neben der pantomimischen Darstellung auch Elemente des Balletts aufweist. Es handelt sich um den berühmten mythologischen Stoff des Paris-Urteils, bei dem dem schönen Hirten im Schönheitswettbewerb zwischen Athena, Hera und Aphrodite die Entscheidung darüber zufällt, welcher Göttin er den goldenen Apfel als Siegespreis überreichen will (Abb. 169).

Die farbige, gerade in ihren Details sehr anschauliche Beschreibung dieses Pantomimus soll hier in voller Länge wiedergegeben werden, weil sie auch den ungeheuren Aufwand und Prunk zeigt, der viele Bühnenstücke in der Kaiserzeit auszeichnete:

«Jungen und Mädchen in blühend frischem Alter, schöngestaltet und hübsch gekleidet, fingen mit graziösen Schritten ein griechisches Ballett an: In bestimmten Anordnungen zeigten sie einen Wirbel reizender Tanzfiguren, bald zum kreisenden Rad geschwenkt, bald zur schrägen Kette verschränkt, dann im Keil zum offenen Viereck formiert, dann halb und halb auseinandergruppiert. Kaum aber hatte das Schlußsignal einer Trompete das Auf und Ab und Hin und Her und vielverschlungene Rundherum beendet, schließt man den Vorhang, zieht die Draperien ein und richtet die Bühne her.

Ein Berg stand da, aus Holz, ein Abbild des berühmten Berges, den der Dichter Homer als Idagebirge besungen hat, von großen Könnern errichtet, bepflanzt mit Gebüsch und lebenden Bäumen. Seinem Gipfel oben entströmte durch eine künstliche Vorrichtung eine Quelle und ließ Flußwasser herabrinnen. Ein paar Ziegen rupften Grünzeug, und wie Paris, der phrygische Hirt, schön kostümiert – exotische Gewänder flossen ihm von den Schultern, und eine goldene Mütze bedeckte seinen Kopf – mimte ein junger Mann den Hüter der Tiere. Dann ist da ein entzückender Knabe, nackt bis auf das die linke Schulter bedeckende Ephebenmäntelchen, in herrlicher blonder Lockenpracht, und aus seinen Haaren ragten zwei goldene Flügelchen in

Abb. 170 Kameo mit Paris-Urteil: Der Hirt Paris sitzt auf einem Felsblock zwischen Ziege und Kind; ihm gegenüber Venus, Iuno und Minerva. Im Hintergrund weist der Götterbote Merkur auf Venus als Siegerin; 1. Jh. n. Chr.

symmetrischer Anordnung heraus; der Heroldsstab kennzeichnete ihn als Merkur. Der tritt in schnellem Tanzschritt auf, einen mit Blattgold überzogenen Apfel in der Rechten, den er dem Darsteller des Paris zeigt. Dabei deutet er ihm den Auftrag Jupiters durch Gesten an, zieht sich schnell und gewandt zurück und entschwindet den Blicken.

Auf ihn folgt ein Mädchen mit hoheitsvoller Miene, wie die Göttin Juno anzuschauen; denn das Haupt umgab ein strahlendes Diadem, und ein Szepter trug sie auch.

Dann stürmte noch eine herein, die man für Minerva halten konnte: Ihr Haupt war mit einem funkelnden Helm bedeckt, und der Helm wiederum mit einem Kranz aus Ölzweigen. Sie hob den Schild und schwang die Lanze und sah so aus wie die Göttin auf dem Schlachtfeld.

Zu diesen trat noch eine auf, ein überwältigend prächtiger Anblick: In der Anmut ihres ambrosischen Teints stellte sie die Venus dar, so wie Venus war, als sie noch Jungfrau war. Ihr nackter, unverhüllter Körper ließ vollendete Schönheit sehen, nur daß sie mit einem zarten Seidenschal die Scham beschattete, die aber sichtbar blieb. Ein bißchen neugierig, hob der Wind bald freundlicherweise das Tuch neckisch an, so daß es zur Seite wich und die knospende Jugend sehen ließ; bald drückte er es spielerisch mit seinem Hauch hin, so daß es sich eng anschmiegte und die Konturen der verführerischen Glieder andeutete. Aber die Farben an der Göttin ließen gleich einen Gegensatz sehen: der Körper blendend weiß, weil sie vom Himmel herabsteigt, der Umhang blau, weil sie vom Meer heraufsteigt.

Nun trat neben die einzelnen Jungfrauen, die die Göttinnen spielten, ihre Garde, und zwar neben Juno Castor und Pollux, ovale Helme mit Sternspitzen als Kopfbedeckung tragend. Auch dieses Brüderpaar waren Knaben aus der Schauspielertruppe. Das betreffende Mädchen kommt zu den Melodien einer jonischen Flöte nach vorn und verspricht mit ruhigen, ungezierten Gesten und hoheitsvollen Gebärden dem Hirten, wenn er ihr den Preis der Schönheit zuspreche, werde sie ihm die Herrschaft über ganz Asien geben.

Doch die andere, welche der Waffenschmuck zu Minerva gemacht hatte, wurde von zwei Knaben als waffentragenden Begleitern der Kriegsgöttin eskortiert, Schrecken und Furcht. Sie tanz-

Abb. 171 Theater in Sabratha, Nordafrika.

ten mit blanken Schwertern. Hinten aber spielte ein Flötenspieler eine dorische Kriegsmelodie, mischte dumpfe Baßtöne mit hellem trompetenartigem Geschmetter und brachte dadurch einen schwungvollen und lebhaften Reigen in Gang. Mit unruhigem Haupt und drohend dreinblickenden Augen suchte sie dem Paris durch bündige Fuchtelbewegungen energisch klarzumachen, wenn er ihr den Schönheitspreis zuerkenne, würde er dank ihrer Hilfe ein Held mit glänzenden Kriegsauszeichnungen werden.

Schau! Da steht Venus unter lautem Beifall des Theaters mitten auf der Bühne hold lächelnd in lieblicher Haltung da. Um sie wimmelt ein Schwarm fröhlicher Jungen. Diese rundlichen, milchzarten Buben, hätte man sagen mögen, seien richtige Amoretten und gerade eben vom Himmel oder aus dem Meere hergeflogen: Mit ihren niedlichen Flügeln und putzigen Pfeilen und sonstigem Aufzug paßten sie wunderbar dazu, und als ginge sie zu einem Hochzeitsessen, leuchteten sie ihrer Herrin mit flakkernden Fackeln voran. Und nun strömten reizende Scharen unverheirateter junger Mädchen herein, hier als anmutige Grazien, da als wunderschöne Horen. Sie warfen Blumenkränze und lose Blüten, um ihre Göttin zu feiern, hatten einen kunstvollen Reigen formiert und umschmeichelten die Herrin aller Lust mit dem Frühlingsschmuck.

Flöten lassen jetzt aus all ihren Löchern den süßen Schall lydischer Weisen erklingen. Während diese die Herzen der Zuschauer in Entzücken setzten, begann, weit entzückender noch, Venus sich anmutig zu bewegen. Mit zögernd verhaltenem Schritt und leicht wiegender Taille und leise nickendem Haupt schritt sie dahin, ging auf die weichen Flötenklänge mit sanften Bewegungen ein und ließ ihre bald mild geschlossenen, bald scharf drohenden Augen sprechen, ja tanzte mitunter nur mit Blicken. Als sie in den Gesichtskreis des Schiedsrichters kam, schien sie durch ein Schwingen der Arme zu verheißen, falls sie den anderen Göttinnen vorgezogen würde, werde sie Paris eine Frau geben von wunderschöner Gestalt und ihr Ebenbild. Da reichte der junge Phryger seinen goldenen Apfel von Herzen gern dem Mädchen gleichsam als Ja für ihren Sieg.

Als das Paris-Urteil zu Ende ist, gehen Juno und Minerva traurig und wie im Zorn von der Bühne, wobei sie ihren Unmut über die Zurückweisung durch Gesten zu verstehen geben. Aber Venus, jubelnd und heiter, äußert ihre Freude durch einen Tanz mit dem Ensemble.

Dann springt ganz oben auf der Spitze des Berges durch eine versteckte Röhre eine Safranlösung in Wein empor, fällt zerstäubt nieder und beträufelt die ringsum weidenden Ziegen mit einem Parfümregen, bis sie vorteilhaft gesprenkelt ihr natürliches Weiß mit einer gelben Farbe vertauscht haben. Und als das ganze Theaterrund köstlich duftete, ließ eine Bodenversenkung den hölzernen Berg verschwinden.»[90]

Schau-Lust

Hier wird deutlich, *was* die Faszination des Pantomimenspiels in den Augen der Zuschauer ausgemacht hat: Die Schau-Lust des Publikums wurde durch Aufführungen dieser Art vollauf befriedigt. Und eben dieses Bedürfnis nach «Augenweiden» war ja typisch für die Menschen der römischen Kaiserzeit – eine starke Fixierung auf den Sehsinn, die im übrigen in einer Kultur, in der das Medium Fernsehen die Freizeit beherrscht, nachvollziehbar sein sollte.

Wenn sich diese Befriedigung der Schaulust zum Teil noch durch freizügige oder erotisch stimulierende Anblicke und Szenen vollzog, so war das in der Tat eine äußerst attraktive Mischung, die menschlichen Schwächen nur allzu bereitwillig entgegenkam. Die Kirchenväter wußten sehr genau, warum sie gegen das Schauspiel so heftig polemisierten – heftiger und entschiedener oftmals als gegen die Schlächtereien des Amphitheaters.

Der Pantomimus hatte zudem noch einen weiteren unschätzbaren Vorteil, der ihn zu einer Massenunterhaltung geradezu prädestinierte: Er war für jeden verständlich – zumindest dann, wenn er gut und ausdrucksvoll dargestellt wurde. Viele Stücke der klassischen Bühne waren in griechischer Sprache geschrieben; nicht anders auch noch viele Libretti der Pantomime selbst. Die Schauspieler stammten überwiegend aus der östlichen, griechisch sprechenden Reichshälfte. Sprachliche Verständigungsschwierigkeiten entfielen aber von vornherein, weil sich die von den Akteuren ausgesandten «Nachrichten» auf Gebärden und Gesten beschränkten (daß die Zuschauer vielfach die griechisch gesungenen *cantica* des Chores nicht verstanden, spielte keine große Rolle, da es bei ihnen eh nicht auf den Inhalt, sondern auf die Melodie und Musikbegleitung ankam). Der Verzicht auf Worte erlaubte es, eine und dieselbe Pantomime in allen

Abb. 172 Theater in Arausio (Orange), Südfrankreich.

Teilen des Reiches aufzuführen (Abb. 171, 172). Auch in entlegenen Provinzen, wo manch einer Lateinisch oder Griechisch mehr radebrechte als fließend sprach, wurde der Pantomimus ohne weiteres «verstanden».

Der Pantomime als Übersetzer

Die «völkerverbindende» Eigenschaft des Pantomimus illustriert eine Anekdote aus der Zeit Neros. Ein «barbarischer» Prinz aus dem Schwarzmeergebiet sah sich anläßlich eines Rom-Besuches zusammen mit dem Kaiser eine Pantomimenaufführung an. Sein Griechisch reichte zwar nicht aus, um die Chorlieder zu verstehen, an den Bewegungen des Schauspielers aber konnte er dem Inhalt des Stückes bequem folgen. Kurz vor seiner Rückreise in seine Heimat bot ihm Nero ein Abschiedsgeschenk – frei nach seiner Wahl – an. Der fremde Besucher wünschte sich den Pantomimendarsteller und erklärte dem erstaunten Nero: «Ich habe als Nachbarn Stämme, die nicht die gleiche Sprache sprechen wie ich, und es ist nicht leicht, immer Dolmetscher für das Gespräch mit ihnen zur Verfügung zu haben. Wenn ich einen Übersetzer brauche, wird dieser Schauspieler alles, was ich sagen will, durch seine Gebärdensprache ausdrücken.»[99]

Zweifellos hat diese nicht auf Sprache angewiesene Kommunikationsform als außerordentliches Plus für dieses Genre der Bühnenkunst gegolten.

Von gutem und schlechtem Geschmack

Das Erfolgsgeheimnis des Pantomimus lag schließlich noch in der musikalischen Ausgestaltung des Spiels. Will man den (antiken und modernen) Kritikern dieser Art von Begleitmusik Glauben schenken, so bestand schon damals ein ähnlicher Streit um den guten musikalischen Geschmack, wie er heutzutage bisweilen in einer die leicht ins Ohr gehenden Melodien bewußt diskriminierenden Unterscheidung in U- und E-Musik zum Ausdruck kommt. Das abfällige Urteil Friedländers spricht Bände:

«Diese Musik stand nicht höher als die gewöhnlichen Texte; sie war voller Geschmetter und Getriller, weichlich, würdelos und unzüchtig, nur auf gemeinen Ohrenkitzel berechnet, so daß ernstere Kunstfreunde glaubten, den Verfall der Musik überhaupt von der Herrschaft des Pantomimus auf der Bühne herleiten zu müssen» (Abb. 173).[100]

In diesem – auf Formulierungen antiker Autoren fußenden – Satz über die Musik des Pantomimus schwingt deutlich die Verachtung mit, die der moderne Forscher für die gesamte Bühnenkunst der römischen Kaiserzeit empfin-

Abb. 173 Flötenspiel als Begleitmusik des Pantomimus: Grabstein des zwergenwüchsigen Flötenspielers Myropnous.

Abb. 174 Daedalus und Icarus; Wandmalerei aus Pompeji, 1. Jh. n. Chr.

det. Friedländer macht keinen Hehl aus seiner negativen Beurteilung des kaiserzeitlichen Theaterwesens: «Neben den gewaltigen Aufregungen, die Zirkus und Arena boten, konnte die Bühne ihre Anziehungskraft für die Massen nur durch unedle Mittel behaupten, durch rohe Belustigung und raffinierten Sinnenkitzel.» Und dann folgt, unmittelbar anschließend, ein vernichtendes Verdikt: «So hat sie, anstatt dem verderblichen Einfluß jener anderen Schauspiele die Waage zu halten, zur Korruption und Verwilderung Roms nicht am wenigsten beigetragen.»[101]

Stimmt dieses Urteil?

Blickt man sich im einschlägigen modernen Schrifttum um, so wird man die Frage ohne weiteres bejahen müssen. Da ist allenthalben von der «Dekadenz» des römischen Theaters die Rede, da wird der «Niveauverlust» der Bühnenstücke beklagt und eine «Verrohung» der Zuschauer konstatiert, die sittlich und moralisch durch die Schauspiele, Mimus und Pantomimus gleichermaßen, «korrumpiert» worden seien.

Für alle diese Behauptungen lassen sich eindeutige Belege anführen. Daß Zoten und Obszönitäten ein Charakteristikum des Lustspiels gewesen sind, läßt sich schlechterdings nicht bestreiten; ebensowenig die Seichtheit und Banalität, die Rührseligkeit und Derbheit der meisten Mimen. Und natürlich gelten ähnliche Feststellungen für den Pantomimus. Das Spiel mit der Laszivität, nur unzureichend bekleidete oder völlig nackte Darsteller und Darstellerinnen, die «eindeutige» Szenen tanzten: auch das gehörte zum Pantomimus, mögen auch die – wie es scheint: nicht ohne Grund – übel beleumundeten weiblichen Pantomimen erst im 2. und 3. Jahrhundert n. Chr. mehr und mehr die Bühne erobert haben.

Und ganz gewiß wurden viele «schwarze» Stücke gezeigt, in denen Mord und Totschlag, Vergewaltigung und Raserei triumphierten; desgleichen hatten schlüpfrige Schauspiele mit Sexszenen großen Zulauf. Aber es waren doch Ausnahmen, in denen ein perverser Realismus dazu führte, daß ein Stier das hölzerne Standbild einer Kuh besprang, in dem eine Pasiphaë aus Fleisch und Blut eingeschlossen gewesen sein soll (Abb. 175), oder daß die Sage vom mißglückten Flug des Ikarus in der Weise nachgestellt wurde, daß der den Titelhelden verkörpernde Pantomime tatsächlich abstürzte und die Zuschauer mit seinem Blute bespritzte (Abb. 174).[102]

Plädoyer zugunsten des Pantomimus

Dergleichen *kam* vor, und es soll weder verschwiegen noch verharmlost werden. Ein Gebot wissenschaftlicher Redlichkeit ist es aber auch, nicht den falschen Eindruck zu erwecken, als seien solche spektakulären und menschenverachtenden Geschmacklosigkeiten repräsentativ für die Bühnenkunst der Kaiserzeit gewesen.

Unbestreitbar ist die Entwicklung der dramatischen Kunst seit dem 1. Jahrhundert v. Chr. qualitativ eindeutig negativ verlaufen. Die Verflachung und Tendenz zur Boulevardkomödie bzw. zur «Boulevard-Tragödie» sind unverkennbar. Die Verdrängung des klassischen Lust- und Trauerspiels durch die neuen Gattungen ist, so gesehen, ein bedauernswerter

Wendepunkt in der Geschichte des Theaterspiels im Altertum (Abb. 176).

Unangebracht ist jedoch eine Schwarzweißmalerei, die das Alte unterschiedslos als gut und das Neue als das auf jeden Fall Schlechte einstuft. In den Stücken des «klassischen» Theaters kommen deftige Zoten vor, von Schimpfwörtern aus der Gossensprache wimmelt es zuweilen geradezu darin – man lese dazu die Komödien des Aristophanes. Vieles, was vornehm unter der Bezeichnung «derbe Volkskunst» rangiert, nimmt auch in den Stücken des Plautus einen nicht geringen Platz ein, und rührselige Stücke mit nicht sehr einfallsreichem Handlungsverlauf und einer schon recht starken Typisierung bestimmter Charaktere stellen für die «Neue Komödie» eines Menander oder Terenz absolut nichts Ungewöhnliches dar. Und schließlich sind die Tragödien*stoffe* auch nicht erst eine Erfindung der römischen Kaiserzeit gewesen.

Im Hinblick auf die Themen und Inhalte unterscheidet sich also die Theaterproduktion der Kaiserzeit keineswegs so fundamental von der früherer Zeiten, als noch die Klassiker auf den Spielplänen standen. Die entscheidende Veränderung liegt im dramatischen Aufbau, in der dichterischen Gestaltung und Aussage der Stücke. Was zuvor auch zur Rubrik «literarisches Kunstprodukt» gehört hatte, was man mit Anteilnahme, Erschütterung oder Vergnügen auch hatte *lesen* können, das verkümmerte nun zum reinen *Schau*-Spiel, in dem das Wort völlig hinter die Aktion zurücktrat. Pathetisch ausgedrückt: Das Drama, das ursprünglich die innere *und* die äußere Welt des Zuschauers hatte erfassen wollen, gab sich nunmehr damit zufrieden, den äußeren Menschen – seinen Seh- und Hörsinn – zufriedenzustellen, ohne gleichzeitig auch den Intellekt zu beschäftigen.

Wenn es das Ideal des klassischen Dichters war, nach der berühmten Formulierung des Horaz, dem Zuschauer *nicht nur* zu «nützen» *(prodesse)* oder ihn *nicht nur* zu «erfreuen» *(delectare)*, sondern «gleichzeitig sowohl Angenehmes als auch für das Leben Brauchbares zu sagen»[103], dann war dieser moralische Anspruch beim Mimus und beim Pantomimus aufgegeben worden und das *delectare* zum alleinigen Sinn des Theaterspiels avanciert.

Es wäre absurd, den dadurch bedingten Verlust an geistiger Substanz, poetischer Aussagekraft und künstlerischer Form bestreiten zu wollen. Der beste Beweis für diesen Niedergang ist ja die Tatsache, daß die Lustspiele des neuen Typs und die Libretti der Pantomime literarisch *nicht* rezipiert worden sind.

Abb. 175 Bühne und Wandmalerei nahmen die klassischen griechischen Mythenstoffe in ihr Repertoire auf: Daedalus führt der kretischen Königin Pasiphaë die hölzerne Kuh vor, die er für sie angefertigt hat; im Vordergrund wohl sein Sohn Icarus; pompejanisches Fresko, um 70 n. Chr.

Ein Zufall der Überlieferung? Dieser Einwand ist natürlich nicht völlig widerlegbar. Aber es ist doch schon auffällig, daß gerade aus dem Bereich des Pantomimus mehr Namen von Schauspielern überliefert sind als von Dichtern. Vom künstlerischen Standpunkt aus gesehen, wurde es also kaum für «lohnend» erachtet, die Libretti der Nachwelt zu überliefern.

Anders dagegen die Leistungen der Darsteller! Was die besten Pantomimen auf der Bühne boten, war nicht nur Tagesgespräch, sondern bildete noch nach Jahren und Jahrzehnten Gesprächsstoff. Ihr Name war unsterblich; ihre Art der Interpretation fand unzählige Nachfolger, führte regelrecht zu Schulbildungen.[104] Der Pantomimus entwickelte sich also in der Kaiserzeit zu einer eigenständigen Kunstgattung. Und das heißt: Die Verbannung der klassischen Dramen von den römischen Bühnen bedeutete nicht nur den Untergang einer alten Kunstform, sondern auch den Aufstieg einer neuen – eine Tatsache, die allzuoft übersehen wird, wenn pauschal von der «Dekadenz» des Theaters in der Kaiserzeit die Rede ist.

Inwieweit die neue Kunstform einen wirklichen Ersatz darstellte, steht hier nicht zur Debatte. Wichtig ist jedoch festzuhalten, daß zumindest jedes zu undifferenzierte Verdammungsurteil vor allem über den Pantomimus den eben erwähnten wichtigen Gesichtspunkt übersieht.

Massenunterhaltung: Qualitätsverlust plus «Demokratisierung»

Ein weiterer Aspekt, der nicht der «Entschuldigung», wohl aber der Erklärung dienen soll: Theater war in der römischen Kaiserzeit eine *Massen*unterhaltung. Es gab keine Bevölkerungsschicht, die im Zuschauerraum der großen Theater nicht vertreten gewesen wäre. Das soziale Spektrum der Theaterbesucher reichte vom Sklaven bis zum Senator. Kein Hauch von Exklusivität, keine

Abb. 176 Komödien- und Tragödienszenen als Wanddekoration; pompejanische Wandmalerei aus dem 1. Jh. n. Chr.

Aura des Elitären! Theaterspiel war für alle da, richtete sich an alle, wurde von allen verstanden. Es war, um einen modischen Begriff zu gebrauchen, «Theater zum Anfassen».

Diese bewußte Ausrichtung des Theaterspiels als Unterhaltung für weiteste Kreise der Bevölkerung führte zwangsläufig zur Verflachung. Als kleinster gemeinsamer Nenner für eine derartige Konzeption rangierte im Zweifelsfall Amüsement vor Bildung, derber Witz vor feinsinniger Ironie, spektakuläre Aktion vor intellektueller Reflexion.

Ob die ungemeine Gunst, der sich das Theater in der römischen Kaiserzeit bei der ganzen Bevölkerung erfreute, mit einem so eindeutigen Qualitätsverlust, mit solch konsequenter Anpassung an den Massengeschmack erkauft werden sollte, ist eine Frage, über die sich lange streiten läßt. Jeder wird wohl diese Öffnung der Bühnenkunst, gewissermaßen ihre «Demokratisierung», begrüßen; manch einer wird allerdings den dafür gezahlten Preis für viel zu hoch erachten.

Theater – Lichtblick im Unterhaltungswesen

Als Warnung vor einer vom Standpunkt des gebildeten, anspruchsvollen Theaterbesuchers unserer Zeit aus allzu selbstverständlichen (negativen) Antwort auf die Frage, ob die Attraktivität des Bühnenspiels den Mangel an Qualität aufwiegen könne, mag vielleicht ein Blick auf die vielen pompejanischen Wandmalereien dienen, in denen Theaterszenen dargestellt sind (Abb. 176, 177). Die zahlreichen Gemälde – daneben auch einige Mosaiken – mit Motiven aus tragischen und komischen Stücken in den Häusern der kampanischen Landstadt beweisen die Theaterbegeisterung der Pompejaner und lassen erkennen, welche Bedeutung das Theater für die Bewohner selbst einer Kleinstadt im Römischen Reich gehabt hat und wie sehr das Theater in den Alltag der Bürger hineinreichte – und das unabhängig von der umstrittenen Frage, ob nun diese Szenen auf den Wänden der Villen und Häuser auf traditionelle Motive aus der «klassischen» Zeit des Theaters zurückgehen oder ob sie ein Spiegel zeitgenössischer Aufführungspraxis aus den ersten Jahrzehnten des 1. Jahrhunderts n. Chr. sind.[105]

Ist es wirklich nur eine vordergründige, zu stark vereinfachende Behauptung, wenn man feststellt, es sei immer noch besser, wenn die Zuschauer ins Theater als ins Amphitheater oder in den Circus gegangen seien?

Gewiß, das war für die Menschen damals keine echte Alternative. Wer heute eine szenische Aufführung besuchte, der konnte morgen voll Begeisterung den blutigen Gladiatoren-«Spielen» der Arena zuschauen und übermorgen die Fahrer «seiner» Farbe beim Wagenrennen fanatisch anfeuern. Insofern wäre es gänzlich verfehlt, zwischen «guten» Römern, die ins Theater gingen, und «schlechten» Römern, die das Amphitheater frequentierten, zu unterscheiden. Eine derartige Trennungslinie existierte nicht.

Ebensowenig ist zu bestreiten, daß die Attraktivität von *munera, venationes* und Circusdarbietungen größer war als die der Bühnenkunst, jedenfalls in den Augen der meisten Römer. Gleichwohl bildet das Theater doch einen deutlichen Kontrapunkt zu den anderen Massenunterhaltungen; es ist bei allem, was sich an Kritik gegen diese Art der Bühnendarbietungen sagen läßt, ein Lichtblick im Unterhaltungsprogramm jener Zeit. Und diese Feststellung gilt vielleicht nicht nur in relativer Hinsicht, sondern möglicherweise auch absolut im Sinne einer allgemein anzuerkennenden kulturellen Leistung, deren die Kaiserzeit trotz und neben all dem Bedenklichen und Abscheulichen in puncto Massenunterhaltung fähig gewesen ist.

Abb. 177 Iphigenie auf Tauris: ein klassischer Theaterstoff als Wandmalerei; Pompeji, 1. Jh. n. Chr.

Elvis, «Dallas» und das römische Theaterwesen

Aber das mag Ansichtssache sein. Ob freilich unsere Zeit sich zum Richter über die von modernen Autoren immer wieder beklagte «Dekadenz» des Theaterwesens im Römischen Reich aufwerfen darf, das darf denn doch nachdrücklich bezweifelt werden.

Das Kopfschütteln über die Seichtheit und Inhaltslosigkeit der Pantomimenlieder wirkt etwas merkwürdig, wenn gleichzeitig aus dem Radiolautsprecher Schlager dröhnen, deren hirnrissiger Text vielleicht – wer weiß – manches vom Chor gesungene *canticum* noch als philosophischen Traktat erscheinen läßt. Nicht minder überheblich wirkt die Kritik an den «lasziven», «verweichlichenden» oder schlicht «albernen» Bewegungen der Pantomimendarsteller in einer Zivilisation, die in Elvis Presley ein Idol von Millionen hervorgebracht hat und die allabendlich via Television kleinere und größere Stars des Schlagerhimmels in die Haushalte schickt, gegen deren Gezappel und affektiertes Gehabe selbst die Gestik von Pantomimen der vierten Wahl als vollendete Ballettkunst gelten muß.

Was soll die Entrüstung über die Beliebtheit von Actionszenen und spektakulären Einlagen in den römischen Bühnenstücken, wenn in Hollywood und anderswo Dutzende von Stuntmen einen hochbezahlten Spezialistenjob ausüben und Verfolgungsjagden nach wie vor zu den Höhepunkten zahlloser Filme gehören? Im Zeitalter der Katastrophenfilme und Pornostreifen über die heute wie damals publikumswirksame Mischung aus *sex and crime* im römischen Theater zu jammern erscheint wenig gerecht gegenüber einer anderen Kultur.

Und die immer wieder gleichen Intrigen, Abgeschmacktheiten und Obszönitäten des Mimus zu verurteilen verrät desgleichen einen gehörigen Mangel an Augenmaß und Fähigkeit zur Selbstkritik, wenn man weiß, daß Fernsehanstalten in aller Welt niveaulose, aber ungeheuer erfolgreiche Fortsetzungsserien wie «Dallas» und «Denver», die nun wirklich nach dem gleichen Muster gestrickt sind wie der «publikumskorrumpierende» römische Mimus, dem geneigten Zuschauer über Wochen, Monate und Jahre hin servieren.

Um Mißverständnisse zu vermeiden: Es geht hier nicht um Kulturkritik oder eine Anklage gegen den Publikumsgeschmack des 20. Jahrhunderts – beabsichtigt ist lediglich, die Maßstäbe zurechtzurücken und die Kultur der römischen Kaiserzeit vor einer selbstgerechten Kritik in Schutz zu nehmen, die an Verlogenheit grenzt. Das zugegebenermaßen wenige, was die Massenunterhaltung in Rom an Erfreulichem oder besser nicht ganz so Unerfreulichem aufzuweisen hat, sollte nicht noch von weltfremder oder überheblich-beckmesserischer Kritik aus heutiger Sicht in Frage gestellt werden.

Manchmal scheint es so, als hätten die Kirchenväter, die mit ihren noch so fulminanten und polemischen Anklagen gegen das Theaterwesen ihrer Zeit in der Praxis wenig ausrichten konnten, zumindest dadurch noch einen späten Erfolg errungen, daß eine dazu am allerwenigsten berufene Nachwelt ihr Verdammungsurteil über die szenischen Darbietungen der Kaiserzeit so ungeprüft und kritiklos übernimmt.

Diese Einwände gegen eine allzu undifferenzierte Schwarzmalerei beim Thema Theaterwesen der römischen Kaiserzeit schienen auch deshalb geboten, weil die Bühnenvorführungen innerhalb des Unterhaltungsspektrums durchaus keine Quantité négligeable waren.

Im Gegenteil. Als Bestandteil der «öffentlichen Spiele» *(ludi publici)* waren die szenischen Darbietungen *(ludi scaenici)* fest im römischen Veranstaltungskalender verankert, und zwar, was die Anzahl der entsprechenden Feiertage an-

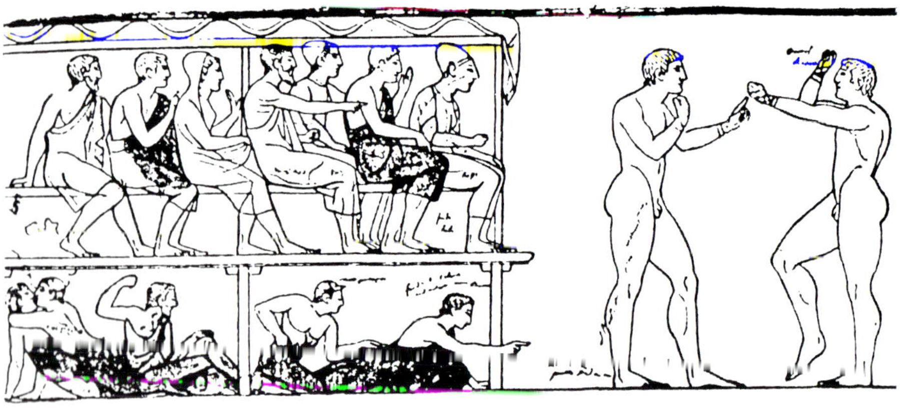

Abb. 178 Einfache Zuschauertribünen; etruskische Grabmalerei aus der Tomba delle Bighe, Tarquinia, frühes 5. Jh. v. Chr.

Abb. 179 Rekonstruktion des Marcellus-Theaters.

Abb. 180 Heutiger Zustand des Marcellus-Theaters, das im Mittelalter zu einer Festung umgebaut wurde.

geht, bei weitem fester als Wagenrennen oder gar Gladiatorenkämpfe.

Theater im frühen Rom

Erstmals hatten die Römer im Jahre 364 v. Chr. Gelegenheit gehabt, ein Bühnenschauspiel zu erleben. Diese Premiere wurde noch ganz von fremden Einflüssen bestimmt. Sogar die Schauspieler mußten aus dem Ausland – von den etruskischen Nachbarn – «importiert» werden (Abb. 178). Unmittelbarer Anlaß für die Stiftung von Theaterspielen war eine Seuche gewesen. Die Einführung des Schauspiels verstand man also als Opfergabe an die Götter, um deren Zorn zu besänftigen – eine gewisse Parallele zum Ursprung der Oberammergauer Passionsspiele, die ja auch auf ein Gelübde aus Pestzeiten zurückgehen, bietet sich an.

Einmal eingeführt, etablierte sich das Theaterspiel sehr schnell in Rom. Ein Epochenjahr war 240 v. Chr., als erstmals auch griechische Tragödien und Komödien, ins Lateinische übersetzt und mehr oder weniger auf die römischen Verhältnisse zugeschnitten, aufgeführt wurden. Seitdem unterschieden die Römer zwischen «Griechischen Spielen» *(ludi Graeci)*, gleichsam dem «klassischen» Theater, und «Römischen Spielen» *(ludi Romani)*, bei denen vor allem italische Volkspossen zum besten gegeben wurden, Vorläufer des unliterarischen Schauspiels der Kaiserzeit. (Auch das gilt es, nebenbei bemerkt, bei der Beurteilung der kaiserzeitlichen Bühnenkunst zu berücksichtigen: Mimen und Pantomimen sind keineswegs als völlig geschichtslose Gattungen aus dem Nichts entstanden, sondern setzten, wenn auch abgewandelt, eine alte Tradition fort.)

Bühnenaufführungen – absolute Mehrheit im Festkalender

Im Zuge der ständigen Erweiterung des Festkalenders gewann auch und gerade das Theater zunehmend an Boden. Zur Zeit des Augustus waren von den 77 regulären «Spieltagen» in Rom nicht weniger als 56 für szenische Aufführungen reserviert, also mehr als zwei Drittel.

Mit der geradezu inflatorischen Vermehrung der Festtage während der Kaiserzeit stieg auch die Zahl der Theatertage noch einmal kräftig an, allerdings nur absolut. Einen verhältnismäßig stärkeren Aufschwung nahmen vor allem die *ludi circenses*, daneben auch die Veranstaltungen im Amphitheater. Immer-

Abb. 181 Die *scaenae frons* des Theaters von Aspendos in Kleinasien.

Abb. 182 Rekonstruktion der luxuriös gestalteten *scaenae frons* des Theaters von Aspendos.

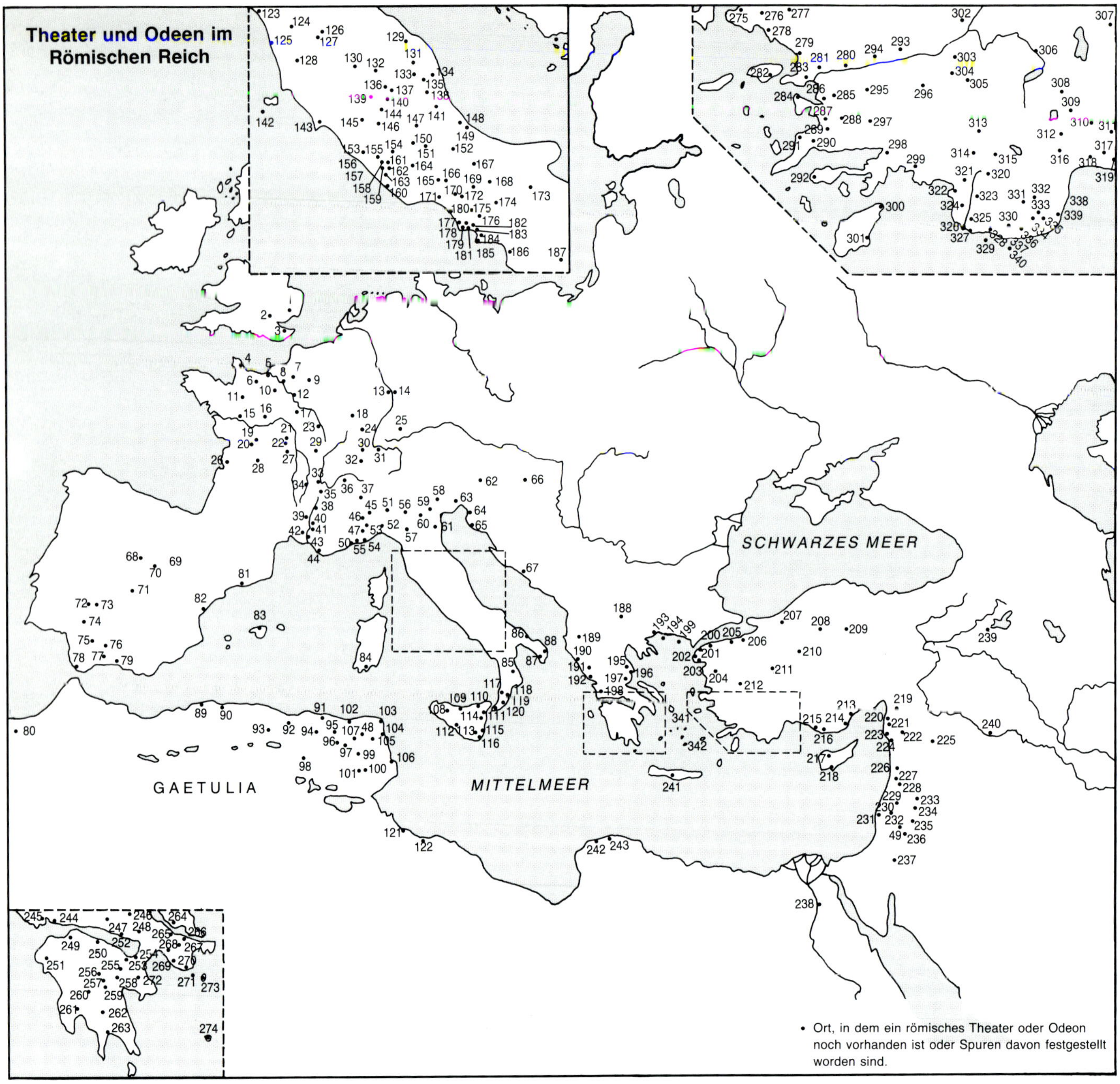

Abb. 183 Theater und Odeen im Römischen Reich:

1 Camulodunum
2 Verulamium
3 Durovernum
4 Alauna
5 Iuliobona
6 Aregenua
7 Caesaromagus
8 Andeleius
9 Noviodunum
10 Mediolanum
11 Noviodunum Diablintum
12 Lutetia
13 Mogontiacum
14 Nida
15 *Gennes*
16 *Araines*
17 Vellaunodunum
18 Grannus
19 *Sanxay*
20 *Civaux*
21 Avaricum
22 *Drévant*
23 Alesia
24 *Chenevrières*
25 Sumelocenna
26 Mediolanum Santonum
27 Aquae Neri
28 Augustoritum
29 Augustodunum
30 Epomanduodurum
31 Augusta Raurica
32 Aventicum
33 Lugdunum
34 Aquae Segetae
35 Vienna
36 Boutae
37 Augusta Praetoria
38 Valentia
39 Alba Helvorum
40 Vasio
41 Arausio
42 Nemausus
43 Arelate
44 Massilia
45 Eporedia
46 Augusta Taurinorum
47 Augusta Bagiennorum
48 Simitthu
49 Gerasa
50 Forum Iulii
51 Mediolanum
52 Libarna
53 Pollentia
54 Albintimilium
55 Antipolis
56 Brixia
57 Parma
58 Acelum
59 Vicetia
60 Verona
61 Adria
62 Virunum
63 Concordia
64 Tergeste
65 Pola
66 Savaria
67 Salonae
68 Clunia
69 Bilbilis
70 Arcobriga
71 Toletum
72 Emerita
73 Metellinum
74 Regina
75 Hispalis
76 Urso
77 Acinipo
78 Baelo
79 Malaca
80 Ad Mercurium
81 Tarraco
82 Saguntum
83 Pollentia
84 Nora
85 *Castiglione di Paludi*
86 Metapontum
87 Rudiae (?)
88 Lupiae
89 Caesarea
90 Tipasa
91 Rusicade
92 Cuicul
93 Sitifis
94 Cirta
95 Calama
96 Thubursicum
97 Madaura
98 Thamugadi
99 Althiburus
100 Sufetula
101 Cillium
102 Hippo Regius
103 Hippo Diarrhytus
104 Karthago
105 Thugga
106 Leptis Minor
107 Civitas Popthensis
108 Segesta
109 Solus
110 Tyndaris
111 Tauromenium
112 Heraclea Minoa
113 Acrae
114 Catana
115 Syrakus
116 Helorus
117 Vibo Valencia
118 Gioiosa Ionica
119 Locri Epizephyrii
120 Rhegium
121 Sabratha
122 Leptis Magna
123 Luna
124 Luca
125 Pisa
126 Faesulae
127 Florentia
128 Volaterrae
129 Ostra
130 Arretium
131 Ricina
132 Iguvium
133 Urbs Salvia
134 Firmum
135 Falerio
136 Asisium
137 Hispellum
138 Asculum
139 Tuder
140 Spoletium
141 Interamnia
142 Planasia
143 Cosa (?)
144 Carsulae
145 Ferentum
146 Ocriculum
147 Amiternum
148 Teate
149 Anxanum
150 Nersae
151 Alba Fucens
152 Iuvanum
153 Caere
154 Tibur
155 ROM
156 Portus
157 Ostia
158 Bovillae
159 Albanum
160 Antium
161 Tusculum
162 Nemi
163 Lanuvium
164 Ferentinum
165 Aquinum
166 Casinum
167 Bovianum
168 Saepinum
169 Allifae
170 Teanum
171 Minturnae
172 Cales
173 Herdonia
174 Beneventum
175 Capua
176 Suessula
177 Liternum
178 Misenum

179 Bauli
180 Baiae
181 Pausilypum
182 Neapolis
183 Herculaneum
184 Pompeji
185 Surrentum
186 Paestum (?)
187 Grumentum
188 Stobi
189 Byllis
190 Buthrotum
191 Dodona
192 Nicopolis
193 Philippi
194 Thasus
195 Larisa
196 Demetrias
197 Thebae
198 Stratus
199 Samothrace
200 Parium
201 Ilium
202 Alexandria Troas
203 Assus
204 Pergamon
205 Cyzicus
206 Myrlea
207 Prusias
208 Ancyra
209 Tavium
210 Pessinus
211 Aezani
212 Sardes
213 Elaeusa
214 Seleucia
215 Selinus
216 Anemurium
217 Soli
218 Curium
219 Cyrrhus
220 Antiochia
221 Daphne
222 Apamea
223 Laodicea
224 Gabala
225 Palmyra
226 Heliopolis
227 Damascus
228 *Sahr*
229 Emmatha
230 Gadara
231 Dora
232 Scythopolis
233 Philippopolis
234 Canatha
235 Bostra
236 Philadelphia
237 Petra
238 Antinoe
239 Tigranocerta
240 Dura-Europos
241 Gortyna
242 Ptolemais
243 Cyrene
244 Nea Pleuron
245 Oeniadae
246 Chaeronea
247 Delphi
248 Thespiae
249 Patrae
250 Aegira
251 Elis
252 Sicyon
253 Korinth
254 Isthmus
255 Mycenae
256 Orchomenus
257 Mantinea
258 Argos
259 Tegea
260 Megalopolis
261 Messene
262 Sparta
263 Gythium
264 Eretria
265 Oropus
266 Rhamnus
267 Icaria
268 Athen
269 Piraeus
270 Aexone
271 Thoricus
272 Epidaurus
273 Iulis
274 Melos
275 Erythrae
276 Clazomenae
277 Smyrna
278 Teos
279 Ephesus
280 Tralles
281 Magnesia
282 Samos
283 Priene
284 Milet
285 Euromus
286 Heraclea
287 Iasus
288 Mylasa
289 Bargylia
290 Halicarnassus
291 Cos
292 Cnidus
293 Mastaura
294 Nysa
295 Alabanda
296 Aphrodisias
297 Stratonicea
298 Cedreae
299 Caunus
300 Rhodos
301 Lindus
302 Blaundus
303 Hierapolis
304 Laodicea
305 Colossae
306 Apamea
307 Antiochia
308 Sagalassus
309 Cremna
310 Pednelissus
311 Selge
312 Cretopolis
313 Cibyra
314 Bubon
315 Balbura
316 Termessus
317 Sylleum
318 Perge
319 Aspendus
320 Oenoanda
321 Cadyanda
322 Telmessus
323 Tlos
324 Pinara
325 Xanthus
326 Letoon
327 Patara
328 Antiphellus
329 Megiste Insula
330 Cyaneae
331 Arycanda
332 Edebessus
333 Rhodiopolis
334 Limyra
335 Corydalla
336 Myra
337 Aperiae
338 Phaselis
339 Olympus
340 Dolichiste Insula
341 Delos
342 Thera

hin wurde an noch 102 von insgesamt 176 Festtagen in der Mitte des 4. Jahrhunderts Theater gespielt. 64 waren dem Circus, zehn der Arena vorbehalten. Die Quote an der Gesamtsumme aller *ludi* war damit von rund 72 Prozent auf etwa 59 Prozent zurückgegangen – ein Indiz für die zunehmende Beliebtheit der anderen Formen der Massenunterhaltung, aber doch alles andere als ein Beweis für eine demonstrative Abwendung der Zuschauer vom Theater!

Diese Zahlen beziehen sich allerdings nur auf den *regulären* Festkalender. Sie berücksichtigen die vielen außerordentlichen *spectacula* nicht, die, mit in die Rechnung einbezogen, die Bilanz zugunsten der Gladiatorenkämpfe, Tierhetzen und Wagenrennen verändern. Aber selbst dann behauptet die Bühne im Hinblick auf die Zahl der ihr zugestandenen Veranstaltungen unangefochten und mit weitem Abstand vor der «nächstplazierten» Unterhaltungssparte ihren ersten Rang.

Aufwendig – und dennoch preiswert

Das hängt vor allem mit dem relativ geringen Aufwand zusammen, den die Bühnendarbietungen verlangten. Gegenüber einem langen Renntag im Circus oder im Vergleich mit den ungeheuren Summen, die die Ausrichtung von Tierhetzen und Gladiatorenkämpfen verschlang, waren die Kosten für einen Schauspieltag erträglich, ja in den Augen des Ausrichters ausgesprochen wohltuend niedrig. Die ohnehin so aufgeblähte Unterhaltungs-«Orgie» der römischen Kaiserzeit wäre in diesem Ausmaße einfach nicht finanzierbar gewesen, hätten sich nicht die vielen Theatertage, auf die Gesamtsumme bezogen, mäßigend ausgewirkt.

Gleichwohl waren die szenischen Aufführungen keineswegs ausgesprochen «billig». Auch die *ludi scaenici* rissen tiefe Löcher in die Staatskasse und die Privatschatullen der ausrichtenden Beamten. Lediglich *im Vergleich* mit den anderen Formen der Massenunterhaltung schnitten sie bedeutend günstiger ab. Diese *relativ* niedrigen Kosten sagen weniger etwas über scheinbare Sparbemühungen bei der Veranstaltung von Theateraufführungen aus, sie werfen vielmehr ein grelles Schlaglicht auf jene astronomischen Summen, die im Amphitheater und im Circus verschleudert wurden.

Keine Rede davon, daß szenische Aufführungen sozusagen die Magerkost in der breiten Palette der Freizeitvergnügen gewesen wären! Völlig undenkbar, den von Prunk und Luxus verwöhnten römischen Zuschauern eine Art Spar-Theater zuzumuten – und zwar um so weniger, als die Bühnenkunst ja unter ständigem Konkurrenzdruck stand und sich die ohnehin geringere Publikumsgunst nicht noch durch den Verzicht auf einen repräsentativen Rahmen verscherzen durfte.

«Trutzburg der Schändlichkeit»: Roms erstes steinernes Theater

Ein würdiger Rahmen für die Theateraufführungen war notwendig, und er wurde dann auch nach und nach geschaffen. Der erste Schritt dahin war der Bau eines ersten steinernen Theaters in Rom. Pompejus ließ das nach ihm benannte Theater im Jahre 55 v. Chr. inmitten eines größeren Komplexes, der auch ein Heiligtum der Venus umfaßte, errichten.

Es war ein riesiger Bau, der da in der Nähe des Tiberufers entstand: eine Länge von 180 und eine Breite von 135 Metern, Sitzplätze für mindestens 30000, nach einer Angabe aus dem Altertum sogar 40000 Zuschauer, mit angrenzenden gedeckten Säulenhallen, unter denen die Besucher bei Regen Schutz finden konnten[106], und weiteren baulichen und rein dekorativen Ornamenten. In den folgenden Jahrzehnten immer wieder verschönert bzw. nach zwei Brandkatastrophen jeweils noch prächtiger ausgestattet, konnte das Pompejus-Theater als eindrucksvolles architektonisches Meisterwerk gelten, in das Nero gern hochgestellte Besucher aus «barbarischen» Ländern einlud, um sie nachhaltig zu beeindrucken.[107]

Eingeweiht wurde das neue Theater durch sportliche und musikalische Wettkämpfe und, um das Ganze noch «würdiger» in Szene zu setzen, mit – Tierhetzen im Circus, bei denen fünfhundert Löwen getötet wurden und, damals noch ein Bonbon für das Publikum, vierzehn Elefanten gegen Gladiatoren in schwerer Rüstung kämpften.[108]

Mit dieser in römischen Augen äußerst glanzvollen, gelungenen Einweihungsfeier hatten die Römer ihr erstes festes Theater bekommen, auf das man allgemein sehr stolz war.[109] In christlicher Interpretation wurde das «verdammte und verdammungswürdige Bauwerk» dann genauso folgerichtig als «Trutzburg aller Schändlichkeiten» verurteilt.[110]

Einiges von dem einst so prachtvollen Bau ist auch heute noch zu sehen; vor allem spiegelt sich der ehemalige innere Bogen des Theaters noch in der baulichen Anordnung der Häuser an der

Abb. 184 «Erfinder» von Publikums-Bewirtungen: Kaiser Caligula; Sesterz, um 40/41 n. Chr.

Abb. 185 Rückseite des Sesterz: Caligula bei einer Ansprache *(adlocutio)* vor seinen Soldaten.

Abb. 186 Masthalterungen für Sonnensegel *(vela)* am Theater von Aspendos.

Piazza di Grotta Pinta wider; Teile des äußeren Halbrunds sind an der *Via del Biscione* und der *Piazza Pollarola* zu erkennen.

Noch heute zu sehen: Das Marcellus-Theater

Ungleich besser erhalten ist jedoch das zweite steinerne Theater Roms, dessen Bau von Caesar begonnen und von Augustus zu Ende geführt wurde. Es erhielt seinen Namen von Marcellus, dem früh verstorbenen Neffen des Kaisers, der eigentlich sein Nachfolger hatte werden sollen. Der vergleichsweise gute Erhaltungszustand des Marcellus-Theaters hängt mit seiner Geschichte im Mittelalter zusammen, als es jahrhundertelang – ähnlich wie das Colosseum oder auch das Grabmal der Caecilia Metella an der Via Appia – römischen Adelsfamilien als Festung diente (Abb. 180).

Touristen können den durch seine mächtigen Arkaden sofort in den Blick fallenden Bau nicht verpassen, wenn sie vom Capitol *(Piazza Venezia)* in Richtung Tiberinsel und Circus Maximus gehen.

Es war ein ehrgeiziges Projekt, das Caesar da angefangen und das sein Adoptivsohn fortgeführt hatte, mitten in einem dicht besiedelten Viertel ein riesiges Theater zu errichten. Häuser mußten abgerissen, Tempel versetzt und Boden enteignet werden: Kosten, von denen Augustus sich rühmt, sie aus eigener Tasche bestritten zu haben.[111]

Und es entstand dann um 17 v. Chr. auch ein ansehnliches Bauwerk, wie einige Daten zeigen: drei Stockwerke, eine Höhe von über 32 Metern, Durchmesser des Zuschauerraums ca. 130 Meter, Kapazität bis zu 20 500 Plätzen (Abb. 179). Es war damit zwar kleiner als das Pompejus-Theater, bot aber immerhin rund dreimal soviel Zuschauern Platz wie die (allerdings überdachte) Radio City Music Hall in New York, der größte Theatersaal unserer Zeit.

Erst einige Jahre nach seiner Fertigstellung wurde das Marcellus-Theater 13 oder 11 v. Chr. eingeweiht; mit großartigen Vorführungen natürlich, wobei als besondere Attraktion erstmals in Rom ein zahmer Tiger im Käfig zur Schau gestellt wurde.[112] Die Eröffnungsfeierlichkeiten im Theater selbst wurden allerdings durch einen kleinen Zwischenfall überschattet: Der Amtssessel, auf dem Augustus Platz genommen hatte, brach zusammen, und der Kaiser fiel nach hinten zu Boden, ohne sich jedoch zu verletzen.[113]

In den nächsten Jahrzehnten und Jahrhunderten erwarb sich dann auch das Marcellus-Theater einen Namen als Ort «guter» Bühnenunterhaltung. In das Rampenlicht besonderer öffentlicher Aufmerksamkeit rückte es kurze Zeit unter der Regierung Vespasians. Der Kaiser hatte das von Feuer zerstörte Theater wiederherstellen lassen und weihte es mit aufwendigen szenischen und musikalischen Darbietungen ein, bei denen er einen Tragöden großzügig mit 400 000, zwei Kitharaspielerinnen mit je 200 000 und einige andere Künstler jeweils mit 100 000 Sesterzen belohnte. Damals ging kein Darsteller leer aus: 40 000 Sesterze und dazu ein goldener Kranz waren das Minimum, das im Namen Vespasians überreicht wurde[114] – eine Information, die das Thema Aufwand im Theaterbereich anschaulich illustriert.

Zuschauerkapazität: 72 000

Wahrscheinlich noch bevor das Marcellus-Theater seiner Bestimmung übergeben wurde, war ein drittes Theater auf dem südlichen Marsfeld fertiggestellt worden. L. Cornelius Balbus, ein vermögender Mann, von Augustus mit wichtigen politischen Missionen betraut, war einer an alle in Frage kommenden Männer gerichteten Aufforderung des Augustus nachgekommen, «mit ihren Mitteln die Stadt durch neue Monumente zu verschönern».[115] Sein Beitrag zum «Verschönerungsprogramm»: ein «kleines», «nur» maximal 11 500 Plätze umfassendes Theater. Reste dieses *theatrum Balbi* sind in den *Palazzo Mattei Paganica* an der gleichnamigen *Piazza* eingebaut. Die ganz in der Nähe liegende *Via delle Botteghe Oscure* («Straße der dunklen Läden») verdankt ihren Namen der Tatsache, daß sich im Mittelalter in den einstigen Arkadenbögen des Balbus-Theaters bzw. einer angrenzenden Säulenhalle, der *crypta Balbi*, Verkaufsläden befunden haben.

Den Angaben der antiken Regionalverzeichnisse zufolge verfügten die drei Theater Roms demnach über eine Zuschauerkapazität von 72 000 Plätzen – zumindest dann, wenn die Besucher ganz eng zusammenrückten. Aber selbst wenn sie ganz gemütlich saßen und jedermann Ellbogenfreiheit hatte, konnten noch über 50 000 Römer zugleich an Bühnenaufführungen teilnehmen. Die Zahl allein zeigt schon, daß niemand ans Sparen dachte, wenn es um den Bau, Wiederaufbau oder die Renovierung der Theater und um die nicht geringen laufenden Betriebskosten ging (Abb. 183).

Abb. 187 Relief mit Komödienszene; Nationalmuseum Neapel.

Stätten des Prunkes

Gespart wurde ebensowenig an der Ausstattung und Ausschmückung der Theater. Das reichte von teuren Baumaterialien wie Travertin und Marmor zur Verkleidung der Außenfassaden bis zur luxuriösen Gestaltung der Innenräume, mit der die besten Künstler betraut wurden. Besonders reich geschmückt war die sogenannte *scaenae frons*, die große, dem Zuschauerraum gegenüberliegende Mauer, die sich hinter der Bühne erhob. Sie war durch Säulen, Statuen, Gemälde, Stuckarbeiten und dergleichen reich dekoriert (Abb. 181, 182).

In seinem Lehrbuch «Über die Architektur» beschreibt der römische Baumeister Vitruv drei Arten der Dekoration des Bühnenhauses. Da das Werk noch aus der frühen Augusteischen Zeit stammt, orientiert sich der Verfasser noch weitgehend am «klassischen» Drama. Gleichwohl lohnt es sich, seine anschauliche Schilderung zu zitieren, weil sie einen gewissen Eindruck von jener Ausschmückung vermittelt, die schon in republikanischer Zeit für das Theater (nicht nur in Rom!) selbstverständlich war:

«Es gibt drei Arten von Dekorationen. Die eine wird die tragische genannt, die zweite die komische, die dritte die satyrische. Ihr Schmuck unterscheidet sich voneinander deutlich. Die tragischen Dekorationen werden durch Säulen, Giebel, Statuen und die übrigen Gegenstände, die zu einem Königspalast gehören, gebildet. Die komische Dekoration bietet den Anblick von Privathäusern, Erkern und durch Fenster gegliederten Vorsprüngen. Die satyrische Dekoration wird mit Bäumen, Grotten, Bergen und anderen Gegenständen ausgeschmückt, wie man sie in der Landschaft antrifft, nach Art eines gemalten Landschaftsbildes.»[116]

Mit den Prunkfassaden der Kaiserzeit hielten die von Vitruv beschriebenen Kulissenmalereien allerdings keinen Vergleich aus. Welche Dimensionen der Ausstattungsluxus in der Kaiserzeit erreichte, läßt sich unschwer aus der Nachricht erahnen, daß bereits im Jahre 58 v. Chr. M. Aemilius Scaurus ein dreistöckiges Bühnenhaus mit 360 Säulen aus Marmor, Glas und vergoldetem Holz hatte schmücken lassen, und zwar – das war die eigentliche Sensation – in einem *hölzernen* Theater, das nach kurzer Zeit wieder abgerissen wurde![117]

Unter diesen Umständen wurde auch größtmöglicher Komfort für das Theaterpublikum angestrebt. Die Größe der Theaterbauten schloß eine hölzerne Dachkonstruktion aus. Gleichwohl brauchten die Zuschauer nicht unter übermäßiger Hitze zu leiden: Die Teile des Zuschauerraums, die jeweils von direkter Sonneneinstrahlung betroffen waren, wurden durch riesige Zeltplanen *(vela)* abgedeckt, als Schutz gegen Regen waren sie allerdings kaum geeignet (Abb. 186).[118]

Zum selbstverständlichen «Service» gehörte es auch, Wohlgerüche im Theater zu verbreiten. Vor allem war das Besprengen der Bühne mit einer Safranessenz üblich – ein Brauch, der allerdings zur Zeit des Augustus noch nicht sehr alt war und damals offensichtlich noch als luxuriöses Element empfunden wurde.[119]

Erfrischungen und Appetithäppchen – der Kaiser bewirtet seine Theatergäste

Im Laufe der Zeit kam es immer mehr in Mode, daß sich der Festgeber auch um das leibliche Wohl seiner «Gäste» kümmerte. In den Pausen wurden Appetithäppchen oder auch ganze Mahle gereicht, kleine Erfrischungen oder auch alter Wein.

Caligula war der erste Kaiser, der solche Bewirtungen und andere Leckerbissen ziemlich regelmäßig spendiert zu haben scheint. Seiner diesbezüglichen Freigebigkeit widmet Sueton jedenfalls ein halbes Kapitel seiner Biographie, worin er als besondere Spezialität Caligulas nächtliche Theatervorstellungen erwähnt, die so prachtvoll illuminiert waren, daß «die ganze Stadt mit Fackeln erleuchtet war». Auch mit der Verteilung von Körben mit Lebensmitteln machte sich der Kaiser im Theater Freunde (Abb. 184, 185).

Und das nicht nur bei den Minderbemittelten! Sueton überliefert eine aufschlußreiche Anekdote: «Einem römischen Ritter, der Caligula während einer kostenlosen Theaterbewirtung gegenüber saß, schmeckte es außerordentlich gut. Das gefiel dem Kaiser, und er ließ dem Manne mit dem großen Appetit zusätzlich sein eigenes Essen bringen …»[120]

Eine Anekdote, gewiß, doch zugleich ein Indiz für die Sympathiewerbung, die der Kaiser (oder der spielgebende Magistrat) in jeder nur denkbaren Weise beim Publikum betrieb.

Eine weitere, recht ausführliche Beschreibung eines Gratisessens, das während eines Schauspiels unter allen Zuschauern verteilt wurde, stammt aus der Feder des Dichters Statius. Er berichtet, wie Domitian junge, reich geschmückte Diener durch die Ränge eilen und herrliche Mahlzeiten in Körben verteilen ließ. Selbst für weiße Tischtücher und kostbare Weine war gesorgt: «An *einem* Tisch schmaust jeder Stand, Junge, Frauen, einfache Leute, Ritter und Senatoren.»[121] Ein fast bewegendes Bild einer großen harmonischen Tischgemeinschaft, das freilich um so geschmackloser wirkt, als diese heitere Szenerie in schärfstem Kontrast zum Programm des Tages stand: Das Ganze spielte sich diesmal nicht im Theater, sondern in der Arena ab, und Statius merkt bedauernd an, daß die Zuschauer wegen des ungewohnten Luxus die auf dem Sandboden des Amphitheaters tobenden blutigen Kämpfe der Gladiatoren gar nicht recht hätten verfolgen können.[122]

Ebensogut könnte diese Schilderung aber auch auf das Geschehen im Zuschauerraum eines Theaters zutreffen. Den beliebten Darbietungen hervorragender Bühnenkünstler zuzuschauen und gleichzeitig den Luxus eines überaus publikumsfreundlichen Service in einer prunkvollen Atmosphäre genießen zu können: das war das Geheimnis des Erfolges, den das Theater in der Kaiserzeit als Massenunterhaltung hatte.

Die Thermen

Baden als Lebensqualität

Balnea vina Venus
corrumpunt corpora nostra,
set vitam faciunt
b(alnea) v(ina) V(enus)[1]
«Die Bäder, die Weine, die Liebe:
Sie ruinieren unsere Körper,
aber sie machen das Leben aus:
die Bäder, die Weine, die Liebe.»

Die Lebens-«Philosophie» eines Römers aus der Kaiserzeit; prägnant formuliert und sauber in die dichterische Form eines elegischen Distichons gegossen; ein hübscher und als Grabinschrift (!) recht origineller Spruch (Abb. 188). Aber natürlich ohne echte philosophische Aussage, ohne gedanklichen Tiefgang, eines unter Dutzenden ähnlicher Bekenntnisepigramme, die sich auf römischen Grabmonumenten erhalten haben (und von daher natürlich auch nicht ganz so originell, wie es angesichts heutiger «Nur Arbeit war dein Leben...»-Ergüsse auf Todesanzeigen den Anschein haben könnte).

Und doch, ein wichtiges kulturgeschichtliches Dokument, so rasch es dahingeworfen sein mag. Daß die «Bäder» *(balnea)* an erster Stelle stehen, mag auf metrische Gründe zurückgehen; daß sie *überhaupt* in diesem Zusammenhang auftauchen, ist das eigentlich Interessante, ist gewiß mehr als ein purer Zufall. Wenn Bäder in einem Atemzug mit Liebe und Wein genannt werden (und damit sozusagen die Musik im modernen Güterdreigestirn von «Wein, Weib und Gesang» ersetzen), dann muß das zunächst Erstaunen wecken. Baden als Inbegriff von Lebensfreude auf einer Stufe mit Alkoholkonsum und sexuellem Genuß: Darauf dürfte heutzutage so schnell niemand verfallen!

Es bleibt natürlich die Frage, ob wir es mit dem manchmal bekanntlich sehr extrem ausgeprägten persönlichen Wertekanon eines Einzelgängers zu tun haben oder ob die beiden Verse einer weitverbreiteten allgemeinen Einstellung Ausdruck verleihen.

Der Philologe wird auf die bewußt sentenzenhafte, geradezu gnomische Gültigkeit beanspruchende Formulierung verweisen und darin einen Beweis für die Richtigkeit der zweiten Vermutung erblicken.

Daneben gibt es jedoch noch ein anderes Verfahren, um eine Antwort auf unsere Frage zu erhalten: den Vergleich mit der Wirklichkeit, dem Alltagsleben, soweit es sich für den Bereich der Bäder rekonstruieren läßt.

Um das Ergebnis gleich vorwegzunehmen: Es *war* tatsächlich so: Baden hat im Leben des Durchschnittsrömers der Kaiserzeit eine große Rolle gespielt, und das Badewesen gehörte im kaiserzeitlichen Rom zu jenen Vergnügen und Zerstreuungen des kleinen Mannes (und nicht nur des *kleinen*!), die ihm Lebensfreude verschafften und die ihn, von anderer Warte aus beurteilt, von der Beteiligung an der politischen Gestaltung oder den Gedanken an eine solche Teilhabe ablenkten und ablenken sollten.

Zunächst eine bloße Behauptung, ein «Ergebnis» ohne Argumente! Nun zu den Fakten!

Hygiene im frühen Rom – mangelhaft

Chronologisch betrachtet scheinen die Fakten unsere These allerdings nicht zu stützen. Ganz im Gegenteil: Hätte man einem Römer der republikanischen Zeit, etwa aus dem 2. Jahrhundert v. Chr., vorausgesagt, seine Urenkel und Ururenkel würden dereinst die Freuden eines umfangreichen, äußerst intensiven Badelebens genießen, so hätte er sicher ungläubig den Kopf geschüttelt. Baden – das empfand er allenfalls als etwas Notwendiges, eher noch als notwendiges Übel; und entsprechend selten unterzog er sich dieser lästigen Prozedur!

Arme und Beine, nun gut, die wusch er sich jeden Morgen;[2] dazu vielleicht auch noch das Gesicht. Ein Vollbad aber stand nur alle neun Tage auf dem Terminkalender, und das galt nicht nur für den Normalbürger, sondern selbst für reiche und prominente Römer wie Scipio.[3] Wenn da ein Fachschriftsteller in seinem Buch über die Landwirtschaft den Grundbesitzern den Rat gibt, sie sollten zwar für ihre Sklaven Bäder bauen, doch sie «nur an Feiertagen baden lassen, da das häufige Baden der physischen Kraft nicht förderlich ist»[4], dann braucht das wirklich nicht zu verwundern.

D · M
TI · CLAVDI · SECVNDI
HIC · SECVM · HABET · OMNIA
BALNEA · VINA · VENVS
CORRVMPVNT · CORPORA
NOSTRA · SET · VITAM · FACIVNT
B · V · V
KARO · CONTVBERNAL
FEC · MEROPE · CAES
ET · SIBI · ET · SVIS · P · E

Abb. 188 Bekenntnis zu «Bädern, Weinen und Liebe»: Faksimile der Grabinschrift des Tiberius Claudius Secundus (CIL VI 15 258).

Wundern wird sich allerdings auch niemand über die eher zurückhaltende Neigung der frühen Römer zum Vollbad, wenn er die wenig einladenden Umstände kennt, die mit einem gründlichen Waschen verbunden waren. Das Waschhaus lag bei den großen Privathäusern neben der Küche[5], war ungemütlich und kühl, das Wasser selbst ziemlich trübe, ja, «wenn es etwas stärker regnete, beinahe schlammig».[6]

Und das waren wohlgemerkt schon die vergleichsweise komfortablen Hygieneeinrichtungen in den Häusern der Wohlhabenden. Jene, die in einer Mietskaserne im Zentrum der Hauptstadt lebten, konnten von solch «luxuriösen» Badezimmern nur träumen; sie hatten nicht einmal einen direkten Wasseranschluß in ihrer Wohnung.

Abb. 189 Eintrittsmarke für das Bad *(balineum)* eines gewissen Germanus.

Für sie gab es nur eine Möglichkeit, ein ebenso erfrischendes wie reinigendes Vollbad zu nehmen: in die Fluten des Tibers zu tauchen, wie es die Jugend vor allem nach den schweißtreibenden Übungen auf dem Marsfeld denn auch gern tat.[7] Sicher, die Vorstellung, im Tiber zu baden, mußte damals so schauderhaft nicht sein, wie sie heute angesichts der Brühe anmutet, die sich da durch das inzwischen kanalisierte Flußbett wälzt. Aber es war doch ein sehr begrenztes Vergnügen, das sich da den Bewohnern Roms bot: Im Winter verzichtete man sicher gern darauf, und auch für ältere Leute war das Baden und Schwimmen im Tiber nicht die reine Freude (in den Quellen ist deshalb auch immer ausdrücklich nur von der *Jugend* in diesem Zusammenhang die Rede).

Badestuben – eine zündende Idee

Um diesem Mißstand, mit dem die Römer freilich jahrhundertelang gelebt hatten, abzuhelfen, traten erstmals im 2. Jahrhundert v. Chr. geschäftstüchtige Unternehmer auf den Plan. Sie bauten öffentliche Bäder *(balnea, balneae)*, verpachteten sie für eine Festsumme und ließen auf diese Weise ihr Kapital für sich arbeiten. Die Pächter wiederum erhoben von den Benutzern der Badestuben ein Eintrittsgeld *(balneaticum)*, mit dem sie ihre Unkosten bestritten und ihren eigenen Lebensunterhalt verdienten (Abb. 189).

Es zeigte sich sehr rasch, daß die Bäder ein blendendes Geschäft waren. Der Andrang von seiten der bisher wenig verwöhnten Römer war so groß, daß ein niedriger Eintrittspreis durchaus noch guten Gewinn abwarf. Und so brauchten männliche Badegäste durchschnittlich nicht mehr als einen *quadrans*, den vierten Teil eines Asses, zu entrichten. Kinder badeten umsonst, für Frauen war das *balneaticum* etwas höher.[8] In heutige Kaufkraft umgerechnet, waren das Pfennig- oder allenfalls Groschenbeträge, die Pächter der Badestuben da verlangten.

Wahrscheinlich hat gerade dieses von Anfang an recht niedrige Eintrittsgeld die Popularität des Badens entscheidend gefördert. Einmal eingeführt, nahm die Zahl der kommerziellen Bäder rasch zu: Im Jahre 33 v. Chr. gab es in Rom nicht weniger als 170 *balnea*, einige Jahrzehnte später spricht Plinius schon von einer «unendlichen Zahl» solcher Badestuben[9], und die Regionenverzeichnisse des 4. Jahrhunderts n. Chr. geben Ziffern knapp unter der Tausendergrenze an.[10]

Hier und da versteckten sich hinter dem Aushängeschild «Badestube» auch zweifelhafte Etablissements, die sich von gewöhnlichen Bordellen kaum unterschieden (und insofern manchen heutigen «Saunaclubs» vergleichbar sind). Doch waren das Ausnahmen. In den allermeisten Bädern ging es außerordentlich züchtig zu: Männer- und Frauenbäder lagen zwar aus heizungstechnischen Gründen unmittelbar nebeneinander, waren jedoch durch eine Mauer voneinander getrennt.[11] Wo ein derartiger baulicher Aufwand vermieden werden sollte, da wurden Männern und Frauen unterschiedliche Badezeiten zugewiesen, wobei die weiblichen Benutzer der Badestuben meist auf die weniger attraktiven Morgen- und Mittagsstunden «abgeschoben» wurden. In einem Bergbauort im heutigen Portugal *(metallum Vipascense)* durften Frauen vom Morgengrauen an bis zur 7. Stunde das *balneum* benutzen, ab der 8. Stunde stand die Badestube den Männern zur Verfügung (Abb. 191).[12]

Anstößiges Gemeinschaftsbad

Solch eine rigide Trennung wurde allerdings nicht überall eingehalten, und gerade in der Hauptstadt selbst lockerten sich noch in der späten Republik die entsprechenden Sitten. Wenn Ovid in seiner «Liebeskunst» auch die Bäder als verschwiegene Orte nennt, wo Liebenden «heimliches Tändeln» möglich sei, da der die ehrbare Frau begleitende Wächter im Vorraum auf die Kleidung der ihm Anvertrauten achtgebe und dadurch abgelenkt werde[13], dann spricht das für sich selbst.

Traditionsbewußte Römer konnten diese Aufweichung der Sitten nur mit Befremden und Kopfschütteln zur Kenntnis nehmen. In ihren Augen war es eine unerhörte Laszivität, wenn Männer und Frauen zusammen badeten, galt es doch lange Zeit sogar als unschicklich, wenn Väter und Söhne oder Schwiegerväter und Schwiegersöhne gemeinsam ins Bad gingen.[14] Und so mußte jede Frau, die sich über diese moralischen Bedenken hinwegsetzte, mit Kritik und anzüglichen Kommentaren rechnen. Auf ihren guten Ruf bedachte Frauen vermieden es denn auch, am anstößigen «Gemeinschaftsbaden» teilzunehmen[15] – oftmals zum Ärger ihrer Verehrer, die sie mitunter wie Martial zu provozieren versuchten, indem sie anfragten, ob die Dame denn irgendwelche körperlichen Mängel zu verbergen habe und deshalb nicht mit ins Bad kommen wolle...[16] Besonders heikel war das gemeinsame Baden von Frauen und Männern deshalb, weil man gewöhnlich nackt badete. Jene Badenixen auf dem berühmten Mosaik aus der römischen Villa von Piazza Armerina (Sizilien), die mit einer Art Bikini bekleidet sind, stellen offenbar Ausnahmen dar (weshalb sie teilweise auch als Athletinnen und nicht als Badende interpretiert werden [Abb. 190]). Wer ein Badehaus oder eine Thermenanlage aufsuchte, der ließ in der Regel alle Hüllen fallen. Männer, die im Bad eine lederne Badehose *(ulutu)* trugen, fielen offenbar auf und mußten sich spöttische Bemerkungen gefallen lassen.[17]

Es ist auffällig, daß die großen Thermen der Kaiserzeit im Unterschied zu Badeanlagen der republikanischen Zeit (etwa in Pompeji, wo es getrennte Frauen- und Männerabteilungen gab) eine derartige Unterteilung nicht kennen. Das scheint dafür zu sprechen, daß die Praxis des Gemeinschaftsbades immer üblicher geworden war – trotz aller Entrüstung von seiten notorischer Moralisten. Die Zahl der Frauen, die nicht bereit waren, zugunsten ihres Leumundes auf das Vergnügen eines Thermenbesuches zu verzichten, stieg im Laufe des 1. und 2. Jahrhunderts n. Chr. wohl kontinuierlich an und veranlaßte einige Kaiser, gleichsam die sittliche «Notbremse» zu ziehen. So verbot erstmals Hadrian das gemeinsame Baden von Männern und Frauen[18], und einige Jahrzehnte später schritt auch Marc Aurel dagegen ein. Die Erneuerung des von Hadrian erlassenen Verbots stand bezeichnenderweise im Zusammenhang mit seinem allgemeinen Vorsatz, den Auflösungserscheinungen in puncto Anstand verheirateter Frauen entgegenzuwirken.[19]

Viel Erfolg war auch dieser Kampagne nicht beschieden, zumal Kaiser Elagabal vierzig Jahre später den betreffenden Erlaß ausdrücklich aufhob – was der von seinem Nachfolger Severus Alexander nur wenige Jahre später erneut verfügten Inkraftsetzung des «Trennungs-Erlasses» nicht gerade förderlich gewesen sein dürfte.[20]

Die Schaukelpolitik, die die römischen Kaiser in Sachen Gemeinschaftsbaden der beiden Geschlechter betrieben, spiegelt wohl am ehesten die allgemeine Unsicherheit und Ratlosigkeit bei diesem Problem öffentlicher Moral wider. In der Praxis sah es vermutlich so aus, daß die «mutigeren», selbstbewußteren Frauen sich vielfach um die üble Nachrede und selbst um offizielle Verbote wenig geschert haben, während die Vorsichtigeren lieber auf die reinen Frauenbadeanstalten auswichen, um nicht mit dem Odium der Unzüchtigkeit und Unsittlichkeit behaftet zu sein.

Zwischen Sittenkodex und Wirklichkeit

Denn *diesen* Erfolg konnten die Sittenwächter bis in die Zeit der Spätantike hinüberretten: So lax auch die tatsächliche Moral geworden sein mochte, offiziell galt das gemeinsame Baden mit Männern als Schande für Frauen. Als legitimer Scheidungsgrund wurde nach einer Verordnung Justinians aus dem Jahre 528 n. Chr. das anstößige Verhalten einer Frau anerkannt, die «so ausschweifend ist, daß sie um des Genusses willen ein gemeinsames Bad mit Männern zu haben wagt»[21] – im übrigen nur die gesetzliche Fixierung in einem vom Christentum als Staatsreligion geprägten Gemeinwesen, hatte doch schon das Konzil von Laodikeia im Jahre 320 n. Chr. festgelegt, kein Christ dürfe gemeinsam mit Frauen eine Badeanstalt besuchen.[22]

Wie die Alltagswirklichkeit in den Thermen Roms tatsächlich ausgesehen hat, ob sich dort mehr als eine kleine Minderheit von einerseits ohnehin suspekten «Frauenzimmern» im Range von Dirnen und andererseits «mutigen» ehrbaren Frauen getummelt hat, läßt sich letztlich mit dem verfügbaren Quellenmaterial nicht eindeutig beantworten. Wie sollten wir aus einem fast zweitausendjährigen Abstand dieses Problem lösen können, wenn sich sogar bei ein und demselben antiken Gewährsmann ganz eklatante, nicht auflösbare Widersprüche finden?

Abb. 190 «Badenixen» bzw. Athletinnen mit Sportgeräten.

Martial ist das beste Beispiel dafür: Bezeichnet er in einem Gedicht seine Freundin Saufeia als albern, weil sie nicht mit ihm zusammen baden will, und beleidigt er sie mit der argwöhnisch-herausfordernden Frage, ob sie etwa Hängebrüste oder häßliche Bauchfalten habe, die sie vor ihm verheimlichen wolle, so regt er sich in einem anderen Gedicht über die jungfräuliche Chione auf, die beim Baden ihre Scham nicht bedecke; unter diesen Umständen solle sie, so die Pointe des gehässigen Machwerks, wenigstens ihr Gesicht schamvoll mit jenem Schurz verhüllen, den sie unten eben nicht trage...[23]

«Sponsoren» übernehmen Badekosten

Um die Frage der *balnea mixta* im Zusammenhang zu behandeln, war dieser Exkurs weit in die Kaiserzeit notwendig. In den Anfängen des römischen Badewesens während der spätrepublikanischen Zeit spielten noch andere Gesichtspunkte eine Rolle, die für die Erklärung des geradezu ausufernden Badebetriebes der Kaiserzeit wichtig sein könnten.

Ein nicht unerheblicher Grund dafür, daß Baden sich in so erstaunlich kurzer Zeit zu einem Hauptvergnügen der Römer entwickelte, waren, wie gesagt, die außerordentlich niedrigen Eintrittsprei-

BALINEI · FRVENDI · CONDVCTOR BALINEI SOCIVSVE EIVS OMNIA SVA INPENSA BALINEVM
PR · K · IVL · PRIMAS OMNIBVS DIEBVS · CALFACERE ET FRAESTARE DEBETO · A PRIMA LVCE IN HORAM · SEPTIM
IN HORAM SECVNDAM · NOCTIS VIRIS ARBITRATV PROC QVI METALLIS PRAEERIT AQVAM IN
CAVSTIS · ET · IN LABRVM TAN · MVLIERIBVS · QVAM · VIRIS · PROFLVENTEM · RECTE · PRAESTARE DEBETO
AERIS · SEMISSES ET A MVLIERIBVS SINGVLIS AERIS ASSES EXIGITO · EXCIPIVNTVR · LIBERTI ET SERVI
COMMODA · PERCIPIENT · ITEM · INPVBERES · ET MILITES CONDVCTOR · SOCIVS · ACTORVE · EIVS
EI · ADSIGNATA ERVNT · INTEGRA CONDVCTIONE PERACTA REDDERE DEBETO NISI SIQVA VETVSTATE C
VTETVR · LAVARE TERGERE VNGVEREQVE ADIPE E RECENTI TRICENSIMA QVAQVE DIE · RECTE DEBETO
ERIT · QVO MINVS · LAVARE RECTE POSSIT EIVS TEMPORIS PRO RATA PENSIONEM · CONDVCTOR REPVTARE DEB
ALIVT · EIVSDEM BALINEI EXERCENDI CAVSA · FECERIT · REPVTARE NIHIL · DEBEBIT CONDVCTORI VE
BVS RAMORVM · QVAE OSTILI · IDONEA NON ERVNT NE LICETO · SI ADVERSVS HOC QVID FECERIT · IN SINGV
SI · ID BALINEVM · RECTE PRAEBITVM NON ERIT · TVM PROC · METALLORVM · MVLTAM CONDVCTORI · QVO
AD HS · CC · DICERE LICETO LIGNVM CONDVCTOR · REPOSITVM · OMNI TEMPORE · HABETO · QVO

Abb. 191 Auszug aus der Badeordnung von *metallum Vipascense*. Die Tafel ist rechts abgebrochen, so daß Teile des Textes ergänzt werden müssen. In der 2./3. Zeile werden die Badezeiten abgegrenzt: vom Morgengrauen bis zur 7. Stunde für Frauen, für Männer anschließend bis zur 2. Nachtstunde (Faksimile CIL II 5181).

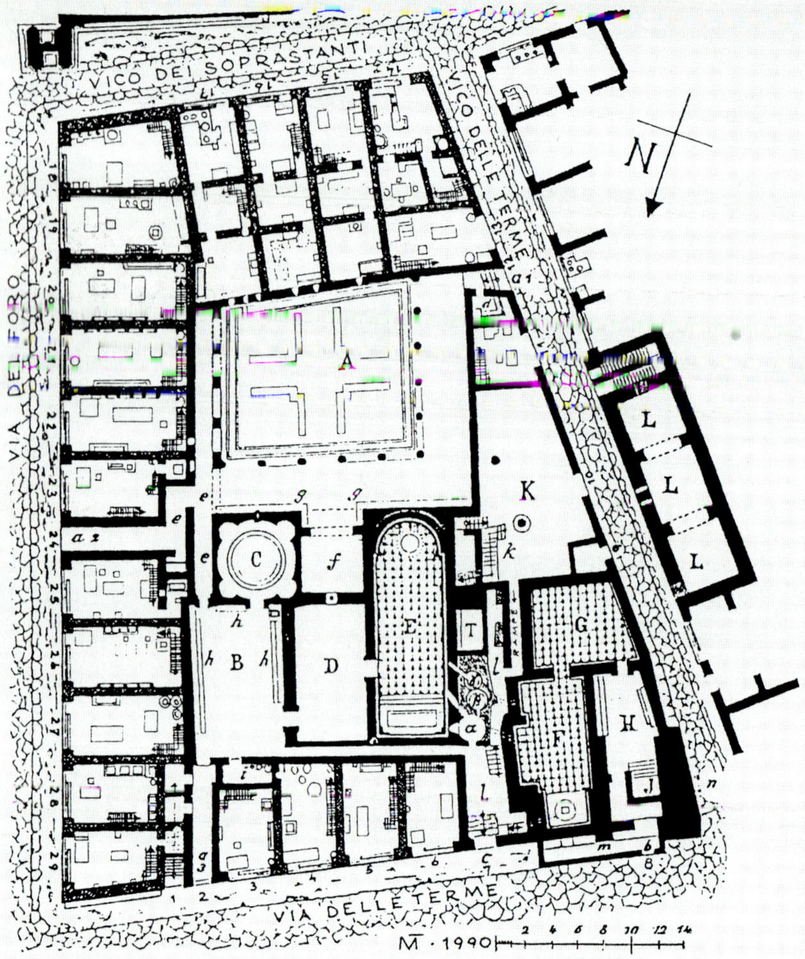

Abb. 192 Plan der Forumsthermen in Pompeji. A Palästra, B Männer-Apodyterium, C Frigidarium (ehem. Laconicum), D Männer-Tepidarium, E Männer-Caldarium, F Frauen-Caldarium, G Frauen-Tepidarium, H Frauen-Apodyterium mit J Frigidarium, K Wirtschaftshof, L Wasserreservoir am Vico delle Terme, T/Z Tiefbrunnen/Zisterne.
a 1–3 Eingänge zum Männerbad, b Eingang zum Frauenbad, c Eingang zum Präfurnium, d Latrine, e überwölbte Korridore, f Exedra (ehem. Destrictarium) mit g steinernen Bänken, h steinerne Bänke auf Stufe im Männer-Apodyterium, i Zimmer für den *capsarius,* k Treppe zum Dach (jüngeres Wasserreservoir), l zentraler Heizraum, m Vorzimmer zum Frauenbad mit steinernen Bänken, n Wasserpfeiler, Kesselgruben.

se. Kaum einer, der sich nicht mehrmals im Monat den Besuch einer Badeanstalt hätte leisten können! Selbst Sklaven mit nur geringen Ersparnissen, ihrem sogenannten *peculium*, waren in der Lage, sich dann und wann in ihrer Freizeit ein Badevergnügen zu gönnen.

Um aber gerade auch den sozial Schwachen häufigeres Baden zu ermöglichen, traten zunehmend reiche «Sponsoren» auf den Plan, die Bäder für einen bestimmten Zeitraum pauschal pachteten und jedermann dadurch freien Eintritt verschafften. Das konnte tageweise geschehen, es konnte sich aber auch auf die gesamte Amtszeit eines Magistrats beziehen; in Einzelfällen kam es sogar vor, daß ein wohlhabender Bürger testamentarisch den Bau und den Unterhalt einer Badeanstalt verfügte und sich auf diese Weise ein dankbares Andenken sichern wollte.[24]

Dergleichen war in den seltensten Fällen ein Akt reiner Humanität. Zumal Männer mit politischen Ambitionen setzten diese Form der Freigebigkeit natürlich ganz bewußt ein, um ihre Popularität zu steigern und damit auch ihre Wahlchancen zu verbessern. Römische Politiker, das zeigt sich auch hier wieder, reagierten erstaunlich schnell und flexibel, wenn sie erkannt hatten, daß dieses oder jenes Freizeitvergnügen ihren Mitbürgern besonders gefiel. Wie bei den unterschiedlichen *spectacula* zögerten sie auch in diesem Bereich nicht, sich das Unterhaltungsbedürfnis der Masse zielstrebig zunutze zu machen und es in ihr politisches Kalkül einzubeziehen. Sie setzten damit folgerichtig auch jenen Mechanismus in Gang, der zu einer immer größeren Ausbreitung der besonders geförderten Vergnügen führte.

Die Kaiser haben dann konsequenterweise auf den in der späten Republik bereits festgegründeten Fundamenten weiter aufgebaut: Sie taten das im Bereich des Badewesens weniger durch direkte finanzielle Subventionen an den einzelnen Badegast – der entsprechende Eintrittsobolus war ja ohnehin denkbar gering – als durch den Bau, die luxuriöse Ausstattung und die teure Unterhaltung jener riesigen Thermenanlagen, die ein ausgesprochenes Merkmal der kaiserzeitlichen Zivilisation im gesamten Römischen Reich gewesen sind.

«Baden nach städtischer Art: Alle Annehmlichkeiten...»

Die Weichen für *diese* Entwicklung wurden also schon in republikanischer Zeit gestellt. Nicht anders verhielt es sich mit einer zweiten Entwicklungslinie: Die öffentlichen Badehäuser wurden von Jahrzehnt zu Jahrzehnt anspruchsvoller, bequemer, repräsentativer und nicht zuletzt technisch aufwendiger.

Dieser Prozeß läßt sich sehr schön an den zu unterschiedlichen Zeiten entstandenen drei großen Thermenanlagen in Pompeji und ihren verschiedenen Bauphasen nachvollziehen. Überhaupt bieten – was den Aspekt der prachtvollen künstlerischen Ausschmückung der öffentlichen Badeanstalten angeht – die pompejanischen Thermen den besten Anschauungsunterricht (Abb. 192). Die römischen Thermenanlagen sind zwar die weitaus größten und architektonisch interessantesten, die pompejanischen aber vermitteln eine ganz andere, lebhaftere Vorstellung von der Pracht und dem Luxus, der das Innere der Bäder bestimmte.

Daß die öffentlichen Badehäuser schon im 1. Jahrhundert v. Chr. ihren Besuchern immer mehr boten, hängt auch mit ihrem kommerziellen Charakter zusammen. Sie sollten ja Profit abwerfen, und das bedeutete: möglichst viele Besucher anziehen. Je größer aber die Zahl der *balnea* wurde, um so stärker wurde der Konkurrenzdruck. Und der «Konsument» ging natürlich dorthin, wo er für sein Geld den besten Service und die angenehmste Umgebung erwarten durfte. Da war es vor allem für die Badehauspächter auf dem Lande schwer, sich gegen die raffiniertere Konkurrenz aus der Stadt durchzusetzen, und da hieß es, für das eigene Etablissement kräftig die Werbetrommel rühren. So empfiehlt der

Besitzer einer Badeanstalt auf dem Lande sein *balneum* mit den Worten: «Hier wird nach städtischer Art gebadet! Alle Annehmlichkeiten stehen zur Verfügung!»[25]

Die weitere Entwicklung des Badewesens in der Hauptstadt selbst, wie sie sich in der Kaiserzeit herausbildete, verknüpft sich ganz eng mit dem Namen Agrippa. Agrippa war Politiker und Feldherr, ein enger Vertrauter und zeitweise auch Schwiegersohn des Augustus. Und vor allem war Agrippa ein steinreicher Mann, der sich die Unterstützung des Octavian-Augustus eine Menge Geld kosten ließ (Abb. 194).

Agrippas «Lakonisches Schwitzbad» – ein Understatement

Schon im Jahre 33 v. Chr., als er Ädil war, hatte seine Freigebigkeit großes Aufsehen erregt. Er richtete nicht nur aufwendige Spiele aus, ließ aus eigenen Mitteln baufällig gewordene öffentliche Gebäude renovieren und verschenkte ganze Wagenladungen von Olivenöl und Salz an alle Bürger, sondern übernahm auch für die Dauer seines Amtsjahres sämtliche Eintrittsgelder für alle Bäder – und zwar für Männer *und* Frauen.[26]

Acht Jahre später ging er noch einen Schritt weiter: Auf dem Marsfeld ließ er ein «Lakonisches Schwitzbad» errichten. Ein bescheidener Name, hinter dem sich aber nicht weniger als die erste große Thermenanlage des kaiserzeitlichen Roms verbirgt![27] Für einige Jahrzehnte sollten die «Thermen des Agrippa», wie sie bald zu Ehren des Stifters genannt wurden, der einzige Bade- und Freizeitkomplex dieser Größe in Rom bleiben (Abb. 193). Aber auch als weitere große Thermenanlagen hinzugekommen waren, wurden die Agrippa-Thermen weiterhin von vielen besucht (Abb. 195). Noch in der Mitte des 4. Jahrhunderts n. Chr., so erfahren wir aus einer Bauinschrift, ließen die Kaiser Constantius II. und Constans die von ihrem hohen Alter gezeichnete Anlage restaurieren.[28]

Die Thermen waren nicht das einzige repräsentative Bauwerk, das im Auftrage Agrippas errichtet worden war. Sein wohl bekanntester Beitrag zum Verschönerungsprogramm für die Hauptstadt war das berühmte Pantheon, das noch heute in großen Lettern über dem Portal den Namen seines Erbauers trägt.[29] Kein Wunder, daß Agrippa außerordentlich populär war und daß sein Tod im Jahre 12 v. Chr. von der ganzen Bürgerschaft als herber Verlust empfunden und mit bösen Vorzeichen in Zusammenhang gebracht wurde! Ein wenig Trost freilich mochte eine testamentarische Verfügung Agrippas den um ihren Wohltäter trauernden Römern bieten: Er schenkte die von ihm erbauten Thermen dem Volke und stellte gleichzeitig Mittel zur Verfügung, mit denen die künftigen Unterhaltungskosten – bei natürlich freiem Eintritt – für die Badeanlage bestritten werden konnten.[30]

Das Engagement Agrippas im Sinne eines (nicht echten, aber denkbaren!) Werbeslogans «Baden für alle» ist unverkennbar. Ebenso deutlich ist, daß hinter all diesen Aktivitäten seines engsten Vertrauten der Kaiser selbst gestanden hat – nicht unbedingt in der Weise, daß er sämtliche Einzelmaßnahmen angeregt hatte, aber doch so, daß er diesem Engagement Agrippas wohlwollend gegenüberstand, ja, es als für seine eigenen In-

Abb. 193 Reste eines Rundbaus, der zu den Agrippa-Thermen gehörte. Ob dort – wie bei später gebauten Thermen – das Caldarium lag, ist nicht sicher zu sagen.

Abb. 194 Der tatkräftigste Förderer der Wasserversorgung und des Badewesens von Rom: Agrippa (64/3 – 12 v. Chr.); Porträt um 30 v. Chr.

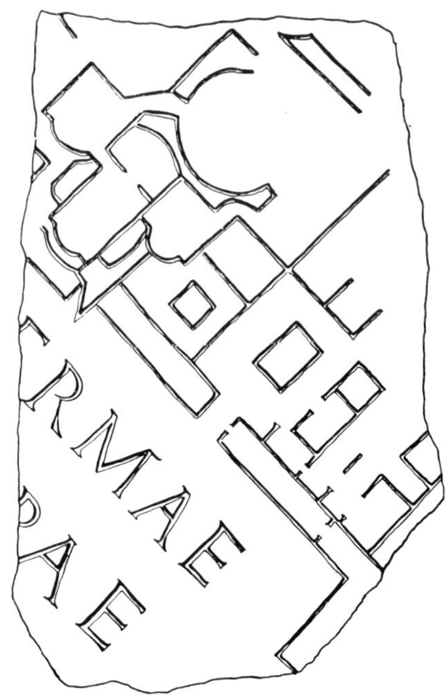

Abb. 195 Fragment der Forma Urbis, eines in Marmor gemeißelten Stadtplans von Rom (Maßstab 1:246) aus dem frühen 3. Jh. n. Chr mit teilweisem Plan der Agrippa-Thermen.

Abb. 196 Laokoon-Gruppe. Die Datierung der in den Trajans-Thermen gefundenen Plastik ist umstritten: Im Unterschied zu der traditionellen Datierung – Originalschöpfung um 30 v. Chr. – interpretiert sie B. Andreae als frühkaiserzeitliche Marmorreplik einer hellenistischen Bronze aus der Mitte des 2. Jhs. v. Chr.

teressen der Herrschaftsstabilisierung äußerst förderlich empfand (womit er zweifellos recht hatte).

Daß Augustus reiche Männer des öfteren gedrängt habe, sein eigenes Bauprogramm in Rom durch hochherzige Spenden und Bautätigkeit zu unterstützen – *auch deshalb* durfte er sich später rühmen, er habe eine Stadt aus Marmor hinterlassen, nachdem er eine Stadt aus Ziegeln «übernommen» habe –, berichtet Sueton ausdrücklich.[31] Es kann kein Zweifel bestehen, daß dies auch für die Bereiche der Wohlfahrt und der Massenunterhaltung galt. Augustus war es sicher nur zu recht, daß Agrippa ein neues, fesselndes Kapitel in der Geschichte des römischen Badewesens geschrieben hatte.

Drei Thermenanlagen in fünfzig Jahren

Nero war es, der die von Agrippa begründete Tradition zu Beginn der sechziger Jahre des 1. Jahrhunderts n. Chr. wieder aufgriff. Die von ihm in Auftrag gegebene Thermenanlage entstand ebenfalls auf dem Marsfeld und avancierte rasch zu einem weiteren Mittelpunkt des römi-

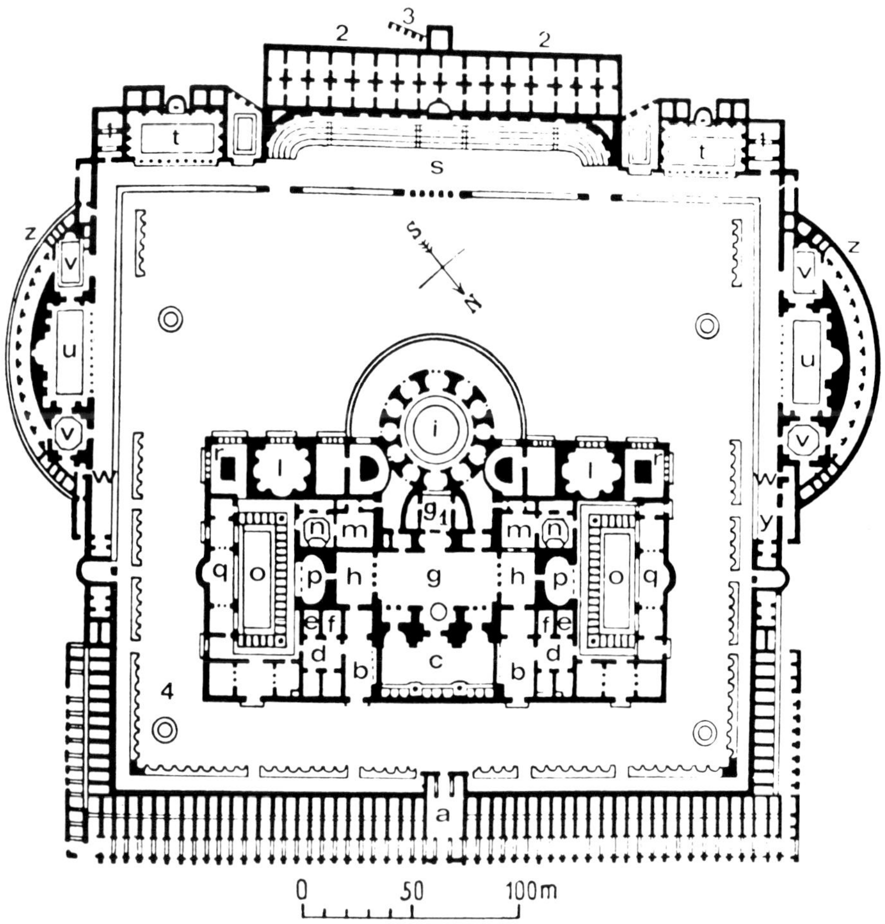

Abb. 197 Grundriß der Caracalla-Thermen. a Aufgang. b, b Eingänge in den Kernbau. c Natatio. d, d Apodyterien. e, e Kleidernischen. f, f Kleidernischen. g Frigidarium (Mittelsaal). g1 Tepidarium. h, h Frigidarium (Nebensäle). i Caldarium. l, l weitere Baderäume (Deutung unsicher). m, m weitere Baderäume (Deutung unsicher). n, n weitere Baderäume (Deutung unsicher). o, o Palästren. p, p Exedren der Palästren. q, q Raumflucht an den Außenseiten der Palästren. r, r weitere Baderäume (Deutung unsicher). s sog. Stadion. t sog. Bibliotheken. u, u Räume der großen Exedren des Umfassungsbaues (Deutung unsicher). v, v Räume der großen Exedren des Umfassungsbaues (Deutung unsicher). w, w Gänge. y Mithräum im Untergeschoß. z, z Umgänge in den großen Exedren. 1, 1 Treppen. 2, 2 Zisternen. 3 Aquädukt. 4 vorthermenzeitliche Bebauung.

schen Badebetriebs. Größe und Pracht der neuen Thermen verfehlten ihren Eindruck auf die Zeitgenossen nicht. Ein satirisches Wortspiel Martials beweist es: «Was gibt es Übleres», fragt er, «als Nero; was Besseres als die Thermen des Nero?»[32]

Als nächster Kaiser errichtete Titus im Jahre 80 nach ihm benannte Thermen. Als Standort wählte er die Gegend um das berühmt-berüchtigte «Goldene Haus» des Nero in der Nähe des (auch von Titus kurz vorher eingeweihten) Colosseums.[33] Welcher propagandistische Zweck sich auch mit diesem repräsentativen Bauwerk verband und wie Titus bemüht war, seine Popularität dadurch zu steigern, geht sehr schön aus einer Bemerkung Suetons hervor: «Um ja keine Gelegenheit, sich volkstümlich zu geben, auszulassen, badete Titus bisweilen in seinen eigenen Thermen, ohne das Volk dabei auszuschließen.»[34]

Als Marginalie sei auf eine Inschrift hingewiesen, die in den Ruinen der Titus-Thermen gefunden worden ist. Sie macht in drastischer Form deutlich, daß sich manche Probleme der allgemeinen Hygiene in den römischen Badeanlagen nicht anders dargestellt haben als heutzutage in Hallen- und ganz besonders in Freibädern: «Den Zorn der Zwölf Götter, Dianas und Jupiters soll sich zuziehen, wer hier ein kleines oder großes Geschäft verrichtet» *(... quisquis hic mi(n)xerit aut cacarit*[35]*)*.

Nur eine Generation später erhielt Rom eine weitere Thermenanlage. Im Jahre 109, genau: am 22. Juni, weihte Trajan eine riesige Badeanstalt ein, die er nordöstlich der Titus-Thermen hatte erbauen lassen. Das Gebäude hatte die imposanten Ausmaße von 310 mal 270 Metern; es bedeckte teilweise Flächen, auf denen ursprünglich Neros *Domus Aurea* («Goldenes Haus») gestanden hatte,

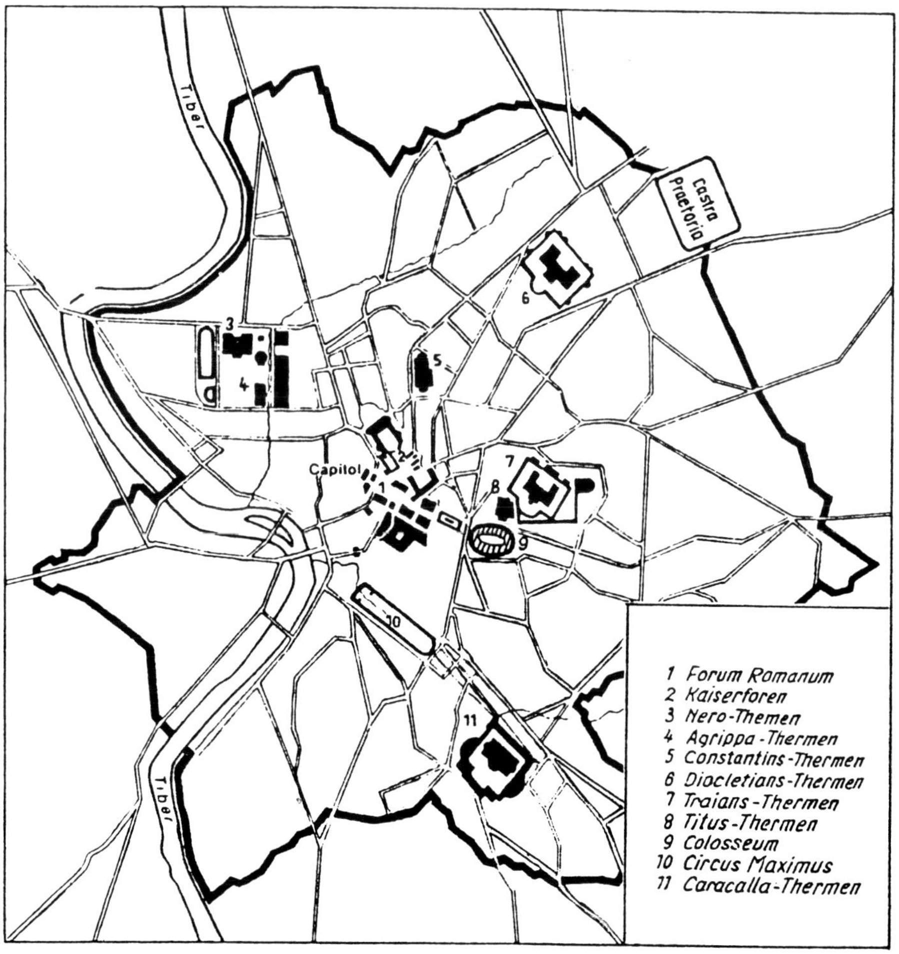

Abb. 198 Lageplan der Badepaläste Roms.

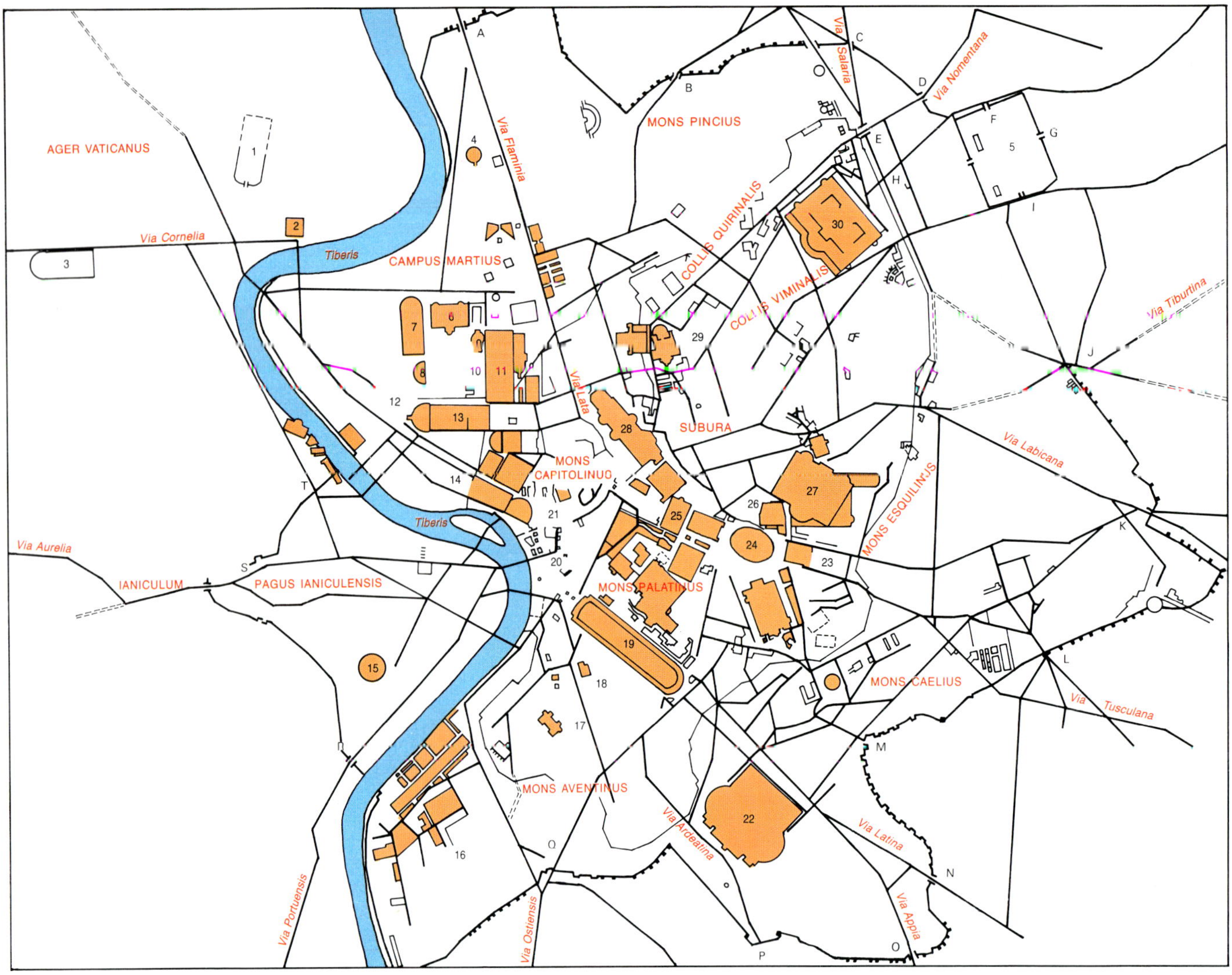

Abb. 199 Rom zur Kaiserzeit.

Tore:

A Porta Flaminia
B Porta Pinciana
C Porta Salaria
D Porta Nomentana
E Porta Collina
F Porta Praetoria
G Porta Principalis Dextra
H Porta Principalis Sinistra
I Porta Decumana
J Porta Tiburtina
K Porta Labicana
L Porta Asinaria
M Porta Metrovia
N Porta Latina
O Porta Appia
P Porta Ardeatina
Q Porta Ostiensis
R Porta Portuensis
S Porta Aurelia
T Porta Septimiana

Öffentliche Bauten:

1 Naumachia Vaticana
2 Mausoleum Hadriani
3 Circus Gaii et Neronis
4 Mausoleum Divi Augusti
5 Castra Praetoria
6 Thermae Neronianae
7 Stadium Domitiani
8 Odeum
9 Pantheon
10 Thermae Agrippae
11 Saepta Iulia
12 Theatrum Pompeii
13 Porticus
14 Circus Flaminius
15 Naumachia Augusti (?)
16 Kornspeicher
17 Thermae Decianae
18 Thermae Suranae
19 Circus Maximus
20 Forum Boarium
21 Theatrum Marcelli
22 Thermae Antoninianae
23 Ludus Magnus
24 Colosseum
25 Forum Romanum
26 Thermae Titi
27 Thermae Traiani
28 Kaiserfora
29 Thermae Constantini
30 Thermae Diocletiani

das durch einen Brand im Jahre 104 stark zerstört worden war.

Den äußeren Dimensionen muß die innere Ausschmückung der Thermen entsprochen haben. Erlesene Kunstwerke zierten die weitläufigen Baderäume und Gymnastikplätze, darunter eines der berühmtesten Kunstwerke der Antike überhaupt: die Laokoongruppe. Am 14. Januar 1506 kam bei Grabungen in den Ruinen der Trajans-Thermen diese meisterhafte Plastik zum Vorschein, die einer der bei der Grabung Anwesenden begeistert als «Wunder der Kunst» bezeichnete: kein Geringerer als Michelangelo (Abb. 196).

Mit den Trajans-Thermen war zunächst ein Höhepunkt der Thermenarchitektur erreicht. Der Bedarf an Badeanlagen zumindest dieser Größenordnung schien vorläufig gesättigt; kleinere *balnea* freilich schossen weiterhin gleichsam wie Pilze aus dem Boden.

Die Caracalla-Thermen – noch heute ein imposanter Bau

Rund einhundert Jahre lang mußten die Römer warten, bis sie das Schauspiel der Einweihung einer neuen, noch größeren Thermenanlage erleben durften: 216 n. Chr. eröffnete Caracalla die (noch nicht ganz fertiggestellten) Thermen, deren Bau sein Vater Septimius Severus im Jahre 206 begonnen hatte. Diese im Süden der Stadt an der Porta Capena, nahe der Via Appia errichtete Anlage lehnte sich in der architektonischen Gliederung und der Raumaufteilung zwar ziemlich eng an die der Trajans-Thermen an, doch sie übertraf diese noch an Größe: Die neuen Thermen bedeckten ein Areal von mehr als 11 Hektar; der mittlere Baukörper maß 220 mal 114 Meter. Keine Frage, das Urteil eines antiken Schriftstellers ist völlig berechtigt: Caracalla habe die nach ihm benannten Thermen als herausragendes Werk seiner

Abb. 200 Thermen des Diokletian; Rekonstruktion aus dem 19. Jh. n. Chr.

Bautätigkeit in der Hauptstadt hinterlassen (Abb. 197).[36]

Die Caracalla-Thermen sind neben denen des Diokletian die am besten erhaltenen in Rom. Sie sind geradezu ein «Muß» für jeden Rom-Touristen, und auch wer sich für die archäologischen Überreste des alten Roms nicht sonderlich interessiert, ist doch allein schon von der Größe und Weitläufigkeit der Anlage, oder besser: dem, was von ihr übrig ist, beeindruckt. Und das erst recht, wenn er in den Genuß kommt, einer der sommerlichen Aida-Aufführungen in den Ruinen der einstigen Thermen beizuwohnen...

Einst Badeanlage, heute Museum

Schließlich die Thermen des Diokletian! Auch an ihnen kommt zumindest der historisch interessierte Besucher Roms nicht vorbei. Gegenüber der *Stazione Termini*, dem Hauptbahnhof, erhebt sich die massige Anlage, in der heute eines der bedeutendsten Antikenmuseen der Welt untergebracht ist: das Thermenmuseum.

Die Thermen des Diokletian stellten, wie könnte es anders sein, nochmals eine Steigerung in der Größenordnung dar. Mit ihren Außenabmessungen von 376 mal 361 Metern bildeten sie eine zusammenhängende Fläche von rund 13 Hektar – gegenüber den Caracalla-Thermen also immerhin noch ein knapp 20 Prozent größeres Areal (Abb. 200).

Obwohl sie zu großen Teilen zerstört sind – gegen Ende des 16. Jahrhunderts ließ Papst Sixtus V. allein etwa ein Fünftel der Thermen, rund 95 000 Kubikmeter Mauerwerk, sprengen[37] –, stellen sie noch immer eine unübersehbare «Baumasse» dar. Die Erbauer der Thermen – genaugenommen war Diokletian nur der erste Bauherr – hatten allen Grund, auf diese gigantische Thermenanlage stolz zu sein, und so heißt es in der Bauinschrift auch recht selbstbewußt: «[Sie] weihten für *ihre* Römer die Thermenanlage ein, die nach Aufkauf von Gebäuden [die zunächst hatten niedergerissen werden müssen] der Größe eines so bedeutenden Bauwerks entsprechend mit allem Schmuck fertiggestellt worden war.»[38]

Soviel zunächst über die äußeren Maße und «Rekorde» der Thermen, die zugegebenermaßen etwas an den Stil amerikanischer Reiseführer erinnern. Um die Dimensionen auch des Badebetriebs im kaiserzeitlichen Rom ermessen zu können, schienen einige Angaben zu den äußeren Dimensionen nicht nur nützlich, sondern beinahe unerläßlich. Die Thermen, die Konstantin um 315 n. Chr. auf dem Quirinal bauen ließ, konnten sich, um damit dieses Thema abzuschließen, von ihrer Größe her nicht mit den «führenden» Anlagen, den Caracalla- und den Diokletians-Thermen, messen.

Die größten Thermen konnten gleichzeitig von drei- bis viertausend Menschen besucht werden; insgesamt dürfte die Kapazität aller *großen* Badeanlagen gegen Ende des 3. Jahrhunderts n. Chr. für rund 20 000 Römer ausreichend gewesen sein – und dabei sind die Hunderte von kleineren Bädern noch nicht berücksichtigt.

Reviere der Langfinger

Die verschiedenen Thermenanlagen waren teilweise nach ein und demselben Muster angelegt, teilweise war die Anordnung der Räume sehr unterschiedlich. Eine Reihe von Räumen wies allerdings jede Anlage auf: jene zentralen Einrichtungen, die das Kernstück aller Thermen ausmachten, die unmittelbar zum Badebetrieb notwendigen «Abteilungen».

Wer die Thermen betrat, gelangte in der Regel zunächst zum *apodyterium*, dem Auskleideraum. Viereckige Mauernischen dienten als Kleiderablage. Im Unterschied zu unseren Badeanstalten hatten die Umkleideräume römischer Thermen einen großen Nachteil: Die Nischen waren nicht verschließbar (Abb. 201). Es empfahl sich also nicht,

Abb. 201 Kleidernischen im Umkleideraum *(apodyterium)* der Forumsthermen in Pompeji.

kostbare Sachen oder gar Schmuckstücke und Geld dort zurückzulassen. Wer konnte es schon den Reichen nachmachen und eigens einen Sklaven mitnehmen, der auf die abgelegte Garderobe aufpaßte?

Angesichts des Massenbetriebs, der in den Thermen herrschte, bei dem ständigen Ein und Aus kommender und gehender Besucher verwundert es denn auch wenig, daß die Thermen ein ausgesprochener Tummelplatz für Langfinger waren. Die *fures balnearii*, die «Badeanstaltsdiebe», waren berüchtigt. Sie machten bei ihren Raubzügen nicht einmal vor wertlosesten Kleidern halt.[39] Schon im 1. Jahrhundert v. Chr. beschimpft der Dichter Catull einen gewissen Vibenna als «besten der Badeanstaltsdiebe»[40]; und noch in einer spätantiken Rechtssammlung handelt ein eigenes (wenn auch kurzes) Kapitel von den *fures balnearii*: Strafe bei einfachem Diebstahl: Zwangsarbeit; bei bewaffnetem Diebstahl bzw. Raub mit Körperverletzung: Bergwerksarbeit bzw. Verbannung, bei Soldaten unehrenhafte Entlassung.[41]

Kalt, lau, warm – je nach Geschmack

Große Thermen hatten mehrere solcher Umkleideräume. Die Reihenfolge der Bäder, die auf das *apodyterium* folgten, blieb natürlich ganz der Laune und dem Geschmack des Badegastes überlassen. An heißen Sommertagen werden sich die meisten Besucher der Thermen zunächst in das *frigidarium* begeben haben, den Kaltwasserraum (*frigidus* = kalt), in dem sich ein großes Schwimmbecken, die *piscina*, befand. Das *frigidarium* war nicht überdacht, und es lag an einer Stelle in der Anlage, an die am wenigsten Sonne kam, also meistens an der Nordseite.

Diese Anordnung planten die Architekten regelmäßig so, um das Warmwasserbad folgerichtig an der Südseite plazieren zu können[42] und dadurch Energie zu sparen. Selbst wenn in der römischen Kaiserzeit niemand an Energieeinsparung aus ökologischen Gründen oder aus Sorge um knapper werdende Ressourcen dachte[43], standen hinter dieser Anordnung gleichwohl handfeste Gründe finanzieller Art. Mochten die Thermen noch so verschwenderisch und luxuriös dimensioniert und geschmückt sein, dort, wo sich sinnvollerweise und ohne Komforteinbuße für das Publikum Gelder einsparen ließen, nahmen Baumeister und Ingenieure diese Chance wahr.

Die Schwimmbecken der großen Thermen waren von eindrucksvoller Größe: in den Diokletians-Thermen umfaßte das Becken 2500 Quadratmeter (Abb. 202). An der Längsseite im Norden war es durch einen üppigen Garten begrenzt, an den Schmalseiten von Säulenhallen flankiert: Bei ruhiger Wasseroberfläche spiegelten sich hier Marmorfronten, Skulpturen und Säulen.

An kühleren Tagen suchte der Badegast, sobald er sich seiner Kleider entledigt hatte, zuerst das *tepidarium* auf. Die Bezeichnung kommt von lateinisch *tepidus* («lauwarm») und meint eine Art Übergangsraum zwischen Kalt- und Warmwasserbecken. Es gab dort Wannen mit angewärmtem Wasser, aber auch Marmorbänke, auf denen sich die «Pendler» zwischen Warm und Kalt eine Zeitlang niederlassen konnten.

Schließlich das *caldarium*, der Raum für das warme Bad (*calidus* = warm) oder genauer: für die warmen Bäder! Die bedeutenden Thermenanlagen hatten jedenfalls mehrere Warmwasserbekken. So etwa bei den Caracalla-Thermen: In der Mitte des runden Saales von 34 Metern Durchmesser lag das (runde) Hauptschwimmbecken. Weitere sieben Bäder lagen zwischen den mächtigen Pfeilern, die den Kuppelsaal trugen.

Abb. 202 Die Schwimmhalle *(natatio)* der Caracalla-Thermen; Rekonstruktion von Iwanoff.

Schwitzbad mit tödlichem Ausgang

Unabdingbar für jede große Badeanlage war auch das *laconicum*, ein trockenes Schwitzbad, dessen Name sich von den Spartanern (Lakedaimoniern, lateinisch: *Lacones*) ableitete: Ihnen wurde eine besondere Neigung zum Schwitzbaden nachgesagt. Die hohen Temperaturen, die im *laconicum* herrschten, trieben den Schweiß aus dem Körper. Wenn die Hitze zu stark oder zu schwach wurde, konnten die Benutzer mit Hilfe einer an Ketten hängenden Metallscheibe mehr oder weniger Luft durch die Lichtöffnung in der Kuppel des Raumes einströmen lassen.[44] Wer genug geschwitzt hatte, nahm entweder einen kalten Überguß oder stürzte sich in das Kaltwasserbecken[45] – im Grunde also nichts anderes als das Saunaprinzip.

Während Ärzte das Schwitzbad bei bestimmten Krankheiten empfahlen, allerdings nur bei maßvoller Anwendung, trieben manche Römer unverantwortliches Schindluder mit ihrer Gesundheit dadurch, daß sie das *laconicum* zu lange, zu oft und zu intensiv benutzten; und zwar weniger gegen eine Krankheit, als um Verdauungsbeschwerden nach übermäßigem Essen durch einen Saunabesuch zu «kurieren»[46] und sich, höchst erwünschter Nebeneffekt, neuen Durst zu holen[47], um dann anschließend den Magen sowohl mit allen möglichen Lekkerbissen vollstopfen als auch dem Wein wieder kräftig zusprechen zu können.

Die ruinöse Gewohnheit, unmittelbar nach dem Essen sich heißer Luft oder heißem Wasser auszusetzen, war offenbar weit verbreitet – obwohl jedermann wußte, daß sie sogar einen tödlichen Ausgang haben konnte (und wohl auch oft hatte). In einer seiner Satiren nimmt Juvenal einen knauserigen Gourmet aufs Korn, der nicht bereit ist, seine üppige Tafel mit seinen Freunden zu teilen:

«Er verschlingt aus Wäldern und Meer das Beste,
da er über sie herrscht, und ganz allein liegt er auf ledigen Polstern.
(...)
Kein Parasit ist weiter zu sehen. Wer aber ertrüge
solch unflätig' Geschwelg'? Was ist's für ein Schlund, der das Wildschwein ganz zu servieren befiehlt, ein Tier, das für Gäste geschaffen!
Doch es ereilt dich die Strafe im Nu, wenn, voll, du die Kleider
ablegst und in das Bad den noch zu verdauenden Pfau trägst.
So trifft dich plötzlich der Schlag, und versäumt hat der Greis das Vermächtnis;
ohne zu trauern, vernimmt man die Mär bei jedem Gelage,
und man bestattet ihn dann zum Ergötzen der zürnenden Freunde.»[48]

Satirische Überzeichnung, gewiß – aber doch nur dann sinnvoll, wenn tatsächlich manch ein Badegast beim Besuch des Schwitzbades nach allzu reichlichem Essen plötzlich tot zusammengebrochen ist; nach dem Zeugnis anderer Quellen übrigens durchaus kein Einzelfall.

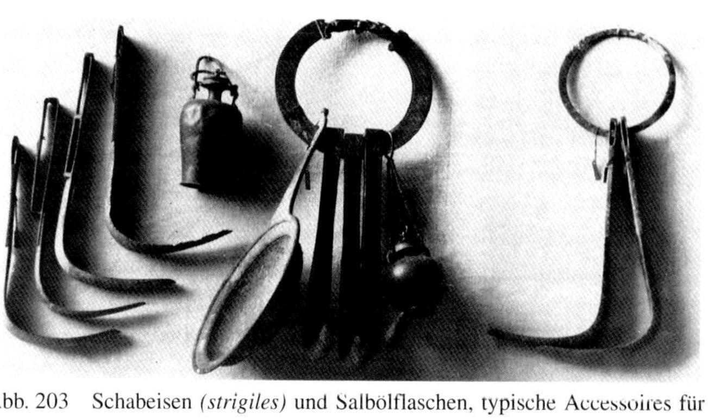

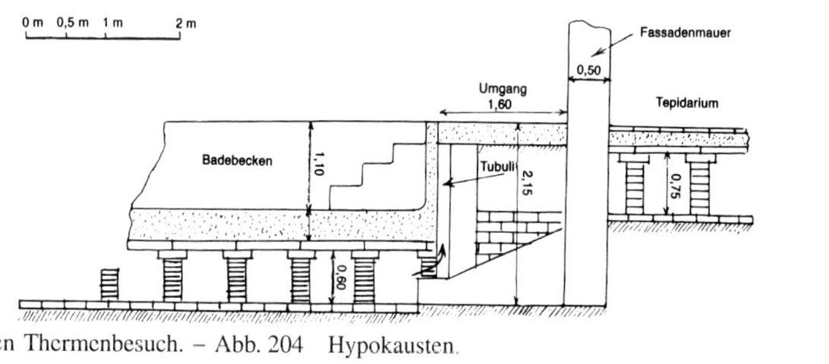

Abb. 203 Schabeisen *(strigiles)* und Salbölflaschen, typische Accessoires für einen Thermenbesuch. – Abb. 204 Hypokausten.

Abb. 205 Überquerung der Via Labicana und Via Praenestina durch die Wasserleitungen Aqua Claudia und Aqua Anio; das Bauwerk wurde später in die Aurelianische Mauer eingefügt (Porta Maggiore).

Zusätzliche Räume in den Thermen, die im weiteren Sinne zum eigentlichen Badebetrieb gehörten, waren die *unctoria*, in denen die Besucher ihren Körper salbten bzw. von eigenen Bediensteten oder in den Thermen tätigen Einreibern salben ließen (*unguere* = salben). Im gleichen oder in einem daneben gelegenen Raum, dem *destrictarium*, hatte sich der Badegast zuvor nach dem Baden im warmen Wasser die letzten Schweißreste mit einer *strigilis* (Schaber) und Leinentüchern abgerieben. *Strigilis*, Ölfläschchen, Salbdose und Kamm waren Accessoires, die die meisten Besucher zum Baden mitbrachten (Abb. 203).

Technische Probleme – brillant gelöst

Um so viele und so große Bäder und Thermenanlagen gleichzeitig zu unterhalten, bedurfte es eines großen technischen Aufwandes. Von den architektonischen Leistungen beim Bau der riesigen Thermen abgesehen, die gleichwohl zu den großartigsten und auch in der Antike selbst bestauntesten Großbauten gehorten[49], kam es vor allem auf die Lösung zweier technischer Probleme an: erstens, eine genügende Menge Wasser in das ja nicht gerade mit Niederschlägen verwöhnte Rom zu bringen und es gegebenenfalls zu speichern; zweitens, Mittel und Wege zu einer jederzeit richtigen Temperierung der verschiedenen Räume der Thermen zu finden, wobei natürlich vorrangig die Erzeugung *hoher* Temperaturen Schwierigkeiten mit sich brachte.

Es gehört zu den großen Verdiensten der römischen Ingenieure, alle diese Schwierigkeiten perfekt gemeistert zu haben – dieses Urteil freilich ohne Einbeziehung der ökologischen Problematik, die sich aus der Verschwendung von Wasser und Brennstoffen ergeben haben könnte (ohne allerdings an das heutzutage Übliche heranzureichen!).

Wunderwerke der Wasserversorgung

Zunächst das Problem Wasser! In fast jedem Land, das einst unter römischer Herrschaft gestanden hat, sind sie heute noch zu sehen: Die – teilweise hervorragend erhaltenen – Reste großer Wasserleitungen, die die Versorgung der Städte mit Wasser sicherstellten.

Die Hauptstadt selbst erhielt ihr Wasser in der frühen Kaiserzeit durch elf Aquädukte, die reines, kühles Wasser aus den Bergen der näheren und weiteren Umgebung nach Rom führten. Das Leitungssystem war insgesamt 430 Kilometer lang, 47 Kilometer davon oberirdisch. Die relativ genauen Angaben, die Frontin, im 1. Jahrhundert n. Chr. einige Zeit über eine Art «Generaldirektor der Wasserversorgung» von Rom *(curator aquarum)*, in seiner kleinen Schrift über «Die Aquädukte der Stadt Rom» macht, liefern wichtige Hinweise zur Berechnung der Gesamtkapazität. Vorsichtige Schätzungen moderner Forscher liegen zwischen 680000 und 900000 Kubikmetern Wasser, die pro Tag in Rom «einliefen» (Abb. 205).[50]

Davon entfielen rund 44 Prozent auf öffentliche Anlagen, zu denen aber nicht nur Thermen, sondern auch Zisternen und Brunnenhäuser gehörten, in denen sich die meisten Römer – die Bewohner der Mietskasernen ohne eigenen Wasseranschluß – ihr Wasser holen mußten; 38 Prozent wurden von privaten Haushalten abgenommen, und stattliche 18 Prozent brauchte der kaiserliche Hof.

Auch wenn die Mehrheit der Bevölkerung der Hauptstadt keinen Wasseranschluß hatte, muß die Wasserversorgung und, damit zusammenhängend, die Hygiene in Rom als vergleichsweise gut angesehen werden – jedenfalls im Vergleich zu den Verhältnissen des Mittelalters und der frühen Neuzeit. Im 19. Jahrhundert wurde in den Städten Europas erst wieder ein Standard der Wasserversorgung erreicht, der für römische

Abb. 206 Hypokausten für ein Wasserbecken auf dem Palatin in Rom.

Städte – übrigens auch in den Provinzen; man denke nur an die 110 Kilometer lange Wasserleitung, durch die Köln sein Eifelwasser erhielt – selbstverständlich gewesen war.

Eine große zivilisatorische Errungenschaft, auf die die Römer mit Recht stolz waren! Oder mit den Worten des Naturforschers Plinius: «Wenn jemand die Fülle des Wassers an öffentlichen Plätzen, *in den Bädern*, den Bassins, den Kanälen, den Stadthäusern, Gärten und Villen der Vorstadt, die weiten Strecken der Wasserzuführung, die Anlage der Bogenleitungen, den Tunnelbau und die Einebnung von Tälern richtig abschätzt, dann wird er zugeben, daß es auf der ganzen Welt niemals größere Wunderwerke gegeben hat als die römischen Aquädukte.»[51]

Eine nicht unbeträchtliche Aufgabe dieser «Wunderwerke» bestand darin, die Thermen ausreichend mit Wasser zu versorgen. Manche großen Badeanstalten wurden durch eigens errichtete Erweiterungsaquädukte an das vorhandene Netz angeschlossen, so die Caracalla-Thermen, zu denen die *Aqua Antoniniana* als Abzweigung von der *Aqua Marcia* neu erbaut wurde. An der «Verbrauchsstelle» wurde das Wasser zum Teil gespeichert. Die Caracalla-Thermen hatten große Zisternen, die als Vorratsbehälter für rund 80 000 m^3 Wasser dienten.

Das Problem Nummer eins war demnach blendend gelöst worden. Daß Wasser im Überfluß da war, darauf konnten sich die Römer der Kaiserzeit sicher verlassen. Wenn auch das Wasserholen für die meisten Einwohner mühsam war und nicht durch einfaches Aufdrehen eines Kranes erfolgte, war doch die Versorgung mit Wasser nach seriösen Berechnungen besser und reichlicher als im Rom des 20. Jahrhunderts: Einer dieser Berechnungen zufolge kam im 2. Jahrhundert n. Chr. auf jeden Römer eine verfügbare Wassermenge von rund 1000 Litern; im Jahre 1968 waren es nur 475 Liter pro Einwohner (Abb. 207).[52]

Hypokaustenheizung – eine weitreichende Erfindung

Problem Nummer zwei war die Beheizung der großen Thermenanlagen. Hier bedienten sich die römischen Ingenieure eines Verfahrens, auf dem auch unsere Fußbodenheizung basiert: der sogenannten Hypokaustenheizung. Sie wurde von C. Sergius Orata im 2. Jahrhundert v. Chr. erfunden[53] und verbesserte die bis dahin übliche direkte Beheizung von Räumen durch Kohlebecken ganz entscheidend. Die wegen des Ausströmens giftiger Gase ohnehin problematische Direktheizung hätte die Bedürfnisse der gewaltigen Thermen niemals befriedigen können; insofern war die Erfindung des Orata eine wichtige Voraussetzung für den Bau jener Badeanstalten, die die Dimensionen der alten Badestuben um ein Vielfaches übertrafen.

Das Hypokaustensystem besteht aus einem unter dem Fußboden liegenden Hohlraum. Die Decke des Bodens wird auf Ziegeltürmchen «aufgehängt»; die Römer sprachen daher von *suspensurae*, «hängenden Fußböden». In die Hohlräume wurden die heißen Gase geschickt, die an einer oder mehreren darunterliegenden Feuerstellen erzeugt wurden und durch einen Kanal unter die zu heizenden Böden gelangten.

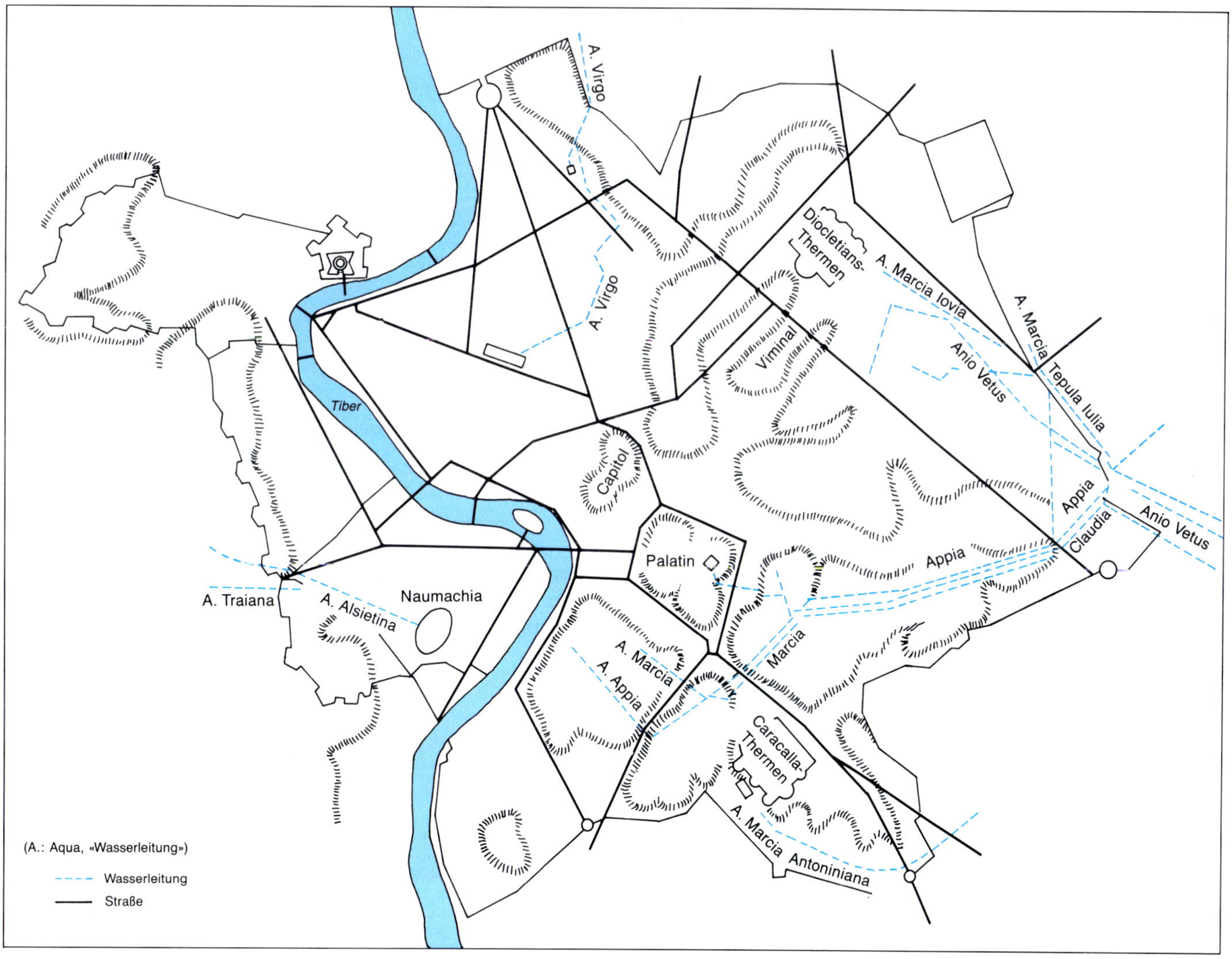

Abb. 207 Das Netz der Wasserleitungen im antiken Rom.

Abb. 208 Mann, der mit Handtuch und Bade-Accessoires zum Bad geht; Grabplastik aus Trier, 3. Jh. n. Chr.

Eine Weiterentwicklung des Systems im 1. Jahrhundert n. Chr. erlaubte eine noch größerflächige und gleichmäßigere Beheizung großer Räume. In die Wände wurden Hohlziegel eingemauert, entweder bis auf eine Höhe von etwa 1,50 Meter oder bis zur vollen Raumhöhe. Auf diese Weise strahlten Fußboden und sämtliche Wände eine behagliche Wärme aus, die je nach der Intensität der Befeuerung der Öfen durch Holz und Holzkohle variiert werden konnte. Das System war allerdings ziemlich träge; es brauchte lange Zeit, bis die Räume wirklich so erwärmt waren – die Böden hatten teilweise eine Dicke von bis zu 50 Zentimetern! –, wie die Badegäste es wünschten (Abb. 204). Wer eine solche Hypokaustenheizung in sein privates Landhaus eingebaut hatte und sich dort nur vorübergehend aufhielt, ließ die Heizungsanlage meist gar nicht in Gang setzen, sondern besuchte, wenn er baden wollte, die öffentlichen Thermen[54], in denen auch in der Nacht die Feuerung wenigstens «auf kleiner Flamme» fortgesetzt wurde.

Die – theoretisch offenkundige – Trägheit dieses Systems ist durch ein interessantes Experiment in der Saalburg auch praktisch nachgewiesen worden. Dort sollte mit Hilfe des vorhandenen antiken Hypokaustensystems ein Zimmer von 4 mal 5 mal 3 Metern geheizt werden. Der Hohlraum unter dem 20 Zentimeter dicken Boden war 60 Zentimeter hoch. Um bei einer Außentemperatur von 0° Celsius eine Zimmertemperatur von 22° Celsius zu erzielen, waren 36 Heizungsstunden erforderlich bei einem Verbrauch von 25 Kilogramm Holzkohle pro 24 Stunden. Die in dem Hohlraum zirkulierende Heißluft hatte eine Temperatur von 80° Celsius, der Fußboden selbst war 25 bis 30° Celsius warm. Ein kontinuierlicher Heizungsbetrieb bei zweimaligem Nachfeuern pro Tag ließ die einmal erreichte Temperatur konstant bleiben.[55]

Das Wasser für die Schwimm- und Wannenbäder wurde zentral erwärmt und dann je nach Funktion des Raumes kalt, lauwarm oder heiß in die Bassins geschickt. Über der Unterfeuerung lagen nach Vitruv drei Bronzekessel, für jede Wassertemperatur einer. Sie waren so aufgestellt, daß «soviel, wie an lauem Wasser aus dem Lauwarmwasserkessel in den Warmwasserkessel ausgeflossen ist, aus dem Kaltwasserkessel in gleichem Maße in den Lauwarmwasserkessel einfließt».[56] Neben dieser zentralen Wasserversorgung gab es hier und da noch besondere Heizkessel, die direkt unter dem zu erwärmenden Wasserbekken lagen.

Mit Hilfe der Hypokaustentechnik, die in der Kaiserzeit auch in großen Privathäusern angewandt wurde, war auch das zweite Problem einer ausreichenden Energiezufuhr und Erwärmung des *tepidarium* und *caldarium* gelöst. Der Besucher der Thermen merkte von alldem nichts; er erwartete, daß warmes und heißes Wasser in unbegrenzter Fülle zu Gebote standen. Über die Plackereien, denen die meist wohl unfreien Heizer an den Feuerstellen *(praefurnia)* ausgesetzt waren, verloren die Badegäste natürlich kein Wort.

Thermenbesuch im Schnelldurchgang

So konnte also der Badebetrieb seinen Lauf nehmen. Wie sich ein schneller Thermenbesuch (Abb. 208) gestaltete, schildert Petron anschaulich in seinem Schelmenroman:

«Wir betraten die Baderäume, schwitzten uns heiß und gingen sofort darauf zur kalten Dusche weiter. Trimalchio, von Parfüm triefend, ließ sich schon abtrocknen, nicht mit Leinentüchern, sondern mit Frotteedecken aus extra weicher Wolle. Die drei Masseure zechten unterdessen vor seinen Augen Falernerwein, und wenn sie sich balgten und eine Menge Wein vergossen, sagte Trimalchio, das sei sein Aperitif. Dann wurde er in einen pelzgefütterten, scharlachfarbenen Mantel gehüllt und in seine Sänfte gehoben.»[57]

Ein normaler Thermenbesuch? Keineswegs. Die Hetze, mit der hier alles geschieht, war für die meisten Besucher der Badeanstalten genau das, was sich mit der Vorstellung eines angenehmen Thermenbesuchs am allerwenigsten vertrug.

Ballspiel – nur Philosophen stehen abseits

Badeanstalt – das war nur *eine* Funktion einer Thermenanlage. Gerade die großen Thermen boten ihren Gästen bedeutend mehr. Sie waren vor allem auch Sportanlagen. Keine ordentliche Thermenanlage, die nicht mindestens *eine* Palästra, einen Sportplatz, gehabt hätte!

Die Thermen in der Kaiserzeit waren für die Römer vielfach das, was in der Republik das berühmte Marsfeld gewesen war: ein sportlicher Tummelplatz, auf dem viele versuchten, ihren Körper durch Gymnastik und Spiele fit zu halten, und auf dem sie genügend Gleichgesinnte fanden, die gern bereit waren, sich an einem Mannschaftsspiel zu beteiligen.

Vor dem Baden hieß es also zunächst einmal, den Schweiß durch sportliche Übungen aus den Poren zu treiben, um sich danach gründlich und am ganzen Körper zu reinigen.

Besonderer Beliebtheit erfreute sich das Ballspiel in den Thermen (allerdings

VRSVS TOGÁTVS VITREÁ QVI PRIMVS PILA
LÚSI DECENTER CVM MEIS LÚSÓRIBVS
LAVDANTE POPVLÓ MAXIMIS CLÁMÓRIBVS
THERMIS TRAIIÁNI THERMIS AGRIPPAE ET TITI
MVLTVM ET NERÓNIS SI TAMEN MIHI CRÉDITIS
EGO SVM OVANTÉS CONVENITE PILICREPI
STATVAMQVE AMICI FLÓRIBVS VIOLIS ROSIS
FOLIÓQVE MVLTÓ ADQVE VNGVENTÓ MARCIDÓ
ONERÁTE AMANTÉS ET MERVM PRÓFVNDITE
NIGRVM FALERNVM AVT SÉTINVM AVT CAECVBVM
VIVÓ AC VOLENTI DÉ APOTHÉCÁ DOMINICÁ
VRSVMQVE CANITE VÓCE CONCORDI SENEM
HILAREM IOCÓSVM PILICREPVM SCHOLASTICVM
QVI VICIT OMNÉS ANTECESSÓRÉS SVÓS
SÉNSÚ DECÓRE ADQVE ARTE SVPTILISSIMÁ
NVNC VÉRA VERSV VERBA DICAMVS SENÉS
SVM VICTVS IPSE FATEOR Á TER CÓNSVLE
VÉRÓ PATRÓNÓ NEC SEMEL SED SAEPIVS
CVIVS LIBENTER DICOR EXODIARIVS

Abb. 209 Gedenktafel des «führenden» Thermen-Ballspielers Ursus (Faksimile CIL VI 9797).

nicht nur dort!). Martial zufolge war es geradezu außergewöhnlich, wenn jemand nicht vor dem Baden eine Zeitlang Ball spielte. Er bezeichnet es einmal als typisch für einen Philosophen, daß er sich dafür keine Zeit nehme.[58] Und in einem anderen Epigramm ruft er einem allzu begeisterten Spieler, der über dem Ballspiel das Baden zu vergessen droht, zu:

«Gib den Ball! Es schellt in dem Bad!
Ja, spielst du noch weiter?
Willst du mit kaltem Wasser nur dich begnügen und gehen?»[59]

Ob jung, ob alt, ob reich, ob arm: Das Ballspiel gefiel den meisten Römern, und je nach Temperament, sportlicher Veranlagung und Alter gab es Kampfspiele und Kunstballspiele, Ballübungen zu gymnastischen Zwecken sowie unterschiedliche Arten von Spielen: Wurf- und Fangball, Prellball, Neckball (mit Täuschung des Gegners) usw.[60]

Auch Prominente spielten gern Ball, so beispielsweise Caesar und Augustus[61], aber auch Vespasian, der sich dafür oft in den Thermen aufhielt.[62] Und schon Cato der Ältere hatte dieser Form des Spiels mehr abgewinnen können als dem «bösen» Würfelspiel.[63]

Die Neigung der Römer zum Ballspiel hat ihren Niederschlag auch in verzwickten juristischen Problemen gefunden. Eine amüsante «Fallstudie». Frage: Wenn jemand beim Ballspiel den Ball zu heftig wirft und der dann einen Friseur an der Hand trifft, die dadurch so unglücklich bewegt wird, daß einem Sklaven, den er gerade rasiert, das Rasiermesser in die Kehle dringt und der Ärmste daran stirbt – wen trifft die Schuld am Tode des Sklaven? – Antwort: Erstens den Friseur, denn der hätte sein Handwerk nicht an einem Platz ausüben dürfen, wo erfahrungsgemäß oft Ball gespielt wird; zweitens den Sklaven, denn er hätte sich an einem offensichtlich so gefährlichen Ort nicht rasieren lassen dürfen![64]

Abb. 210 Verkaufstheke eines Gemüsehändlers; zwischen den Tischböcken steht ein Hühnerkorb; Relief aus Ostia.

Ursus, der König des Ballspiels

Ein Vorfall, wie er sich durchaus in einer Thermenanlage zugetragen haben könnte! Aufschlußreich auch die Inschrift eines passionierten Ballspielers aus dem 2. Jahrhundert n. Chr., der sich selbst in einem Epigramm als ungekrönten König des Ballspiels in den Thermen Roms feiert (Abb. 209):

«[Ich bin] Ursus, der ich als erster Römer mit dem gläsernen Ball
anmutig mit meinen Mitspielern gespielt habe.
Das Volk lobte mich, und laute Zurufe erschollen
in den Trajans-Thermen, den Thermen des Agrippa und des Titus,
viel auch in den Thermen Neros; glaubt's mir ruhig:
Ich bin's. Kommt her und feiert mich, ihr Ballspieler,
und schmückt, Freunde, meine Statue mit Blumen, Veilchen und Rosen (...)!
Besingt einmütig den alten Ursus,
den fröhlichen, scherzhaften, gelehrten Ballspieler,
der alle seine Vorgänger übertroffen hat an Gefühl, Anmut und ausgeklügelter Kunst!»[65]

Erst neulich, so das überraschende Ende des nicht gerade bescheidenen Selbstlobs, erst neulich bin ich besiegt worden, «nicht einmal, sondern mehrmals» – ein sympathisches Eingeständnis, das unser Ballspielenthusiast an den Schluß seines Epigramms stellt.

Das Ballspiel war in den Thermen die dominierende Sportart, aber es war selbstverständlich nicht die einzige. Wie immer der Besucher der Badeanstalt sich sportlich betätigen wollte, die Gelegenheit dazu war in den weitläufigen Anlagen allemal gegeben. Und er fand unter den Hunderten und Tausenden, die sich dort zusammen mit ihm aufhielten, unschwer auch einen oder mehrere Mitspieler...

Parasiten auf der Lauer

Dies freilich auch dann, wenn er es gar nicht unbedingt wollte. Da gab es manch einen aufdringlichen Zeitgenossen, der Gesellschaft suchte oder noch ganz andere Hintergedanken im Kopf hatte, wenn er sich als Sportpartner empfahl: «Dem Menogenes ist im Bad und seiner Umgebung

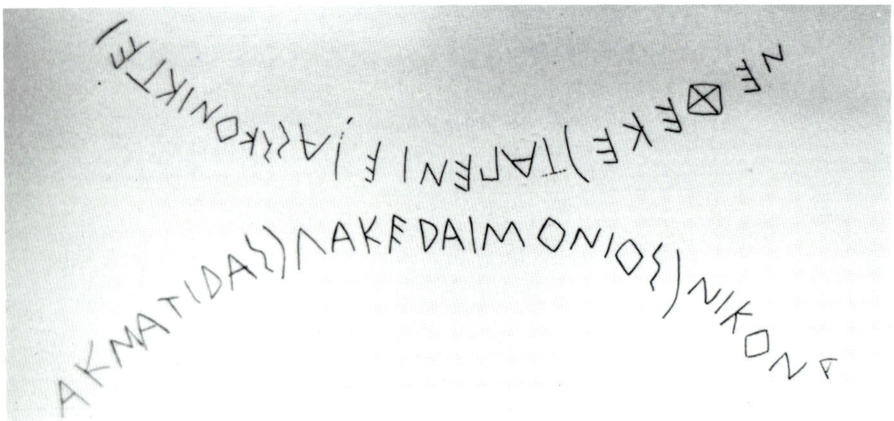

Abb. 211 Sprunggewicht, das den Schwung beim Weitsprung erhöhen sollte. Außer Ballspielern trainierten auch Athleten in den Palästren der Thermen.

nicht zu entgehen; du magst listig sein, wie du nur willst.
Oftmals fängt er den warmen Ball mit der Rechten und Linken,
um die gefangenen dann immer zu zählen für dich,

Abb. 212 Der Parasit gehörte zum Typen-Inventar der «Neuen Komödie». Die entsprechenden Terrakotta-Statuetten zeigen «erfolgreiche», da dickbäuchige Parasiten. Mahlzeitenjäger gab es aber auch im wirklichen Leben …

hebt den schlaffen Ball aus dem Staub und bringt ihn dir wieder,
kommt er auch schon aus dem Bad, hat auch die Schuhe schon an (…)
Alles lobt er, und alles bewundert er, bis du dann schließlich
nach so vielem Verdruß ‹Komm schon zum Essen!› ihm sagst.»[66]

Menogenes, der geschickte Mahlzeitenerschleicher und schmeichlerische Parasit (Abb. 212), machte sich eine weitere Funktion der Thermen zunutze: Sie waren Orte der Begegnung, Kommunikationszentren, Stätten, wo der neueste Stadtklatsch diskutiert, die jüngsten Gerüchte brühwarm weitergegeben wurden, wo man aber auch ernsthafte Gespräche führte, die Meinungen anderer kennenlernte und soziale Kontakte herstellte oder wiederaufnahm.

Treffpunkte von Arbeitsscheuen?

Die Thermen waren eine Art Gemeinschaftszentren, in die sich die Leute meist nach getaner Arbeit begaben. Es ist eine weitverbreitete falsche Vorstellung, daß sich in den Thermen hauptsächlich Müßiggänger und notorische Faulpelze herumgetrieben hätten, während die «braven Bürger» im Schweiße ihres Angesichts für ihr tägliches Brot hätten arbeiten müssen.

Diese Vorstellung wird schon durch einen Blick auf die Öffnungszeiten der Thermen widerlegt. Die großen kaiserzeitlichen Thermen öffneten zumindest im 1. und 2. Jahrhundert n. Chr. ihre Pforten in der Regel nicht vor der achten Stunde, das heißt in der Mittagszeit zwischen 12 und 14 Uhr (die Länge der Stunden war unterschiedlich je nach der Jahreszeit).[67] Die meisten Besucher dürften erst nachmittags gekommen sein, wenn sie ihre Arbeit erledigt hatten. In Rom herrschten da strenge Sitten: Bis weit in das 3. Jahrhundert hinein wurden die Thermen noch vor Einbruch der Dunkelheit wieder geschlossen.[68] Dies übrigens in krassem Unterschied zu manchen Städten auf dem Lande. In Pompeji stießen die Ausgräber in den Forumsthermen auf 1328 Lampen, die offenbar als Beleuchtung für jene Nachtschwärmer dienten, die auch während der Nacht noch Badefreuden genießen wollten.

Wer sich in Rom in die Thermen begab, der wollte nach Feierabend einige Stunden in angenehmer Atmosphäre verbringen, der wollte sich entspannen, sich mit anderen zwanglos unterhalten, Sport treiben, schwimmen, baden oder auch ein Buch in die Hand nehmen: Die großen Thermen hatten natürlich für den anspruchsvollen Besucher auch eine Bibliothek, einen Lesesaal und Wandelgänge mit Bänken und Sesseln für alle, die sich eine Zeitlang in ein Buch vertiefen wollten.

Freizeitanlagen und Kommunikationszentren

Wer sich stundenlang in den Thermen aufhielt und sich zudem noch körperlich betätigte, den verlangte es früher oder später auch nach Essen und Trinken (Abb. 210). Kein Problem! Überall standen ambulante Verkäufer und Garköche bereit, den Gast mit Erfrischungen, Würstchen, Kuchen, Wein und anderen Getränken zu versorgen. *Popinae* (Gaststätten) luden zum Verweilen ein, Schankstuben schienen geradezu dazu aufzufordern, den im *laconicum* verlorenen Schweiß durch entsprechenden Weingenuß wieder wettzumachen… (Abb. 215).

Hier kam der neugierige Besucher an Räumen vorbei, wo gerade ein gelehrter Vortrag stattfand, dort erklang Musik aus der Parkanlage. Oder es trat ein geheimnisvoll tuender Mann an ihn heran und bot ihm ein schönes Mädchen oder einen schönen Knaben an: Kuppler, die in den Thermen auf Kundenfang für ihre «Angestellten» gingen, von denen sich eine große Zahl vor den Badeanstalten aufhielt.

Welch buntes, geschäftiges Treiben in den römischen Bädern herrschte, hat Seneca in einem seiner «Briefe an Lucilius» plastisch ausgemalt – für den Philosophen eine Horrorvision, in den Augen des «normalen», Entspannung suchenden Thermenbesuchers aber sicher ein freundliches Stimmungsbild:

«Hier umdröhnt mich von allen Seiten Lärm jeder Art; denn meine Wohnung liegt gerade über dem Bade. Nun stelle dir das wilde Gekreisch aus allerlei Tönen vor! Es könnte einen dazu bringen, die eigenen Ohren zu verfluchen.

Kraftmenschen üben hier, schwingen ihre bleibeschwerten Hände, bringen sich dabei in Schweiß oder tun wenigstens so; jetzt hört man sie stöhnen; wenn sie den angehaltenen Atem wieder ausstoßen, hört man Zischen und wildes, hartes Aufatmen. Dann vernimmt das Ohr einen simplen Salber der gewöhnlichsten Art: Ich höre seine Hand auf die Schultern klatschen; je nachdem sie hohl oder flach auftrifft, sind die Töne verschieden.

Kommt noch ein Ballspieler hinzu, der seine Ballschläge zählt, dann ist das Maß voll. Denke dir dazu die immer wieder aufkommenden Zänkereien, den Lärm, mit dem man einen Dieb faßt, und das Geplärr von Leuten, die sich gern im Bade singen hören! Ferner das tosende Aufspritzen des Wassers, wenn einer mit gewaltigem Schwung ins Bassin springt.

Das alles sind wenigstens naturgemäße Töne – dazu aber die schrille, dünne Stimme eines Haarausrupfers, der immerfort schreien muß, um sich bemerkbar zu machen, und erst dann schweigt, wenn er einem die Achselhaare ausrupft, wofür dann der Gerupfte losschreit! Und endlich all die Lärmerei, wenn Wurst- und Kuchenhändler und alle Garküchenınhaber ihre Waren, jeder in der ihm eigenen Tonart, anpreisen!»[69]

Auch wenn es dem Philosophen Seneca nicht paßte – für den einfachen Bürger war der Besuch der Thermen immer wieder ein schönes Erlebnis, ein paar unbeschwerte Stunden in einer angenehmen, auf die unterschiedlichen Interessen und Ansprüche zugeschnittenen Atmosphäre.

Wer freilich genug Geld hatte, der mied die «gemeinen» Thermen. Er besuchte die teureren Privatetablissements oder baute sich «einfach» seine eigene Thermenanlage, die zu jedem bedeutenden Landsitz «dazugehörte». Obwohl es offiziell keinerlei Restriktionen gab und auch in der Praxis Angehörige *aller* sozialen Schichten die Thermen frequentierten, waren sie doch in erster Linie für alle jene Bürger gedacht, die schon aus finanziellen Gründen auf die öffentlichen Thermen angewiesen waren.

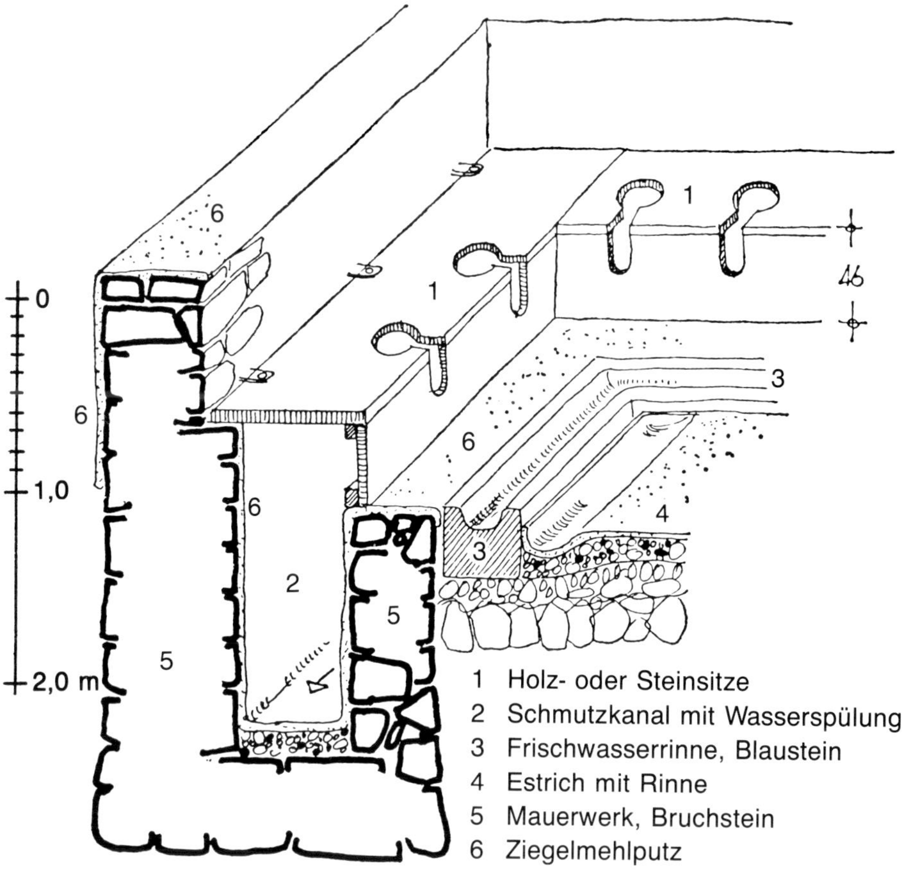

Abb. 213 Schematische Darstellung einer römischen Latrine (Nach L. Hugot, BJb 159, 1959, 378).

Stätten des Luxus

Um so bemerkenswerter ist es, daß die Kaiser keine Kosten gescheut haben, um auch die «Thermen des kleinen Mannes» in einem Maße zu schmücken und luxuriös auszugestalten, wie es sonst nur

Abb. 214 Toilettenanlage in Dougga, Tunesien.

Abb. 215 Oben: Schankstube mit Weinverkauf. Über der Theke hängen Krüge; rechts werden Gäste bedient; unten: Transport von Wein; Grabrelief aus Trier, 2./3. Jh. n. Chr.

die prunkvollsten Privatthermen waren. Thermen – das waren repräsentative Bauwerke, die schon von ihrer Größe her ihren Eindruck nicht verfehlten. Um wieviel mehr konnten sich die Kaiser als hochherzige Gönner und freigebige Herrscher präsentieren – und, kein Zweifel, sie *wollten* es! –, wenn sie den Benutzern der Thermen das Gefühl vermittelten, in ebenso eleganter und prachtvoller Umgebung zu baden, wie es sich sonst nur die Reichsten der Reichen erlauben konnten. Kostbare Materialien verkleideten Wände und Fußböden der Thermen. Marmor, wohin das Auge blickte (Abb. 216)! Grüner Porphyr vom Taygetos-Gebirge, gelber Marmor aus Afrika, Alabaster und Onyx: Das ganze Imperium lieferte die besten Steinsorten, um die Badeanstalten der Hauptstadt zu verschönern – die öffentlichen wie die privaten.[70]

Extravaganz war Trumpf – sehr zum Unwillen der Moralisten vom Schlage Senecas, der Bäder beschreibt, in denen «alexandrinischer Marmor mit numidischen Mosaikplatten wechselt und alles umsäumt ist von gemäldeartig reichen Ornamenten». Und weiter: «Das Gewölbe verbirgt sich hinter Kristall, weißer Marmor aus Thasos – ein seltener Anblick in dem einen oder anderen Tempel – umkleidet die Badebassins... das Wasser strömt aus silbernen Hähnen.»

Nicht genug damit: «Welch ein Haufen von Statuen, welch eine Menge von Säulen, die gar nichts tragen, sondern nur dastehen zur Zierde, des Prunkes wegen. Welche Fluten von Wasser, die über Stufen tosend hinabströmen! So weit ist es mit unserer Prunksucht gekommen, daß wir nur auf Edelstein treten wollen!»

Und schließlich der nostalgische Blick auf die schlichte Vergangenheit: «Einst gab es nur wenige Bäder, ohne jede Pracht. Wozu auch großartige Ausstattung für eine Sache, die nur einen Sechser kostet [den Eintrittspreis!], die für das Bedürfnis des Menschen, nicht für sein Vergnügen erfunden wurde?»[71]

Erfunden ja – aber wo stand geschrieben, daß sich das Badewesen nicht zu einem ausgesprochenen Vergnügen *entwikkeln* durfte? Seneca mochte sich noch so empört geben ob des ins Phantastische gesteigerten Luxus der römischen Bäder; die große Mehrheit der Römer war den Erbauern der Thermen dankbar dafür, daß sie die Badeanlagen derart üppig ausschmücken ließen.

«Glanz des Jahrhunderts»

Und das taten sie ohne Zweifel! Die Fußböden waren von riesigen Mosaiken geziert, auf denen vor allem Meerestiere dargestellt waren, aber auch andere Motive vorkamen, wie das berühmte, im Zusammenhang mit dem «Stadion» schon erwähnte Athletenmosaik zeigt, das 1824 in den Caracalla-Thermen gefunden wurde (Abb. 217). In den weniger frequentierten Räumen der Thermen kamen auch «bloße» ornamentale Mosaikmuster vor.

Erlesene Stuckarbeiten und farbenprächtige Malereien schmückten die Räume der Thermen ebenso wie Statuen und Skulpturen, die von den hervorragendsten griechischen und römischen Künstlern geschaffen waren, teilweise Kopien der berühmtesten Plastiken, die die Alte Welt überhaupt hervorgebracht hat, zum Teil aber auch Originale. Erinnert sei nur an die Laokoongruppe, die neben vielen anderen Kunstwerken einst eine Thermenanlage der Hauptstadt schmückte (Abb. 196).

An Raffinesse ließ sich das, was in den Thermen geboten wurde, kaum noch übertreffen: Womit wäre etwa die Praxis noch zu überbieten gewesen, das Badewasser mit Wohlgerüchen zu vermischen, ja, ihm gewürzte Weine beizugeben, um es «edler» zu machen?[72]

Abb. 216 Marmorsorten aus dem gesamten Imperium trugen zur Pracht der stadtrömischen Badepaläste bei: a Pavonazzetto, b Africano, c Giallo antico, d Cipollino, e Alabaster, f Bardiglio.

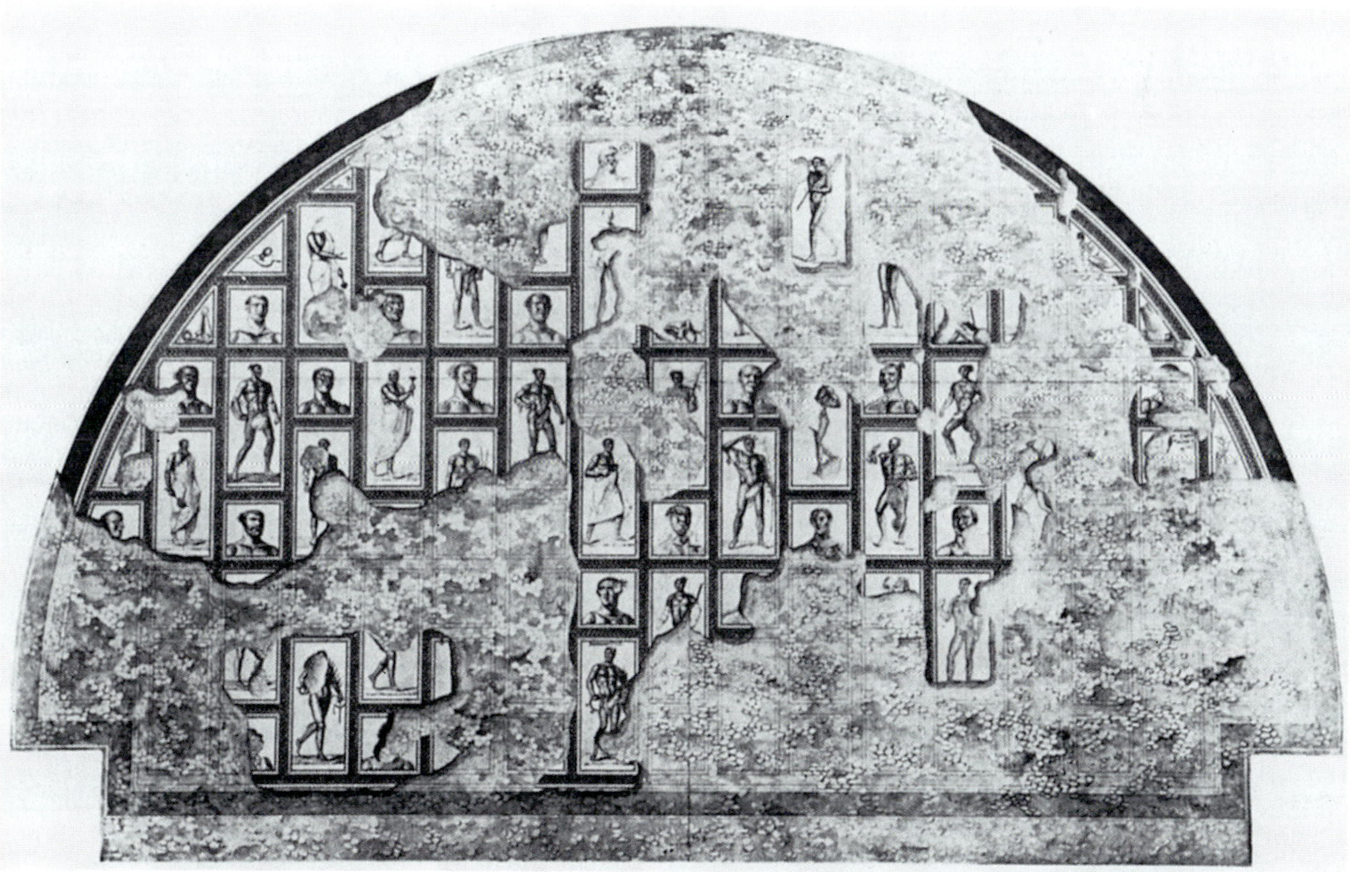

Abb. 217 Athletenmosaik aus den Caracalla-Thermen. Es schmückte eine der Palästren mit einschlägigen Sportler-Motiven; wahrscheinlich 3. Jh. n. Chr.

Abb. 218 a Die Thermenruine von Civitavecchia, einem Heilbad an der Küste, ca. 70 km nordwestlich von Rom. Im Vordergrund der Rundbau vom republikanischen Bad; hinten die Anbauten des 2. Jhs. n. Chr. Blick von Nordwesten.

Da war es denn wirklich kein Wunder, wenn auch die Menschen in den Provinzen sich bemühten, es den verwöhnten Bewohnern der Hauptstadt gleichzutun, um ihrerseits an der luxuriösen Badekultur der römischen Kaiserzeit zu partizipieren. Und so konnte sich Kaiser Trajan der über den Statthalter Plinius an ihn gerichteten Bitte der Prusenser schlecht widersetzen, die ein «schmutziges, altes Bad» hatten und ein neues bauen wollten, das so beschaffen sein sollte, «wie es der Glanz deines Jahrhunderts fordert» – so Plinius an Trajan.[73]

Abb. 218 b Der große Wannenraum des älteren Badegebäudes von Civitaveccia. Blick nach Norden.

Der «Glanz des Jahrhunderts» – er strahlte auch auf die Thermenanlagen Roms aus, oder, umgekehrt formuliert und gleichwohl ebenfalls richtig, er resultierte nicht zuletzt aus jenen prächtigen Thermen der Kaiserzeit: ein Glanz im übrigen, der nicht einmal vor den Latrinen in den Badeanstalten haltmachte. Die Sitze in den Toiletten der Thermen waren – natürlich! – aus Marmor (Abb. 213). Und in einem weiteren Punkt sind sie Spiegel der großen Thermen im kleinen: Sie waren nicht, wie heute üblich, durch Zwischenwände voneinander geteilt. Das Kommunikationsbedürfnis, das viele Römer täglich in die Thermen lockte – es wirkte auch in der Gestaltung der Latrinen fort, die ein ungehindertes Plaudern der dort Verweilenden ermöglichte (Abb. 214).

Schauspiele und Politik – Die Publikumsdemonstrationen in der Kaiserzeit

Ein Parvenü schafft sich Feinde

Rom im Jahre 190 n. Chr.: Im Kaiserpalast auf dem Palatin residiert mit Commodus ein Mann, der ein Jahrzehnt zuvor vom Heer zum Kaiser ausgerufen worden ist, in den Augen der Zeitgenossen ein despotischer, tyrannischer Herrscher, der zudem noch von der Vorstellung verfolgt wird, überall lauerten seine Gegner ihm auf, überall würden insgeheim Verschwörungspläne gegen ihn geschmiedet (Abb. 220). Die Folge: Er vertraut nur wenigen, begibt sich aber gleichzeitig in eine totale Abhängigkeit von denen, die er einmal als seine Freunde erkannt zu haben glaubt. Undurchsichtige Gestalten werden zu den wichtigsten Ratgebern des Kaisers – Männer, die ihre Vertrauensstellung schamlos ausnutzen, um ihren persönlichen Einfluß noch zu vergrößern und um vor allem Reichtümer anzuhäufen.

Einer dieser schamlosen Gesellen ist Cleander, ein ehemaliger Sklave, ursprünglich als unfreier Lastenträger nach Rom gekommen, dann aber freigelassen und zu einem der wichtigsten Hofbeamten aufgestiegen.[1]

Cleander nutzt die Privilegien seiner Stellung in übelster Weise aus. Im Namen des Kaisers verhökert er militärische Kommandos, hohe Verwaltungsposten und die Mitgliedschaft im Senatorenstand; wer bezahlt, erhält, was er will. Hauptnutznießer dieses Schachers mit öffentlichen Ämtern ist Cleander selbst. Schnell wird er einer der reichsten Männer in Rom. Kein Wunder, ist er doch skrupellos genug, in einem einzigen Jahr gleich 25 Männer (statt zwei!) zu Consuln zu ernennen!

Kein Wunder aber auch, daß Cleander bald der bestgehaßte Mann in ganz Rom ist. Nicht nur, daß er Neid, Mißtrauen und Verärgerung beim einfachen Bürger auslöst – zumal er sich ganz nach Art römischer Parvenüs mit seinem Reichtum brüstet, seinen Wohlstand demonstrativ zur Schau stellt –, er hat sich auch in den Reihen der Ritter und Senatoren mächtige Feinde gemacht, die nur auf eine Gelegenheit warten, es dem «frechen Emporkömmling» heimzuzahlen.

Und die ergibt sich im Jahre 190. In Rom ist wieder einmal das Getreide knapp – traditionsgemäß eine heikle Situation, die bei großen Teilen der hauptstädtischen Bevölkerung Unruhe und Unzufriedenheit auslöst. Eine Hungersnot

Abb. 219 Schauplatz von Massendemonstrationen: der Circus Maximus (Modell; vgl. Abb. 42)

Abb. 220 Commodus – ein verhaßter Herrscher, dabei ein Freund der «Spiele», der auch selbst in der Arena auftrat und sich als «römischer Hercules» feiern ließ. In diesen Zusammenhang gehört die Darstellung des Kaisers auf der Löwenjagd; Münze aus dem Jahre 188 n. Chr.

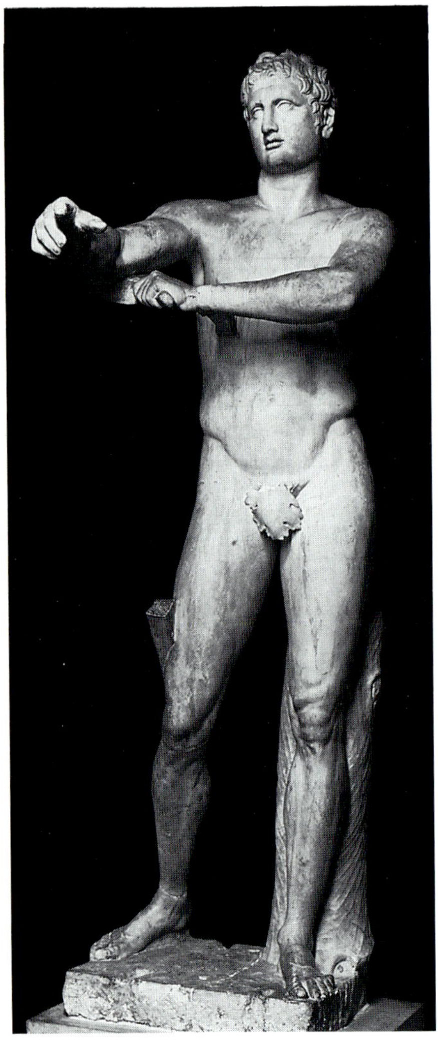

Abb. 221 Der Apoxyomenos – Marmorkopie der Bronzestatue des Lysipp, an der sich die Auseinandersetzungen zwischen Tiberius und dem Volk entzündeten. Mit der linken Hand hält der Athlet eine *strigilis* (Schabmesser), mit der er sich die Unterseite des rechten Arms vom Öl und Staub der Palästra reinigt.

scheint sich anzukündigen; der Brotpreis zieht mächtig an; die Furcht der Menschen wächst. All das kommt dem Papirius Dionysius gerade recht, und er entschließt sich, seinerseits Öl ins Feuer zu gießen: Als verantwortlichem Beamten für die Getreideversorgung der Stadt Rom *(praefectus annonae)* stehen ihm genügend Mittel zu Gebote, um die Versorgungslage noch angespannter werden zu lassen. Und darauf gründet sich sein Plan: Er schürt die Unzufriedenheit im Volke, läßt aber gleichzeitig Gerüchte ausstreuen, daß der wirklich Schuldige für den Engpaß an Getreide sein Intimfeind sei: kein anderer als Cleander.

Die Rechnung des Papirius geht auf: Die allgemeine Erbitterung über die Machenschaften des mächtigen Günstlings Cleander ist so groß, daß die aktuellen Schwierigkeiten in der Kornversorgung ausreichen, um das Faß zum Überlaufen zu bringen. Und so kommt es zu einem denkwürdigen Eklat, der von Papirius und anderen Hintermännern von langer Hand vorbereitet und effektvoll in Szene gesetzt worden ist.

Aufruhr im Circus

Ort der Handlung: der Circus Maximus (Abb. 219). Die Ereignisse in der Schilderung des Historikers Dio Cassius:

«Es gab Wagenrennen. Als die Pferde gerade dabei waren, zum siebten Rennen loszulaufen, stürmte eine Menge von Kindern in den Circus. Eine große, grimmige Jungfrau führte sie an, die jeder nach den späteren Ereignissen für eine Gottheit hielt. Die Kinder riefen gleichzeitig bittere Worte [gegen Cleander], und das versammelte Volk nahm diese Schimpfwörter auf und schrie alle möglichen Beleidigungen heraus. Schließlich stürmte die Menge von den Rängen hinunter und machte sich auf, Commodus zu treffen. Dabei stießen die Leute Hochrufe auf den Kaiser aus, gegen Cleander aber Schmährufe.»[2]

Wie eine losgelassene Meute müssen sich die Circusbesucher auf die Straßen ergossen haben. Cleander erhielt noch rechtzeitig Nachricht von dem Heranbrausen der tobenden Menschenmenge. Die von ihm sofort ausgeschickten Soldaten töteten und verwundeten einige Teilnehmer der Demonstration; aber es gelang ihnen nicht, die rasende Menge wirklich aufzuhalten. Die Straßenschlachten heizten die Erregung und Wut der Menschen eher noch an; aufgebracht liefen sie weiter. Ihr Ziel war die Residenz des Kaisers.

Commodus wurde von der plötzlichen Erhebung in letzter Minute informiert. Er hatte nicht lange Zeit zum Nachdenken, sondern mußte rasch handeln. Und das tat er: Cleander und sein Sohn wurden auf Commodus' Anweisung kurzerhand getötet.

Nicht genug damit, daß er dem Willen der außer Rand und Band geratenen Menge nachgab und den an der Hungersnot «Schuldigen» ohne Bedenken opferte. Commodus kam den Emotionen der aufgepeitschten Menschenmenge noch weiter entgegen, denn er ließ den Körper seines einstigen Günstlings an den Mob übergeben, der ihn durch die Straßen der Hauptstadt schleifte und übel verstümmelte. Der Kopf des Getöteten wurde als Trophäe in der Stadt herumgetragen[3] – sichtbares Zeichen dafür, daß der Kaiser vor der einstimmigen Willenskundgebung des Circuspublikums kapituliert hatte.

Daß der Kaiser, nachdem er wieder einigermaßen zur Besinnung gekommen war, den Ursachen des «spontanen» Circustumults nachging und dabei auf Indizien stieß, die auf Drahtzieher im Hintergrund wiesen, steht auf einem anderen Blatt. Der einzige Schönheitsfehler dieser gewalttätigen Volksdemonstration war dann schließlich, daß ihre Regisseure das gleiche Schicksal erlitten wie Cleander. Nur kurze Zeit später ließ Commodus mit Dionysius auch einen der wichtigsten Hintermänner des Aufruhrs umbringen.[4]

Empörung über einen kaiserlichen Kunstdieb

Rom, mehr als 160 Jahre vor den tumultuarischen Ereignissen des Jahres 190: Im Kaiserpalast residiert Tiberius, der Nachfolger des Augustus, kein Mann des Volkes, aber ein Herrscher, der wenigstens subjektiv bemüht ist, Gerechtigkeit walten zu lassen, im Privatleben ein Freund der Musen, der besonders von Literatur etwas versteht.[5]

Und ein Liebhaber erlesener Kunstwerke! Daher ist es ihm ein Dorn im Auge, daß der Apoxyomenos, die Darstellung eines Athleten mit Schabeisen, die der berühmte griechische Bildhauer Lysipp im 4. Jahrhundert v. Chr. geschaffen hat (Abb. 221), an einem für alle Welt zugänglichen Platz steht: Agrippa hat das Kunstwerk erworben und es vor der von ihm erbauten Thermenanlage aufstellen lassen.

Als Kunstliebhaber – und wohl auch als Sammler – entschließt sich Tiberius zu einem ungewöhnlichen Schritt: Er läßt die Statue einfach von ihrem Ort ent-

Abb. 222, 223 Einer der sensibelsten Behördenleiter-Posten in der kaiserzeitlichen Administration war der des *praefectus annonae* (Leiter der Getreideversorgung Roms). Ehreninschrift für Kaiser Constans von Aurelius Avianius Symmachus, der in seiner Karriere auch *praefectus annonae* war – auf diese Tätigkeit spielt das auf der Basis abgebildete Getreideschiff an; 284 n. Chr.

fernen und in seinen Palast bringen, um dort künftig jederzeit das Kunstwerk vor Augen zu haben.

Es dauert nicht lange, und Tiberius muß diese unüberlegte «Transaktion» bitter bereuen. Sind es zunächst vielleicht nur Wandkritzeleien und vereinzelte Protestrufe, die eine Rückgabe der Statue fordern, so formiert sich die «Opposition» bald noch schlagkräftiger; ja, sie wird unüberhörbar: Während einer Theateraufführung erhebt sich lautes Protestgeschrei. Eine vielstimmige Menschenmenge fordert den Kaiser nachdrücklich auf, das entwendete Kunstwerk schnellstens dem wahren Eigentümer zurückzugeben. Und das ist dem Testament des Agrippa zufolge das Volk von Rom!

Tiberius reagiert verärgert. Wenn er später noch weniger Neigung verspürte, bei Wagenrennen und Theateraufführungen persönlich anwesend zu sein, so ging diese Aversion sicher auch auf die schlechten Erfahrungen zurück, die er mehrfach mit derartigen Forderungen des Publikums hat machen müssen.

Ärger über das Theaterpublikum hin, Bewunderung für das entwendete Kunstwerk her – Tiberius entschließt sich, die Statue wieder herauszugeben. Die Demonstration des Publikums hat ihre Wirkung nicht verfehlt; der Kaiser gibt zähneknirschend nach und läßt den Apoxyomenos wieder an seinen angestammten Platz vor den Agrippa-Thermen zurückbringen.[6]

Theatralis licentia

Eine wiederaufgestellte Statue, ein ermordeter Günstling – Ereignisse von sehr unterschiedlichem Gewicht, zudem durch mehr als eineinhalb Jahrhunderte zeitlich voneinander getrennt! Und doch in wesentlichen Punkten übereinstimmend; wenn man so will, nach dem gleichen politischen Muster gestrickt.

Und dieses Muster hieß: Publikumsdemonstrationen bei öffentlichen Spielen. Einmal war es das Theater, wo unüberhörbar eine Forderung an den (anwesenden) Kaiser gerichtet wurde, im anderen Fall der Circus, wo Volkswut nach einer geschickt inszenierten «Initialzündung» aufschäumte und der Zuschauerraum Ausgangspunkt für einen gewalttätige Züge eines regelrechten Aufstandes tragenden Demonstrationszug zur kaiserlichen Residenz wurde.

Ansprechpartner dieser Demonstrationen war der Kaiser; an ihn richteten sich die von der Menge geäußerten Wünsche, Beschwerden und Forderungen; er wurde geradezu genötigt, Stellung zu beziehen und Entscheidungen zu treffen.

Die Anliegen, die das Publikum bei Gladiatorenkämpfen, Wagenrennen und Bühnenaufführungen vorbrachte, beschränkten sich keineswegs nur auf die Darbietungen selbst. Wenn das Volk den einen oder anderen Gladiator oder Wagenlenker präsentiert bekommen wollte, wenn es bestimmte Modalitäten und äußere Umstände eines Spieltages zum Anlaß für Kritik nahm oder sich über Entscheidungen des Spielgebers im Zusammenhang mit dem Programm und seinem Ablauf erregte, so war das nur zu verständlich und im allgemeinen ohne allzu große politische Tragweite. Den Wünschen des Publikums in dieser Hinsicht entgegenzukommen, fiel dem Kaiser nicht schwer, konnte er doch gerade dadurch nur an Popularität gewinnen.

Zudem war die *theatralis licentia*, die Zügellosigkeit des Theaterpublikums – und von da auf die anderen Spiele übertragen –, sprichwörtlich. Jeder mußte damit rechnen, daß sich die Zuschauer bei den Spielen «ungehöriger», «freier», «vorlauter» benahmen als anderswo. Das hatte sich seit den Zeiten der Republik so eingebürgert, und es mochte zwar für empfindsame Naturen, Leute mit gutem Geschmack und auch für die Herrschenden ärgerlich und anstößig sein; doch brauchte kein Kaiser die aus der *theatralis licentia* resultierenden

«Aufsässigkeiten» oder «Unanständigkeiten» auf seine Person zu beziehen.

Nicht wenige Kaiser haben sich denn auch bemüht, dem Publikum besonders zu schmeicheln, indem sie sich an dieser «Zügellosigkeit» selbst aktiv beteiligten. Claudius forderte die Zuschauer ausdrücklich auf, fröhlich zu sein, und titulierte sie «Meine Herren» *(domini)*.[7] Von Titus hören wir sogar, er habe die Zuschauer dazu ermuntert, sie sollten nur erbitten, was sie wollten – eine Aufforderung zur «Freiheit», die sich allerdings nur auf die Spiele selbst bezog.[8] Schließlich gehört auch die von den meisten Herrschern akzeptierte Praxis, die Zuschauer über Leben oder Tod der besiegten Gladiatoren entscheiden zu lassen, in diesen Bereich der «harmlosen» Publikumsdemonstrationen. All das war für den Kaiser keine politische Gefahr, beeinträchtigte seine Stellung nicht im geringsten.

Applaus und Pfiffe – unüberhörbare Botschaft

Anders dagegen bei den brisanten Zuschauerdemonstrationen. Noch einigermaßen erträglich waren in den Augen des Kaisers Beifalls- und Mißfallenskundgebungen gegenüber hochgestellten Persönlichkeiten, sobald sie das Theater, die Arena oder den Circus betraten. Applaus, Pfiffe, Pfui- und Bravorufe, Zischen und Klatschen waren Reaktionen des Publikums gegenüber eintretenden Senatoren, hohen Beamten und Vertrauten des Kaisers.

Das Verfahren solch positiver wie negativer Begrüßung gehörte zum festen Bestand der meisten öffentlichen Darbietungen. Trotzdem waren das nicht nur harmlose, unpolitische Sympathie- oder Antipathieerklärungen der Zuschauer. Wenn etwa ein Günstling des Kaisers ausgebuht wurde, sobald er sich im Theater oder im Circus blicken ließ, dann war das ein Indiz für seine Unpopularität; für den Kaiser vielleicht sogar ein Anlaß, den Betreffenden künftig weniger auffällig zu fördern oder dessen Einfluß sogar zu beschneiden. Hochrufe auf wichtige Beamte, etwa den mit der Getreideversorgung beauftragten Magistrat, durften als Ausdruck der Zufriedenheit der meisten Römer mit den Leistungen des Gefeierten gelten (Abb. 222, 223). Dessen Kompetenzbereich war auf absehbare Zeit jedenfalls *keine* Quelle für Unmut oder Verärgerung.

Diese Art der Manifestationen, die sich auf Personen bezog, oft aber Sachen meinte, war von ganz unterschiedlicher Durchschlagskraft. Wie der Kaiser darauf reagierte, hing stark von der Situation ab, natürlich auch von der Intensität des Zuschauerverhaltens und der Frage, ob das einmalige oder sich öfter wiederholende, stets in eine Richtung zielende Bekundungen des Publikumswillens waren. Die Bandbreite der möglichen Reaktionen des Kaisers war außerordentlich groß; sie reichte von völliger Nichtbeachtung bis zu sofortigen Entscheidungen hinsichtlich der kritisierten oder gefeierten Persönlichkeit.

In vielen Fällen waren Personen- und Sachfragen einfach nicht zu trennen. Es kam aber auch vor, daß die Zuschauerkundgebungen sich nur auf eine Sachentscheidung bezogen; und diese Demonstrationen waren in aller Regel für den Kaiser äußerst brisant.

Ursachen und Anlässe für derartige Unmutsbekundungen des Theater- oder Circuspublikums waren breit gestreut. Tiberius, der schon in der Frage der Statuenherausgabe schlechte Erfahrungen mit Publikumsdemonstrationen gemacht hatte, sah sich im Jahre 32 n. Chr. einer äußerst schwierigen Situation gegenüber: Damals war das Korn knapp geworden. Unter den Römern entstand große Unruhe, und die machte sich im Theater Luft: «Viele Forderungen wurden im Theater mehrere Tage hindurch heftiger und ungestümer erhoben, als es sonst gegenüber dem Kaiser der Fall war.» Tacitus lapidar: «Knapp am offenen Aufruhr vorbei!» (Abb. 224)

Die Lage hatte sich zugespitzt; Tiberius mußte handeln. Diesmal gab er nicht nach, sondern ließ über die zuständigen Beamten (denen er übrigens mangelnde «Öffentlichkeitsarbeit» vorwarf) darlegen, wie sehr sich die Getreideversorgung Roms doch seit den Zeiten des Augustus verbessert habe. Diese Klarstellung in Verbindung mit der Androhung einer härteren Gangart führte dazu, daß Ruhe eintrat. Immerhin, Tiberius hatte reagieren müssen, und noch lange verübelten es ihm die Römer, daß er nicht persönlich zu ihnen gesprochen, sondern ihren Klagen auf dem Umweg über die Beamten geantwortet habe.[9]

Zwischen Nachgeben und Härte

Ein weiterer Anlaß für spontane (?) Demonstrationen waren drückende Steuerlasten. Unter Caligula erreichten die Steuern einen neuen Höchststand. «Es gab», berichtet Sueton, «keine Art von Gegenständen oder Menschen, die nicht durch irgendeine Steuer erfaßt worden wären.» Als Beispiele führt er an, daß bei jedem Prozeß ein Vierzigstel der Streitsumme an den Fiskus abzuführen war, daß Lastträger ein Achtel ihres täglichen Verdienstes abzugeben hatten und selbst Dirnen mit dem Gewinn aus einem Beischlaf pro Tag zur Kasse gebeten wurden.

Was die Leute über die Erhöhung der Steuerquote hinaus erboste, war die Willkür der kaiserlichen Dekrete, die nicht einmal veröffentlicht wurden. Wo konnten sie dagegen am besten protestieren? Flavius Josephus gibt die Antwort darauf, die gerade wegen ihrer verallgemeinernden Tendenz die Bedeutung für den Einzelfall übersteigt: «Damals fanden Wagenrennen statt. Dieses Schauspiel erfreut sich bei den Römern größter Beliebtheit. Sie kommen mit Eifer im Circus zusammen *und erbitten, in Menge versammelt, von den Kaisern, was sie wünschen*. Wenn diese entscheiden, gegen ihre Forderungen sei nichts einzuwenden, dann beruhigen sich die Zuschauer wieder. So ersuchten sie Caligula mit dringenden Bitten, die Steuern zu senken und die Last der Abgaben etwas zu erleichtern.»[10]

Ob er wollte oder nicht, Caligula mußte sich den massiven Forderungen der Circusbesucher stellen. Er versuchte es mit einem Kompromiß: Die Abgaben wurden zwar nicht verringert, wohl aber versprach er, die Steuersätze zu veröffentlichen und damit transparent zu machen.

Der Kaiser bewies nicht gerade Souveränität, als es darum ging, das «erpreßte» Versprechen in die Tat umzusetzen. In schönster Bürokratenmanier hielt Caligula zwar sein Wort. Er ließ das Gesetz öffentlich anschlagen, «aber in so kleiner Schrift und an einem so unzugänglichen Ort, daß niemand eine Abschrift davon anfertigen konnte».[11]

So «clever» war dieses Verfahren aber dann doch nicht, wie Caligula es sich in einer Mischung aus Unbekümmertheit und kleinlicher Rache ausgedacht hatte. Er hatte die Stimmung im Volke offensichtlich falsch eingeschätzt.

Die Art und Weise der Veröffentlichung wirkte jedenfalls wie ein rotes Tuch. Obwohl keine Veranstaltungen stattfanden, liefen die Menschen erzürnt in den Circus und erhoben dort ein wütendes Protestgeschrei.[12] So selbstverständlich war der Circus bereits zu einem Forum öffentlicher Meinungsbekundung avanciert, daß sich die Unzufriedenen dort sogar spontan versammelten, unabhängig davon, ob gerade Wagenrennen liefen oder nicht.

Die Situation schien außer Kontrolle zu geraten. Der Auflauf im Circus zeigte dem Kaiser mit aller Deutlichkeit, wie erhitzt die Gemüter der Unzufriedenen waren. Er mußte rasch entscheiden, wollte er den «Schaden» noch einigermaßen in Grenzen halten.

Nachgeben oder mit äußerster Härte auf die Circusdemonstration reagieren: das war für Caligula die Alternative. Er entschloß sich zum Einsatz von Gewalt und ließ Truppen gegen die «Aufrührer» vorgehen. Es kam zu einem wüsten Handgemenge, in dessen Verlauf mehrere Protestierer getötet wurden. Damit war der Widerstand der anderen gebrochen. Lakonischer Kommentar eines antiken Berichterstatters: «Daraufhin schwiegen alle.»[13]

Abb. 224 Einen guten Eindruck von den Leidenschaften, die im dichten Gedränge des vollbesetzten Circus Maximus tobten, gibt dieser Ausschnitt aus dem berühmten Ben-Hur-Film von 1959.

Verläßliches Stimmungsbarometer

Der Vorfall zeigt, welche Brisanz solche Publikumsdemonstrationen haben konnten, welche Sprengkraft von ihnen in bestimmten Fällen ausging. Zumal dann, wenn sie ihren Ausgang von kaiserlichen Entscheidungen oder allgemeinen Verhältnissen nahmen, die große Teile der Bevölkerung Roms betraf.

Verlauf und Ergebnis der Manifestationen im Theater, Circus oder in der Arena waren also sehr unterschiedlich. Und sie endeten auch keineswegs immer mit einem totalen Erfolg. Gerade das Verhalten des Caligula zeigt ja, daß der Kaiser durchaus mit harten Unterdrükungsmaßnahmen auf das Zuschauerverhalten reagieren konnte. Immerhin, *ein* konkretes Ergebnis hatten alle diese Meinungsbekundungen: Sie zeigten Schwachstellen auf, machten Probleme bewußt, waren eine Art Stimmungsbarometer, dessen Schwankungen der Kaiser zumindest zur Kenntnis nehmen mußte. Wie er darauf einging, war eine andere Sache.

Stimmungsbarometer: Dieser Ausdruck trifft auch auf eine Publikumsdemonstration aus dem Jahre 196 zu, eine der merkwürdigsten Manifestationen, die der Circus Maximus in seiner ganzen Geschichte erlebt hat.

Eine göttlich inspirierte Demonstration?

Der Vorfall ereignete sich in einer unruhigen, unsicheren Zeit. Wenige Jahre zuvor hatte Septimius Severus (Abb. 225) den Kaiserthron bestiegen, hatte aber daneben Clodius Albinus (Abb. 226), einen seiner Konkurrenten, zum Mitkaiser ernannt, um sich beim Kampf gegen einen anderen Herausforderer den Rücken freizuhalten. Der Plan war gelungen: Der gefährlichste Gegner war ausgeschaltet. Doch schon begannen, beinahe folgerichtig, die Streitigkeiten zwischen Septimius Severus und Albinus.

Das Staatsschiff steuerte eindeutig auf Konfrontationskurs in Richtung Bürgerkrieg. Erste militärische Konflikte mochten schon stattgefunden haben, als es im Dezember des Jahres 196 zu einer denkwürdigen Demonstration des Circuspublikums kam:

Der griechische Historiker Dio Cassius, damals Mitglied des Senats und ranghoher römischer Beamter, berichtet als Augenzeuge:

«Das Volk ertrug die Situation nicht, sondern beklagte sie mit aller Deutlichkeit. Es war die letzte Wagenrennenveranstaltung vor dem Saturnalienfest, und es strömte dazu eine riesige Menschenmenge zusammen. Auch ich war bei dem Schauspiel anwesend, da der Consul ein Freund von mir war, und ich habe alles, was damals geäußert wurde, genau gehört, so daß ich in der Lage war, über die damaligen Ereignisse zu schreiben.

Es kamen also, wie gesagt, unzählige Menschen zusammen. Sie schauten sich die sechs Wagenrennenwettkämpfe an.

Abb. 225 Büste des Septimius Severus mit Lorbeerkranz; Aureus aus dem Jahre 193/94 n. Chr. – Abb. 226 Clodius Albinus, Mitregent 193–197. Umschrift: D(ecimus) Cl(odius) Sept(imius) Al(binus); Aureus aus dem Jahre 193/94 n. Chr. – Abb. 227 Stolz auf den «spontan» verliehenen Titel eines «Vaters des Vaterlandes»: Augustus ließ ihn auch auf Münzen prägen; Aureus aus dem Jahre 2/1 v. Chr.

Dabei feuerte keiner einen der Konkurrenten an, wie es sonst üblich ist. Als aber jene sechs Läufe zu Ende waren und die Wagenlenker des nächsten Rennens gerade im Begriff waren, zu ihrem Umlauf zu starten, da forderten sie zunächst einander auf, ruhig zu sein. Dann klatschten sie plötzlich alle zusammen in die Hände und stimmten in einen Ruf ein, indem sie Glück und Wohlergehen für das Volk forderten.

Diese Rufe ließen sie zunächst ertönen, und dann nannten sie Rom ‹Königin› und ‹unsterblich› und riefen aus: ‹Wie lange noch sollen wir das alles ertragen?!› und ‹Wie lange sollen wir noch Krieg gegeneinander führen?!› Nachdem sie andere Ausrufe dieser Art gemacht hatten, schrien sie schließlich: ‹Das wär's für jetzt!› und wandten sich dem nächsten Pferdewettkampf zu.»[14]

Tatsächlich eine eigenartige Szene, die sich da im weiten Zuschauerrund des Circus Maximus abgespielt hat! Das plötzliche Verstummen einer riesigen Menschenmenge, der plötzlich einsetzende Applaus und die unisono skandierten Chöre, die der Unzufriedenheit mit den unruhigen politischen Verhältnissen Ausdruck gaben – wie läßt sich diese mächtige Demonstration erklären?

Für Dio Cassius stand außer Zweifel: Das konnte nur möglich sein, wenn göttliche Eingebung mit im Spiel war. Wie anders, so fragt unser Chronist, hätte es passieren können, daß aus Zehntausenden von Kehlen die gleichen Rufe erschollen, ja, daß das Ganze ohne Fehler über die Bühne ging, «gerade als hätte ein Chor es vorher einstudiert?» (Abb. 228)[15]

Drahtzieher bleiben im dunkeln

Für dieses unbestreitbar auffällige Phänomen einer so geschlossenen Meinungsäußerung einer unzähligen Menschenmenge gibt es nur *eine* rationale Erklärung: Das Ganze war von einigen Leuten im vorhinein sorgfältig geplant worden. Es müssen überall im Publikum «Vor-Rufer» gesessen haben, die zu einem vorher verabredeten Zeitpunkt (nach dem Ende des sechsten Rennens) ihre Umgebung aufforderten, ruhig zu sein, und sie dann zu den Sprechchören gleichsam mitrissen.

Wer diese eindrucksvolle Demonstration inszeniert hat und wie ihre «technische» Durchführung im einzelnen aussah, läßt sich nicht mehr rekonstruieren. Eines aber ist sicher: Möglich war diese Bekundung des Volkswillens nur gewesen, weil auf seiten der Zuschauer eine innere Bereitschaft vorhanden war, gegen die gefährliche Bürgerkriegssituation zu protestieren. Da war jeder einzelne in seinen persönlichen Interessen betroffen, da ging es um eine Forderung, die ebenso vernünftig wie gefühlsmäßig richtig war: Frieden, geordnete Zustände und indirekt natürlich auch wirtschaftliche Sicherheit. War der Sturm der Entrüstung einmal losgebrochen, wer hätte sich da weigern wollen, sich die vorgebrachten Parolen zu eigen zu machen und mit in den Chor derer einzustimmen, die doch nichts anderes wollten als Sicherheit und Frieden?

Gewiß, man mag da von Manipulation sprechen, von Drahtziehern im Hintergrund, die es mit allerlei Tricks darauf anlegten, die «Volksseele» zum Kochen zu bringen. Aber selbst wenn man die Eigengesetzlichkeiten der Massenpsychologie berücksichtigt, die irgendwann nicht mehr kontrollierbaren Abläufe solcher einmal in Gang gesetzter Prozesse, die Zufälligkeiten und nicht kalkulierbaren Umstände, die mit derartigen Ereignissen fast immer verbunden sind – selbst dann kann diese konkrete Circus-Manifestation des Jahres 196 doch als Ausdruck einer tiefen Sorge und Angst gedeutet werden, die sich in den tausendfach erschallenden Ausrufen der Empörung und Verbitterung Luft schafften.

Die Initiatoren einer Publikumsdemonstration konnten, was immer sie im Schilde führten, die Zuschauer in aller Regel nur dann wirkungsvoll mobilisieren, wenn es überhaupt einen Nährboden für ihre Agitation gab. Wenn die Zuschauer nicht schon mit unterschwellig vorhandenen Stimmungen und (Vor-)Urteilen für oder gegen jemanden oder etwas ins Theater und in den Circus kamen, dann brachten es auch Hundertschaften gekaufter Claqueure nicht fertig, das Publikum «in Schwung zu bringen».

Die Geliebte des Kaisers – Opfer des Zuschauerprotestes

Die Kundgebung von 196 ist dafür ein ebenso gutes Beispiel wie die Affäre um Berenice, die jüdische Geliebte des Kaisers Titus.

Berenice war Titus aus ihrer Heimat nach Rom gefolgt. Sie lebte mit ihm im kaiserlichen Palast; ihr Einfluß scheint nicht unbeträchtlich gewesen zu sein. In Rom wurde über eine bevorstehende Heirat der beiden gemunkelt.

Und genau das war gewissen Leuten ein Dorn im Auge. Sie versuchten, diese Ehe auf jeden Fall zu unterbinden. Auch in dieser Angelegenheit hielten sich die Hintermänner geschickt im dunkeln. Bis heute ist ungeklärt, wer den harten Kern des Widerstandes gegen die Liaison zwischen dem römischen Kaiser und seiner jüdischen Geliebten bildete. Vermutlich waren es «traditionsbewußte» Kreise, die das Verhalten des Titus aufs schärfste mißbilligten, Angehörige der oberen sozialen Schichten, die von jeher jede Tendenz zu einer möglichen «Überfremdung» Roms mißtrauisch beäugten.

Einen derart radikalen Antisemitismus, wie ihn die europäische Geschichte im Mittelalter und in der Neuzeit kennt, gab es im Altertum nicht. Gleichwohl schätzten die Römer ihre jüdischen Untertanen nicht besonders.[16] Noch weniger aber paßte es dem vielzitierten «einfachen Mann auf der Straße», wenn Angehörige fremder Nationen in Rom zu Macht und Einfluß gelangten. Kleopatra, die Caesar eine Zeitlang in Rom verweilen ließ, war alles andere als populär. «Die Königin hasse ich», sagte Cicero, «dieser Hochmut, als sie in den Gärten jenseits des Tibers residierte! Davon kann ich nur mit großer Erbitterung sprechen. Mit diesen Leuten will ich nichts zu tun haben!»[17] Und obwohl Cicero als Caesars Gegner Partei war, sprach er aus, was die meisten Römer empfanden.

Nun also Berenice! Die Stimmung im Volke war offensichtlich gegen sie, und darauf spekulierten jene Leute, die eine Heirat zwischen Titus und der mittlerweile einflußreich gewordenen Berenice mit allen Mitteln hintertreiben wollten. Was bot sich in dieser Situation eher an, als den «Volkswillen» durch eine gesteuerte Theaterdemonstration zum Ausdruck kommen zu lassen?

Die Widersacher der Berenice ließen sich etwas einfallen. Sie brachten zwei kynische Philosophen (Abb. 229) dazu, im rundum besetzten Theater aufzutreten und mit deutlichen Worten, wenn auch «philosophisch» verbrämt, ihre Meinung zu der Verbindung Titus–Berenice zu äußern.

Titus revanchierte sich für die Schmähkritik mit drastischen Strafen: Der eine der beiden Philosophen wurde ausgepeitscht, der andere mußte seine offenen, «aufrührerischen» Worte gar mit dem Leben bezahlen. So tragisch sich die persönlichen Schicksale der zwei Männer gestalteten, so erfolgreich waren sie in der Sache. Das Theaterpublikum muß sich durch seine Reaktion unmißverständlich auf ihre Seite gestellt und damit seine Mißbilligung gegenüber

Abb. 228 Die Demonstration hatte nur geringe Auswirkungen auf den Machtkampf, in dem Clodius Albinus ein Jahr später gegen Septimius Severus unterlag. Sein Heer wurde geschlagen, er selbst fiel im Kampf, sein Andenken wurde aus allen amtlichen Dokumenten gelöscht. Mithras-Altar, auf dem der Name des Konsuls Clodius Albinus im Zuge der *damnatio memoriae* ausgemeißelt wurde. – Abb. 229 Kynischer Philosoph. Die «Jünger» des Diogenes stellten demonstrativ ihre Bedürfnislosigkeit und Ungepflegtheit zur Schau; Statue aus dem 3. Jh. n. Chr.

dem Verhalten des Kaisers ausgedrückt haben: Titus resignierte und schickte Berenice in ihre Heimat zurück.[18]

Das Kalkül der Dunkelmänner, die das ganze Geschehen aus dem Verborgenen gesteuert hatten, war voll aufgegangen. Sie hatten dank ihrer Manipulationen ihr Ziel erreicht; aber nur, weil sie dabei ohnehin schon vorhandene Ressentiments der Römer ausgenutzt hatten.

Manipulation von oben

Der Herrscher als das Opfer derart gekonnt eingesetzter Zuschauerdemonstrationen – das war die eine Seite der Medaille. Natürlich gab es noch die andere Seite: Der Kaiser drehte den Spieß um und löste seinerseits Manifestationen des Circus- und Theaterpublikums aus, um damit seiner Regierung oder einzelnen Maßnahmen zusätzliche Legitimität oder in manchen Fällen, kraß formuliert, den Anschein von Volksnähe oder «demokratischer» Mitwirkung zu verleihen.

Es würde schon an ein Wunder grenzen, hätte nicht bereits Augustus, der jede Form der Propaganda so meisterhaft wie kein anderer unter seinen Nachfolgern einzusetzen verstand, von dieser Möglichkeit Gebrauch gemacht. Er hat ja das Schauspielwesen mit allen Kräften gefördert – und das immer unter dem Blickwinkel, wie sich das derart angelegte hohe Kapital für den Investor am besten verzinsen könne.

Repräsentation, Steigerung der Popularität, Ablenkung der Menschen von politischen Fragen: All das spielte bei seinen Überlegungen eine Rolle. Und dazu eben auch der Gedanke, (gelenkte) Meinungsbekundungen des Theater- und Circuspublikums als Instrument seiner Propaganda, als plebiszitäres Element in die Diskussion um die Stellung des «ersten Bürgers» einzubringen.

Wie Augustus dabei vorgegangen ist, läßt sich zumindest an einem Beispiel recht anschaulich rekonstruieren: der Verleihung des Ehrentitels eines *pater patriae*, «Vater des Vaterlandes».

Augustus – Lenker des «spontanen» Volkswillens

In seinem Tatenbericht beschreibt Augustus diesen Vorgang mit lapidaren Worten: «Als ich mein 13. Konsulat bekleidete, ernannten mich der Senat, der Ritterstand und das gesamte römische Volk zum ‹Vater des Vaterlandes›, und sie beschlossen, eine entsprechende Inschrift im Vorraum meines Hauses anzubringen.»[19]

Das klingt sehr bescheiden und nüchtern. Niemand käme aufgrund dieser Formulierung auf den Gedanken, daß letztlich Augustus selbst massiv dafür gesorgt hat, daß es zu dieser Ehrung kam.

Erst eine kritische Auswertung anderer Quellen führt zu diesem Ergebnis. Die Vorgeschichte der Ehrung erzählt Sueton in seiner Augustus-Biographie. Danach schickte das Volk zunächst eine Delegation nach Antium, wo Augustus sich damals gerade aufhielt, um ihm den Titel eines *pater patriae* anzutragen. Augustus aber zierte sich und lehnte ab.

Sobald er wieder in Rom war, wurde der zweite «Versuch» gestartet, und zwar anläßlich eines Schauspiels, bei dem eine riesige Menschenmenge anwesend war. Die Demonstration des Publikums war so eindrucksvoll, die Bitte, von Tausenden von Stimmen vorgetragen, unüberhörbar, so daß der Kaiser sich nicht länger sträubte. Der Senat schließlich, dem es juristisch gesehen allein oblag, solch hohe Ehrungen zuzuerkennen, mochte natürlich nicht abseits stehen. Auch er begrüßte die vorgesehene Ehrung in seltener Einmütigkeit: «Der Senat begrüßt dich, Augustus, im Einverständnis mit dem gesamten römischen Volk als Vater des Vaterlandes» (Abb. 227).[20]

Bei all dem, was über die hervorragenden propagandistischen Fähigkeiten des ersten römischen Kaisers bekannt ist, wäre es naiv anzunehmen, Augustus sei von dieser Ehrung überrascht worden. Er *wollte* den Titel – aber auf «demokratischem» Wege über eine «spontane» Willensbekundung der Römer. Vermutlich hat er selbst bei diesem Vorgang die Fäden im Hintergrund gezogen; für den renommierten Althistoriker Andreas Alföldi ein «echt augusteisches Meisterstück der politischen Überlegung und Inszenierung».[21]

In diesem Falle hatte also der Kaiser selbst eine ihm genehme Publikumsmanifestation ausgelöst bzw. in Auftrag gegeben. Manipulation auch hier, aber auch hier die gleiche Einschränkung wie bei den gelenkten Demonstrationen *gegen* eine kaiserliche Verfügung: Ohne die Bereitschaft der meisten Römer, Augustus diese Ehrung zuzuerkennen, wäre jede noch so geschickt und detailliert ausgearbeitete Manipulation gescheitert.

Den besten Beweis dafür liefert ein ähnlicher Vorgang, der sich einige Jahrzehnte zuvor abgespielt hatte. Damals wollte Caesar sich unter Akklamation des Volkes das Königsdiadem verleihen lassen. Die Sache war gut inszeniert, die «Hauptdarsteller» beherrschten ihre Rollen perfekt – und doch ging das ganze Unternehmen gründlich daneben. Es waren nur vereinzelte Stimmen, die das Angebot der Königswürde an Caesar unterstützten. Die meisten anwesenden Römer schwiegen betreten. Caesar selbst mußte der peinlichen Situation geistesgegenwärtig ein Ende bereiten, indem er das Diadem mit großer Geste zurückwies. Erst da brandete der zuvor erhoffte, aber ausgebliebene Applaus auf.[22]

Neros Beifallstruppe

Zweifellos ist mancher Kaiser auch in der «Handhabung» der Publikumsmanifestationen in die Fußstapfen des Augustus getreten. Gekaufte Claqueure oder auch Interessengruppen, die ein «ehrliches» Ziel verfolgten, ließen sich allemal finden. Kultvereine, Handwerkergilden und andere organisierte Teile der Bevölkerung boten sich für solche Dienste um so mehr an, wenn ihre berufsständischen, religiösen oder auch anderen Interessen in konkreten Fällen mit den Plänen des Kaisers übereinstimmten.[23]

Ihren einsamen Höhepunkt erreichte die Manipulation des Zuschauerverhaltens in der Regierungszeit Neros. Der Kaiser scheute keine Kosten, um eine fünftausend Köpfe umfassende Beifallstruppe zu organisieren und zu bezahlen. Ihre einzige Aufgabe bestand darin, Beifallsstürme im Theater und Circus auszulösen, wenn Nero selbst als Schauspieler, Rezitator, Sänger oder Wagenlenker auftrat.[24] Von anderen gemieteten Claqueuren unterschied sich allerdings diese unter dem Namen *Augustiani* bekannte Truppe dadurch, daß sie im allgemeinen nicht zur Durchsetzung politischer Ziele eingesetzt wurde, sondern lediglich der Eitelkeit des Künstlers Nero diente. Ihre Funktion war denn auch so offensichtlich, daß jedermann im Theater und im Circus wußte, in wessen Auftrag die *Augustiani* tätig wurden. Eine wirklich durchschlagende politische Wirksamkeit war unter diesen Umständen nicht zu erreichen.

Publikumsdemonstrationen waren – das zeigen die verschiedenen historischen Beispiele – ein zweischneidiges Schwert. Sie konnten sich gegen den Kaiser richten, aber genausogut vom Herrscher selbst als pseudo-demokratisches Legitimierungsmittel eingesetzt werden. Sie waren im höchsten Maße anfällig für Manipulationen, ja, Durchschlagskraft und Erfolg solcher Manifestationen hingen oft entscheidend davon ab, wie gut sie in Szene gesetzt wurden. Insgesamt demnach überaus zweifelhafte Bekundungen des Volkswillens, in den Augen des Kaisers noch dazu höchst gefährliche, wenn geschickte Agitatoren und Demagogen am Werk waren!

Das kleinere Übel

Die Theater- und Circusdemonstrationen konnten sich im Laufe der gesamten Kaiserzeit als Institutionen im gewohnheitsrechtlichen Sinne behaupten. Obwohl selbst Kaiser wie etwa Tiberius persönlich nur schlechte Erfahrungen mit diesen Kundgebungen gemacht hatten, ist kein Versuch bekannt, die Manifestationen einzudämmen oder sie mit Stumpf und Stiel auszurotten.

Denn so unbequem und ärgerlich sie in Einzelfällen für den Kaiser sein mochten, die Zuschauerkundgebungen wirkten als eine Art Ventil, durch das aufgestauter Unmut abgelassen werden konnte, ohne daß damit allzu großer politischer «Flurschaden» angerichtet wurde.

T. Bollinger beschreibt in einer detaillierten Untersuchung die Funktion der Publikumsdemonstrationen:

«Da gab es die Gelegenheit, praktisch jederzeit ein Anliegen ohne komplizierten Dienstweg vor dem zuständigsten Manne im Staat zur Sprache zu bringen, so recht ein Ventil für die Unzufriedenheit, die sonst unsichtbar hätte fortgären und zu wer weiß was für Folgen führen können. Hinwiederum geschahen die Äußerungen in einer Form, die rechtlich in keiner Weise verpflichtend war; es waren ja nicht verbindliche Aufträge einer kompetenten Versammlung an die Magistrate, sondern Wünsche, die die Menge an ihren *patronus*, an den *pater patriae* richtete. Dessen Wendigkeit lag es ob, hier einen mittleren Kurs zu steuern, ohne entweder das Volk zu vergrämen oder ihm hörig zu werden.»[25]

Bollinger weist in seiner Studie nach, daß es auch bei diesem Gesichtspunkt im Spannungsfeld zwischen Politik und öffentlichen Spielen Augustus gewesen ist, der die entscheidenden Weichen stellte. Er erkannte die Notwendigkeit, breiten Bevölkerungsschichten eine Möglichkeit zu geben, ihre Meinung in allgemeinen Angelegenheiten kundzutun, und damit ein entschärftes, verfassungsmäßig nicht abgesichertes plebiszitäres Element im monarchisch geprägten Staatswesen zu verankern.

Die Bedeutung dieses Elements schwankte zwischen bloßer demokratischer Feigenblattfunktion bei der Absegnung kaiserlicher Entscheidungen und einem klar artikulierten, wenngleich oft manipulativ zustande gebrachten «Volkswillen» für oder gegen eine Entscheidung des Kaisers. Als «Stimmungsbarometer» waren die Bekundungen der Zuschauer allemal zu gebrauchen.

Abb. 230 Büste des Marcus Tullius Cicero; trajanische Kopie eines frühaugusteischen Originals, das den etwa sechzigjährigen Cicero darstellt.

Ein Republikaner als Wegbereiter der Monarchie

Für die Geschichte des römischen Prinzipats, genauer: für seine Anfänge, ist es bezeichnend, daß auch dieses sehr schnell zu einer regelrechten Institution avancierte plebiszitäre Element im Grunde nichts Neues war, sondern auf Ursprünge in der späten Republik zurückging. Wie die gesamte Entwicklung zum apolitischen «Wohlfahrtsstaat» – Schlagwort «Brot und Spiele» – schon in den letzten Jahrzehnten der Republik begann, so lassen sich auch für die Verlagerung der politischen Willensäußerungen der Römer von dem verfassungsgemäßen Organ der Volksversammlung weg hin zu den öffentlichen Spielen erste Ansätze in derselben Zeit beobachten.

Ironie der Geschichte: Bester Zeuge für diesen Prozeß ist kein anderer als der überzeugte Republikaner Cicero, der gewiß nicht im Verdacht steht, sich für monarchische Interessen stark gemacht zu haben (Abb. 230). Schon im Jahre 56 v. Chr. formulierte er in einer Rede:

«Urteil und Willen des römischen Volkes können in politischen Angelegenheiten am ehesten an drei Orten zu erkennen gegeben werden: in einer Volksversammlung, einer Wahlversammlung und *beim Zusammensitzen des Publikums bei Spielen und Gladiatorenkämpfen.*»[26]

Für den aufrechten Republikaner, der sich noch dazu an den Verfassungsorganen orientiert, eine schon recht bedenkliche Äußerung! Im weiteren Verlauf seiner Rede legt Cicero außerdem dar, wieso die Reaktionen des Volkes bei den Spielen für viel echter und unverfälschter erachtet werden müssen als bei den manipulierten, teilweise unter dem Druck regelrechter Terrorbanden stehenden Volksversammlungen.[27] Im Blick auf bestimmte Ereignisse hatte er durchaus recht; problematisch war es nur, diese Behauptung so stark zu verallgemeinern – wie es Cicero übrigens weniger aus Überzeugung als um eines taktischen Vorteils willen zugunsten der Argumentation seines Plädoyers tat!

Im nachhinein betrachtet, bereitete er mit seinem Insistieren auf dem angeblich «wahren und unverfälschten Urteil des *gesamten* Volkes» und den «innersten Gefühlen der Bürgerschaft», die bei Theater- und Circusveranstaltungen zum Ausdruck kämen[28], den Boden für eine ungeheure Aufwertung der Reaktionen eines bunt zusammengewürfelten Spielepublikums vor. Natürlich war das nicht seine Absicht; aber wie verheerend mußte seine einprägsame Formel vom *theatrum populusque Romanus*[29] («Theater und Volk von Rom», in beabsichtigter Abänderung der staatsrechtlichen Formel *senatus populusque Romanus*, «Senat und Volk von Rom») wirken! (Abb. 232)

Das Ganze wurde nicht dadurch besser, daß Cicero sich auch noch bei anderer Gelegenheit des relativ billigen Arguments einmütiger Willensbekundungen des gesamten römischen Volkes im Theater bediente.[30] Die Wirkung seiner Inanspruchnahme dieser zweifelhaften – und

Abb. 231 Relief eines Kybele-Priesters mit seinen charakteristischen Attributen, zu denen auch die Handpauke (Tympanon; oben rechts) gehörte; Anfang 2. Jh. n. Chr.

auf jeden Fall verfassungsfremden – Abstimmungsmechanismen war um so nachhaltiger, als sich normalerweise nur die Popularen, die «Volkspartei», in ihrer Propaganda auf solch windigen «Volkswillen» beriefen.

Blanker Opportunismus mit außerordentlich schädlicher Langzeitwirkung für den republikanischen Gedanken, der in folgender Stellungnahme Ciceros gipfelt:

«Ich für meine Person habe derartigen Beifallskundgebungen nie Bedeutung beigemessen, wenn sie von Männern der Popularpartei gespendet wurden. Geschieht dies jedoch von hoch und niedrig, kurz, von der Gesamtheit des Volkes, und sind die, die sonst immer Beifall beim Volke finden, auf der Flucht, dann allerdings sehe ich darin nicht nur Beifall, sondern ein Urteil.»[31]

So einfach war das also, so schnell wurde aus einer unverbindlichen Beifallsbekundung ein gewichtiges politisches Urteil! Voraussetzung war nur, daß der Tenor der Meinungsäußerung mit den vom Redner selbst verfolgten Zielen übereinstimmte!

Abb. 232 SPQR: Die berühmte staatsrechtliche Formel wurde auch in der Kaiserzeit weiter verwendet; so auch auf dem Ehrenschild *(clupeus virtutis)*, den «Senat und Volk von Rom» Augustus im Jahre 27 v. Chr. «wegen seiner Tapferkeit, Milde, Gerechtigkeit und Pflichterfüllung» verliehen; Marmorkopie aus Arles, 26 v. Chr.

«Theater und Volk von Rom»

Im Grunde allerdings auch eine leicht durchschaubare und damit rasch widerlegbare Argumentation. Das gilt prinzipiell auch für die Institution der Zuschauerdemonstrationen in der Kaiserzeit. Trotzdem konnte vor allem aus rein optischen Gründen der Eindruck aufkommen und sich weiter verstärken, daß sich im Theater und im Circus der Wille des *gesamten* Volkes artikulierte.

Der Besuch der öffentlichen Spiele war niemandem verwehrt, und tatsächlich fanden sich dort Angehörige sämtlicher gesellschaftlicher Gruppen ein: Senatoren ebenso wie Ritter und «einfache» Bürger, Frauen ebenso wie Männer. Zudem gab es noch eine vorgeschriebene Sitzordnung in den Theatern: Die Zuhörerschaft war hierarchisch gegliedert. Die Trennung des Publikums in Senatoren, Ritter, Bürger sowie «Unterprivilegierte» wie Frauen, Minderjährige, Fremde und Sklaven bot ein Bild der Einheit in der Vielfalt.

Wer das Theater betrat, der konnte tatsächlich den Eindruck gewinnen, dem *gesamten* römischen Volk gegenüberzustehen, und zwar einer nicht «gleichgemachten», zufälligen Ansammlung von Zuschauern, sondern einem nach der gesellschaftlichen Schichtung sauber voneinander getrennten, repräsentativen Querschnitt durch das römische Volk.

Der Zuschauerraum als Spiegelbild des römischen Volkes in seinem gesellschaftlichen und politischen Aufbau[32]: Das war der äußere Eindruck, der es ungemein erleichterte, die Äußerungen des dort versammelten Publikums mit dem Willen des ganzen römischen Volkes zu verwechseln.

Nur ein Feigenblatt?

Die Rollenverteilung in dem «Spiel» der kaiserzeitlichen Publikumsdemonstrationen ähnelte derjenigen innerhalb des ganzen «Systems» von *panem et circenses*, zu dem es gehört. Das Volk genoß Vorteile – und es hieße, die komplizierten Strukturen innerhalb dieses Kräftefeldes übersehen, wollte man diese Vorteile nur mit dem Attribut «scheinbar» bestimmen –, der Kaiser gab etwas ab.

Waren es im allgemeinen erhebliche finanzielle Mittel, mit denen er sich die Gunst der Römer und damit die Stabilität seines Regimes erkaufte, so war es bei den Publikumsdemonstrationen der absolute Führungsanspruch, den er in einzelnen Fällen aufgab.

Nur Nadelstiche, die nicht wirklich bis auf die Haut vordrangen?

So harmlos und unbedeutend war diese Form der politischen Meinungsäußerung nun auch wieder nicht. Sie konnte, von handfesten politischen Forderungen abgesehen, auch die Züge verletzender, persönlich kränkender Anspielungen annehmen. Gefürchtet waren insbesondere die von eindeutigen Gesten begleiteten, auf den Kaiser gemünzten Anzüglichkeiten prominenter Schauspieler, die dem Betroffenen sehr wohl *unter* die Haut gingen.

Selbst ein so anerkannter, weithin beliebter Kaiser wie Augustus blieb von derartigen Anwürfen – die nur oberflächlich unpolitisch waren – nicht verschont, wie Sueton bezeugt:

«Das ganze Volk faßte einmal anläßlich der Theatervorstellung folgenden Vers, in dem es von einem das Tamburin schlagenden Priester der Kybele [einem Eunuchen! (Abb. 231)] hieß: ‹Siehst du, wie der Finger des schamlosen Wollüstlings den Kreis regiert?› [Kreis doppeldeutig: erstens Kreis des Tamburins, zweitens Erdkreis], als eine auf Augustus gemünzte Beleidigung auf und klatschte allgemein Beifall.»[33]

Für den Kaiser gewiß kein Ohrenschmaus! Wenn gerade er gleichwohl dafür sorgte, daß die Publikumsreaktionen und -demonstrationen innerhalb des monarchischen Systems eine große Bedeutung als Ventil für Unmut und Kanalisierung von Unzufriedenheit erhielten, dann zeigt das, für wie wichtig er es erachtete, sich, übertragen gesprochen, diesen Zacken aus der Krone brechen zu lassen – das alles freilich nur, um sicherzustellen, daß er die Krone selbst sicher auf dem Haupte behielt.

Brot!

Ein revolutionärer Plan

Irgendwann während seiner langen Regierungszeit faßte Augustus einen politischen Entschluß von größter Tragweite. Gerade war eine schlimme Hungersnot in Rom zu Ende gegangen, die er nur unter erheblichen finanziellen Opfern und mit notstandsähnlichen Maßnahmen in den Griff bekommen hatte. Um derartige Notsituationen in Zukunft zu vermeiden, neigte der Kaiser einen Moment lang zu einem radikalen Kurswechsel: «Wie er selbst schreibt, habe er sich zu der Entscheidung durchgerungen, die öffentlichen Getreidespenden für immer abzuschaffen, weil das Volk mit ihnen rechne und deshalb den Ackerbau vernachlässige.»[1]

Und doch: Er dachte das Undenkbare nur für wenige Augenblicke. Dann verwarf er den eben erst gefaßten Plan wieder – in der wohl richtigen Einsicht, daß er sich auf Dauer ohnehin nicht hätte verwirklichen lassen. «Er sei überzeugt», so notierte der erste Princeps, «daß diese Einrichtung doch wieder irgendeinmal zur Gewinnung der Gunst der Massen eingeführt werde.»[2]

Es gibt wohl keine bessere Bestätigung für die These, daß die Brot-und-Spiele-Politik im Sinne einer permanenten «Bestechung» der hauptstädtischen Masse und einer ständigen Gunstbuhlerei von seiten des Kaisers *das* politische Fundament der römischen Kaiserzeit gewesen ist.

Diese Schlußfolgerung liegt nahe, und sie ist tatsächlich mehr als einmal gezogen worden. Sie trifft auch zu, wenn man den Blick auf das richtet, was *nach* Augustus kam. Mit ziemlicher Sicherheit hätte sich Augustus' Prophetie hinsichtlich einer Wiederaufnahme der kostenlosen Getreideverteilungen spätestens mit der Regierungsübernahme durch Caligula erfüllt. Zu verführerisch mußte es für einen auf Popularität und Festigung seiner Stellung bedachten Kaiser sein, zu diesem wirkungsvollen und beliebten Mittel der «Fürsorge» zu greifen.

Gleichwohl ist die Schlußfolgerung einseitig – gerade wegen der einseitigen Blickrichtung. Einzig den Blick nach vorn zu richten wäre dann zulässig, wenn erst Augustus die Getreideverteilungen selbst eingeführt hätte. Genau das ist aber nicht der Fall.

Auf den Bestandteil «Brot» der griffigen Formulierung *panem et circenses* trifft dasselbe zu, was wir bereits bei dem anderen Bestandteil «Spiele» haben beobachten können: Die Wurzeln dafür reichen weit in die republikanische Zeit zurück.

Abb. 233 Getreidemühle und Backofen in Pompeji.

Das erste «Getreidegesetz» Roms

Denn als politischer Faktor im Sinne einer Stimmungsmache für eine «Partei» oder mächtige Einzelpersönlichkeiten hatte die Verteilung preisgünstigen oder gar kostenlosen Getreides bereits Tradition, als sich der Wechsel der Staatsform unter Octavian-Augustus vollzog.

Als Octavian noch im Jahre 44 v. Chr., wenige Monate nach dem Tode seines Adoptivvaters Caesar, in seiner Eigenschaft als Erbe, aber auch im Bewußtsein seiner eigenen politischen Ambitionen an 250000 Römer Geld- und Getreidespenden verteilte, da führte er nichts Neues ein, sondern griff auf ein schon altbewährtes Rezept machthungriger, «volksnaher» Politiker der Republik zurück.

Angefangen hatte alles mit der Initiative des C. Gracchus im Jahre 123 v. Chr. Als erster römischer Politiker brachte er eine *lex frumentaria*, ein «Getreidegesetz», ein.[3] Der Inhalt der Vorlage: Künftig sollte jeder römische Bürger das Recht haben, eine bestimmte Menge Getreide monatlich zu einem festen Preis zu kaufen. Es handelte sich damals wohlgemerkt noch nicht um «Getreide zum Nulltarif», sondern um einen staatlich garantierten Höchstpreis jedenfalls für eine gewisse Menge des Agrarprodukts, aus dem das Grundnahrungsmittel Brot hergestellt wurde (Abb. 233).

Inwieweit C. Gracchus diesen Gesetzesantrag vor allem seiner eigenen Popularität zuliebe eingebracht hat – welcher Politiker handelt schon völlig selbstlos? –, steht dahin; wichtiger ist die Tatsache, daß ein derartiger Vorstoß bitter notwendig war, sollten nicht Tausende und Abertausende Angehörige des Volkes, das die damalige Welt beherrschte, von Zeit zu Zeit schlimmen Hunger ertragen müssen.

Auf den ersten Blick eine fast unvorstellbare Situation, daß die Herren der Welt oft genug nicht genügend Getreide hatten, um die breite Masse mit Brot zu versorgen! Wie war es dazu gekommen?

Abb. 234 (rechts) Brotverkauf in einer Bäckerei; pompejanische Wandmalerei um 70 n. Chr.

Die Herren der Welt – von Hunger geplagt

Engpässe in der Getreideversorgung hatte es aufgrund von Mißernten schon in der frühen römischen Geschichte gegeben. Und wenn dann die Getreidepreise jeweils so angezogen hatten oder anzuziehen drohten, daß sich nur noch die wohlhabenden Bürger genügend Korn kaufen konnten, traten staatliche Beamte, die Ädilen, auf den Plan. Sie setzten das für die Armen unzumutbare Markt-«Gesetz» von Angebot und Nachfrage in diesem Bereich außer Kraft, indem sie bei benachbarten Volksstämmen Getreide auf Staatskosten aufkauften und es zu vernünftigen Preisen in Rom abgaben.[4]

Die Sicherung einer ausreichenden Kornversorgung zu für den Durchschnittsbürger erschwinglichen Preisen gehörte also in Rom von Anfang an zu den öffentlichen Aufgaben; für die notwendigen Maßnahmen waren die Ädilen in ihrer Funktion als Staatsbeamte verantwortlich.

Im Zuge der römischen Expansion traten im Zusammenhang mit der Getreideversorgung völlig neue Probleme und Schwierigkeiten auf, die weit über die Bedeutung einzelner Mißernten und deren Auswirkungen hinausgingen. Vor allem zwei Tendenzen führten mehrfach zu kritischen Notständen. Einerseits wuchs die Zahl der Einwohner Roms im 3. und 2. Jahrhundert v. Chr. rasant an. Rom wurde zur Großstadt; entsprechend stieg der Lebensmittelbedarf (Abb. 234).

Andererseits war die landwirtschaftliche Produktion Italiens zwischenzeitlich erheblich zurückgegangen. Einer der vielen Gründe für diese dramatische Strukturkrise waren die vielen Kriege – die Rom ja nicht mit Söldnern oder Berufssoldaten führte, sondern mit einer «Bürgerarmee» –, die eine Verödung vieler Bauernhöfe mit sich gebracht hatten. Zahllose Bauern konnten einfach ihr Land wegen ihres Militärdienstes nicht mehr ordentlich bestellen; etliche verloren auch die Lust daran und zogen, von Großgrundbesitzern für den Verkauf ihrer Liegenschaften mit einer verhältnismäßig niedrigen Summe «entschädigt», in die Stadt. Als Folge entwickelte sich eine ständige Bevölkerungszunahme in der Hauptstadt; die Getreideproduktion dagegen ging noch stärker zurück, da die Aufkäufer sich meistens einer extensiven Viehzucht zuwandten.

Und all das bedeutete schließlich: Italien war nicht mehr in der Lage, sich selbst zu ernähren. Insbesondere die Hauptstadt war auf Nahrungsmittelimporte angewiesen. Zum Glück hatten die Römer ihre Provinzen! Vor allem Sizilien war damals – heute kaum zu glauben – eine wahre Kornkammer, von wo aus jährlich Dutzende von Kornschiffen mit Zielhafen Ostia in See stachen (Abb. 236). Daneben produzierten Sardinien, Spanien und das reiche Nordafrika – auch das wird heute mancher nur mit Kopfschütteln registrieren – große Mengen an dringend in Italien benötigtem Getreide. In der Kaiserzeit war es vor allem Ägypten, das seine gewaltigen Kornüberschüsse nach Italien verschiffte (Abb. 235).

Gleichwohl, die Transportwege waren lang und unsicher; Piraten behinderten jeden Seehandel im westlichen wie im östlichen Mittelmeer beträchtlich. Der Transport kostete zudem Geld, und schließlich waren auch fruchtbare Gebiete nicht vor einzelnen schlechten Ernten gefeit.

Manche Nachrichten lassen auch den Verdacht aufkommen, als wenn Großhändler dann und wann künstliche Verknappungen herbeigeführt hätten, um ihren Profit zu vergrößern (Abb. 237). Daher sah sich der einzelne Römer oft genug in der ärgerlichen Lage, einen unzumutbaren Preis für sein tägliches Brot

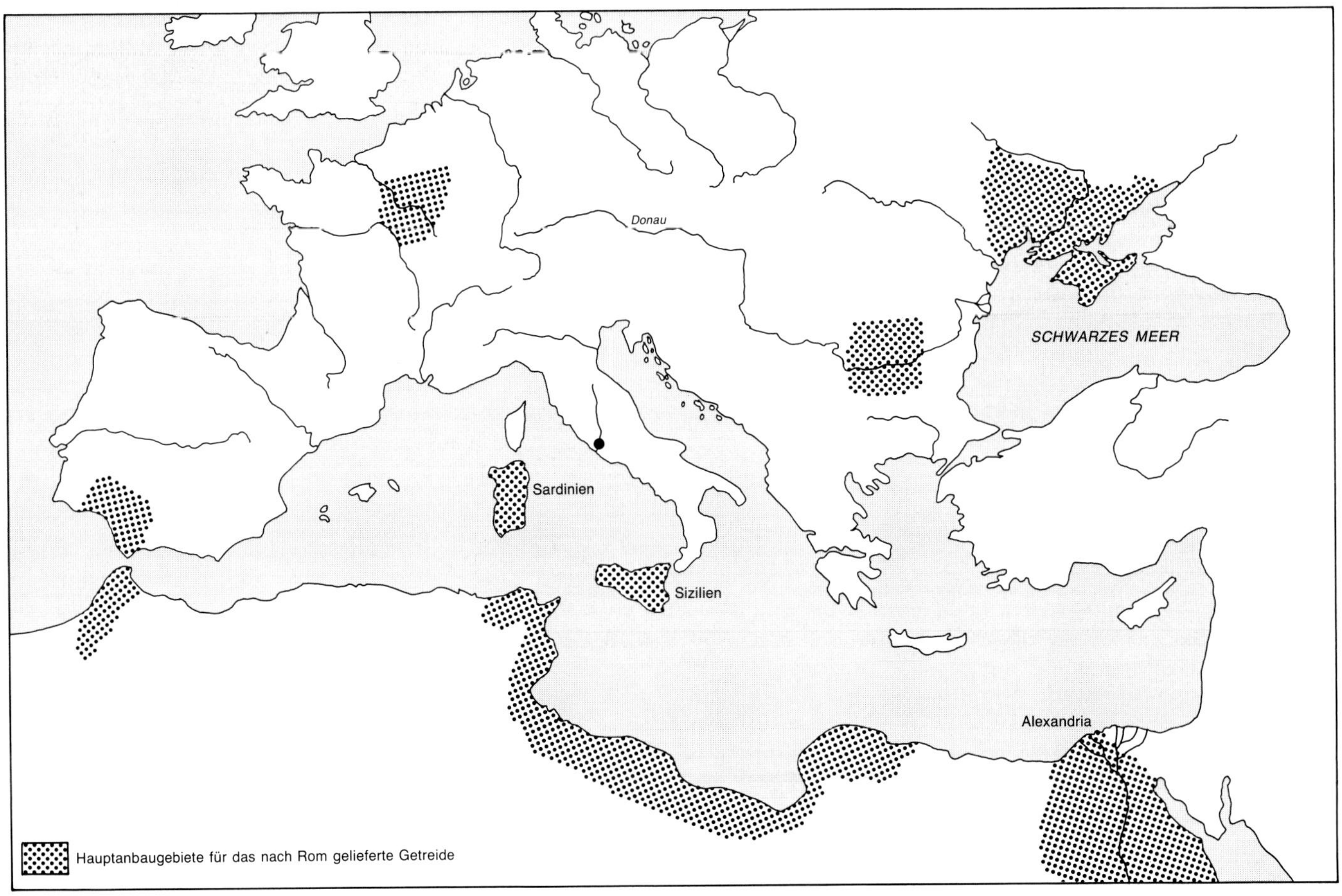

Abb. 235 Getreide für Rom.

zahlen zu müssen oder sogar in der Furcht zu leben, bei weiter ansteigenden Notierungen hungern zu müssen.

Ohne Zweifel eine unbefriedigende Situation, ja, ein ausgewachsener Skandal! Schließlich waren die Römer – und die führenden Männer redeten es ihnen ja auch unablässig ein – stolz darauf, die Herren der Welt zu sein. Schöne Herren, die ihre Herrschaft mit Hunger zu bezahlen hatten – so mochte es manch einem Römer durch den Kopf gehen.

Diese Überlegungen veranlaßten C. Gracchus zu seiner Gesetzesinitiative zugunsten einer auch finanziell gesicherten Getreideversorgung für die Bewohner der Hauptstadt. Das von ihm eingebrachte «Getreidegesetz» war im Grunde nichts anderes als der Ausdruck der traditionell dem Staate obliegenden Fürsorge. Was früher in Notsituationen unbürokratisch und auch hinsichtlich der Erfordernisse relativ schnell ins Werk gesetzt werden konnte, das bedurfte unter den gewandelten Verhältnissen einer schriftlichen Fixierung. Der Staat wurde wie früher in die Pflicht genommen – die *lex frumentaria* des Jahres 123 war, so gesehen, nur eine Anpassung an die neuen Zeiten.

Das von C. Gracchus vorgelegte Gesetz wurde verabschiedet. Von da ab gab es in Rom umfang- und preismäßig festgelegte Getreideverteilungen *(frumentationes)* für römische Bürger.

Abb. 236 Umladen des Getreides auf ein Tiberschiff; Fresko aus Ostia, 2./3. Jh. n. Chr.

Nicht Wohltat, sondern Rechtsanspruch!

Dieser Rückblick auf die Vorgeschichte der kaiserzeitlichen *frumentationes* war notwendig, um die Zusammenhänge zwischen den staatlichen Getreidekäufen der frührömischen Zeit und dem ersten Teil der kaiserzeitlichen Forderung nach «Brot und Spielen» klar herauszustellen. Wichtig vor allem deshalb, um den noch in der Kaiserzeit nachwirkenden *Charakter* dieser Getreideverteilungen zu erkennen: Erschwingliches (später kostenloses) Getreide war eben kein bloßes Almosen, keine völlig ins Ermessen eines Wohltäters gestellte Barmherzigkeit. Es war vielmehr das gute *Recht* der Römer, diese *traditionell staatliche* Leistung zu fordern.

Die *frumentationes* waren auch keine regelrechte Armenfürsorge; sie wurden nicht nur den sozial Schwächeren zuteil, sondern konnten theoretisch auch von Millionären in Anspruch genommen werden. In der Praxis mag das anders ausgesehen haben; Senatoren und Ritter dürften wohl kaum Gefallen daran gefunden haben, sich in die Listen der Getreideempfänger eintragen zu lassen.

Von der Grundintention her aber spielt die Verteilungswirklichkeit keine Rolle. Nur das Kriterium des römischen Bürgerrechts war entscheidend: Es handelte sich dabei gewissermaßen um eine Leistung, die der Gesamtheit der Römer gerade in ihrer Rolle als Herrschervolk zustand; im weitesten Sinne also eine Art Tribut in Form der Einkünfte aus den eroberten Provinzen an die Eroberer.

Und wenn der Kaiser zumindest faktisch Nachfolger der alten republikanischen Staatsgewalt geworden war, dann übertrugen sich gleichsam auch die Ansprüche des Bürgers an den Staat auf den neuen Souverän (Abb. 239): Im Ruf des Volkes nach Brot klang sicher auch der Rechtsanspruch mit, den sich die Bewohner der Hauptstadt seit Jahrhunderten gesichert hatten.

Gewiß, die Dimensionen hatten sich in der Kaiserzeit geändert, und manches an den Kornverteilungen von seiten des Herrschers ließ durchaus den Eindruck aufkommen, als handele es sich dabei um Almosen und Spenden für politisches Wohlverhalten. Dieser peinliche Gesichtspunkt der kaiserzeitlichen *frumentationes* soll keineswegs bestritten werden; wohl aber schien ein Hinweis auf den ursprünglichen Sinn der Getreideverteilungen notwendig, der trotz aller Veränderungen niemals völlig verlorengegangen sein dürfte.

Auf dem Wege zum Sozialstaat?

Mit dem ersten Getreidegesetz aus dem Jahre 123 v. Chr. war eine Entwicklung vorgezeichnet, die schon in spätrepublikanischer Zeit in der Tagespolitik eine erhebliche Rolle spielen sollte. Nur zu bald gerieten die Getreidespenden in das Parteiengezänk. Die Popularen versuchten gemäß ihrem Programm, sich ihre Machtbasis über das Volk *(populus)* zu verschaffen, die für die Bezieher kleinerer Einkommen wichtige Getreidegesetzgebung auszuweiten. Die Optimaten hingegen, die «Partei» des Senats, drängte, wenn nicht auf Aufhebung, so doch auf deutliche Restriktionen bei den *frumentationes*.

Der Dictator Sulla, ein erzkonservativer Politiker, scheint die Getreidespenden vorübergehend ganz abgeschafft zu haben[5], doch überlebte diese radikale Maßnahme den Tod ihres Urhebers nicht. Schon bald trat ein neues Getreidegesetz in Kraft. Zwei Jahrzehnte später schließlich, 58 v. Chr., konnten die Befürworter einer großzügigen Verteilungspolitik ihren größten Triumph feiern: Eine Gesetzesinitiative des Clodius hatte Erfolg, die nunmehr jede Bezahlung für die öffentlichen Getreideverteilungen abschaffte und gleichzeitig die Zahl der Empfangsberechtigten kräftig erhöhte.[6] Anders als noch bei C. Gracchus dürfte bei dieser Reform die Absicht des Clodius, seine Anhänger zufriedenzustellen und neue Gefolgsleute zu gewinnen, über der Sache selbst rangiert haben.

Hartnäckiger «Wildwuchs»

Die Staatskasse hatte unter den Bestimmungen des neuen Gesetzes schwer zu leiden. Damals setzte wohl ein regelrechter Run auf die Listen ein, in die sich alle Empfangsberechtigten eintragen lassen mußten. Die Wirren des Bürgerkrieges zwischen Caesar und Pompejus benutzte offenbar eine erhebliche Zahl von Leuten, darunter Nichtbürger und Fremde, dazu, sich unzulässigerweise mit Getreide «zum Nulltarif» zu versorgen. Im Jahre 46 v. Chr. war die Zahl der Getreideempfänger auf rund 320 000 hochgeschnellt. Damals entschloß sich

Abb. 237 Goldene Ähre: Für manchen Händler und Spekulanten war der Getreidehandel wahrhaft Gold wert; griechische Goldschmiedearbeit aus dem 4. Jh. v. Chr.

Caesar, den «Wildwuchs» zu beschneiden: Er begrenzte die Zahl der Berechtigten auf 150 000.[7]

Wenn ein Mann wie Caesar, der stets bemüht war, sich die Gunst des Volkes zu erhalten, zu solch einer unpopulären Maßnahme Zuflucht suchte, dann wird deutlich, welches Schindluder mittlerweile mit den öffentlichen Getreidespenden getrieben wurde. Das System war wohl kaum noch finanzierbar, so daß ein radikaler Schnitt notwendig wurde. Wie stark die Staatskasse durch die *frumentationes* in der Zwischenzeit in Anspruch genommen wurde, zeigt – trotz zahlreicher Unsicherheitsfaktoren in den Rechnungen – eine von J. Marquardt erstellte Übersicht. Danach betrugen die entsprechenden Aufwendungen
im Jahre 73 v. Chr. etwa 10 Millionen Sesterze,
im Jahre 62 v. Chr. etwa 30 Millionen Sesterze,
im Jahre 56 v. Chr. etwa 40 Millionen Sesterze und
im Jahre 46 v. Chr. etwa 77 Millionen Sesterze.[8]

Caesars mutige Reform hatte nicht lange Bestand. Schon wenige Jahre später war, begünstigt durch die neuerlichen inneren Wirren und Bürgerkriege, die Zahl der Getreideempfänger wieder sprunghaft angestiegen. Augustus sah sich schließlich im Jahre 2 v. Chr. gezwungen, eine weitere Zählung der wirklich Empfangsberechtigten durchführen zu lassen – erneut mit einem für Zehntausende von bisherigen Beziehern unerfreulichen Ergebnis: Von wiederum etwa 320 000 sank die Zahl auf nunmehr rund 200 000.[9] Auf diesem Niveau blieb sie in den nächsten Jahrhunderten[10] dank einiger verwaltungstechnischer Maßnahmen, die Augustus einführte, um weiterem Mißbrauch vorzubeugen.

Abb. 238 a, b Berechtigungsmarke für kostenlosen Getreidebezug *(tessera frumentaria); ex liberalitate Ti(berii) Claudi(i) Cae(saris) Aug(usti):* «der Freigebigkeit des Kaisers (Tiberius) Claudius entsprechend»; auf der anderen Seite das Porträt der Mutter des Kaisers, Antonia. – Abb. 238 c Berechtigungsmarke für einen Scheffel Getreide: *modius n(umero) I(unus).*

Römische Lebensmittelmarken

Als wichtiges Kontrollinstrument schuf Augustus besondere Marken, die zum Empfang von Getreide berechtigten, sogenannte *tesserae frumentariae* («Getreidemarken»). Sie waren zunächst aus Bronze und trugen das Bild des Kaisers sowie den Zusatz *s.c. (senatus consulto* = «auf Senatsbeschluß»). Seit Nero wurden diese Marken aus Blei gegossen; zahlreiche Exemplare dieser römischen Spielart von Lebensmittelmarken haben sich bis heute erhalten (Abb. 238).

Grundbedingung für jeden Empfangsberechtigten war – nach der Neuregelung der Kornverteilung – das volle römische Bürgerrecht; die zweite Bedingung war der Wohnsitz in Rom. Nur wer beides nachweisen konnte, war zur Entgegennahme des «öffentlichen Getreides» *(frumentum publicum)* berechtigt.

Der soziale Status spielte keine Rolle. Ob Plebejer, Senator, Ritter oder Freigelassener: Prinzipiell hatte jedermann Anspruch auf Eintragung in die einschlägigen Bronzetafeln. Freilich: Nur wer sich persönlich bei der zuständigen Behörde meldete und seinen Namen zu Protokoll gab, erhielt den begehrten «Listenplatz». Und diesen in ihren Augen erniedrigenden Weg haben die meisten wohlhabenden Bürger aus den oberen beiden Ständen wohl gescheut.

Frauen und Kinder hatten aufgrund ihrer juristischen Stellung ebensowenig wie Sklaven und Nichtrömer Anspruch auf kostenloses Getreide: Sie besaßen das römische Bürgerrecht nicht. Vorstrafen oder schlechter Leumund stellten dagegen keine Hindernisse auf dem Weg zur Kornverteilung dar. Seneca hebt ausdrücklich hervor, daß «der Dieb ebenso wie der des Meineides Überführte und der Ehebrecher öffentliches Getreide erhalten und daß jedermann ohne Rücksicht auf seine Lebensführung in die Empfängerlisten eingeschrieben wird».[11]

Satt ohne Arbeit – ein modernes Märchen

Jeder Berechtigte erhielt wahrscheinlich 5 Scheffel *(modii)* Korn pro Monat.[12] Das entspricht einem täglichen Ernährungswert von drei- bis viertausend Kalorien. Die kostenlosen Getreidespenden reichten also keinesfalls aus, um eine ganze Familie zu ernähren. Es wäre demnach völlig verfehlt, wollte man in jener

Abb. 239 Der Kaiser als Garant preiswerter Getreideversorgung; Ährenbündel auf einer Münze des Augustus, um 27/26 v. Chr.

Abb. 240 a, b Medaillon des Antoninus Pius aus dem Jahre 153/54 n. Chr.; auf der Rückseite überreicht Ceres, die Göttin des Getreides, oder Annona, die Personifikation der Getreideversorgung, ein Bündel von fünf Ähren.

berühmt-berüchtigten hauptstädtischen *plebs frumentaria* («getreideempfangende Plebs») eine träge Masse von Nichtstuern und Müßiggängern erblikken, die sich ihren Lebensunterhalt vom Staat finanzieren ließen und keiner geregelten Arbeit nachgingen.

Die Zahlen zeigen, daß es solche «paradiesischen» Zustände auch in Rom niemals gegeben hat. Ohne eigene Einkünfte hätte der Normalbürger seinen Lebensunterhalt und den seiner Familie nicht bestreiten können. Das kaiserzeitliche Rom war in gewisser Hinsicht ein Wohlfahrtsstaat; die Hauptstädter erhielten beachtliche soziale Leistungen, ohne dafür arbeiten zu müssen – das Klischee vom Römer, der nur auf Staatskosten lebt und seine Tage zwischen Thermen und Arena, Theater und Circus verbringt, hat jedoch nichts mit der Realität zu tun.

Daß die kostenlosen *frumentationes* niemals ausgereicht haben, um die Bevölkerung Roms zu ernähren, beweisen schon die Nachrichten über dramatische Notsituationen und Versorgungsengpässe, die das kaiserzeitliche Rom trotz aller garantierten Getreideverteilungen immer wieder sporadisch heimgesucht haben. Wie katastrophal sich die Lage entwickeln konnte, mußten die Römer im Jahre 6 n. Chr. erfahren. Aus nicht näher bekannten Gründen herrschte damals in Rom eine Hungersnot, die Augustus veranlaßte, alle überflüssigen «Mitesser» – zum Verkauf bestimmte Sklaven und Gladiatoren sowie alle Ausländer – kurzerhand aus der Hauptstadt auszuweisen und sie erst wieder nach Rom zu lassen, als die Versorgungslage sich spürbar verbessert hatte.[13] Die allerschlimmste Not versuchte der Kaiser damals wie zu anderen Gelegenheiten dadurch zu lindern, daß er aus eigener Tasche zusätzliche kostenlose Getreideverteilungen an Bedürftige durchführen ließ.

Finanzierungsprobleme

Wer die regulären *frumentationes* bezahlte, ist kaum auszumachen, weil die Quellen nur wenige einschlägige Nachrichten überliefern. War der aufwendige Verwaltungsapparat, dem die Durchführung und Beaufsichtigung der Getreidespenden zufiel, zu Beginn der Kaiserzeit noch eine «normale» staatliche Behörde gewesen, so gingen die Kompetenzen teilweise schon seit der Reform des Jahres 2 v. Chr., vollständig dann einige Jahrzehnte später unter Claudius auf die kaiserliche Verwaltung über. Die Sache war zu wichtig, als daß es sich der Kaiser hätte erlauben können, die *cura annonae* («Getreideversorgung») sozusagen am langen Zügel durch Beamte verwalten zu lassen, die nicht ganz unmittelbar seinem Zugriff unterstanden (Abb. 240).

Die politische Zuständigkeit für diese wichtige Aufgabe – eines der bedeutendsten «Ressorts» überhaupt – war eine Sache (Abb. 241). Eine andere waren die Kosten sowohl für die Getreidespenden selbst als auch für den großen Verwaltungsapparat. Hier «gestattete» der Kaiser auch dem nichtkaiserlichen Teil der Verwaltung eine Mitwirkung. Obwohl genaue Angaben nicht vorliegen, nehmen Fachleute wohl zu Recht an, daß sich die Staatskasse an dem finanziellen Aufwand für die Getreideverteilungen ebenso beteiligt hat, wie auf der anderen Seite der kaiserliche Finanzminister seinen Beitrag dazu leistete[14] – nicht zu verwechseln mit dem persönlichen Vermögen des Kaisers!

Die *regulären frumentationes* wurden niemals mit persönlichen Mitteln des jeweils regierenden Kaisers finanziert. Freigebigkeit *(liberalitas)* im Sinne eigener Aufwendungen legte der Princeps erst an den Tag, wenn er über die üblichen, jedem Inhaber einer Getreidemarke garantierten Kornverteilungen zusätzliche Spenden in Form von kostenlosem oder verbilligtem Getreide gewährte.

Aus welchem Finanz-«Topf» die Kornverteilungen auch immer bezahlt wurden, für die Römer verband sich der Gedanke an eine sichere, regelmäßige und preiswerte Getreideversorgung stets mit der Vorstellung kaiserlicher Großzügigkeit und Verantwortlichkeit – umgekehrt stellte das Nichtfunktionieren der Getreideversorgung für den Kaiser ein erhebliches politisches Risiko dar, das

Abb. 241 Sarkophag eines hohen Beamten der Annona. Das Ehepaar in der Mitte wird von weiblichen Gestalten umrahmt, die Personifikationen im Zusammenhang mit der Annona darstellen: die Frau mit Füllhorn dürfte Annona selbst sein; daneben eine Leuchtturmträgerin als Verkörperung des Getreide-Hafens Ostia; die Frau rechts außen mit einem Büschel Ähren verkörpert Afrika, eine der Kornkammern Roms; links neben ihr die Fortuna Annonaria, der «gute Geist» der Getreideversorgung; um 280 n. Chr.

seine Popularitätskurve rapide nach unten gehen lassen konnte.

Verführung durch Großzügigkeit

Es lag nahe, die *frumentationes* propagandistisch zu verwerten. Tatsächlich haben sich Getreidemarken erhalten, auf denen die Kornverteilungen gleichsam offiziell als Zeichen kaiserlicher Großzügigkeit gefeiert werden. Eine der Marken trägt auf der Vorderseite die Aufschrift: *Ant(onini) Aug(usti) lib(eralitas)*: «Freigebigkeit des Kaisers Antoninus». Die Rückseite erklärt die Devise durch den konkreten Zusatz *fru(mentatio) n(umero) LXI*: «61. Getreideverteilung».

So gesehen ist der berühmte Slogan «Brot und Spiele» alles andere als vordergründig. Mit der Getreideversorgung – das zeigen auch mehrere Publikumsdemonstrationen in dieser Angelegenheit – war die Stabilität der Herrschaft untrennbar verbunden. Augustus hat das klar erkannt, und Tacitus, einer der schärfsten Kritiker des Kaisertums, mußte ebenso polemisch wie bitter einräumen, daß es der erste Princeps geschickt verstanden habe, «die Soldaten durch Geschenke und das Volk durch die Getreideversorgung... zu verführen» und dadurch das neue monarchische Regime entscheidend zu festigen.[15]

Die Nachfolger des Augustus hatten keine Wahl: Sie mußten die Politik der Kornverteilungen, die ja, genaugenommen, ein Erbe der späten Republik waren, fortsetzen. Und das war ihnen nicht unlieb, bot sich ihnen doch die Chance, sich als guter, freigebiger Kaiser zu profilieren.

Freilich, den Ruf nach *Brot* und Spielen erhörte erst Aurelian gegen Ende des 3. Jahrhunderts n. Chr.: Er ersetzte die bis dahin üblichen Naturalleistungen in Form von Getreide durch tägliche *Brot*verteilungen[16] – eine Reform, die sich auch unter den Nachfolgern Aurelians durchsetzte, ohne natürlich das eigentliche «System» zu verändern.

Beruhigung der öffentlichen Meinung – mit Geld

Im Juli des Jahres 118 n. Chr. hatten die Römer Grund zur Freude: Sie bekamen einen ansehnlichen Geldbetrag geschenkt – offiziell ohne jede Erwartung auf eine Gegenleistung, in Wirklichkeit nicht ohne handfeste politische Absichten. Über die Hintergründe des unerwarteten warmen Geldregens informiert uns eine antike Quelle:

Abb. 242 a, b Kaiser Hadrian auf Reisen. Auf der Rückseite begrüßt er die Personifikation der Africa, die einen Elefantenbalg als Kopfbedeckung trägt. Sie opfert bei der Ankunft *(adventus)* des Kaisers in Afrika; Aureus, um 135 n. Chr.

«Einem Komplott des Nigrinus, das jener zusammen mit Lusius und vielen anderen geschmiedet hatte, um ihn bei einem Opfer umzubringen... konnte Hadrian entgehen. Wegen dieses Mordplanes wurden Palena in Terracina, Celsus in Baiae, Nigrinus in Faventia und Lusius auf seiner Heimreise auf Anordnung des Senats, gegen den Willen Hadrians, wie er selbst in seiner Autobiographie sagt, hingerichtet. Daraufhin eilte Hadrian sofort nach Rom zurück (Abb. 242), um die öffentliche Meinung umzustimmen, die für ihn sehr negativ war, weil er es zugelassen habe, daß gleichzeitig vier ehemalige Consuln umgebracht worden seien (...) Um die Gerüchte über seine eigene Person zu unterdrücken, ließ er, als er in Rom war, ein doppeltes Geldgeschenk *[congiarium]* an das Volk verteilen, nachdem er schon während seiner Abwesenheit jedem drei *aurei* [‹Goldtaler›] hatte überreichen lassen.»[17]

Insgesamt erhielt jeder empfangsberechtigte Römer damals 225 Denare oder 900 Sesterze: eine beträchtliche Summe, die mehreren Monatslöhnen eines Arbeiters entsprach! Kaiser Hadrian ließ es sich eine Menge Geld kosten, seinen ramponierten Ruf durch großzügige Spenden aufzupolieren. Geldgeschenke *in dieser Höhe* waren etwas Außergewöhnliches, die Sache an sich aber hatte schon eine lange Tradition, als Hadrian sich ihrer im Jahre 118 bediente.

Das lateinische Wort für die vom Kaiser gewährten Geldspenden ist *congiarium* (Plural: *congiaria*). Die Bedeutungsgeschichte dieses Begriffs ist aufschlußreich; sie zeigt einen Wandel, der mit dem materiellen Inhalt der Schenkung zusammenhängt.

Erst Öl, dann Münzen

Ursprünglich bezeichnete *congiarium* ein bestimmtes Maß an Lebensmitteln; es ist abgeleitet von *congius*, einem römischen Flüssigkeitsmaß von 3,3 Litern, das vor allem auf Ölmengen angewendet wurde. Erst im Laufe der Zeit bildete sich die Bedeutung «Geldgeschenk», «Spende» heraus.[18]

Tatsächlich bestanden die ersten *congiaria*, die vermögende Privatleute in Rom an ihre Mitbürger verteilten, aus Naturalien, vor allem aus Ölspenden. Die früheste derartige Spende fällt in das Jahr 213 v. Chr. Damals war Scipio, der spätere Bezwinger Hannibals, Ädil, ein ehrgeiziger Politiker, der seine Beliebtheit nicht zuletzt durch solche kostenlosen Verteilungen zu steigern versuchte.[19] Das Rezept erwies sich als brauchbar; einige Jahre später hören wir, daß Manlius Acilius Glabrio «sich die Gunst des Volkes in besonderem Maße verschafft hatte, weil er viele *congiaria* verteilt hatte, mit deren Hilfe er sich viele Menschen verpflichtete».[20]

Es blieb nicht bei Ölspenden. Auch Wein, Salz und andere Lebensmittel wurden von Zeit zu Zeit kostenlos an die römische Bevölkerung verteilt. Ehrensache für einen so freigebigen Politiker wie Caesar, daß er einmal pro Kopf neben 10 Scheffeln Getreide und einem Geldgeschenk von 300 Sesterzen auch 10 Pfund Öl austeilen ließ.[21] Und selbstverständlich auch, daß sich die römischen Kaiser nicht «lumpen» ließen und ihrerseits den eingeführten Brauch nicht nur übernahmen, sondern sogar noch weiterentwickelten. Einzelne Herrscher erweiterten den Kanon der traditionellen Naturalleistungen noch durch die Verteilung von Fleisch und sogar Kleidungsstücken.[22]

So willkommen den Römern diese Form der *congiaria* war, die in der ganzen Kaiserzeit erhalten blieb – noch aufgeschlossener standen sie einem *congiarium* aus klingender Münze gegenüber. Und so wurde der Begriff allmählich zum Synonym für eine kaiserliche Geldspende.

Bilanz der guten Taten

Kein Zweifel, diese Geldspenden waren von erheblicher politischer Tragweite! Sie bildeten einen festen Bestandteil des Brot-und-Spiele-«Systems». Das Beispiel Hadrians illustriert sehr anschaulich, welche Funktion auch diesen kostenlosen Leistungen zukam: Sie sollten das Volk bei Laune halten, Unzufriedenheit nach Möglichkeit gar nicht erst aufkommen lassen, bei konkreten Anlässen Unmut und Ärger dämpfen.

Kein Wunder also, daß Augustus die sich ihm bietenden Chancen erkannte und auch bei den *congiaria* die republikanische Tradition fortsetzte, ja, umfangmäßig eine neue Tradition begründete. In seinem «Tatenbericht» rechnet er exakt vor, wie viele Spenden in welcher Höhe er den Römern hat zuteil werden lassen: «Der römischen Plebs habe ich pro Kopf 300 Sesterze aufgrund des Testaments meines Vaters [Caesar] zuteilen lassen, und in eigenem Namen habe ich in meinem 5. Consulat [29 v. Chr.] je 400 Sesterze aus Mitteln der Kriegsbeute gegeben; ein zweites Mal habe ich während meines 10. Consulats [24 v. Chr.] aus meinem ererbten Vermögen pro Kopf 400 Sesterze ausbezahlt, und in meinem 11. Consulat [23 v. Chr.] zwölf Getreidespenden verteilen lassen, wobei das Getreide mit meinen eigenen Mitteln aufgekauft worden war; im 12. Jahr meiner tribunizischen Gewalt [12 v. Chr.] habe ich zum drittenmal 400 Sesterze pro Kopf gegeben. Diese Geldspenden kamen niemals weniger Menschen zugute als 250 000.

Als ich die tribunizische Gewalt zum 18. Male innehatte, in meinem 12. Consulat [5 v. Chr.], habe ich 320 000 Angehörigen der Stadtbevölkerung pro Kopf 60 Denare geben lassen (...) In meinem 13. Consulat habe ich je 60 Denare den Leuten geben lassen, die damals zu den Empfängern staatlichen Getreides gehörten; es waren dies etwas mehr als 200 000.»[23]

Eine solche Bilanz der guten Taten, wie Augustus sie hier aufmacht, würde heutzutage peinlich wirken. Wenn der Kaiser sie in dieser genauen Form in seinen überall im Reiche veröffentlichten Rechenschaftsbericht aufnimmt, dann nur, weil die Angaben keinerlei Anstoß erregten – erneut also eine deutliche Warnung, in den Empfängern gleichsam nur Bettler zu sehen. Niemand nahm es Augustus übel, wenn er nach dem Motto «Tue Gutes und rede darüber» verfuhr; niemand erblickte darin eine Schmälerung der Verdienste, die sich der Kaiser um «seine» Römer erworben hatte.

Zwei Jahreslöhne als kaiserliches Geschenk

Summa summarum kosteten die (im Zitat nicht alle erwähnten) Geldspenden den Kaiser den wahrlich nicht geringen Betrag von 139 950 000 Denaren. Auf den einzelnen entfielen maximal 570 Denare (= 2280 Sesterze = 9120 *asses*). Das entspricht bei einem durchschnittlichen Tagelohn eines Arbeiters von einem Denar etwa zwei Jahreslöhnen.

In Kaufkraft umgerechnet, entsprach die Summe über 1000 Liter Olivenöl, rund 4500 Liter Tafelwein oder 3000 Pfund Feigen. Man hätte für die Summe auch einhundert wollene Tunicen erwerben können. Wer freilich auf dem Palatin, dem teuersten Wohngebiet des alten Rom, in dem auch der Kaiserpalast stand, Grund und Boden hätte erwerben wollen, wäre mit den *congiaria* des Augustus nicht weit gekommen: Mehr als eine Parzelle von nur 23 Quadratmetern war dafür nicht zu bekommen.

Kaum einer der Empfänger der großzügigen Geldgeschenke wäre indes auf den Gedanken verfallen, sich ausgerechnet auf dem Palatin «einzukaufen». Die Römer, die solche *congiaria* erhielten, gehörten im allgemeinen zu dem gleichen Personenkreis, der auch das kostenlose Getreide bezog. Die Zahl der Empfänger der *congiaria* lag demnach auch in der folgenden Kaiserzeit bei durchschnittlich 200 000.

Statistik der Freigebigkeit

Das Beispiel des Augustus machte Schule – war es doch überaus popularitätsfördernd! Je nach Dauer der Regierungszeit, aber auch unter Berücksichtigung inflatorischer Tendenzen, die vor allem seit dem 2. Jahrhundert n. Chr. stark zunahmen, lagen die Zuwendungen der späteren Kaiser teils über, teils unter dem von Augustus geschaffenen «Sockel». Hier eine Übersicht:[24]

Kaiser	Regierungszeit	Anzahl der *congiaria*	Gesamtbetrag in Denaren pro Empfänger	Gesamtsumme der *congiaria*
Augustus	31 v.–14 n.	7	570	139 950 000
Tiberius	14–37	4	260	52 000 000
Caligula	37–41	2	150	30 000 000
Claudius	41–54	2	150(?)	30 000 000
Nero	54–68	1	100	20 000 000
Vespasian	69–79	1	75	15 000 000
Titus	79–81	–	–	–
Domitian	81–96	3	225	50 000 000
Nerva	96–98	1	75	15 000 000
Trajan	98–117	3	650[25]	130 000 000
Hadrian	117–138	7	975(?)	195 000 000
Antoninus Pius	138–161	9	800	160 000 000
Marc Aurel (mit Verus)	161–180	7	1250(?)	250 000 000
Commodus	180–192	6	850	170 000 000
Pertinax	193	1	100	20 000 000
Septimius Severus	193–211	6	1100	220 000 000
Caracalla	211–217	4	400	80 000 000
Macrinus	217	1	150	30 000 000
Elagabal	218–222	4(?)	450(?)	90 000 000
Severus Alexander	222–235	5	600	120 000 000
Diokletian und Maximian	284–305	?	1550	310 000 000
Konstantin der Große	306–337	?	1500	300 000 000

Abb. 243 *Congiarium*-Münze Neros, der zuschaut, wie einem Bürger von einem Soldaten ein Geschenk überreicht wird. Die Umschrift lautet *cong(iarium) II dat(um) pop(ulo)*: «Ans Volk wurde zum zweiten Male ein *congiarium* verteilt« – und zwar im Jahre 57 n. Chr.; Sesterz, um 64 n. Chr. – Abb. 244 *Congiarium*-Münze Nervas. Beamte führen mit Tabelle und Rechenbrett Buch über die Geldgeschenke; Sesterz aus dem Jahre 97 n. Chr.

«Tue Gutes und rede darüber...»

Ebensowenig wie Augustus sich gescheut hatte, sich seiner Geldspenden zu rühmen, stellten seine Nachfolger ihr Licht unter den Scheffel. Im Gegenteil. Über viele Einzelheiten im Zusammenhang mit den *congiaria* sind wir nur deshalb unterrichtet, weil die Kaiser zum Ruhme ihrer Freigebigkeit ein Medium wählten, das, zumindest in einigen Exemplaren, die Jahrhunderte überdauert hat: Münzen. Nero ließ als erster um das Jahr 64 Münzen mit der wenig bescheidenen, aber um so wirkungsvolleren Aufschrift *congiarium* prägen (Abb. 243). Später wurde es sogar üblich, die bis zur Herausgabe der jeweiligen Münze erfolgten Geldspenden zu numerieren. So heißt es auf einem Sesterz des Trajan zum Beispiel *congiarium tertium* («dritte Geldzuwendung»).

Wie sehr die Geldverteilungen sozusagen die politische Kultur der Kaiserzeit im 2. Jahrhundert n. Chr. prägten, zeigt eine weitere programmatische Münzaussage: Neben der Legende *congiarium* (Abb. 244) findet sich häufig eine Darstellung der Gestalt der *liberalitas*, der Personifizierung der kaiserlichen «Großzügigkeit» (Abb. 248).[26]

So hoch die Geldspenden im Einzelfall auch gewesen sein mögen – davon allein konnte niemand leben, auch nicht in Verbindung mit den kostenlosen Getreideverteilungen. Die Übersicht zeigt ja sehr deutlich, daß es keine Gesetzmäßigkeiten bei den Geldgeschenken gab.

Warnung vor Anspruchsdenken

Gewiß bildeten sich allmählich feste Gelegenheiten heraus, zu denen der Kaiser üblicherweise ein *congiarium* verteilte: Regierungsantritt, Hochzeiten in der kaiserlichen Familie, bedeutende militärische Triumphe, Regierungsjubiläen und Designation des Nachfolgers. *Wann* aber einer dieser Anlässe vorlag, war meistens nur sehr schwer oder gar nicht im voraus zu kalkulieren.

Entsprechende Erwartungshaltungen heranzuzüchten konnte nicht im Sinne des Spenders sein. Er setzte ja vielmehr auf den Überraschungseffekt. Wer plötzlich mit einem beträchtlichen Geschenk konfrontiert wird, reagiert im allgemeinen freudiger und dankbarer, als wenn er schon seit langer Zeit darauf spekuliert hat – eine psychologische Einsicht, die schon ein antiker Schriftsteller formuliert hat: «Die Spenden müssen ohne Rücksicht auf Erwiderung gemacht werden. Denn so bringen sie die Empfänger aus der Fassung und überwältigen sie. Zweitens im richtigen Augenblick und zu einem gut gewählten, passenden Anlaß.»[27]

Bloß kein übertriebenes Anspruchsdenken aufkommen lassen! Nach dieser Devise verfuhr schon Augustus. Er statuierte vorsichtshalber einst ein Exempel, das jedermann die Augen öffnen und klarmachen mußte, daß es der «Wohltäter» war und blieb, der den geeigneten Zeitpunkt für eine Geste der Freigebigkeit aussuchte.

Sueton berichtet: «Als das Volk einmal eine ihm versprochene Geldspende verlangte, antwortete er, er werde schon Wort zu halten wissen. Als es aber eine Spende forderte, die ihm gar nicht zugesagt worden war, bezeichnete er das in einer öffentlichen Bekanntmachung als eine schändliche Unverschämtheit und erklärte, daß er nun nichts geben werde, obwohl er es eigentlich vorgehabt habe.»[28]

Bei dieser Praxis blieb es auch später noch. In seiner Lobrede auf den Kaiser Trajan sagt Plinius: «Geldspenden wirst du austeilen, wenn es deinem Willen entsprechen wird»[29] – ein unmißverständlicher Hinweis darauf, daß *congiaria* im Unterschied zu den monatlichen Getreideverteilungen keine sozusagen von Zeit zu Zeit einklagbaren sozialen Leistungen darstellten.

Getreide- wie Geldspenden waren im «System» von «Brot und Spiele» fest verankert. Sie waren Privilegien, die einem großen Teil der hauptstädtischen Bevölkerung zugute kamen. Sie machten vielen das Leben angenehmer, befriedigten vor allem elementare Bedürfnisse. Aber sie waren angesichts der Höhe der Zuwendungen an den einzelnen Bürger kein Ersatz für Einkommen aus eigener Arbeit.

Wer sich allein auf die kaiserliche Freigebigkeit verlassen hätte, wäre vermutlich nicht einmal in der Lage gewesen, den eigenen Lebensunterhalt zu bestreiten – geschweige denn eine Familie davon zu ernähren.

«In den Elendsquartieren Roms hausten auch 200000 Nichtstuer, die vom Staat erhalten werden mußten.» – Eine Formulierung, die ebenso spektakulär klingt, wie sie schlicht falsch ist. Und sie wird auch nicht dadurch richtiger, daß sie sich in einem bundesdeutschen Schulbuch aus den siebziger Jahren findet.[30]

Rechtlos im Schlaraffenland?

Anmerkungen zu einigen Klischees

Brot und Spiele: Das Schlagwort und die Folgen

Der römische Durchschnittsbürger: ein Schmarotzer, der keiner Arbeit nachgeht, seinen Lebensunterhalt von den kostenlosen Getreideverteilungen und den von Zeit zu Zeit «ausgeschütteten» Geldgeschenken der Kaiser bestreitet und der sich die langen Stunden seines alltäglichen Müßiggangs durch Besuche in der Arena, im Circus, im Theater oder in den Thermen versüßt; ein arbeitsscheuer, nach Sensationen und Unterhaltung gierender, charakterloser Geselle, der sich seine politischen Rechte hat abkaufen lassen, der seinen Stolz als Staatsbürger einem sorgenfreien Wohlleben geopfert hat; kurz, ein Entrechteter im Schlaraffenland: das ist die geradezu klassische Klischeevorstellung, die das Schlagwort «Brot und Spiele» heraufbeschwört.

Und warum sollte dieses Bild *nicht* stimmen, lassen sich dafür doch zwei hochkarätige Zeugen anführen? Einmal der Satiriker Juvenal, der vom römischen Volk sagt, es kümmere sich nicht mehr wie früher darum, zivile Staatsämter und militärische Kommandos zu verleihen, sondern wünsche nur noch eifrig zwei Sachen: *panem et circenses*.[1]

Etwas später stellt dann Fronto fest, daß es für den Kaiser vor allem darauf ankomme, sich die Gunst des Volkes durch Schauspiele, Kornverteilungen und Geldgeschenke zu sichern.[2] Auch hinter dieser Bemerkung steht der Vorwurf, ein einstmals souveränes Volk habe sich seine politischen Rechte durch kaiserliche Almosen und Gnadenakte abkaufen lassen.

Entsprechend abfällig klingen denn auch viele Urteile moderner Altertumswissenschaftler über die Bewohner des kaiserzeitlichen Roms. Ein Beispiel für viele: In seinen berühmten «Darstellungen aus der Sittengeschichte Roms» konstatiert P. Friedländer zum Thema «Brot und Spiele»:

«In der Bevölkerung der Hauptstadt überwog das Proletariat, und dieser Pöbel war wilder, roher und verdorbener als in modernen Weltstädten, weil hier wie nirgends der Auswurf aller Nationen zusammenfloß, und doppelt gefährlich, weil er großenteils müßig war. Die Regierung sorgte durch die großen, regelmäßigen Getreideverteilungen für seinen Unterhalt, und die Folge war, daß sie auch die Sorge für seinen Zeitvertreib übernehmen mußte.»[3] Das Urteil des anerkannten Fachmanns hat Generationen von Altertumswissenschaftlern geprägt. Es wirkt bis in unsere Zeit fort, obwohl neuere Forschungen es als allzu undifferenziert und in wesentlichen Teilen sogar als falsch erweisen. So unentbehrlich Friedländers «Sittengeschichte» als Materialsammlung auch heute noch ist – in der Analyse, in den Schlußfolgerungen ist sie überholt.

Abb. 245 Die Bauinschrift der Diokletiansthermen.

Ein perfektes System der politischen Einschläferung?

Gewiß, es ist auch im vorliegenden Buch mehrfach von einem «System» die Rede gewesen, das durch die Formel «Brot und Spiele» prägnant charakterisiert wird. Und tatsächlich gibt es ja nichts daran zu deuteln, daß die Kaiser systematisch eine Entpolitisierung der Römer dadurch angestrebt haben, daß sie sie durch den Einsatz ungeheurer Geldsummen «bei Laune» halten, sich ihrer Gunst versichern wollten. Keine Frage, das war eine bewußte Korrumpierung, und sie hatte Erfolg. So gesehen haben Juvenal und Fronto sicher recht.

Gleichwohl ist das nur die halbe Wahrheit. Es ist schlicht falsch, so zu tun, als wäre dieses «System» gleichsam schlagartig erst von Augustus, dem ersten römischen Kaiser, oder allenfalls Caesar, der zumindest in seinen letzten Jahren auch schon eine monarchische Stellung innehatte, erfunden worden – als schnell wirkendes Rezept, das Volk politisch «einzulullen» und ihm über den Anfang als «schlimmste» Zeit der neuen Regierungsform schmerzlos hinwegzuhelfen.

Diese Sicht der Dinge ist falsch, da unhistorisch. Von den Gladiatorenkämpfen über die Theateraufführungen und Wagenrennen bis hin zu den kostenlosen Getreideverteilungen hat alles seinen Ursprung ausnahmslos schon in republikanischer Zeit; und zwar nicht nur der Sache, sondern auch der Tendenz und politischen Zielrichtung nach.

Auch schon im 2. und 1. Jahrhundert v. Chr. haben Politiker den Popularitätswert erkannt, den die Ausrichtung von *munera* oder die verbilligte bzw. kostenlose Abgabe von Getreide mit sich brachte; und nicht wenige haben diese Erkenntnis schnell und großzügig in die Tat umgesetzt.

Die kaiserzeitliche Entwicklung war also zumindest von der Tendenz her vorgezeichnet; die Ausmaße und Größenordnungen des «Systems» überstiegen dann freilich alles, was sich die Römer der Republik selbst in ihren kühnsten Träumen vorgestellt haben dürften. Dies ist ebensowenig zu bestreiten wie die Tatsache, daß die Brot-und-Spiele-Politik des Augustus vorbildhaft gewirkt hat und daß es der erste Princeps war, der die sich ihm hier bietenden Möglichkeiten ganz konsequent genutzt hat.

«Alle seine Vorgänger übertraf er an Zahl, Mannigfaltigkeit und Glanz der Schauspiele.»[4] Diese nüchterne Feststellung Suetons bestätigt die Bedeutung von *panem et circenses* für das politi-

Abb. 246 Viele Römer waren in Kleinbetrieben als Handwerker tätig; hier ein Relief, das einen Schuster und einen Seiler bei der Arbeit zeigt.

Abb. 247 Den Stolz auf den eigenen Beruf drückten nicht wenige Römer durch einschlägige Darstellungen auf ihrem Grabmal aus; hier der Schmied L. Cornelius Atimetus in seiner Werkstatt.

Abb. 248 Kaiser Macrinus und sein Sohn sitzen auf einem Podium, vor ihnen die Personifikation der Freigebigkeit *(liberalitas)* mit Füllhorn und Zählbrett; Aureus aus dem Jahre 217/18 n. Chr.

Abb. 249 Schiff mit Segel im Circus, vier Quadrigen und einige exotische Tiere – all das trägt zur *laetitia temporum*, zur «glücklichen Zeit», bei; Aureus des Antoninus Pius, um 202 n. Chr.

sche Kalkül des Augustus. Wenn es noch eines zusätzlichen Beweises bedürfte, so ist es der von Augustus selbst verfaßte Tatenbericht, der noch vorhandene Zweifel endgültig ausräumt. Die ausführliche Aufzählung der von ihm veranstalteten *spectacula* sowie seiner Geld- und Kornspenden nimmt dort breiten Raum ein.[5] Zweifellos gehörte *liberalitas* (Freigebigkeit) fortan zum kaiserlichen Programm (Abb. 245) – und außerdem noch eine großzügige Baupolitik[6], die sich zum Beispiel in der Errichtung großer Thermenanlagen erwies.

Trotz aller Freigebigkeit, trotz der irrwitzigen Summen, die einzelne Kaiser in ihrem Bestreben ausgaben, alle Vorgänger an Pracht und Anzahl der Spiele zu übertrumpfen – das «Idealziel» dieser gewiß nicht uneigennützigen «Ablenkungs-Politik» ist nie erreicht worden: Eine *völlige* Entpolitisierung der Römer hat *kein* Kaiser erreicht.

Die «schweigende Mehrheit» – manchmal unüberhörbar

Sicherlich, für die Besetzung hoher Staatsämter und Militärposten interessierten sich wenige. Selbst die großen Linien der Politik wollte kaum jemand aus dem Kreis der vom «System» Begünstigten *(plebs frumentaria)* mitbestimmen. Wenn es aber um das eigene Wohl und Wehe, die Sicherung der eigenen Existenz, die tagtägliche Konfrontation mit unerwünschten Zuständen oder Personen ging, dann waren die meisten nicht mehr bereit, sich durch noch so hochherzige Geschenke und prachtvolle Schauspiele ablenken zu lassen. Dann artikulierte auch die «schweigende Mehrheit» ihren Willen unüberhörbar, wie die häufigen Publikumsdemonstrationen mit wünschenswerter Deutlichkeit zeigen.

Wohl hatten diese Manifestationen auch eine gewisse Alibifunktion, waren sie ein für den Kaiser vergleichsweise ungefährliches «Ventil» für aufgestauten oder ganz spontanen Unmut der Menschen und gingen oft genug auf Manipulationen geschickt taktierender kleiner Gruppen mit ganz speziellen Anliegen zurück: das alles ist richtig. Und doch wiesen diese Demonstrationen auch ein starkes plebiszitäres Element auf, zumindest im Sinne eines Stimmungsbarometers. Überdies waren die dort vorgetragenen Forderungen oft von erheblicher politischer Tragweite und – sie hatten ja auch oft genug Erfolg!

T. Bollinger hat in seiner Untersuchung über diese Form der politischen Artikulation überzeugend nachgewiesen, daß sie ein wichtiges «Instrument innenpolitischer Auseinandersetzungen» waren und durchaus als «Ersatz der Volksversammlung» anzusehen sind. Tatsächlich verpflichteten sie den Kaiser zu nichts, aber darin lag kein so großer Unterschied zur Zeit der Republik, war doch «das Mitspracherecht in beiden Formen mehr oder weniger vom Ermessen der Obrigkeit abhängig»![7]

Soviel zum Punkt «Entpolitisierung» – wobei es nicht darauf ankam, die gewollte und tatsächlich eingetretene weitgehende Entmündigung der Römer in politischen Fragen zu bestreiten, sondern auf die notwendigen Einschränkungen hinzuweisen.

Ein Heer von 200000 Müßiggängern?

Nun zum «Müßiggang der Römer» – das kaiserzeitliche Rom ein «totaler Freizeitpark»? Ein folgenreicher Irrtum, der zwar auch schon seit einiger Zeit erkannt ist, sich aber noch hartnäckig behauptet! Um es ganz deutlich zu sagen: Die Vorstellung, daß in Rom hauptsächlich die Sklaven gearbeitet hätten, ist blanker Unsinn.

Mehr noch: Jenes angebliche Heer von 200000 Müßiggängern, die allein durch staatliche Unterstützung gelebt haben sollen, hat nie existiert. Die Ungewißheit hinsichtlich der Einwohnerzahl Roms, des zahlenmäßigen Verhältnisses zwischen Getreideempfängern und Nichtberechtigten sowie der sozialen und ethnischen Zusammensetzung der Einwohnerschaft ist groß. Der ganze Problemkreis ist wahrscheinlich nicht lösbar. Ein guter Kenner der Materie bemerkt: «Die Soziologie von Rom ist fast unbekannt» und «nicht erforschbar».[8]

Mit Sicherheit ging der allergrößte Teil der Getreideempfänger einer Arbeit nach (Abb. 246), denn die monatlich kostenlose Getreideration war für eine mehrköpfige Familie nicht ausreichend. Zudem brauchte jeder darüber hinaus andere Lebensmittel, Kleider, ein Dach über dem Kopf – alles Notwendigkeiten, die auch nicht durch eine geschickte «Einteilung» der dann und wann vom Kaiser erhaltenen Geldgeschenke bestritten werden konnten.

Andere Möglichkeiten, ohne Arbeit an Geld zu kommen, gab es kaum; und nichts berechtigt zu der Annahme, als wäre das kaiserzeitliche Rom eine von Kriminellen, Bettlern oder «Sozialhilfeempfängern» geprägte Stadt gewesen. Im Gegenteil: Es gab keinerlei staatliche Unterstützung für Arbeitslose, und Bettler werden in der gesamten kaiserzeitlichen Literatur nur selten erwähnt. Die Vorstellung schließlich, Zehntausende hätten ihr Leben als Klienten reicher Leute fristen können, denen sie am Morgen ihre Aufwartung machten und die ihnen im Gegenzug dafür Geld oder Naturalien gaben, ist doch wohl etwas naiv. Diese Art des Lebensunterhalts mag einige Tausende ernährt haben, aber sicherlich nicht mehr (Abb. 247, 250).[9]

176 Festtage – und doch kein «Freizeitpark»

Verweilen wir noch einen Augenblick bei dem Gedanken, 200000 Müßiggänger hätten sich tagtäglich in Rom die Langeweile vertreiben müssen. Spricht nicht die während der Kaiserzeit ständig steigende Zahl von Festtagen dafür, daß auf diese Weise versucht worden ist, den vermeintlichen Arbeitslosen möglichst viel Unterhaltung anzubieten?

Wer so argumentiert, geht zu stark von heutigen Gewohnheiten und Gegebenheiten aus. Er übersieht ein ganz wichtiges Faktum: Für die Römer bestand die Woche aus sieben *Arbeits*tagen. Wer einem Beruf nachging, hatte also nicht zwei freie Tage pro Woche plus gesetzlicher Feiertage plus vier oder mehr Wochen bezahlten Urlaub, sondern der arbeitete theoretisch zunächst einmal 365 Tage im Jahr.

In der Praxis sah das natürlich anders aus. Von jeher kannte der römische Kalender Feste, Ferien und Feiertage, an denen meist auch die Arbeit ruhte – wenngleich sicher nicht in so selbstverständlicher Art und Weise, wie es heute üblich ist. Mit anderen Worten: Die Tage, an denen Spiele auf dem Programm standen, sind in weitestem Sinne mit unseren Wochenenden zu vergleichen – doch für die meisten gab es damals keinen so ausdrücklichen Rechtsanspruch auf freie Tage.

Wenn wir aber einmal von der grundsätzlichen Richtigkeit des Vergleichs ausgehen, dann heißt das: Am Ende der Republik gab es 65 Spieltage, mithin einige mehr als die 52 Sonntage in unserem Jahr. Nach der kräftigen Vermehrung der Festtage im 1. und 2. Jahrhundert n. Chr. waren zu Marc Aurels Zeiten etwa 130 Tage für Spiele reserviert. In unsere Welt übertragen also Samstag und Sonntag frei plus vier Wochen Urlaub.

Im Jahre 354 sind es im römischen Kalender 176 Festtage. Ruhte demnach statistisch sozusagen an jedem zweiten Tag in Rom die Arbeit? Sicher nicht, denn der Löwenanteil von 102 Tagen entfiel auf *ludi scaenici*, Theateraufführungen, bei denen rein aus Platzgründen nur ein kleiner Prozentsatz der Bevölkerung zugegen sein konnte.

Die hier gezogenen Vergleiche und statistischen Angaben sind ohne Zweifel fragwürdig; sie erheben auch nicht den Anspruch, der Weisheit letzter Schluß zu sein. Die Beispiele und «Parallelen» sollten lediglich eines verdeutlichen: So spektakulär, wie es auf den ersten Blick den Anschein hat, ist die Zahl der Spieltage nun auch wieder nicht. Gar keine Frage: Sie ist hoch, und das unterstreicht erneut die Bedeutung des «Systems»; aber sie läßt nicht die Schlußfolgerung zu, die Theorie vom gewaltigen Heer der Müßiggänger und Nichtstuer in Rom werde dadurch gestützt. *Die* Rechnung stimmt nur, wenn man die Errungenschaften unserer «Freizeitgesellschaft»

Abb. 250 Wider die Mär von 200 000 Müßiggängern: Bauarbeiter beim Hausbau.

stillschweigend auf das kaiserzeitliche Rom überträgt.

Der erhobene Zeigefinger: Keine historische Kategorie

Schließlich ein paar Sätze zur *Art* der römischen Freizeitvergnügen. Da gab es manchen häßlichen, abstoßenden Zug. Die Unmenschlichkeit der Gladiatorenkämpfe hinwegzudiskutieren oder die Begeisterung fast *aller* Römer für dieses furchtbare *spectaculum* zu leugnen ist unmöglich. Das Gladiatorenwesen war und bleibt ein Schandfleck der römischen Zivilisation.

Auch die Wagenrennen, vor allem das Verhalten der Zuschauer dabei und das Parteienwesen mit all seinen Schwächen und Auswüchsen, gehören vielleicht nicht gerade zu den ansprechendsten Wesenszügen der römischen Kaiserzeit. Sicher war vieles an den Theaterstücken bedenklich, zumindest vom Standpunkt des Moralisten aus gesehen. Daß der Großteil der Theaterproduktion intellektuellen Ansprüchen nicht genügte, sei gleichfalls eingeräumt.

Aus alldem aber den Schluß zu ziehen, die Schauspiele hätten in ihrer Gesamtheit demoralisierend auf die Bevölkerung Roms gewirkt – Friedländer zum Beispiel spricht von der «unwiderstehlich hinreißenden, entsittlichenden Gewalt» der Spiele, von einem «Unheil... von gigantischer Größe»[10] –, ist angesichts der Mannigfaltigkeit der *ludi* nicht korrekt. Die pauschale Kritik ist nicht nur sachlich falsch, sie ist zudem in höchstem Maße peinlich, wenn sie mit moralisierendem Unterton und gleichsam mit erhobenem Zeigefinger vorgebracht wird. Ob die Zielsetzungen und die Qualität heutiger Massenunterhaltungen sich wirklich so stark von denen der römischen Kaiserzeit abheben, ist eine offene Frage, die jeder selbst beantworten mag. Sie zu stellen dürfte jedenfalls legitim sein.

Als Plädoyer *für* die römischen *spectacula* sollten die Ausführungen nicht verstanden werden, sondern die Problematik einer Schwarzweißmalerei offenlegen, die das gesamte Unterhaltungswesen der Kaiserzeit in Bausch und Bogen verdammt. Es ist nicht zu übersehen, daß dieses «System» auch seine positiven Seiten hat: hervorragende künstlerische Leistungen, Beteiligung breiter Volksschichten an kulturellen Veranstaltungen (dieses Etikett wird auch der Skeptiker dem Theater zubilligen müssen), eine ausgesprochene Bade-«Kultur», die es allen Bürgern ermöglichte, die vielfältigen Angebote der Kommunikationszentren «Thermen» in Anspruch zu nehmen – ein Gesichtspunkt, der um so mehr an Bedeutung gewinnt, als all das nicht auf die Hauptstadt beschränkt war, sondern die «weltweite» Zivilisation in den Grenzen des Imperium Romanum geprägt hat.

Zur Finanzierung von «Brot und Spielen»

Schauspiele, Getreidespenden und Geldgeschenke verschlangen Riesensummen. In den einzelnen Kapiteln sind mehrfach Zahlen angeführt worden, die erahnen lassen, welch gewaltige Kosten die Politik von *panem et circenses* verursacht hat.

Im folgenden wird kurz beschrieben, aus welchen Quellen die Gelder flossen, die zur Aufrechterhaltung bzw. zum Ausbau des kostspieligen «Systems» erforderlich waren. Eine ausführlichere Darstellung dieser Problematik ist allerdings nicht beabsichtigt; sie ist angesichts der schlechten Quellenlage im Zusammenhang mit Fragen der römischen Finanzverwaltung auch kaum möglich.

Ein beträchtlicher Teil der Kosten für die «regulären» Gladiatorenkämpfe, Wagenrennen, Theateraufführungen und andere Schauspiele ruhte auf den Schultern der zuständigen Beamten. Wer hohe Positionen anstrebte, mußte bereit sein, sich die Gunst von Kaiser und Volk durch aufwendige Spiele zu erkaufen. Die staatlichen Zuschüsse waren kaum mehr als ein Tropfen auf den heißen Stein; entsprechend tief mußten die Spielgeber in die eigene Tasche greifen. Die Konsequenz: Im allgemeinen konnten sich nur begüterte Männer um hohe Ämter bewerben, und selbst sie stöhnten zu bestimmten Zeiten unter der drückenden finanziellen Last.

Mochte der Staat diese private «Initiative» auch nach Kräften fördern, so konnte der Spielbetrieb doch nicht ohne den Griff in öffentliche Kassen funktionieren. Das war schon in der Zeit der Republik der Fall; die spieleausrichtenden Beamten erhielten einen Teil ihrer Aufwendungen aus der Staatskasse, dem *aerarium*.

In das *aerarium* flossen in republikanischer Zeit sämtliche Gelder, die dem Staat zustanden. Direkte Steuern wie etwa die heutige Lohn- und Einkommensteuer gab es in Rom allerdings nicht; derartige «Kopfsteuern» wurden als unwürdig für einen freien Bürger empfunden.

Nur dann, wenn der reguläre Etat infolge außerordentlicher Ereignisse nicht ausreichte, wurde zeitlich befristet eine direkte Besteuerung eingeführt, das *tributum civium Romanorum*. Bei längeren Kriegen griffen die Beamten zu diesem Rettungsanker. Nach Kriegsende hatten die Bürger eine gute Chance, ihr Geld zurückgezahlt zu bekommen. Rom führte bekanntlich meistens siegreiche Feldzüge, und die unterlegenen Gegner mußten dem Sieger Kriegskontributionen leisten, die wiederum zur Befriedigung der «Staatsgläubiger» verwendet wurden. Die außerordentlichen direkten Steuern hatten also in der Regel eher den Charakter obligatorischer Kriegsanleihen. Die Bürger konnten zwar die Rückzahlung der *tributa* nicht einklagen, doch durften sie sich meistens auf die Praxis verlassen, nach der sie ihr Geld nach einiger Zeit zurückerhielten.

Insofern handelte es sich bei den *tributa* um keine normalen Einkünfte der Staatskasse. Dazu gehörten vielmehr vor allem sämtliche Erträge aus dem Gemeindeland *(ager publicus)*. Die Verpachtung von Staatsland an Privatleute, der Verkauf staatlicher Ländereien, aber auch die Bewirtschaftung von Domänen wie Äckern, Weiden, Wäldern, Seen und Flüssen, die Verpachtung von Bergwerken und Salinen – schon damals war Salz Staatsmonopol – an private Kapitalgesellschaften und auch die Einkünfte aus *loca publica*, öffentlichen Bauten, wie «Eintrittsgelder» für Tempelbezirke, Marktgelder und dergleichen: all das war eine regelmäßige Einnahmequelle für das *aerarium*.

Den zweiten großen Posten bildeten die Abgaben der eroberten Länder. Je weiter Rom ausgriff, um so mehr stiegen die Einnahmen aus der Steuerpflicht der Provinzbewohner an. Die meisten der Provinzialen waren keine römischen Bürger; daher brauchten die Römer keine Rücksicht auf Empfindlichkeiten zu nehmen: Als Untertanen unterlagen die Provinzialen der *direkten* Besteuerung, die bei durchschnittlich 10 Prozent der erwirtschafteten Leistungen lag. Die Steuern wurden in Geld oder Naturalien erhoben, allerdings nicht unmittelbar von staatlichen Organen.

Um Verwaltungskosten zu sparen, machte es sich der Staat sehr leicht. Er verpachtete die Steuern kurzerhand gegen Höchstgebot an finanzstarke Privatgesellschaften. Für die Staatskasse ein ungemein einfaches Verfahren, für die Bewohner der Provinzen aber ein Alptraum; denn die Gesellschaften der Steuerpächter *(publicani)* setzten alles daran, ihr Kapital wieder «einzuspielen» und außerdem Höchstprofite zu erwirtschaften – eine skandalöse Praxis, die mehr als eine Provinz in den wirtschaftlichen Ruin trieb und bittere Not und Armut über die Provinzialen brachte, zumal die Statthalter und ihr Gefolge auch noch «Geschenke» und Tribute verlangten. Erst in der Kaiserzeit wurde dieser üblen Ausbeutung ein Ende gemacht; einige Gebiete brauchten Jahrzehnte, um sich von den Blutsaugermethoden der *publicani* und der Statthalter zu erholen.

Der dritte große Pfeiler der Staatskasse waren indirekte Abgaben. Darunter fielen Warenzölle an den Reichsgrenzen, See- und Landzölle, Brückengelder und eine 357 v. Chr. eingeführte Luxussteuer in Höhe von 5 Prozent auf den Wert freigelassener Sklaven. Verschiedene Censoren, die mit der Überwachung der guten Sitten betraut waren, bereicherten das *aerarium* durch zusätzliche Luxussteuern, mit denen sie «verweichlichende» Gegenstände belegten. Besonders aktiv in diesem Bereich war Cato der Ältere, der während seiner Zensur 3 Promille des entsprechenden Warenwerts als Abgabe einforderte.

In der Kaiserzeit wurde die Finanzverwaltung des römischen Staates bedeutend komplizierter. Allein schon die Aufteilung der Provinzen in senatorische und kaiserliche Provinzen brachte eine Aufsplitterung der öffentlichen Kassen mit sich. Die Verhältnisse änderten sich besonders in der frühen Kaiserzeit ständig, so daß sich eine systematische Unterteilung eigentlich verbietet. Zudem fließen die Quellen hier äußerst spärlich. Diese Einschränkungen gilt es zu beachten, wenn im folgenden von einer prinzipiellen Dreiteilung die Rede ist, die für die Finanzierung von Spielen, Getreideverteilungen und Geldgeschenken wichtig ist.

Immer wenn davon gesprochen wird, der Kaiser habe mit seinem eigenen Geld diese oder jene Leistung erbracht, so bezieht sich die Formulierung auf das

Privatvermögen des Herrschers, das sogenannte *patrimonium Caesaris*. Das war eine Art Familienbesitz der regierenden «Dynastie»; es wurde privatrechtlich vererbt und hatte zumindest offiziell nichts mit der Stellung des Eigentümers als Lenker des Staates zu tun.

Das *patrimonium* speiste sich aus Erträgen, die die Landbesitzungen des Kaisers abwarfen, sei es durch Verpachtung, sei es durch eigene Bewirtschaftung. Neben den Einkünften aus rein agrarischen Produktionen standen Gewinne aus Gewerbebetrieben, die auf den Ländereien des Kaisers angesiedelt waren.

So eindeutig privat, wie diese Einkünfte auf den ersten Blick erscheinen, waren sie jedenfalls zum Teil bei näherem Hinsehen nicht. Denn die Besitzungen gehörten keineswegs alle zum ererbten Vermögen des Kaisers; vieles hatte er in seiner Regierungszeit geschenkt oder vererbt bekommen – und das sicher nicht als Privatmann, sondern in seiner Funktion als Kaiser.

Gerade die Erbschaften machten einen erheblichen Teil des kaiserlichen Privatvermögens aus. Seinen Freunden und Verwandten beträchtliche Summen zu vermachen war in Rom nichts Ungewöhnliches. Cicero rühmt sich, im Laufe seines Lebens die stattliche Summe von 20 Millionen Sesterzen geerbt zu haben. Kein Wunder, daß ein Mann wie Augustus in den letzten zwanzig Jahren seiner Regierung nicht weniger als 1,4 Milliarden Sesterze aus Erbschaften verbuchen konnte!

Niemand war so naiv, darin bloße Liebesgaben oder «Anerkennungsprämien» für eine tüchtige Regierungstätigkeit zu erblicken. Der Erblasser versprach sich von solchen Geschenken schon Vorteile für seine Familie. Aber immerhin: Diese Erwartungen vermischten sich mit dem Ausdruck echter Dankbarkeit gegenüber einem Herrscher, der nach Jahrzehnten der Unruhen und Bürgerkriege als Garant von Sicherheit und Wohlstand angesehen wurde.

Die Historiker, die von solchen Erbschaften berichten, unterscheiden zwischen «guten» und «schlechten» Kaisern. Was bei Augustus und anderen «guten» Herrschern freiwillige Legate waren, das entwickelte sich unter despotischen Kaisern wie Nero und Domitian zu regelrechten Zwangsabgaben: Geschenke und Erbschaften wurden mit dem dezenten Hinweis darauf erpreßt, daß eine Weigerung als Undankbarkeit gegenüber dem Kaiser ausgelegt werden könne. Und dann drohte die Konfiskation des *gesamten* Vermögens.

Das Privatvermögen der römischen Kaiser war beträchtlich. Es fiel ihnen nicht schwer, in Notzeiten Getreide auf eigene Kosten zu besorgen oder auch dann und wann Spiele aus eigener Tasche zu finanzieren. So werbewirksam und popularitätsfördernd diese «Opfer» waren – sie blieben stets die Ausnahme.

Der übliche Ausdruck kaiserlicher *liberalitas* (Freigebigkeit) war der Griff in den *fiscus*. Als Terminus technicus für den Bereich der Finanzverwaltung, der dem Kaiser in seiner Eigenschaft als oberster Repräsentant des Staates zufiel, taucht er zunächst unter Claudius auf. Eine genaue Definition ist nicht möglich. Als Oberbegriff dient *fiscus* oft genug nur dazu, die Gesamtheit der kaiserlichen Kassen zu bezeichnen – allerdings immer in Abgrenzung vom Privatvermögen des Kaisers.

Theoretisch ist dieser Trennungsstrich leicht zu ziehen, in der Praxis aber verwischten sich die Grenzen nur zu häufig. Da wanderte mancher Betrag in die kaiserliche Privatkasse, obwohl er eindeutig dem *fiscus* hätte zufließen müssen.

Grundstock der Einnahmen des *fiscus* bildeten die Tribut- und Naturalsteuern der kaiserlichen Provinzen, also alle jene Grund- und Vermögensabgaben, die die Provinzialen zu leisten hatten, soweit sie nicht das römische Bürgerrecht besaßen.

Die entsprechenden Abgaben, die in den unter der Aufsicht des Senats stehenden Provinzen anfielen, gelangten folgerichtig in die seit jeher bestehende eigentliche Staatskasse, das *aerarium*. Das Verhältnis dieser beiden miteinander konkurrierenden öffentlichen Kassen verschob sich im Laufe der Zeit immer stärker zugunsten der kaiserlichen Finanzhoheit. Das *aerarium* verkümmerte zusehends zu einer absolut zweitrangigen Kasse; um so höhere Einkünfte erzielte der *fiscus*.

Ihm kamen die in *allen* Provinzen erhobenen Zölle zugute. Besonders lukrativ für die kaiserliche Finanzverwaltung war der provinzüberschreitende Warenhandel: So betrug der Grenzzoll für die gallischen Provinzen 2,5, für die spanischen 2 Prozent. Die Ausfuhr von Bären nach Rom, wo sie für die Hetzen in der Arena gebraucht wurden, brachte dem *fiscus* 2,5 Prozent. Einen besonders hohen Grenzzoll hatte Sizilien mit 5 Prozent. Der höchste überhaupt bekannte römische Zoll lag bei 25 Prozent: Er mußte im Hafen Leuke Kome im Nabatäerland für sämtliche Güter entrichtet werden, die aus Arabien ins Römische Reich importiert wurden.

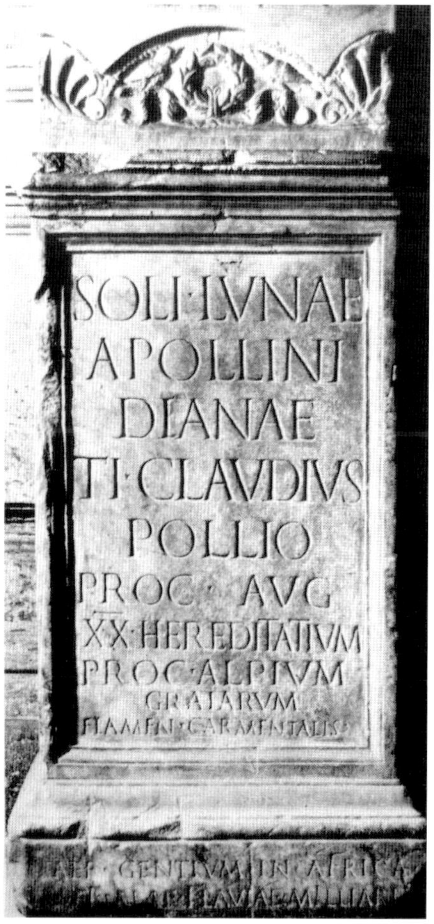

Abb. 251 Altar des Tiberius Claudius Pollio, der in der kaiserlichen Verwaltung u. a. das Amt eines Procurators für die fünfprozentige Erbschaftssteuer innehatte *(procurator Augusti XX hereditatium)*.

Die Freilassungssteuer in Höhe von 5 Prozent, die seit der Mitte des 4. Jahrhunderts v. Chr. für jeden freigelassenen Sklaven zu entrichten war, floß zunächst in das *aerarium*. Unter Claudius kam es zu einer Neuregelung, deren Nutznießer der *fiscus* war.

Augustus führte erstmals eine Erbschaftssteuer in Höhe von 5 Prozent ein; sie betraf aber nur Vermögen von über 100 000 Sesterzen und wurde erlassen, wenn die nächsten Blutsverwandten als Erben eingesetzt waren (Abb. 251).

Augustus schuf noch eine weitere Abgabe: Bei allen öffentlichen Auktionen und Kaufkontrakten war 1 Prozent des Wertes an den *fiscus* abzuführen. Diese Steuern hielten sich während der gesamten Kaiserzeit – im Unterschied etwa zu der von Caligula eingeführten Marktsteuer auf Lebensmittel, die viel böses Blut machte und rasch wieder verschwand.

Beträchtliche Einnahmen erzielte der *fiscus* auch aus den Erträgen der Bergwerke (Abb. 254) und Marmorbrüche im gesamten Römischen Reich. Auch

Abb. 252 Fragment einer Stele von Kostolac: Zahlung von Abgaben. 2. Jh. n. Chr. Belgrad. Narodnj Muzej.

Abb. 253 Boswelia-Sträucher, deren Harz als Weihrauch geerntet wird, das bedeutendste der hochbesteuerten Importprodukte aus Arabien.

Abb. 254 Das römische Goldbergwerk von Três Minas in Nordwest-Spanien: Stollen mit Sicherungspfeiler. Die Goldgewinnung in dem rund 2 qkm großen Abbaugebiet unterstand der direkten Aufsicht eines Bergwerksprokurators, bei dem es sich um einen Freigelassenen aus der *familia Caesaris* handelte. Die Bergarbeiter waren vermutlich überwiegend Lohnarbeiter *(mercennarii)* und schürften für einen Grubenpächter, der vom Fiskus eine Konzession erhalten hatte.

hier manipulierten die Kaiser geschickt, erneut zuungunsten des *aerarium*. Freilich ging oft genug auch der *fiscus* leer aus, weil die Kaiser es vorzogen, ihre Privatkasse mit den Einkünften aus den Bergwerken aufzufüllen...

Nicht zu verachten waren die Geschenke, die die Herrscher von ihren Untertanen, vor allem aber auch von fremden Völkerschaften erhielten. Die Liste der hochherzigen Gaben reichte von teuren Kleidern, Diademen und Geschmeiden über seltene Waffen, Sklaven und exotische Tiere bis zu erlesenen Kunstwerken und Goldkronen von ungeheurem Gewicht. All das wurde in Zeiten knapper Haushaltsmittel auf Auktionen versteigert und floß teils in das *patrimonium*, teils in den *fiscus*.

Zu erheblichen Beträgen summierten sich schließlich auch die *bona damnatorum*, die Güter verurteilter Straftäter. Nach römischem Recht zog jede Kapitalstrafe – Todesstrafe oder Exil – unweigerlich die Einziehung des gesamten Privatvermögens nach sich. Die konfiszierten Gelder flossen traditionell dem *aerarium* zu, Caligula aber leitete sie in den *fiscus* um. Die Versuchung war groß, eine angespannte Haushaltslage auch dadurch etwas zu lindern, daß möglichst viele vermögende Delinquenten bestraft wurden. Und tatsächlich sind Kaiser wie Tiberius und Vespasian nicht davor zurückgeschreckt, ihre Finanzen auf so bedenkliche Weise aufzubessern.

Insgesamt also eine Reihe von Einkünften, die die staatlich-kaiserliche Finanzverwaltung zur Verfügung hatte. Nicht alles, aber doch ein erheblicher Teil dieser Mittel diente neben privater «Sponsoren»-Tätigkeit dazu, das aufwendige «System» von *panem et circenses* zu finanzieren.[1]

Anhang

Anmerkungen

Kap. «Das Amphitheater»

1 Tacitus, *Annales* XIV 17.
2 Ibid., IV 62,3.
3 Sueton, *Caligula* 31.
4 Th. Mommsen, *Chronica minora. Monumenta Germaniae Historica. Auctores Antiquissimi* (Berlin 1892 ff.) I 146; *Historiae Augustae Scriptores, Antoninus* 9,1.
5 Augustinus, *Confessiones* VI 8.
6 Ibid.
7 Seneca, *Epistulae morales* 7,3.
8 Ibid., 7,5.
9 Ders., *De ira* I 2,4; Lactanz, *Divinae institutiones* VI 20,13.
10 Grant, *Gladiatoren* 93.
11 *Historiae Augustae Scriptores, Claudius* 5,5.
12 Tacitus, *Dialogus de oratoribus* 29,3–4.
13 Horaz, *Saturae* II 6,44.
14 Cicero, *Ad familiares* II 8,1.
15 Epiktet, *Encheiridion* 33,2.
16 Horaz, *Epistulae* I 18,19.
17 Epiktet, *Diatribai* 3,15,6; Ders. (Anm. 15) 29,3.
18 Martial, *Spectaculorum liber*, passim.
19 *Corpus Inscriptionum Latinarum (CIL)* IV 4356.
20 Ibid., IV 4353, 4356.
21 *Historiae Augustae Scriptores, Marcus Aurelius* 19,7.
22 Juvenal, *Saturae* VI 110 ff.
23 Vgl. dazu K. Parlasca, in: W. Helbig, *Führer durch die öffentlichen Sammlungen Klassischer Altertümer in Rom* II (Tübingen, 4. Aufl. 1966) 711 ff.
24 Tertullian, *De spectaculis* 12.
25 Livius, *Ab urbe condita* VII 2,13.
26 Ders., *Ab urbe condita librorum periochae* 16; Valerius Maximus, *Facta et dicta memorabilia; externi* II 4,7.
27 Tertullian (Anm. 24) 12.
28 Athenaios, *Deipnosophistai* IV 153 f.
29 Strabon, *Geographica* V 2,2.
30 Livius (Anm. 25) XXIII 30,15.
31 Ibid., XXXI 50,4.
32 Ibid., XXXIX 46,2.
33 Ibid., XLI 28,10.
34 Terenz, *Hecyra* 39 ff.
35 Plutarch, *Cato Maior* 17; Livius (Anm. 25) XXXIX 42,7 ff.
36 Plutarch, *C. Gracchus* 12,3.
37 Ennodius, *Panegyricus dictus Theodorico* 85; Valerius Maximus (Anm. 26) II 3,2.
38 Friedländer, *Sittengeschichte* II 51.
39 Cicero, *Tusculanae disputationes* II 41.
40 Sallust, *De coniuratione Catilinae* 30,7.
41 Cicero, *In P. Vatinium* 37.
42 Plinius, *Naturalis historia* XXXIII 53; Sueton, *Caesar* 10,2.
43 Dio Cassius, *Rhomaike historia* XXXVII 8,1.
44 Cicero, *Epistulae ad Atticum* VII 14,2.
45 Plutarch, *Caesar* 32,3; Sueton (Anm. 42) 31,1.
46 Sueton (Anm. 42) 11,1.
47 Plutarch (Anm. 45) 5,5.
48 Sueton (Anm. 3) 27,4.
49 *CIL* (Anm. 19) X 1685.
50 Tacitus, *Historiae* II 11,2.
51 *Monumentum Ancyranum* 22.
52 Ibid.
53 Dio Cassius (Anm. 43) LXVIII 15,1.
54 Tacitus (Anm. 50) II 94,3–95,1.
55 Ibid., II 95,3.
56 Johannes Lydus, *De magistratibus* II 28.
57 Aurelius Victor, *De Caesaribus* 28,1.
58 *Historiae Augustae Scriptores, Maximianus et Balbinus* 8,4–7.
59 *CIL* (Anm. 19) IV 1177; vgl. auch 1183 ff.
60 Ibid., X 1074.
61 Petron, *Saturae* 45,4–6.
62 Ibid., 45,11–12.
63 z. B. Stadtrecht von Urso (Spanien): H. Dessau, *Inscriptiones Latinae Selectae* I-III (Berlin 1892–1916) 6087.
64 *CIL* (Anm. 19) II 6278; Dessau (Anm. 63) 5163.
65 Dessau (Anm. 63) 5163, Z. 23 und Z. 18.
66 *CIL* (Anm. 19) IX 2350 = Dessau (Anm. 63) 5059.
67 Vgl. dazu Friedländer (Anm. 38) II 52.
68 Flavius Josephus, *Bellum Iudaicum* VII 3,1.
69 *Panegyrici Latini* XII 23,3.
70 Sueton, *Vitellius* 12.
71 *Historiae Augustae Scriptores, Hadrianus* 18,8.
72 Sueton, *Claudius* 14.
73 Dio Cassius (Anm. 43) LIX 10,1 und 3.
74 Tacitus (Anm. 1) XV 44,2 ff.
75 Dio Cassius (Anm. 43) LXXIII 20.
76 *Historiae Augustae Scriptores, Commodus* 18,12.
77 Seneca (Anm. 7) 37,1 f.; Petron (Anm. 61) 117,5.
78 Seneca (Anm. 7) 37,2.
79 Ders. (Anm. 9) I 2,4.
80 Coarelli, *Rom* 167 ff.
81 Pseudo-Beda, *Patrologia Latina* 94,543.
82 Dio Cassius (Anm. 43) LXVI 25; Sueton, *Titus* 7,3.
83 Dio Cassius (Anm. 43) LXVI 25,5.
84 Sueton (Anm. 82) 7,3.
85 Martial (Anm. 18) 1,7–8.
86 Seneca (Anm. 9) III 43,2.
87 Martial (Anm. 18) 18 und 19.
88 Ibid., 12–14.
89 Ibid., 27.
90 Dio Cassius (Anm. 43) LXI 9,1.
91 Ibid., LXVIII 15.
92 *Anthologia Palatina* VII 626; vgl. auch Strabo, *Geographika* II 5,33; dazu Weeber, *Umweltverhalten* 131 ff.
93 Friedländer (Anm. 38) II, 80.
94 Seneca (Anm. 7) 7,3 f.
95 Martial (Anm. 18) 7,5–6.
96 Ibid., 21.
97 Quintilian, *Declamationes* 9,6.
98 Sueton (Anm. 72) 21,6.
99 Quintilian (Anm. 97) 9,6.
100 Cicero (Anm. 39) II 41.
101 Sueton, *Augustus* 45,3.
102 Dessau (Anm. 63) 5062.
103 Ibid., 5113.
104 *CIL* (Anm. 19) IV 2508.
105 Martial (Anm. 18) 29,6.
106 Sueton, *Tiberius* 7,1.
107 Ders., *Domitianus* 4,1.
108 Ibid., 4,1; Dio Cassius (Anm. 43) LXVII 8,4.
109 Sueton (Anm. 107) 4,1.
110 Dio Cassius (Anm. 43) LXII (LXIII) 3,1.
111 Tacitus (Anm. 1) XV 32.
112 Martial (Anm. 18) 6 b.
113 Dio Cassius (Anm. 43) LXXVI 16,1.
114 Ders., LXXVIII 6,2.
115 Ibid.
116 Ders., LXI 9,5; LXVII 8,2.
117 Sueton (Anm. 72) 21,6.
118 Ders. (Anm. 42) 39,4.
119 Ibid.; Appian, *Bella civilia* II 102.
120 Dio Cassius (Anm. 43) XLIII 24,1.
121 Ibid., LV 10,7.
122 *Monumentum Ancyranum* 23.
123 Sueton (Anm. 101) 43,1.
124 Tacitus (Anm. 1) XII 56.
125 Dio Cassius (Anm. 43) LXI 9,5.
126 Ibid., LXVI 25,2 f.
127 Ibid., LXVI 25,4.
128 Martial (Anm. 18) 28,11 f.
129 Dio Cassius (Anm. 43) LXVII 8,2–4.
130 Sueton (Anm. 101) 45,1; vgl. auch Tacitus (Anm. 1) I 54,2.
131 Ders. (Anm. 72) 21,5.
132 Ibid. 34,1.
133 Ders. (Anm. 82) 8,2.
134 Ibid., 47.
135 Tacitus (Anm. 1) 76,3 f.
136 Dio Cassius (Anm. 43) LXXII 29,3–4.
137 Seneca (Anm. 7) 37,2; 117,7.
138 *CIL* (Anm. 19) IX 1671 = Dessau (Anm. 63) 5134.
139 Martial, *Epigrammata* XII 29,7 f.; Juvenal, *Saturae* III 36.

Kap. «Der Circus»

1 Plinius, *Epistulae* IX 6.
2 Vgl. Th. Mommsen, *Corpus Inscriptionum Latinarum (CIL)* I², S. 254 ff.
3 Sueton, *Caligula* 26,4.
4 *Historiae Augustae Scriptores, Elagabal* 23,2.
5 Ibid.
6 Juvenal, *Saturae* IX 142 f.
7 Ammianus Marcellinus, *Res gestae* XIV 7,25 f.
8 Ibid. XXVIII 29–31.
9 Juvenal (Anm. 6) X 80 f.
10 Livius, *Ab urbe condita* VII 2,13.
11 Cicero, *De re publica* II 20; Livius (Anm. 10) I 35,8 f.
12 Dio Cassius, *Rhomaike historia* LX 6,4.
13 Paulus Diaconus p. 122 (*Epitoma Festi* p. 262); vgl. auch Livius (Anm. 10) I 35,9.
14 Livius (Anm. 10) XXIII 30,17.
15 Martial, *Epigrammata* VIII 78,13 f.
16 Vgl. etwa *Historiae Augustae Scriptores, Pertinax* 15,5.
17 *CIL* (Anm. 2) I², S. 272.
18 Dio Cassius (Anm. 12) LXVIII 2,3.
19 Dionys von Halikarnass, *Antiquitates Romanae* VII 71,2; Livius (Anm. 10) XXII 10,7.
20 Dio Cassius (Anm. 12) LIII 2,2; XLVIII 53,4 ff.; LIV 11,1.
21 Livius (Anm. 10) XL 44,12.
22 Appian, *Bella civilia* II 8.
23 Sueton, *Caesar* 18,1; Plutarch, *Caesar* 11,1.
24 Plutarch (Anm. 23) 12,2; Sueton (Anm. 23) 54,1.
25 Cicero, *Pro Milone* 95; Ders., *Epistulae ad Quintum fratrem* III 7,2.
26 Dio Cassius (Anm. 12) LIV 2,3.
27 *CIL* (Anm. 2) I², S. 248 f.
28 Siehe Kap. «Zur Finanzierung von ‹Brot und Spielen›».
29 *Historiae Augustae Scriptores, Hadrian* 3,8.
30 Symmachus, *Epistulae* IV 58 ff., V 82; Olympiodor bei Photios, *Bibliotheca* 80 (= *Fragmenta Historicorum Graecorum [FHG]* IV 67 f., § 44).
31 Ambrosius, *De officiis ministrorum* II 21,109.
32 Zosimus, *Historia nova* II 38,4.
33 *CIL* (Anm. 2) VI 10046 = Dessau, *Inscriptiones Latinae Selectae* I-III (Berlin 1892–1916) 5313.
34 Ulpian, *Digesta* III 2,4; Plautus, *Poenulus* 1291.

35 Dio Cassius (Anm. 12) LXI 6.
36 Sueton, *Domitian* 7,1.
37 Regner, *Ludi circenses* 1652.
38 Plinius, *Naturalis historia* VII 186.
39 *CIL* (Anm. 2) VIII 12508 ff.
40 Ibid., VIII 12511.
41 Dio Cassius (Anm. 12) LIX 14,5.
42 Sueton, *Caligula* 55,2 f.; vgl. auch Dio Cassius (Anm. 12) LIX 14,6 f.
43 Marc Aurel, *In semet ipsum* I 5.
44 *Historiae Augustae Scriptores, Verus* 6,1–5.
45 Galenos, *Opera* X 478.
46 Ibid., XIX 53.
47 Juvenal (Anm. 6) XI 199 ff.
48 Plinius (Anm. 38) X 71.
49 Petron, *Saturae* 70,13; Ovid, *Ars amatoria* I 168.
50 Friedländer, *Sittengeschichte* II 35.
51 *CIL* (Anm. 2) VI 10049.
52 Ibid.
53 Ibid., VI 10048.
54 Ibid.
55 Ibid., VI 10047 = Dessau (Anm. 33) 5288.
56 Sueton, *Nero* 16,2; Ammianus Marcellinus (Anm. 7) XXVIII 4,25.
57 Plinius (Anm. 1) IX 6,2.
58 Vgl. dazu etwa Seneca, *Epistulae morales* 83,7; Juvenal (Anm. 6) XI 197 f.
59 Coarelli, *Rom* 292.
60 Livius (Anm. 10) I 9,10–12; Ovid (Anm. 49) I 101 ff.; Plutarch, *Romulus* 14; Varro, *De lingua Latina* VI 20.
61 Plinius (Anm. 38) VIII 20–21.
62 Dionys von Halikarnass (Anm. 19) III 68,2–4.
63 Tacitus, *Annales* XV 38.
64 Sueton (Anm. 36) 5.
65 Dio Cassius (Anm. 12) LXVIII 7,2.
66 Diese Angabe bei Plinius (Anm. 38) XXXVI 102.
67 H. Jordan, *Topographie der Stadt Rom im Altertum* II (Berlin 1907; Neudruck: Rom 1970) 188 f.
68 Th. Mommsen, *Chronica minora. Monumenta Germaniae Historica. Auctores Antiquissimi* (Berlin 1892 ff.) I 146; vgl. auch *Historiae Augustae Scriptores, Antoninus Pius* 9,1.
69 *CIL* (Anm. 2) VI 9822 = Dessau (Anm. 33) 7496.
70 Juvenal (Anm. 6) VI 582 ff.; Cicero, *De divinatione* I 132; Horaz, *Saturae* I 6,113.
71 *Historiae Augustae Scriptores, Elagabal* 26,3; 32,9.
72 Cyprian, *De spectaculis* 5; vgl. auch Juvenal (Anm. 6) III 60 ff.
73 Plinius, *Panegyricus* 51,3.
74 Ders. (Anm. 38) XXXVI 74.
75 Tacitus (Anm. 63) XV 44,4 f.
76 Seneca d. Ä., *Controversiae* I *prooem.* 24.
77 Cassiodor, *Variae* III 51,7.
78 *CIL* (Anm. 2) II 4314.
79 Sueton (Anm. 56) 24,2.
80 Plinius (Anm. 38) VIII 160.
81 Martial (Anm. 15) X 74,5 f.
82 Juvenal (Anm. 6) VII 113 f.
83 Sidonius Apollinaris, *Carmina* XXIII 405 ff.; Manilius, *Astronomica* V 78 ff.
84 Columella, *De re rustica* VI 29,4; Plinius (Anm. 38) VIII 162.
85 Sidonius Apollinaris (Anm. 83) XXIII 412 ff.
86 Plinius (Anm. 38) XXVIII 237.
87 *CIL* (Anm. 2) VI 10078.
88 Ibid., VI 10049.
89 Martial (Anm. 15) X 50, vgl. auch X 53; dazu H. A. Harris, *Sport* 209.
90 Dio Cassius (Anm. 12) LIX 7,2 f. (allerdings mit unsicherer Textüberlieferung).
91 Sueton (Anm. 56) 22,2.
92 *CIL* (Anm. 2) VI 10074 (*factionis veneti* statt *venetae*; Orthographiefehler: *coiuci* statt *coniugi*; *maeritae* statt *meritae*).
93 Tertullian, *De spectaculis* 16.
94 Sueton, *Augustus* 43,2 (Beinbruch).
95 Silius Italicus, *Punica* X 467 ff.; Manilius (Anm. 83) V 85 ff.;
96 Plinius (Anm. 38) VII 84.

Kap. «Das Stadion»

1 Homer, *Odyssee* VIII 147 f.
2 Pindar, *Olympische Oden* I 93 ff.
3 Als eigentlicher Titel wurde «Periodonike» allerdings erst im 2. Jh. n. Chr. verliehen; die Anerkennung eines solchen Erfolges geht aber bis in archaische griechische Zeit zurück.
4 Homer, *Ilias* VI 208, XI 784.
5 Pausanias, *Descriptio Graeciae* V 24,9.
6 Homer (Anm. 4) XXIII 392 ff., 696 f., 774 ff.
7 Schneider, *Hellenismus* II 191.
8 Livius, *Ab urbe condita* XXXIX 22,2.
9 Appian, *Bella civilia* I 99.
10 Sueton, *Caesar* 39,3.
11 Ders., *Augustus* 45,2 f.
12 Ibid., 45,2.
13 *Monumentum Ancyranum* 22; vgl. auch Dio Cassius, *Rhomaike historia* LIII 1,5.
14 Sueton (Anm. 11) 18,2; Dio Cassius (Anm. 13) LI 1,2.
15 Strabo, *Geographika* V 4,7.
16 Sueton (Anm. 11) 98,5; Velleius Paterculus, *Historia Romana* II 123,1.
17 Vgl. W. Dittenberger / K. Purgold, *Die Inschriften von Olympia* (Berlin 1898) 56.
18 Dio Cassius (Anm. 13) LIII 1,5.
19 Cicero, *Tusculanae disputationes* IV 70.
20 Plutarch, *Quaestiones Romanae* 40 (= *Moralia* 274 d).
21 Tacitus, *Annales* XIV 20,4; vgl. Lucan, *Pharsalia* VII 270 ff.
22 Seneca, *Epistulae morales* 15,3.
23 Ibid., 80,2.
24 Martial, *Epigrammata* VII 32,5 f.
25 Tacitus (Anm. 21) XIV 21,4.
26 Dio Cassius (Anm. 13) LIX 13,8 f.
27 Ibid., LX 23,5.
28 Tacitus (Anm. 21) XIV 47,2; Dio Cassius (Anm. 13) LXII 21,1.
29 Sueton, *Nero* 12,4.
30 Ders. (Anm. 11) 44,3.
31 Ders., *Domitian* 4,4.
32 Ibid., 5.
33 Hieronymus, *Chronic*um (Chronik zum Jahre 247).
34 Hierokles / Philagrios, *Philogelos* 62.
35 K. Parlasca, in: W. Helbig, *Führer durch die öffentlichen Sammlungen Klassischer Altertümer in Rom* I (Tübingen, 4. Aufl. 1966) 740, Nr. 1028.
36 Philostrat, *Peri gymnastikes* 44 (Übers. nach J. Jüthner).
37 Ibid., 45.
38 Ibid., 46.
39 Ibid., 48.
40 Plinius, *Naturalis historia* XVIII 63.
41 Cyprian, *De spectaculis* 8.
42 Galenos, *Opera* I 28 f.
43 Ibid., V 905.
44 Ibid., V 878 f.
45 Martial, *Epigrammata* VII 67,5 ff.
46 *Corpus Inscriptionum Latinarum (CIL)* VI 10154 = Dessau, *Inscriptiones Latinae Selectae (ILS)* I-III (Berlin 1892–1916) 5164; *CIL* XIV 474 = Dessau, *ILS* 5233.
47 Juvenal, *Saturae* VI 355 f.
48 Tertullian, *De spectaculis* 22.
49 *Anthologia Palatina (AP)* XI 86 (Übers.: H. Beckby).
50 Ibid., XI 84.
51 Weiler, *Sport* 171.
52 Seneca (Anm. 22) 7,5.
53 Rudolph, *Kampfsport* 38.
54 Pausanias (Anm. 5) VI 4,3.
55 A. Boetticher, *Olympia. Das Fest und seine Stätte* (Berlin, 2. Aufl. 1886) 101.
56 *AP* (Anm. 49) XI 77.
57 Ibid., XI 75,1–3.
58 Ibid., XI 76.
59 Ibid., XI 78,1–2.
60 Vgl. dazu schon das Murren der Zuschauer bei Homer (Anm. 4) XXIII 721.
61 Dio Chrysostomus, *Orationes* 28,29.
62 Terenz, *Hecyra* 33 ff.
63 Horaz, *Epistulae* II 1,185 f.
64 Vergil, *Aeneis* V 404 f.; Statius, *Thebais* VI 732 f.
65 Rudolph (Anm. 53) 21.
66 Artemidor, *Oneirokritika* (Traumbuch) I 61.
67 Philostrat, *Imagines* II 6.
68 Ibid.
69 E. N. Gardiner, *Greek athletic sports and festivals* (London 1910) 438 f.; vgl. auch: Ders., in: *Journal of Hellenic Studies (JHS)* 26 (1906) 4–22.
70 *AP* (Anm. 49) XI 81,3–4.
71 Pausanias (Anm. 5) VIII 40,2.
72 Philostrat (Anm. 67) II 6.
73 vgl. Ders. (Anm. 36) 21.
74 *Historiae Augustae Scriptores, Marc Aurel* 4,9.

Kap. «Das Theater»

1 Ovid, *Ars amatoria* I 89 ff.
2 Ibid., III 121 f.
3 Baldricus Burguliensis, *Carmina* 159,49.
4 Ovid, *Tristia* II 103 f., III 5,49 f.
5 Ibid., II 211 f.
6 Petrarca, *De vita solitaria* 2,7,2.
7 Aurelius Victor, *De Caesaribus* 1,24.
8 Ovid (Anm. 4) II 497 ff.
9 Vgl. Cicero, *Epistulae ad Atticum* XIV 2 und 3.
10 Bonaria, *Romani Mimi* V. 91, 50, 54, 83, 32, 70.
11 Martial, *Epigrammata* III 86.
12 Laktanz, *Divinae Institutiones* I 20,10.
13 Cyprian, *Epistula ad Donatum* 8; vgl. auch Theophilos von Antiocheia, *Epistula ad Autolycum* 3,15; Salvianus, *De gubernatione Dei* 6,3; Augustin, *Sermones de symbolo* IV 2,3.
14 Tertullian, *Apologeticum* 15,1.
15 Arnobius, *Adversus nationes* 7,33.
16 Tacitus, *Dialogus de oratoribus* 29,3.
17 Seneca, *De brevitate vitae* 12,8.
18 Valerius Maximus, *Facta et dicta memorabilia* II 6,7.
19 Cicero, *Divinatio in Q. Caecilium* 48.
20 Seneca, *Epistulae morales* 11,7.
21 Cicero, *Pro Cn. Plancio* 30.
22 *Corpus Inscriptionum Latinarum (CIL)* I 1009; Bücheler, *Carmina Latina Epigraphica* (Leipzig 1895/97) 55.
23 *Digesta* III 2,2,5; vgl. auch C. G. Bruns / O. Gradenwitz, *Fontes iuris Romani antiqui (FIR)* I-II (7. Aufl. 1909) Nr. 18,123 (lex Iulia municipalis).
24 Paulus, *Digesta* 23,2,44 pr. = Bruns (Anm. 23) Nr. 23, I, 115.
25 Horaz, *Saturae* I 2,55 ff.
26 Valerius Maximus (Anm. 18) II 10,8; Seneca (Anm. 20) 97,8.
27 Laktanz (Anm. 12) I 20,10.
28 Horaz (Anm. 25) I 10,76 ff.; *Ps.-Acro ad Hor. Sat.* I 10,77.
29 Cicero (Anm. 21) 30.
30 Ders., *Epistulae ad Atticum* IV 15,6; vgl. auch Ders., *Ad familiares* IX 26,2.
31 Ders., *Ad familiares* IX 22,4.
32 Rieks, *Mimus und Atellane* 359.
33 Tertullian, *De spectaculis* XVII.
34 W. Beare, *The Roman stage* 235; dagegen Bieber, *Theatre* 231.
35 Friedländer, *Sittengeschichte* II 121.
36 Lukian, *De saltatione* 27.
37 Seneca, *De ira* II 11,2; Ders., *De constantia sapientis* 5,2.
38 Philostrat, *Apollonius von Tyana* V 9.
39 Cicero (Anm. 31) VII 1,2.
40 Horaz, *Epistulae* II 1,184; 187 ff.
41 Vgl. ibid., II 1,189 ff.
42 Sueton, *De poetis* p. 65 (Rostagni); vgl. auch Athenaios, *Deipnosophistai* I 20d-e.
43 Carcopino, *Römisches Leben* 309.
44 Seneca Maior, *Suasoriae* 2,19.
45 Sueton, *Fragmente* 78,16 (Reifferscheid).
46 *Scholia Iuvenalis* VII 87.
47 E. Wüst, in: *RE* 36,1 (1949) 847–850, s. v. «Pantomimus».
48 Athenaios (Anm. 42) I 20 c-d; Plutarch, *Moralia* VII 711 c.

49 Kahrstedt, *Kulturgeschichte* 268.
50 Bieber (Anm. 34) 238.
51 Lukian (Anm. 36) 66.
52 Ibid., 63.
53 Cassiodor, *Variae* IV 51,9.
54 Macrobius, *Saturnalia* II 7,12 ff.
55 Lukian (Anm. 36) 76.
56 *Anthologia Palatina (AP)* XI 255; vgl. auch XI 253.
57 *AP* (Anm. 56) 254 (Übers.: H. Beckby).
58 Lukian (Anm. 36) 75 f.
59 Sueton, *Nero* 20,1.
60 Apuleius, *Apologia* 74.
61 Juvenal, *Saturae* VI 63 ff.
62 Lukian (Anm. 36) 74.
63 Persius, *Saturae* V 123.
64 Cicero, *In L. Pisonem* 22, 89.
65 Plinius, *Naturalis historia* VII 128.
66 Seneca, *Consolatio ad Helviam matrem* 12,6.
67 Dio Cassius, *Rhomaike historia* LV 10,11.
68 Sueton, *Galba* 15,1.
69 Vgl. dazu Ders., *Tiberius* 47,1; Dio Cassius (Anm. 67) LVII 11,6.
70 *Historiae Augustae Scriptores, Marc Aurel* 11,4.
71 *Anthologia latina* 487a.
72 *Notizie degli Scavi* (1888) 237; *CIL* (Anm. 22) XIV 4624, VI 10115; J. Bayet, *Libyca* (1955) 103 ff.
73 Seneca (Anm. 20) 80,7.
74 Sueton, *Augustus* 45,3.
75 Ibid., 45,4.
76 Dio Cassius (Anm. 67) LVII 21,3.
77 Vgl. etwa ibid., LVII 14,10; Tacitus, *Annales* IV 14,3.
78 Dio Cassius (Anm. 67) LIX 2,5.
79 Plutarch, *De tranquillitate animi* 13 (= *Moralia* 473 b).
80 Tacitus (Anm. 16) 29,3.
81 Ders. (Anm. 77) I 77; Sueton (Anm. 69) 37,2.
82 Petron, *Saturae* 5, V. 7 f.
83 Sueton (Anm. 59) 20,3.
84 Ibid., 26,2.
85 Juvenal (Anm. 61) VI 63 ff.
86 Tacitus (Anm. 16) 29,3.
87 Plinius, *Epistulae* VII 24,4.
88 Sueton, *Caligula* 55,1; vgl. auch 36,1.
89 Tacitus (Anm. 77) XI 4,1 f.: schönste Frau; ibid., XIII 45,2.
90 Dio Cassius (Anm. 67) LX 28,3–5.
91 Tacitus (Anm. 77) XI 36,1–2.
92 Sueton (Anm. 59) 54.
93 Aurelius Victor, *Liber de Caesaribus* 11,7; Sueton, *Domitian* 3,1; *Scholia Juvenalis* (Anm. 46) VI 87.
94 Dio Cassius (Anm. 67) LXVII 3,1.
95 Martial (Anm. 11) XI 13 (es ist allerdings nicht völlig auszuschließen, daß sich das Gedicht auf den in neronischer Zeit lebenden Paris bezieht).
96 *Historiae Augustae Scriptores* (Anm. 70) 19,2 und 7; 23,7.
97 Galenos, *Opera* XIV 631 ff.
98 Apuleius, *Metamorphosen* X 29,4–32; 34,1–2 (Übers. nach E. Brandt).
99 Lukian (Anm. 36) 64.
100 Friedländer (Anm. 35) II 128.
101 Ibid., II 112.
102 Sueton (Anm. 59) 12,2.
103 Horaz, *Ars poetica* 333 f.
104 Seneca, *Naturales quaestiones* VII 32,3.
105 Bieber (Anm. 34) 227 ff.; Etienne, *Pompeji* 363 ff.
106 Plinius (Anm. 65) XXXVI 115; Cicero, *De officiis* II 60.
107 Tacitus (Anm. 77) XIII 54,3.
108 Plutarch, *Pompeius* 52; Dio Cassius (Anm. 67) XLIX 38,1–2.
109 Dio Cassius (Anm. 67) XLIX 38,1.
110 Tertullian (Anm. 33) 10.
111 *Monumentum Ancyranum* 21.
112 Plinius (Anm. 65) VIII 65.
113 Sueton (Anm. 74) 43,5.
114 Ders., *Vespasian* 19.
115 Ders. (Anm. 74) 29,4.
116 Vitruv, *De architectura* V 6,9.
117 Plinius (Anm. 65) XXXVI 114 f.
118 Ibid., XIX 23; Properz, *Carmina* IV 1,15; Graefe, *Vela erunt* 17.
119 Properz (Anm. 118) IV 1,16; Plinius (Anm. 65) XXI 33; Lukrez, *De rerum natura* II 416.
120 Sueton (Anm. 88) 18,2.
121 Statius, *Silvae* I 6,26 ff.; Zitat: V. 43 f.
122 Ibid., I 51 ff.

Kap. «Die Thermen»

1 *Corpus Inscriptionum Latinarum (CIL)* VI 15258; Bücheler, *Carmina Latina Epigraphica* (Leipzig 1895/97) 1499; vgl. *Anthologia Palatina* X 112.
2 Seneca, *Epistulae morales* 86,12.
3 Ibid., 86,11.
4 Columella, *De re rustica* I 6,19 f.
5 Varro, *De lingua Latina* IX 68.
6 Seneca (Anm. 2) 86,11.
7 Horaz, *Carmina* III 12,9 f.; Cicero, *Pro Caelio* 36.
8 Horaz, *Saturae* I 3,137; *Scholia Juvenalis* II 152.
9 Plinius, *Naturalis historia* XXXVI 121.
10 *Curiosum*: 858; *Notitia*: 956.
11 Vitruv, *De architectura* V 10,1.
12 Lex metalli Vipascensis: Dessau, *Inscriptiones Latinae selectae (ILS)* I-III (Berlin 1892–1916) 6891,20; C. G. Bruns/O. Gradenwitz, *Fontes iuris Romani antiqui (FIR)* (7. Aufl. 1909) 112.
13 Ovid, *Ars amatoria* III 639 f.
14 Cicero, *De officiis* I 129.
15 Quintilian, *Institutio oratoria* V 9,14.
16 Martial, *Epigrammata* III 72.
17 Ibid., VII 35, XI 75; zur allgemeinen Nacktheit vgl. auch Cyprian, *De habitu virginum* 19, p. 179.
18 *Historiae Augustae Scriptores, Hadrian* 18,10.
19 *Historiae Augustae Scriptores, Marc Aurel* 23,8 f.
20 *Historiae Augustae Scriptores, Severus Alexander* 24,2.
21 *Codex Iustinianus* 5,18,11,2.
22 G. Mansi, *Sacrorum conciliorum nova et amplissima collectio* II p. 569.
23 Martial (Anm. 16) III 72, III 87.
24 Dio Cassius, *Rhomaike historia* XXXVII 51,4, LIV 25,4; *Digesta* XIX 2,30,1; *CIL* (Anm. 1) IX 5074 f.; *Digesta* XXXII 35,3.
25 *CIL* (Anm. 1) XIV 4015 = Dessau (Anm. 12) 5720.
26 Dio Cassius (Anm. 24) XLIX 43,1–4.
27 Ibid., LIII 27,1.
28 *CIL* (Anm. 1) VI 1165.
29 M. Agrippa L. f. cos. tertium fecit (*CIL* [Anm. 1] VI 896).
30 Dio Cassius (Anm. 24) LIV 29,4 und 7.
31 Sueton, *Augustus* 28,3.
32 Martial (Anm. 16) VII 34,4 f.
33 Sueton, *Titus* 7,3.
34 Ibid., 8,2.
35 *CIL* (Anm. 1) VI 29848 b.
36 *Historiae Augustae Scriptores, Caracalla* 9,4.
37 S. Aurigemma, *Die Diocletiansthermen und das Museo Nazionale Romano* (Rom, 3. Aufl. 1970) 11.
38 *CIL* (Anm. 1) VI 1130.
39 Petron, *Saturae* 30, 8 f.
40 Catull, *Carmina* 33,1 f.
41 *Digesta* XLVII 17; vgl. auch Tertullian, *Apologeticum* 44,2.
42 Vitruv, *De architectura* V 10,1; Lukian, *Hippias* 7.
43 Vgl. dazu Weeber, *Umweltverhalten* 34 ff.
44 Vitruv (Anm. 42) 10,5.
45 Martial (Anm. 16) VI 42,16 ff.; Sueton (Anm. 31) 82,2.
46 Plinius (Anm. 9) XXIX 26.
47 Seneca (Anm. 2) 15,3; Columella (Anm. 4) I praef. 16.
48 Juvenal, *Saturae* I 135 ff. (Übers. nach W. Krenkel).
49 Vitruv (Anm. 42) V 10 passim; Lukian (Anm. 42) passim.
50 J. G. Landels, *Die Technik in der antiken Welt* (München 1979) 63.
51 Plinius (Anm. 9) XXXVI 123; vgl. noch in der Spätantike Cassiodor, *Variae* 7,6,2–4.
52 Coarelli, *Rom* 36.
53 Plinius (Anm. 9) IX 168; Valerius Maximus, *Facta et dicta memorabilia* IX 1,1.
54 Plinius, *Epistulae* II 17,26.
55 Kretzschmer, *Der Betriebsversuch an einem Hypokaustum der Saalburg*, in: *Germania* 31 (1953) 64 ff.; Beschreibung des Hypokaustenprinzips bei Vitruv (Anm. 42) V 10,2 f.
56 Vitruv (Anm. 42) V 10,1.
57 Petron (Anm. 39) 28.
58 Martial (Anm. 16) VII 32,7.
59 Ibid., XIV 163 (Übers. R. Helm).
60 Weiler, *Sport* 266 f.
61 Macrobius, *Saturnalia* II 6,5; Sueton (Anm. 31) 83.
62 Sueton, *Vespasian* 20.
63 Cato, *Disticha* 36 f.
64 *Digesta* IX 2,11.
65 *CIL* (Anm. 1) VI 9797.
66 Martial (Anm. 16) XII 82 (Übers.: R. Helm).
67 *Historiae Augustae Scriptores, Hadrian* 22,7; Martial (Anm. 16) X 48,3; Vitruv (Anm. 42) V 10,1.
68 *Digesta* III 2,4,2.
69 Seneca (Anm. 2) 56,1–2.
70 Martial (Anm. 16) VI 42; Statius, *Silvae* I 5 (Privatbad des Claudius Etruscus).
71 Seneca (Anm. 2) 86,6–8.
72 Plinius (Anm. 9) XIII 22; *Historiae Augustae Scriptores, Elagabal* 19,8, 21,6.
73 Plinius (Anm. 54) X 23/24.

Kap. «Schauspiele und Politik»

1 Dio Cassius, *Rhomaike historia* LXXII/LXXIII 12,1 ff.
2 Ibid., LXXII/LXXIII 13,3 f.
3 Ibid., LXXII/LXXIII 13,5–6; *Historiae Augustae Scriptores, Commodus* 7,1.
4 Dio Cassius (Anm. 1) LXXII/LXXIII 14,3.
5 Sueton, *Tiberius* 70.
6 Plinius, *Naturalis historia* XXXIV 62. Eine Marmorreplik des berühmten Originals wurde 1849 in Trastevere gefunden und befindet sich in den Vatikanischen Sammlungen (W. Helbig, *Führer durch die öffentlichen Sammlungen Klassischer Altertümer in Rom* [Tübingen, 4. Aufl. 1966] I, Nr. 254, S. 196 ff.).
7 Sueton, *Claudius* 21,5.
8 Ders., *Titus* 8,2.
9 Tacitus, *Annales* VI 13.
10 Flavius Josephus, *Antiquitates Iudaicae* XIX 1,4.
11 Sueton, *Caligula* 41,1.
12 Dio Cassius (Anm. 1) LIX 28,11.
13 Ibid.
14 Ibid., LXXVI 4,2–5.
15 Ibid., LXXVI 4,6.
16 A. N. Sherwin-White, *Racial prejudice in Imperial Rome* (Cambridge 1970) 86 ff.
17 Cicero, *Epistulae ad Atticum* XV 15,2.
18 Dio Cassius (Anm. 1) LXV 15,3–5.
19 *Monumentum Ancyranum* 35.
20 Sueton, *Augustus* 58.
21 A. Alföldi, *Die Geburt der kaiserlichen Bildsymbolik*, in: *Museum Helveticum* 10 (1953) 103–124; Zitat S. 117.
22 Plutarch, *Caesar* 61,5; Sueton, *Caesar* 79,1; Dio Cassius (Anm. 1) XLIV 11,1–3.
23 Bollinger, *Theatralis licentia* 33 f.
24 Dio Cassius (Anm. 1) LXI/LXII 20,3–5; Sueton, *Nero* 20,3; Tacitus (Anm. 9) XIV 15,5.
25 Bollinger (Anm. 23) 55.
26 Cicero, *Pro P. Sestio* 106.
27 Vgl. bes. ibid., 115 ff.
28 Ibid., 119.
29 Ibid., 116.
30 Ders., *Philippica in M. Antonium* I 30, X 8.
31 Ibid., I 37 (Übers.: H. Kasten).
32 Bollinger (Anm. 23) 24.
33 Sueton (Anm. 20) 68.

Kap. «Brot!»

1 Sueton, *Augustus* 42,3.
2 Ibid.
3 Appian, *Bella civilia* I 21; Livius, *Ab urbe condita librorum periochae* 60.
4 Livius, *Ab urbe condita* IV 16,2; vgl. auch XXX 26,6, XXXI 4,6, 50,1.
5 Sallust, *Historiae* I 55,11.
6 Dio Cassius, *Rhomaike historia* XXVIII 13.
7 Sueton, *Caesar* 41,3; Plutarch, *Caesar* 55,3; Dio Cassius (Anm. 6) XLIII 21,4.
8 J. Marquardt, *Römische Staatsverwaltung* II (2. Aufl. 1881) 117.
9 Dio Cassius (Anm. 6) LV 10,1; *Monumentum Ancyranum* 15.
10 Zur Zeit des Septimius Severus: Dio Cassius (Anm. 6) LXXVI/LXXVII 1.
11 Seneca, *De beneficiis* IV 28,2.
12 Granius Licinianus p. 34 (Flemisch).
13 Sueton (Anm. 1) 41,2; Dio Cassius (Anm. 6) LV 26,1–3.
14 Rickman, *Corn Supply* 216 f.; Marquardt (Anm. 8) II 133.
15 Tacitus, *Annales* I 2,1.
16 *Historiae Augustae Scriptores, Aurelian* 35,1, 48,1.
17 *Historiae Augustae Scriptores, Hadrian* 7,3.
18 Quintilian, *Institutio oratoria* VI 3,52.
19 Livius (Anm. 4) XXV 2,8.
20 Ibid., XXXVII 57,11.
21 Sueton (Anm. 7) 38.
22 *Historiae Augustae Scriptores, Severus Alexander* 26; *Historiae Augustae Scriptores, Aurelian* 48,1 und 5.
23 *Monumentum Ancyranum* 15.
24 nach Barbieri, *Liberalitas* 838 ff.
25 Angabe nach dem Chronographen von 354; anders Barbieri (Anm. 24) 843.
26 Belege bei Barbieri (Anm. 24) passim.
27 Plutarch, *Moralia* 822 b.
28 Sueton (Anm. 1) 42,2.
29 Plinius, *Panegyricus* 28,3.
30 E. Kaiser (Hrsg.), *Grundzüge der Geschichte* I (Frankfurt/M., 11. Aufl. 1973) 174.

Kap. «Rechtlos im Schlaraffenland?»

1 Juvenal, *Saturae* X 78 ff.
2 Fronto, *Principia historiae* 18, S. 199 f. (Van den Hout).
3 Friedländer, *Sittengeschichte* II 2.
4 Sueton, *Augustus* 43,1.
5 *Monumentum Ancyranum* 15 f., 22 f.
6 Ibid., 19–21.
7 Bollinger, *Theatralis licentia* 72.
8 Veyne, *Brot und Spiele* 696.
9 Balsdon, *Panem et circenses* 267 f.
10 Friedländer (Anm. 3) II 21 und 37.

Kap. «Zur Finanzierung…»

1 Da nur ein allgemeiner Überblick beabsichtigt war, wurde auf Einzelbelege verzichtet. Die Darstellung stützt sich auf folgende Titel der Sekundärliteratur:
O. Hirschfeld, *Die kaiserlichen Verwaltungsbeamten bis auf Diocletian* (Berlin, 2. Aufl. 1905); A. Kränzlein, in: *RE Suppl.* 10 (1965) 493 f., s. v. «Patrimonium»; J. Marquardt, *Römische Staatsverwaltung* II (Darmstadt, 3. Aufl. 1957); F. Millar, *The Emperor in the Roman world (31 BC – AD 337)* (London 1977); L. Neesen, *Untersuchungen zu den direkten Staatsabgaben der römischen Kaiserzeit (27 v. – 284 n. Chr.)* (Bonn 1980); H. Nesselhauf, *Patrimonium und res privata des römischen Kaisers*, in: *Bonner Historia-Augusta-Colloquium 1963* (1964) 73 ff.

Literatur (Auswahl)

F. F. Abbot, *The theatre as a factor in Roman politics under the Republic*, in: Transactions and Proceedings of the American Philological Association 38 (1907) 49–56.

G. Alföldy, *Römische Sozialgeschichte* (Wiesbaden, 3. Aufl. 1984).

R. Auguet, *Cruauté et civilisation: Les jeux Romains* (Paris 1970).

D. Balsdon, *Die Frau in der römischen Antike* (München 1979).

J. P. V. D. Balsdon, *Life and leisure in ancient Rome* (London, 2. Aufl. 1974).

Ders., *Panem et circenses*, in: *Hommage à M. Renard* II (Brüssel 1969) 57–60.

C. Baracconi, *Spettacoli nell'antica Roma* (Rom 1972).

G. Barbieri, in: *Dizionario Epigrafico di Antichità Romane* IV (Rom 1957) Sp. 838–875, s. v. «liberalitas».

S. Barthêlemy/D. Gourevitch, *Les loisirs des Romains* (Paris 1975).

R. C. Beacham, *The Roman theatre and its audience* (London 1991).

W. Beare, *The Roman stage* (London 1977).

H. W. Benario, *Amphitheatres of the Roman world*, in: *Classical Journal* 81 (1980) 255–258.

D. van Berchem, *Les distributions de blé et d'argent à la plèbe romaine sous l'Empire* (Genf 1939).

M. Bieber, *The history of the Greek and Roman theatre* (Princeton, 2. Aufl. 1961).

J. Bleicken, *Verfassungs- und Sozialgeschichte des Römischen Kaiserreiches*, 2 Bde. (Paderborn, 2. Aufl. 1981).

H.-D. Blume, *Einführung in das antike Theaterwesen* (Darmstadt, 2. Aufl. 1984).

T. Bollinger, *Theatralis licentia. Die Publikumsdemonstrationen an den öffentlichen Spielen im Rom der früheren Kaiserzeit und ihre Bedeutung im politischen Leben*, Diss. Basel 1968 (Winterthur 1969).

M. Bonaria, *Romani Mimi* (Rom 1965).

E. Brödner, *Die römischen Thermen und das antike Badewesen* (Darmstadt, 2. Aufl. 1992).

D. und P. Brothwell, *Manna und Hirse. Eine Kulturgeschichte der Ernährung* (Mainz 1984).

A. Cameron, *Porphyrius the charioteer* (Oxford 1973).

Ders., *Bread and circuses: The Roman emperor and his people* (Oxford 1974).

Ders., *Circus factions. Blues and Greens at Rome and Byzantium* (Oxford 1976).

J. Carcopino, *Römisches Leben und Kultur in der Kaiserzeit* (Stuttgart, 2. Aufl. 1977).

M. A. Cavallo, *Spese e spettacoli: aspetti economici-strutturali degli spettacoli della Roma giulio-claudia* (Bonn 1984).

G. E. F. Chilvers, *Princeps and frumentationes*, in: *American Journal of Philology* 70 (1949) 7 ff.

K. Christ, *Die Römer. Eine Einführung in ihre Geschichte und Zivilisation* (München, 2. Aufl. 1984).

Ders., *Geschichte der römischen Kaiserzeit* (München 1988).

F. Coarelli, *Rom. Ein archäologischer Führer* (Freiburg 1975).

Ders., (Hrsg.) *Lübbes archäologischer Führer Pompeji* (Bergisch-Gladbach 1979).

A. M. Colini, *Stadium Domitiani* (Rom 1943).

J. Deininger, *Brot und Spiele. Tacitus und die Entpolitisierung der plebs urbana*, in: *Gymnasium* 86 (1979) 278–303.

A. Demandt, *Die Spätantike. Römische Geschichte von Diocletian bis Justinian* (München 1989).

A. Dietrich, *Pulcinella* (Leipzig 1897).

R. Drexhage, *Tabulae novae, frumentationes und die stadtrömische plebs*, in: *Festschrift Th. Pekáry* (St. Katharinen 1989) 119 ff.

K. M. D. Dunbabin, *The victorious charioteer on mosaics and related monuments*, in: *American Journal of Archaeology* 86 (1982) 35 ff.

R. Etienne, *Pompeji. Das Leben in einer antiken Stadt* (Stuttgart, 2. Aufl. 1976).

K. de Fine-Licht, *Untersuchungen an den Traiansthermen zu Rom* (Kopenhagen 1974).

E. Flaig, *Den Kaiser herausfordern. Die Usurpation im Römischen Reich* (Frankfurt 1992).

C. A. Forbes, *Crime and punishment in Greek athletics*, in: *Classical Journal* 43 (1951/52) 169–173, 202 f.

Ders., *Ancient athletic guilds*, in: *Classical Philology* 50 (1955) 238–252.

L. Foxhall/H. A. Forbes, *Sitometreia: The role of grain as a staple food in classical antiquity*, in: *Chiron* 12 (1982) 43 ff.

T. Frank, *On Augustus and the aerarium*, in: *Journal of Roman Studies* 23 (1933) 143 ff.

L. Friedländer/G. Wissowa, *Darstellungen aus der Sittengeschichte Roms in der Zeit des Augustus bis zum Ausgang der Antonine*, Bd. I–IV (Leipzig, 9. u. 10. Aufl. 1921/1923).

M. Fuchs, *Untersuchungen zur Ausstattung römischer Theater in Italien und in den Westprovinzen des Imperium Romanum* (Mainz 1987).

H. Gabelmann, *Circusspiele in der spätantiken Repräsentationskunst*, in: *Antike Welt* 11/4 (1980) 25 ff.

R. M. Geer, *The Greek games at Naples*, in: *Transactions and Proceedings of the American Philological Association* 66 (1935) 208–221.

J. Gérard, *Juvénal et la réalité contemporaine* (Paris 1976).

R. Gilbert, *Die Beziehungen zwischen Princeps und stadtrömischer Plebs im frühen Principat* (Bochum 1976).

C. Göllmann, *Zur Beurteilung der öffentlichen Spiele Roms bei Tacitus, Plinius d. J., Martial und Juvenal*, Diss. (Münster 1942).

J.-Cl. Golvin, *L'amphithéâtre romain. Essai sur la théorisation de sa forme et de ses fonctions*, 2 Bde. (Paris 1988).

R. Graefe, *Vela erunt. Die Zeltdächer der römischen Theater und ähnlicher Anlagen*, 2 Bde. (Mainz 1979).

M. Grant, *Die Gladiatoren* (Stuttgart 1970).

S. Grunauer, *Thermen und öffentlicher Badebetrieb*, in: *Altsprachlicher Unterricht* 20/3 (1977) 49–58.

F. Habel, in: *RE Suppl.* 5 (1931) Sp. 608–630, s. v. Ludi publici.

I. Hahn, *Zur politischen Rolle der stadtrömischen Plebs unter dem Prinzipat*, in: *V. Beševliev/W. Seyfarth* (Hrsg.), *Die Rolle der Plebs im spätrömischen Reich* (Berlin 1969) 39–54.

A. R. Hands, *Charities and social aid in Greece and Rome* (London 1968).

J. H. Hanson, *Roman theater-temples* (Princeton 1959).

D. P. Harmon, *The public festivals of Rome*, in: *Aufstieg und Niedergang der römischen Welt* (Festschr. J. Vogt) II, 16, 2 (1978) 1440 ff., 1592 ff.

H. A. Harris, *Sport in Greece and Rome* (London 1972).

H. Heinz, *Römische Thermen. Badewesen und Badeluxus im Römischen Reich* (München 1983).

P. Herz, *Studien zur römischen Wirtschaftsgesetzgebung. Die Lebensmittelversorgung* (Stuttgart 1988).

A. Henze, *Die antike Architektur vollendete sich im römischen Sportbau*, in: *Antike Welt* 1/2 (1970) 30–35.

A. Hönle, *Das Mosaik von Zliten. Ein Munus für höchste Ansprüche*, in: *Antike Welt* 13/4 (1982) 22–28.

A. Hönle/A. Henze, *Römische Amphitheater und Stadien. Gladiatorenkämpfe und Circusspiele* (Zürich 1981).

J. Humphrey, *Roman circuses. Arenas for chariot racing* (Berkeley/Los Angeles 1986).

J. JENNISON, *Animals for show and pleasure in ancient Rome* (Manchester 1937).
J. JÜTHNER, *Philostratos, Über Gymnastik* (Leipzig/Berlin 1909).
M. JUNKELMANN, *Die Reiter Roms*, 3 Bde. (Mainz 1990–92).
U. KAHRSTEDT, *Kulturgeschichte der römischen Kaiserzeit* (Bern, 2. Aufl. 1958).
J. P. KENT, *Die römische Münze* (München 1973).
M. KHANOUSSI, *Ein römisches Mosaik aus Tunesien mit der Darstellung eines agonistischen Wettkampfes*, in: *Antike Welt* 22/3 (1991) 146 ff.
H. KINDERMANN, *Das Theaterpublikum der Antike* (Salzburg 1979).
T. KLEBERG, *In den Wirthäusern und Weinstuben des antiken Rom* (Darmstadt, 2. Aufl. 1966).
TH. KLEE, *Zur Geschichte der gymnischen Agone an griechischen Festen* (Leipzig/Berlin 1918).
H. KLOFT, *Liberalitas Principis. Herkunft und Bedeutung. Studien zur Prinzipatsideologie* (Köln/Wien 1970).
DERS., *Die Freigebigkeit (liberalitas) des Augustus als gesellschaftliches und ideologisches Problem*, in: G. BINDER, *Saeculum Augustum* I (Darmstadt 1987).
R. KNAB, *Die Periodoniken. Ein Beitrag zur Geschichte der gymnischen Agone an den vier griechischen Hauptfesten*, Diss. (Gießen 1934).
J. KOLENDO, *La répartition des places aux spectacles et la stratification sociale dans l'Empire romain*, in: *Ktema* 6 (1981) 301 ff.
D. KRENCKER/H. KRÜGER, *Die Trierer Kaiserthermen* I (Augsburg 1929).
H. LANGENFELD, *Die Politik des Augustus und die griechische Agonistik*, in: *Monumentum Chiloniense* (Festschrift E. Burck), (Amsterdam 1975) 229–259.
G. LUGLI, *L'anfiteatro Flavio* (Rom 1961).
G. LUKAS, *Der Sport im alten Rom* (Berlin 1982).
E. MAEHL, *Gymnastik und Athletik im Denken der Römer* (Amsterdam 1974).
D. MANCIOLI, *Giochi e spettacoli* (Rom 1987).
A. MANDORI, *Anfiteatri, circhi e stadi di Roma* (Rom 1982).
J. MARQUARDT, *Das Privatleben der Römer*, 2 Bde. (Leipzig, 2. Aufl. 1876, ND Darmstadt 1975).
DERS., *Römische Staatsverwaltung* III (Darmstadt, 3. Aufl. 1957).
F. DE MARTINO, *Wirtschaftsgeschichte des alten Rom* (München 2. Aufl. 1991).
A. G. MCKAY, *Römische Häuser, Villen und Paläste* (Luzern/Herrsching 1980).
P. J. MEIER, *De gladiatura Romana* (Bonn 1881).
H. MEUSEL, *Die Verwaltung und Finanzierung der öffentlichen Bäder zur römischen Kaiserzeit*, Diss. (Köln 1960).
F. MILLAR, *The Emperor in the Roman world* (London 1977).
TH. MOMMSEN, *Senatus consultum de sumptibus ludorum gladiatorum minuendis factum a.p.C. 176/7*, in: *Gesammelte Schriften* 8 (1913) 499–531.
R. MUTH, *Olympia – Idee und Wirklichkeit*, in: *Serta Philologica Aenipontana* 3 (1979) 161–202.
E. NASH, *Bildlexikon zur Topographie des antiken Rom*, 2 Bde. (Tübingen 1961/62).
A. NEPPI-MODONA, *Gli edifici teatrali Greci e Romani* (Rom 1961).
CHR. NEUMEISTER, *Das antike Rom. Ein literarischer Stadtführer* (München 1991),
I. NIELSEN, *Thermae et balnea. The architecture and cultural history of Roman public baths*, 2 Bde. (1991).
U. E. PAOLI, *Das Leben im alten Rom* (Bern 3. Aufl. 1979).
H. PAVIS D'ESCURAC, *La préfecture de l'annone, service administratif impérial d'Auguste à Constantin* (Rom 1976).
J. PEARSON, *Arena: The story of the Colosseum* (New York 1973).
A. PIGANIOL, *Recherches sur les jeux romains* (Straßburg 1923).
H. W. PLEKET, *Games, prizes, athletes and ideology*, in: *Stadion* 1 (1975) 49–89.
M. P. POLIAKOFF, *Kampfsport in der Antike* (Zürich/München 1989).
S. B. POMEROY, *Frauenleben im klassischen Altertum* (Stuttgart 1985).
G. POPOFF-BÉBOUTOFF, *Der Circus des Maxentius*, in: *Antike Welt* 1/1 (1970) 28 ff.
S. REBETEZ, *Zwei figürlich verzierte Mosaiken und ein Lararium aus Vallon (Schweiz)*, in: *Antike Welt* 23/1 (1992) 3–29.
J. REGNER, in: *RE Suppl.* 7 (1940) Sp. 1626–1664, s. v. Ludi circenses.
H. REICH, *Der Mimus* (Berlin 1903).
G. RICKMAN, *Roman granaries and store buildings* (Cambridge 1971).
DERS., *The corn supply of ancient Rome* (Oxford 1980).
R. RIEKS, *Mimus und Atellane*, in: E. LEFÈVRE (Hrsg.), *Das römische Drama* (Darmstadt 1978) 348–377.
L. ROBERT, *Deux concours grecs à Rome*, in: *Comptes Rendues de l'Académie des Inscriptions et Belles Lettres* (1970) 6.
M. ROSTOVTZEFF, *Römische Bleitesserae* (Leipzig 1905).
DERS., *The social and economic history of the Roman Empire*, 2 Bde. (Oxford, 2. Aufl. 1957).
V. ROTOLO, *Il pantomimo. Studi e testi* (Palermo 1957).
W. RUDOLPH, *Olympischer Kampfsport in der Antike* (Berlin 1965).
DERS., *Zu den Formen des Berufssports zur Zeit der Poliskrise*, in: E. CH. WELSKOPF (Hrsg.), *Hellenische Poleis* III (Berlin 1973) 1472–1483.
DERS., *Sportverletzungen und Sportschäden in der Antike*, in: *Altertum* 22 (1976) 21–26.
P. SABBATINI TUMOLESI, *Gladiatorum paria. Annunci di spettacoli gladiatori a Pompei* I (Rom 1986).
F. H. SANDBACH, *The comic theatre of Greece and Rome* (London 1988).
K. SCHNEIDER, in: *RE Suppl.* 3 (1918) Sp. 760–784, s. v. Gladiatores.
C. SCHNEIDER, *Kulturgeschichte des Hellenismus*, 2 Bde. (München 1969).
H. H. SCULLARD, *Römische Feste* (Mainz 1985).
J. E. STAMBAUGH, *The ancient Roman city* (Baltimore/London 1988).
A. U. STYLOW, *Libertas und liberalitas. Untersuchungen zur innenpolitischen Propaganda der Römer* (1972).
B. TAMM, *Neros Gymnasium in Rom* (Stockholm 1970).
E. TENGSTRÖM, *Bread for the people. Studies of the corn supply of Rome during the late Empire* (Stockholm 1974).
DERS., *Theater und Politik im kaiserzeitlichen Rom*, in: *Eranos* 75 (1977) 43–56.
J. VÄTERLEIN, *Roma ludens. Kinder und Erwachsene beim Spiel im antiken Rom* (Amsterdam 1976).
P. VEYNE, *Brot und Spiele. Gesellschaftliche Macht und politische Herrschaft in der Antike* (Frankfurt/New York 1988).
G. VILLE, *Les jeux des gladiateurs dans l'Empire chrétien*, in: *Mélanges de l'École française de Rome* 71 (1960) 273–335.
C. VISMARA, *Il supplizio come spettacolo* (Rom 1990).
C. W. WEBER, *Sklaverei im Altertum* (Düsseldorf/Wien 1981).
K.-W. WEEBER, *Smog über Attika. Umweltverhalten im Altertum* (Zürich/München 1990).
DERS., *Die unheiligen Spiele. Das antike Olympia zwischen Legende und Wirklichkeit* (Zürich/München 1991).
DERS., *Die Weinkultur der Römer*, Zürich 1993.
J. VOGT, *Die Sklaverei im antiken Rom*, in: *Antike Welt* 9/3 (1978) 37 ff.
F. WEEGE, *Der Tanz in der Antike* (Halle 1926, ND Hildesheim 1976).
I. WEILER, *Der Sport bei den Völkern der Alten Welt* (Darmstadt, 2. Aufl. 1988).
E. CH. WELSKOPF, *Die Krise des Sports im Spiegel der Literatur und der Philosophie*, in: E. CH. WELSKOPF (Hrsg.), *Hellenische Poleis* III (Berlin 1973) 1484–1489.
R. C. WHITTACKER, *The revolt of Papirius Dionysius A. D. 190*, in: *Historia* 13 (1964) 348–369.
W. WILL, *Der römische Mob* (Darmstadt 1991).
Z. YAVETZ, *Plebs and princeps* (Oxford 1969),
P. ZANKER, *Augustus und die Macht der Bilder* (München 1987).

Glossar

ad bestias Verurteilung von Verbrechern zum Kampf mit wilden Tieren
ad gladium Verurteilung von Verbrechern zum Kampf in der Arena («zum Schwert»)
apodyterium Auskleideraum in den Thermen
balnea mixta Gemeinschaftsbäder von Männern und Frauen
balneaticum Eintrittsgeld für Badestuben und Thermen
balneum Badestube
caestus Boxerriemen
caldarium Warmwasserraum in den Thermen
canticum gesangartig vorgetragener Schauspielermonolog
carceres Boxen im Circus, aus denen die Wagen starteten
certamina Graeca «griechische Wettkämpfe», Athletenwettkämpfe
circenses zu ergänzen ist *ludi*: Circusspiele
congiarium Geldspende des Kaisers
cura annonae Aufsicht über die Getreideversorgung Roms
curator aquarum Beamter, der für die Wasserversorgung Roms zuständig war
curriculum Umlauf im Wagenrennen
damnatio memoriae Verurteilung zur Tilgung des Gedächtnisses; z. B. durch Auslöschung des Namens in Urkunden
desultores Kunstreiter, die im Galopp von einem Pferd aufs andere sprangen
dies circenses «Circustage»; Tage, an denen Wagenrennen stattfanden
dominus factionis Chef einer der Renngesellschaften, die Vorbereitung und Ausrüstung der Wagenrennen betrieben

Abb. 255 Frumentatio: römisches Relief mit eingetieftem rundem Getreidemaß im Zentrum.

essedarius Gladiator, der von einem Streitwagen aus kämpfte
factio Circuspartei
favor populi Gunst des Volkes
frigidarium Thermenraum mit Kaltwasserbecken
frumentatio Getreideverteilung
frumentum publicum vom Staat unentgeltlich zur Verfügung gestelltes Getreide
fures balnearii «Bäderdiebe», die in den Thermen ihr Unwesen trieben
gregarius einfacher Gladiator
habet «Er hat's!»; Aufschrei der Zuschauer, wenn ein Gladiator getroffen wurde
instauratio Wiederholung eines Festes
laconicum Schwitzbad
lanista Besitzer einer Gladiatorenschule
lex frumentaria Getreidegesetz
libellus munerarius Programmheft bei Gladiatorenkämpfen
ludi publici öffentliche Spiele
ludi scaenici Bühnen-«Spiele»
ludus Gladiatorenschule
meta Wendemarke bei Wagenrennen
mima Mimenschauspielerin
mimus, pl. *mimi* Mimenschauspieler; mimisches Schauspiel
missio Begnadigung unterlegener Gladiatoren
munus, pl. *munera* Gladiatorenkampf
piscina Schwimmbad
plebs meist: hauptstädtische «Masse» in Rom
pollice verso «mit nach unten gerichtetem Daumen»: Zeichen, daß der unterlegene Gladiator getötet werden sollte
pompa circensis Festzug vor den Wagenrennen
popina Gaststätte
populus (Gesamt-)Volk
praefectus annonae mit der Getreideversorgung Roms betrauter Beamter
praefurnium Feuerstelle im Heizungssystem der Thermen
probatio armorum «Begutachtung der Waffen» vor Gladiatorenkämpfen
procurator a muneribus Beamter, der einer kaiserlichen Gladiatorenschule vorstand
retiarius «Netzkämpfer», Gladiator
saltica fabula Pantomimus
scaenae frons üppig geschmückte Mauer hinter der Bühne des Theaters
spectacula Schauspiele
spina Mauer in der Mitte des Circus
strigilis Schabeisen
suppositicius Ersatzmann bei Gladiatorenkämpfen
suspensura «hängender Fußboden», unter dem die Hypokaustenheizung lag
tepidarium Raum in den Thermen mit lauwarmem Wasser
tessera frumentaria «Getreidemarke»; Berechtigungsausweis für den Empfang staatlichen Getreides
theatralis licentia «Ausgelassenheit des Theaters»
tiro «Rekrut», noch nicht ausgebildeter Gladiator
unctorium Salbraum in den Thermen
velum, pl. *vela* «Segel», die zum Schutz gegen die Sonne über den Zuschauerraum gespannt wurden

Liste der römischen Kaiser bis zu Konstantin dem Großen

31 v.–14 n. Chr. Augustus
14–37 Tiberius
37–41 Caligula
41–54 Claudius
54–68 Nero
68–69 Galba
69 Otho, Vitellius
69–79 Vespasian
79–81 Titus
81–96 Domitian
96–98 Nerva
98–117 Trajan
117–138 Hadrian
138–161 Antoninus Pius
161–180 Marc Aurel (bis 169 mit Verus)
180–192 Commodus
193 Pertinax
193–211 Septimius Severus
211–217 Caracalla

218–222 Elagabal
222–235 Severus Alexander
235–238 Maximinus Thrax
238 Gordian I. und II., Puppienus und Balbinus
238–244 Gordian III.
244–249 Philippus Arabs
249–251 Decius und Söhne
251–253 Trebonianus Gallus
253 Aemilius Aemilianus
253–259/60 Valerianus
253–268 Gallienus
268–270 Claudius Gothicus
270–275 Aurelian
275–276 Tacitus
276–282 Probus
282–283 Carus und Söhne
284–305 Diokletian und Maximian
305–306 Constantius I.
306–337 Konstantin I. (der Große)

Abb. 256 Das Bankett der Gladiatoren. An der gerundeten Tafel sitzen fünf Tierkämpfer bei der Einnahme der speziellen Mahlzeit, die allen Gladiatoren vor ihrem Einsatz in der Arena serviert wurde. Im Vordergrund lagern Buckelrinder, die bei den Tierhatzen häufig zum Einsatz kamen. Mosaik; ca. 2. Viertel des 3. Jhs. n. Chr.; aus Thysdrus (El Djem), Tunesien. Bardo Museum Tunis.

Wichtige in der Darstellung erwähnte Daten

6. Jh. v. Chr. erste Wagenrennen in Rom
366 v. Chr. (?) Einführung der *ludi Romani* (15.–18. Sept.), auf deren Programm zunächst Wagenrennen standen
364 v. Chr. erstes Bühnenschauspiel in Rom aufgeführt
264 v. Chr. in Rom werden erstmals Gladiatorenkämpfe veranstaltet
240 v. Chr. erstes griechisches Bühnenstück in lateinischer Übersetzung in Rom aufgeführt
221 v. Chr. als zweiter Circus (neben dem Circus Maximus) entsteht in Rom der Circus Flaminius
217 v. Chr. staatliche Zuwendungen an die die Spiele ausrichtenden Beamten werden kräftig erhöht
216 v. Chr. zweite Gladiatorenvorstellung in Rom
216 v. Chr. Einführung eines zweiten großen »Spiele«-Festes: *ludi Plebei*
213 v. Chr. erstes *congiarium* (Ölspende) an römische Bürger durch Scipio
208 v. Chr. Beginn der *ludi* zu Ehren Apollons (*ludi Apollinares*)
202 v. Chr. Beginn der *ludi* zu Ehren der Ceres (*ludi Cereales*)
191 v. Chr. Beginn der *ludi* zu Ehren der Magna Mater (*ludi Megalenses*)
186 v. Chr. M. Fulvius Nobilior veranstaltet den ersten Athletenwettbewerb in Rom
173 v. Chr. Beginn der *ludi* zu Ehren der Flora (*ludi Florales*)
160 v. Chr. Aufführung der Komödie »Hecyra« des Terenz wird durch Gerüchte gestört, es gebe irgendwo Gladiatorenkämpfe
123 v. Chr. erstes römisches Getreidegesetz (*lex frumentaria*)
105 v. Chr. Gladiatorenkämpfe werden erstmals von staatlichen Beamten ausgerichtet
82 v. Chr. ludi Victoriae Sullanae – die ersten offiziellen Spiele zu Ehren eines Politikers
80 v. Chr. Sulla feiert seine kriegerischen Erfolge mit großartigen Athletenwettkämpfen in Rom
77 v. Chr. ein »Fan« der »roten« Circuspartei begeht aus Kummer über den Tod seines Lieblingswagenlenkers Selbstmord
73–71 v. Chr. Sklavenaufstand unter Führung des Gladiators Spartacus
63 v. Chr. gesetzliche Einschränkung der Ausrichtung von Gladiatoren-»Spielen« für Amtsbewerber
55 v. Chr. Massenpanik im Circus Maximus beim Ausbruch von Elefanten
55 v. Chr. Bau des ersten steinernen Theaters in Rom durch Pompejus
46 v. Chr. Caesar veranstaltet die erste künstliche Seeschlacht mit sechstausend Beteiligten
46 v. Chr. anläßlich des Triumphes Caesars im Bürgerkrieg werden u. a. dreitägige Athletenwettkämpfe ausgetragen
46 v. Chr. ludi Victoriae Caesaris – Spiele zur Erinnerung an Caesars Sieg im Bürgerkrieg
46 v. Chr. Caesar setzt die Zahl der Empfänger staatlichen Getreides von 320000 auf 150000 herab
31 v. Chr. Augustus stiftet die »Aktia« als fünften großen athletischen und musischen Wettkampf in der griechischen Welt
29 v. Chr. C. Statilius Taurus errichtet das erste steinerne Amphitheater in Rom
22 v. Chr. »Erfindung« des Pantomimus durch Pylades
19 v. Chr. Einweihung der Agrippa-Thermen
13/11 v. Chr. Einweihung des Marcellus-Theaters
11 v. Chr. Einführung von Spielen zu Ehren des Augustus
10 v. Chr. der Circus Maximus erhält einen Obelisken als Wahrzeichen
2 v. Chr. Naumachie des Augustus
2 v. Chr. Reform des Systems der Getreideverteilung durch Augustus; Einführung von Getreidemarken
2 n. Chr. in Neapel werden zu Ehren des Augustus »Sebasta« gestiftet, die ersten regelmäßig durchgeführten Athletenwettbewerbe in Italien
6 n. Chr. Hungersnot in Rom; die kritische Versorgungslage führt zu drastischen administrativen Maßnahmen
27 n. Chr. Katastrophe im Amphitheater von Fidenae
32 n. Chr. Theaterdemonstration wegen Getreidemangels
37 n. Chr. die Zahl der an Festtagen täglich durchgeführten Wagenrennen wird auf 24 erhöht
52 n. Chr. Naumachie des Claudius auf dem Fuciner See mit zwölftausend Kombattanten
54 n. Chr. Machtprobe zwischen dem Spielgeber Aulus Fabricius und den Renngesellschaften im Streit um die Kosten der Circusspiele
57 n. Chr. Nero läßt ein (hölzernes) Amphitheater plötzlich mit Wasser füllen und eine Naumachie austragen
57 n. Chr. Schau-Dauerläufer legen angeblich im Circus die Strecke von 237 Kilometern zurück
59 n. Chr. Krawall im Amphitheater von Pompeji
60 n. Chr. Nero stiftet »Neronia«, Roms ersten periodischen Athletenwettkampf

Abb. 257 Miniaturbüste aus Elfenbein, wahrscheinlich mit der Darstellung des Kaisers Caracalla, in der Tracht eines Wagenlenkers. Frühes 3. Jh. n. Chr.; angeblich aus dem Amphitheater von Arles. British Museum London.

um 62 n. Chr. Bau der Thermen des Nero
69 n. Chr. Kaiser Vitellius gibt innerhalb weniger Wochen Riesensummen für Spiele aus
70 n. Chr. Eroberung und Zerstörung Jerusalems; Tausende von Juden sterben im Amphitheater
80 n. Chr. zwei Naumachien zur Einweihung des Colosseums
80 n. Chr. nach zehnjähriger Bauzeit Fertigstellung des Colosseums
um 80 n. Chr. Bau der Titus-Thermen
86 n. Chr. Domitian stiftet den »Agon Capitolinus«; sportliche und musische Wettkämpfe
92–96 n. Chr. Bau des Stadium Domitiani (heute: Piazza Navona)
um 104 n. Chr. bei einer Renovierung durch Trajan erhält der Circus Maximus seine endgültige Gestalt
107 n. Chr. 123tägige Festperiode mit Spielen aller Art anläßlich der Eroberung Thrakiens durch Trajan
109 n. Chr. Einweihung der Thermen des Trajan
190 n. Chr. Circusdemonstration und Aufruhr gegen den kaiserlichen Günstling Cleander
200 n. Chr. Septimius Severus erläßt ein Auftrittsverbot für Frauen in Athletenwettkämpfen, vielleicht auch für die Arena
um 200 n. Chr. der christliche Autor Tertullian prangert in seiner Schrift »De spectaculis« das heidnische Spielewesen an
216 n. Chr. Einweihung der Caracalla-Thermen
248 n. Chr. Philippus Arabs feiert den tausendjährigen Geburtstag Roms mit prächtigen *ludi*
Ende 3. Jh. n. Chr. Übergang von Getreide- zu Brotverteilungen
305/306 n. Chr. Einweihung der Thermen des Diocletian
354 n. Chr. Festkalender des Furius Dionysius Philocalus
357 n. Chr. Constantius II. läßt einen zweiten, größeren Obelisken im Circus Maximus aufstellen
401 n. Chr. Q. Aurelius Symmachus richtet prächtige siebentägige Circusspiele aus

Bildnachweis

Umschlag vorne sowie Abb. 6, 21, 32, 33, 40, 54, 84, 215 nach Ausstellungskatalog „Die Römer an Mosel und Saar" (Mainz 1983); Umschlag hinten nach Annemarie Stauffer, in: AW 24/1 (1993) 75; Vorsatz (nur in der gebundenen Version) sowie Abb. 254 nach W. Trillmich et al., Hispania Antiqua: Denkmäler der Römerzeit (Mainz 1993); Abb. 1, 125–127, 132 nach M. Khanoussi, in: AW 22/3 (1991) 146–153; Abb. 2, 47, 58, 63, 64, 71, 73, 75, 78, 81, 85, 86, 90, 92, 93, 95–97, 100, 101, 103, 220, 224 nach M. Junkelmann, Die Reiter Roms Bd. 1 (Mainz 1990); Abb. 3 Artephot, Paris; Abb. 4a.b, 253, 257 Joachim Willeitner, Mainz; Abb. 5 Ny Carlsberg Glyptotek Kopenhagen; Abb. 7, 189, 208a.b, 238 nach Daremberg – Saglio, Dictionnaire des Antiquités; Abb. 8 Archäologisches Museum Athen; Abb. 9 nach S. Rebetez, in: AW 23/1 (1992) 17; Abb. 10, 28, 36, 157, 158, 176, 177 Alinari-Anderson; Abb. 11 nach B. Neutsch, in: Archäologischer Anzeiger 1956, 407 f.; Abb. 12, 65, 66, 236 Leonard von Matt, Buochs; Abb. 13, 14, 17, 69a.b, 111, 138, 194, 216, 227, 230, 231 nach Ausstellungskatalog „Augustus und die verlorene Republik" (Mainz 1988); Abb. 15, 133, 148 Musée du Louvre Paris; Abb. 16, 44, 112a.b, 119, 164, 165, 173, 179, 180, 217, 221–223, 228, 229, 232, 241, 245, 255 Deutsches Archäologisches Institut Rom; Abb. 18, 20, 26, 29–31, 43, 53, 59, 79, 89, 91, 99, 121, 122, 171, 172, 178, 181, 182, 186 nach Rainer Graefe, Vela erunt (Mainz 1979); Abb. 19, 38, 39, 46, 159 nach J. M. C. Toynbee, Tierwelt der Antike (Mainz 1983); Abb. 22, 41, 48, 87, 183, 199, 207, 235 nach Carl W. Weber, Brot und Spiele (Herrsching 1989) (Nachzeichnung: Elke Ziegler); Abb. 23 nach A. Hönle/A. Henze, Römische Amphitheater und Stadien (Feldmeilen/Zürich 1981) 42 (Nachzeichnung Elke Ziegler); Abb. 24, 42, 52, 70a-d, 187 Istituto Geografico de Agostini; Abb. 25 Musée de Cinquantenaire Brüssel; Abb. 27, 35 Archäologisches Museum Tripolis; Abb. 34, 115, 156, 170 Jürgen Liepe nach Katalog „Die Antikensammlung Berlin" (Mainz 1992); Abb. 37, 68, 107, 110 Musei Vaticani Rom; Abb. 45, 56, 145, 153 Archiv; Abb. 49 nach A. Hönle, in: AW 13/4 (1982) 23; Abb. 50 Historisches Museum Speyer; Abb. 51, 113, 137 nach K.-W. Weeber, Humor in der Antike (Mainz 1992) 83; Abb. 55 nach L. Casson, Ships and Seamanship in the Ancient World (1973) (Nachzeichnung Elke Ziegler); Abb. 57, 67, 116–118, 167, 168, 184, 185, 225, 226, 239, 240a.b, 242–244, 248, 249 Fotoarchiv Hirmer; Abb. 60 Römermuseum Augsburg; Abb. 61 nach Zaberns Archäologischer Kalender 1980, Liebieghaus Frankfurt/M.; Abb. 62, 88, 98, 166, 188, 191, 209 nach Corpus Inscriptionum Latinarum; Abb. 67 nach P. Zanker, Augustus und die Macht der Bilder (München 1987); Abb. 72, 76, 208 nach Katalog „Trier – Kaiserresidenz und Bischofssitz" (Mainz 1984) 196; Abb. 74, 83, 219 nach H. Gabelmann, in: AW 11/4 (1980) 25–38; Abb. 77 nach G. P. Bellini, L'Impero Romano dal III al VI secolo (Mailand 1985); Abb. 80, 104 nach M. Carroll-Spillecke, Der Garten von der Antike bis zum Mittelalter (Mainz 1993); Abb. 82 Staatliche Antikensammlungen und Glyptothek München; Abb. 94, 190 Scala, Florenz; Abb. 102 Rheinisches Landesmuseum Trier; Abb. 105 nach J. Boardman, Rotfigurige Vasen aus Athen: Die archaische Zeit (Mainz 1981); Abb. 106, 108 nach J. Boardman, Schwarzfigurige Vasen aus Athen (Mainz 1977); Abb. 109 Nationalmuseum Athen; Abb. 114 Antikensammlung SMPK Berlin; Abb. 120, 162, 163 nach Ausstellungskatalog „Polyklet" (Mainz 1990); Abb. 123 Skulpturensammlung Albertinum Dresden; Abb. 124 Badisches Landesmuseum Karlsruhe; Abb. 128 British Museum London; Abb. 129, 130, 134 Römisch-Germanisches Museum Köln; Abb. 131 Walters Art Gallery Baltimore; Abb. 135 Metropolitan Museum of Art New York; Abb. 136 Archiv für Kunst und Geschichte Berlin; Abb. 139a-c, 175, 234, 246, 247, 250 nach A. Burford, Künstler und Handwerker in Griechenland und Rom (Mainz 1985); Abb. 140, 141, 154, 155, 169a-c Arthur D. Trendall; Abb. 142, 256 Bardo-Museum Tunis; Abb. 143 Archäologisches Museum Rabat; Abb. 144, 150, 160, 161 Archäologisches Museum Neapel; Abb. 146 nach Ausstellungskatalog „Kleopatra" (Mainz 1989); Abb. 147 Fotoarchiv Pawlas, Schloß Burg Reppach; Abb. 149 Princeton University Art Museum; Abb. 151 Museum im Andreasstift Worms; Abb. 152 Landesmuseum Bonn; Abb. 174 nach U. Pappalardo, in: AW 16/4 (1985) 3–15; Abb. 192, 203 nach L. Eschebach, in: AW 22/4 (1991) 257–287; Abb. 193 Fototeca Unione Rom; Abb. 195 nach W. Heinz, Römische Thermen (München 1982) 60 (Nachzeichnung E. Ziegler); Abb. 196 nach B. Andreae, Laokoon und die Gründung Roms (Mainz 1988); Abb. 197, 198, 200 202, 201–206, 213, 214 nach Die Wasserversorgung antiker Städte Bd. 2 und 3 (Mainz 1987/88); Abb. 206 H.-O. Lamprecht; Abb. 210 nach N. Kampen, in: AW 16/4 (1985) 23–42; Abb. 211 nach Olympiabericht I (1936/37) 82 ff., Tf. 25; Abb. 212 Antikensammlung SMPK Berlin; Abb. 218a.b nach W. Heinz, in: AW 17/4 (1986) 22–43; Abb. 233, 237 nach P. u. D. R. Brothwell, Manna und Hirse (Mainz 1984); Abb. 251 Kapitolinisches Museum Rom; Abb. 252 nach Joseph Vogt, in: AW 9/3 (1978) 44.

Zur Abbildung auf der Umschlagrückseite:
Tunika-Einsatz mit Darstellung eines Bärenkampfes. Wirkerei aus Wolle und Leinen; 16,7 x 17,1 cm; frühes 5. Jh. n. Chr.; wohl aus Antinoopolis in Mittelägypten; Privatsammlung M. Bouvier/Gruyère.

Bei der hier wiedergegebenen *Venatio* kämpfen ein Bär und ein – nach Ausweis seiner Ausrüstung und Bekleidung mit Tunika, halbhohen Schnürstiefeln und Armschutz – berufsmäßiger *Bestiarius* miteinander. Der Gladiator ist in die Knie gegangen, um dem andrängenden Raubtier mit dem Kurzschwert den Todesstoß zu versetzen. Die breite Nase und das kurze Kraushaar machen eine afrikanische Herkunft des Tierkämpfers wahrscheinlich, der dann mit einer wohl aus den dichten Wäldern Nordgermaniens (vgl. Abb. 41) stammenden Bestie ringen würde. Genau das umgekehrte Motiv zeigt das ebenfalls überlieferte Gegenstück von derselben Tunika: hier treten ein *Venator*, der durch sein glattes Haar charakterisiert und somit europäischer Herkunft ist, und ein hochaufgerichteter Löwe, also ein Tier aus Innerafrika, gegeneinander an.

Adresse des Autors:
Dr. Karl-Wilhelm Weeber
Fahrendelle 10
D-58455 Witten